高等院校旅游管理专业核心课程教材

旅游学概论

An Introduction to Tourism

刘伟 编著

广东旅游出版社
GUANGDONG TRAVEL & TOURISM PRESS
悦读书·悦旅行·悦享人生

中国·广州

图书在版编目（CIP）数据

旅游学概论 / 刘伟编著 . — 广州 : 广东旅游出版社 , 2021.4
ISBN 978-7-5570-2338-6

Ⅰ . ①旅… Ⅱ . ①刘… Ⅲ . ①旅游学—教材 Ⅳ . ① F590

中国版本图书馆 CIP 数据核字 (2020) 第 195801 号

出 版 人：刘志松
责任编辑：官 顺 俞 莹
供 图：刘 伟
装帧设计：谭敏仪
责任校对：李瑞苑
责任技编：冼志良

旅游学概论
LüYouXue GaiLun

广东旅游出版社出版发行
地址：广州市荔湾区沙面北街71号首、二层
邮编：510130
邮购电话：020-87348243
印刷：广州市岭美文化科技有限公司印刷
（广州市荔湾区花地大道南海南工商贸易区A幢）
开本：787毫米×1092毫米 1/16
印张：24.625印张
字数：550千字
版次：2021年4月第1版第1次印刷
定价：79.80元

图01 宗教旅游：去四川五明佛学院旅游的僧侣们（刘伟 摄）

图02 晚霞中的自驾旅游者（刘伟 摄）

图03 本书作者在北极体验冰雪世界的欢乐（喀秋莎 摄）

图04 "小蛮腰"成为广州重要的旅游资源（刘伟 摄）

图05 世界峡谷奇观：美国羚羊谷（刘伟 摄）

图06 九曲黄河（刘伟 摄）

图07 大美青海湖（刘伟 摄）

图08 青海大柴旦："天空之镜"翡翠盐湖（刘伟 摄）

图09 敦煌月牙泉（刘伟 摄）

图10 敦煌月牙泉上美丽而奇特的月亮（刘伟 摄）

图11 极地风光（刘伟 摄）

图12 夜幕下的俄罗斯圣彼得堡冬宫（刘伟 摄）

图13 闻名于世的缅甸佛塔（刘伟 摄）

图14 敦煌阳关烽火台：战火的硝烟已散去（刘伟 摄）

图15 印尼巴厘岛海滩上的宗教仪式也是当地独特的旅游资源（刘伟摄）

图16 一年一度的贵州苗族姊妹节吸引着成千上万的国内外游客（刘伟 摄）

图17 闻名全国的西安"回民街"已成为西安美食的代表和
吸引各地游客的重要旅游资源（刘伟 摄）

图18 著名诗人徐志摩笔下的"康桥"（刘伟 摄）

图19 张掖七彩丹霞景区内的厕所，其设计色彩和造型与周
围环境高度和谐（刘伟 摄）

图20 失落的印加城市——秘鲁马丘比丘遗迹，其旅游资源
开发很好地体现了保护性原则（高波 摄）

图21 可可托海国家地质公园（刘伟 摄）

图22 珠穆朗玛国家级自然保护区（刘伟 摄）

图23 位于海南三亚亚龙湾的"鸟巢度假村"（刘伟 摄）

图24 美国拉斯维加斯的金字塔饭店（刘伟 摄）

图25 印度的旅游纪念品（刘伟 摄）

图26 广受旅游者喜爱的荷兰木鞋（刘伟 摄）

图27 印度人向游客销售佩刀等具有旅游地特色和文化的纪念品（刘伟 摄）

图28 广州从化因发展旅游业而使城市面貌焕然一新（从化文化广电旅游体育局 供图）

图29 发展旅游可以使民族文化得以在世界范围内传播。图为巴厘岛居民以本民族特有的方式欢迎来自世界各地的游客（刘伟 摄）

图30 旅游使民族文化的个性更加突出。图为夏威夷居民在为游客表演草裙舞（刘伟 摄）

图31 旅游地产往往是旅游综合体开发的重头戏。图中为某旅游综合体内开发商开发的旅游地产（刘伟 摄）

图32 发展旅游业要坚持民族特色和地方特色（刘伟 摄）

目录
CONTENTS

高等院校旅游管理专业核心课程教材
《旅游学概论》

总　序

　　刘伟教授是国内旅游界著名学者、旅游院校著名教授，在行业有广泛影响力，曾被有关部门评选为"全国旅游院校最具影响力十大名师"，并主持举办20多期"碧水湾现象研讨会"，为行业的发展做出巨大贡献。

　　刘伟教授著作等身，在商务印书馆、高等教育出版社、中国人民大学出版社等先后出版著作、译著、教材等50余部，其中主编国家级规划教材近20部，总发行量近100万册。

　　鉴于其所编著教材的质量和为国家教材建设所做出的突出贡献，广东省教育厅已向国务院国家教材委员会推荐其本人和所编著的教材为"国家优秀教材奖""国家教材建设先进个人奖"。

　　刘伟教授在旅游与酒店管理方面有丰富的实践经验、深厚的理论基础，取得丰硕的研究成果。经多方努力，广东旅游出版社决定将其在旅游与酒店管理方面研究成果结集出版，并将刘伟教授此前在广东旅游出版社已经出版及后续即将出版的多种图书纳入此丛书。在此，特别感谢刘伟教授对这套丛书出版的支持和为编著这套丛书所付出的努力，期待这套丛书能更好地为社会、为广大旅游院校教学及读者服务。

广东旅游出版社
2021年1月

前　言

20多年前，本人在广东旅游出版社出版了著作《旅游学》（1999），该书是我国旅游学研究领域的一本奠基性著作，出版后受到业内专家的普遍好评，因为封面为红色，有业内专家称之为"红宝书"。当时发行量已近10万册，包括中山大学在内的国内很多知名大学将其推荐为旅游管理专业研究生入学考试指定参考书。

客观而言，尽管《旅游学》一书出版后受到大家的普遍好评，但回过头来看，毕竟20多年过去了，在知识经济、互联网技术等推动下，国际、国内旅游业都发生了重大变化，人们对旅游的研究和认识也更深入，在这种情况下，原版《旅游学》的一些内容已经过时，体系结构也需要调整、补充和更新。广东旅游出版社领导多次希望本人能对其修订再版，本人虽也有此意愿，但由于工作繁忙，终未允诺。直到今年，在广东旅游出版社领导的鼓励下，才下定决心放下手中其他工作，静下心来，集中精力，对其认真修订，以了却心中多年的愿望和遗憾。

本次修订后，著作更名为《旅游学概论》，以旅游管理专业核心课程教材为其定位，以满足国内旅游管理专业的教学需要。

一、本次修订的指导思想

1. 本科教材导向

本次修订是在教育部将"旅游学概论"确定为"旅游管理专业核心课程"的大背景下进行的。将"旅游学概论"确定为旅游管理专业核心课程，体现了教育部对"旅游学概论"这门课程的重视程度，也体现了它在旅游管理专业课程体系中的重要地位。

为满足国内旅游院校的教学需要，本次修订将以本科教材导向为指导方针，按照本科教材的需要和国家对旅游本科高等教育的要求加以修订，适当减少研究性内容，增加知识性内容。

教材建设历来是提高教学质量的重要环节，按照国家出台的《国家中长期教育改革和发展规划纲要》，特别提出要"加强课程教材等基本建设"。依据这一指导方针，本次修订通过内容、体例等设计，着力优化学生的知识结构，丰富社会实践，强化能力培养。具体而言，即本教材在着力提高学生的学习能力、实践能力、创新能力和分析问题、解决问题的能力的同时，努力培养应用型、复合型、技能型、创新型人才，使学生在掌握专业知识的同时，学会做人做事，主动适应社会，开创美好未来。

2. 反映旅游业发展的最新动态和旅游理论研究的最新成果

过去几年，在经济、交通以及以互联网为代表的科学技术快速发展的大背景下，出现了智慧旅游、邮轮旅游、游艇旅游、房车旅游、露营旅游、自驾车旅游、探险旅游、文化旅游等旅游新业态以及旅游微博、抖音营销等旅游营销新概念，与此同时，公民对旅游服务质量提出了新的、更高的要求，从而对旅游管理体制、管理方法提出了挑战。反映这些新的内容和现代旅游的特征，成为本次修订的指导思想。

此外，本次修订还将反映近年来国内外旅游理论的最新研究成果。如旅游业的可持续发展理论、旅游目的地营销理论、旅游统计理论与实践等。

二、本次修订的主要内容

（一）重新拟定教材的体系结构

按照旅游学研究的逻辑对教材内容和结构进行调整后，全书精简压缩为五大部分，即：

第一部分：导论（旅游；旅游的主体——旅游者；旅游的客体——旅游资源）。

第二部分：旅游业（认识旅游业；旅游业的构成；旅游业的影响；当代旅游新业态）。

第三部分：旅游业管理（旅游业宏观管理；旅游统计）。

第四部分：旅游目的地（旅游发展规划；旅游目的地营销）。

第五部分：旅游业的未来（旅游业的可持续发展；旅游业发展趋势）。

（二）更新和补充章节内容

本次修订，不仅对原书的所有章节都进行了更新和补充，而且根据国内外旅游业发展的实际，增加了很多内容，使得教材内容更加先进、丰满。

新增加两章，内容分别为：

（1）第七章"当代旅游新业态"。内容包括：生态旅游、旅游分时度假、租赁度假与换房度假、旅游综合体、旅游金融、旅游电子商务。

（2）第九章"旅游统计"。内容包括：我国的旅游统计、旅游卫星账户、旅游统计分析。

新增加8节，内容分别为：

（1）第一章第三节"现代旅游"。为了使学生全面了解现代旅游，本次修订在第一章中，增加了"现代旅游"一节内容，分别从现代旅游的特征及种类两个方面加以阐述。前者主要对旅游产业的特征进行了研究，后者则重点介绍了现代旅游新业态。

（2）第二章第六节"旅游者：素质修养"，第四章第三节"旅游从业人员的素质要求"。随着旅游业的发展，旅游者的素质修养及旅游从业人员的素质要求和职业道德问题变得越来越突出，作为旅游专业的学生和未来的旅游从业者，了解这方面的知识和内容，具有重要的现实意义，因此有必要在本书中加以论述，这也是本书的创新之处。

（3）第十章第三节"旅游解说系统"。旅游解说是旅游开发中的重要内容，但在我国，目前仅在理论界有人认识到这一问题，因此，有必要在本书中加以介绍和论述。

（4）第十一章第六节"旅游目的地节庆营销"，第七节"旅游目的地网络及新媒体营销"。本次修订，将原"旅游市场营销"一章改为"旅游目的地营销"，并根据旅游发展的现状，增加了上述两节内容，且在后一节中，更着重介绍了时下非常火爆的旅游"抖音营销"。

（5）第十二章第二节"旅游业利益相关者与旅游业的可持续发展"。这一节内容的专门设立，主要是为了突出在旅游业的可持续发展过程中，旅游业利益相关者之间利益协调的重要性，尤其是旅游开发商与原住民之间的利益协调。

（6）第十二章第五节"旅游业危机管理"。旅游业是个十分脆弱的行业，各种政治、经济、自然灾害等因素都可能对旅游业造成打击，因此，研究旅游业的危机管理十分重要。本书以2020年在世界各地广泛暴发的新冠疫情为例，阐述旅游业应如何进行危机管理。

此外，在增加内容的同时，本次修订也对原版的某些章节进行了压缩，使得教材体系更加均衡、更加科学合理。例如，原版中"旅游政策和旅游法规"不再独立成章，而是将其并入第八章"旅游业宏观管理"中。再如，原版将旅游业所涉及的饭店、交通、旅行社分别作为一章加以论述，而本次修订后，上述内容已被压缩在第五章"旅游业的构成"中。

三、新编《旅游学概论》的主要特点

（1）全书以二维码的形式，链接匹配了与教材内容相关的旅游图片、摄影作品和所拍摄的视频，方便读者更加直观地欣赏与了解，从而既丰富了教材内容，体现了立体化教材的特点，同时还能极大地提高读者的阅读兴趣。这是本教材的一大创新。

（2）内容实用、够用。本书在编写过程中，在全面、系统和科学性的基础上，以实用、够用为原则，尽量精简内容，合理把握理论的深度，体现应用型本科院校及职业教育的特点。

（3）语言表述既简洁平实，又生动活泼，可读性强。本书在编写过程中，充分考虑到教材的特征，以方便学生学习为要，尽量避免使用华丽的辞藻和奥涩难懂的理论阐述。

（4）吸收了国内外最新研究成果，力求反映旅游学的最新研究动态。

（5）突出了案例教学。为了帮助学生更好地理解相关理论，本书加入了很多来自旅游业界的案例，使得教材更加鲜活。

（6）注重理论联系实际。本书力求使读者通过本书的学习，将旅游理论与旅游实际工作结合起来，解决旅游业发展中的实际问题。

（7）合理把握教材的理论深度，更适合用作大学教材。作者具有多年的教材编写经验，所编多部教材被评为国家"十五规划教材""十一五规划教材""十二五规划教材"。编写中，在合理把握作为本科教材的理论深度的前提下，于各章的末尾增设本章小结、复习思考、案例分析、拓展阅读，以增强学生的学习兴趣，扩大学生的知识面，启发学生思考，使学生在轻松的状态下，掌握旅游学知识。

四、《旅游学概论》课程定位

《旅游学概论》是旅游专业的入门课程，也是旅游专业的基础课程，具有高度综合性、概括性的特点，对其他专业课程的设置具有指导性的作用，从某种意义上讲，旅游专业的其他专业课程都是对《旅游学概论》这一课程某一方面内容的深入探究。

也就是说，作为旅游专业的必修课，《旅游学概论》是旅游专业学生必须掌握的基本知识，它与其他专业课程的关系是"森林"与"树木"的关系。学好旅游学概论，可以体现旅游专业学生的综合素质。

五、《旅游学概论》编著原则

由于《旅游学概论》具有综合性的特点，在不同程度上涉及旅游经济学、旅游管理学、旅游历史、旅游地理、旅游文化等专业课程，这就为其编写带来一定的困难。本书的编写过程遵循了以下原则：

（1）确保教材内容的完整性和科学性。

（2）挖掘其他课程尚未涉及但又应在概论中予以反映的内容，丰富本课程的内涵和外延。

（3）对专业课程中需要深入研究的内容予以高度概括，以体现本课程的"概论"性质。

尽管这样，《旅游学概论》中的某些内容仍会与部分专业课的内容出现某种程度的重复，这就需要任课教师根据本学校、本专业开设课程的实际情况，对旅游学概论的教学内容予以调整，做一些技术性的处理。如已开设饭店管理和旅行社管理课程的学校和专业，在《旅游学概论》中就可以不讲或少讲这部分内容。

六、鸣谢

本次修订参考了大量文献资料，在此向有关作者和专家深表谢意。此外，还要感谢我的学生——广东金融学院的唐健发同学，他在紧张的考研复习之余，为本书制作了精美的PPT课件，可供旅游院校老师教学使用。

最后，也是最重要的，鉴于作者认识水平有限，教材不足之处在所难免，真诚地期待使用本教材的旅游院校师生随时与作者沟通，提出宝贵意见，使得教材再版时更加完善。

西北大学博士生导师、浙江大学文旅MBA导师、广东金融学院教授   刘伟

2020年12月

教学资源：
《旅游饭店内参》   扫二维码，
微信联系作者

绪言：走进旅游

一、旅游业：从朝阳产业到支柱产业

以前，人们常说，旅游业是一个朝阳产业。说它是"朝阳产业"，表达了三层含义：一是它是一个新兴产业；二是还属于比较稚嫩的产业；三是具有广阔的发展前景。

的确，尽管人类的旅行活动已有几千年的历史，但旅游业的产生却只有短短180年左右。1841年7月5日，英国的托马斯·库克组织的旅行活动，标志着近代旅游业的产生。在此后的100年左右时间里，旅行还一直只是少数人的活动。所以，与传统的农业、工业相比，旅游业确实是一个后起、新兴的产业，对人类社会而言，其规模和作用甚至可以忽略不计。

然而，第二次世界大战以后，在和平的环境之下，在世界经济高速发展的背景之下，旅游业经历了爆炸式发展。据联合国有关部门统计，到20世纪90年代（二战后短短的几十年时间里），旅游业已先后超过钢铁业、汽车业等传统产业，一跃而发展成为全球最大的产业！

进入21世纪，旅游业在社会进步、经济发展、交通革命、信息技术进步等多重因素的推动下，更是插上了腾飞的翅膀。全世界的旅游人数和旅游收入成倍增长，各种旅游形式、旅游业态层出不穷，丰富多彩。

旅游业如今已成为吸纳就业的大户。据"世界旅游组织"统计，全球每10个就业岗位就有1个与旅游有关，其中既有高级管理、服务和技术人才，也有从事种植、运输、餐饮、绿化、保洁等基础性服务的大量一线员工。以中国为例，目前全国旅游业的直接和间接就业人员已达8000万人，对社会就业的综合贡献达10.28%（《2018全国旅游工作报告》）。

因此，无论从规模、影响，还是从对国民经济和社会就业的贡献来看，旅游业已不再是原来意义上的朝阳产业，而是发展正当其时、前景无限广阔的一个支柱产业。

二、旅游业：广阔天地任驰骋

（一）中国旅游业：发展前景广阔

旅游业具有极其广阔和光明的发展前景，特别是在中国，旅游业在国民经济和社会发展中具有非常重要的地位，受到各级政府的高度重视。

1.中国已成为世界旅游大国

中国的旅游业尽管起步较晚，但发展成绩斐然。到2019年，中国入境旅游人数已达1.45亿人次，先后超过英国、意大利、西班牙，仅次于法国和美国，排名世界第三位；旅游外汇收入1313亿美元，居世界第二（仅次于美国）。

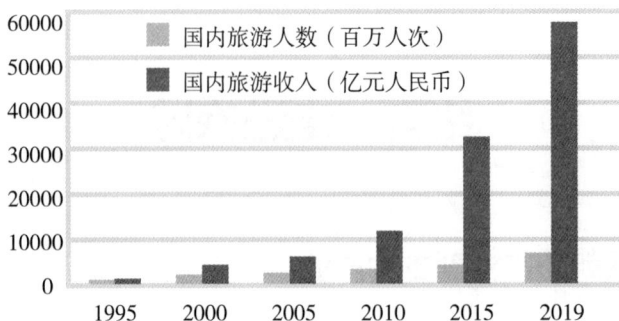

图1　中国国内旅游业发展情况（1995～2019）

（资料来源：国家旅游局中国旅游业统计公报及国家统计局）

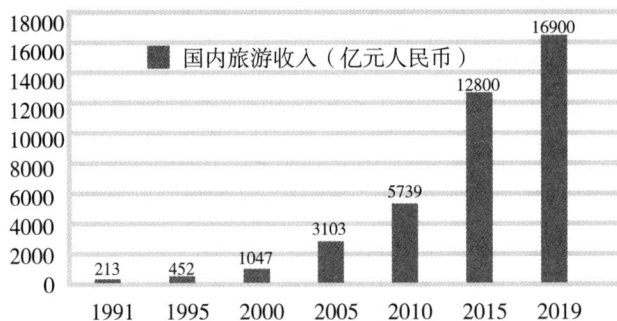

图2　中国居民出境旅游情况（1991～2019）

（资料来源：国家旅游局中国旅游业统计公报等）

在国际入境旅游发展的同时，我国国内旅游也蓬勃发展，出现了国际入境旅游和国内旅游并行发展的新局面。2019年，中国国内旅游人数达到60.1亿人次，收入也达5.73万亿元（见图1）。

随着我国经济的发展和国力的增强，从20世纪90年代开始（1990年10月，中国政府开始允许中国公民自费出国），我国的出境旅游开始起步并高速发展。2000年，我国出境旅游人数和外国入境旅游人数均首次超过1000万大关，分别达到1047万人次和1016万人次，而且可喜的是，同年，我国出境旅游人次数首次超过了外国入境旅游人次数，标志着我国旅游业在新世纪进入了新的发展阶段。2003年，中国出境旅游人数首次超过日本，成为亚洲第一大客源国。至2019年，我国出境旅游人次数达到1.69亿，是全球第一大客源国（见图2）。

根据《埃森哲中国消费者研究报告》，旅游出行已经成为中国消费者仅次于食品饮料、服装和电子消费品的第四大消费类别。

2．"国民旅游休闲计划"助推旅游业跨越式大发展

2009年初，在全国旅游工作会议上，国家旅游局首次提出了"国民旅游休闲计划"的概念。

2009年12月1日，国务院《关于加快发展旅游业的意见》（以下简称《意见》）出台，首次提出要把旅游业培育成"国民经济的战略性支柱产业和人民群众更加满意的现代服务业"，从国家战略的层面大力发展旅游业。《意见》还明确提出制定《国民旅游休闲纲要》。随后，很多省区市政府迅速跟进，提出多项政策，大力推进国民旅游休闲计划，主要内容包括：

- 让国民旅游休闲计划覆盖各个群体。不仅包括机关公务员、事业单位职工，而且把研学旅游纳入学生综合实践课程，把旅游休闲作为企业对职工的奖励和福利措施，并考虑了弱势群体和特殊群体的利益共享。
- 鼓励弹性安排带薪休假。
- 创建国民旅游休闲示范单位。
- 推出国民旅游休闲卡。
- 采取系列优惠福利措施。

2013年，《国民旅游休闲纲要（2013—2020）》由国务院正式颁布。

毫无疑问，以上政策的出台和国民旅游休闲计划的实施，促进并带动了我国旅游业实现跨越式大发展。

（二）投身旅游业：职业前景光明

旅游业具有广阔的发展前景，投身旅游业，大有可为。在旅游行业，只要掌握了旅游业的专业知识和专业技能，具备了"旅游人"的职业素质，你就可以大展宏图，实现你的人生价值。

1.旅游行业：并非低人一等

在很多人的潜意识里，认为旅游行业是一个"服侍人"的行业，在旅游行业就业"低人一等"。这种观念是非常错误的，是对现代旅游业的一种误读。作为满足人民群众日益增长的物质文化需要的一个重要民生产业，现代旅游业承载了使人们愉悦、让社会和谐的重大使命，而使命能否履行，取决于从业人员的素质。现代旅游业对从业人员提出了越来越高的素质要求，尤其是对于关键岗位的从业人员，更是要求具有较高的职业素养、扎实的专业知识和精湛的职业技能。发展旅游业，人才要先行，因此，从旅游企业、大专院校到各级政府，都非常重视培养和选拔符合现代旅游业发展需要的高素质人才。例如，杭州市曾以市政府的名义，公开发文通报表扬杭州市"金牌导游员"，充分表明各级政府对旅游业以及旅游工作者的高度重视和关心。

2.旅游行业：待遇并不低

很多人对旅游业存在认识上的误区，认为旅游业工作辛苦、待遇低，不愿意从事旅游工作。其实，旅游从业人员的待遇并不低，只是和其他许多行业一样，不同岗位之间的待遇"级差大"，但那些真正拥有高素质、高技能的从业人员，总能在这个行业中持续发展，走向关键岗位或管理岗位，获得令人满意的回报。以酒店为例，从普通服务员到总经理，待遇相差很大。尽管做服务员可能是绝大多数旅游院校毕业生必须经过的阶段，但拥有专业知识和技能的旅游专业毕业的优秀学生，其职业生涯不可能永远停留在服务员层次上，做服务工作只是其职业生涯的起点。一旦进入管理阶层（只要个人努力，这是很容易的事情，特别是在当前旅游从业人员短缺的时期），待遇水平将很快得到大幅提升。

事实上，当前我国酒店业及旅游业人才奇缺，不仅是旅游服务人员，旅游企业的中高层管理人员更是青黄不接，这正是旅游专业学生不可多得的历史机遇。

3.旅游行业：不拘一格"揽"人才

除了旅行社、旅游饭店、旅游景区等传统旅游企业以外，旅游工作还包括从事现代化旅游企业经营、旅游企业管理、旅游行政管理、旅游规划、旅游策划、旅游科学研究等，另外，很多旅游业新业态的企业需要多种类型的旅游人才，因此，旅游院校毕业生具有广泛的就业渠道，只要具备良好的素质，加上个人的努力，旅游专业的学生，前程似锦！

4.旅游行业：能将你培养成受人尊重的高素质人才

从事旅游工作要有良好的外部形象，注重仪表仪容，讲究礼节礼貌，有较强的人际沟通能力，具备这些素质的人，一定会成为社会上受人尊重的人群。正如国际顶级酒店管理集团丽思—卡尔顿酒店管理公司的服务理念：We Are Ladies and Gentlemen Serving Ladies and Gentlemen（我们是为绅士和淑女们服务的绅士和淑女）。以绅士和淑女的姿态为客人提供服务，不仅展示了旅游从业人员的素质，也会受到所有客人的尊重。

（三）旅游与文化已进入融合发展阶段

2018年，在国务院机构改革中，原国家旅游局与文化部合并，组建成新的旅游和文化部，至此，在中国，旅游与文化已进入融合发展阶段，与文化的嫁接，使旅游拥有了更为广阔的发展天地。事实上，文旅产（事）业已成为全社会广泛关注和投资的热点。

三、《旅游学概论》：帮你打开通向旅游业的第一扇门

《旅游学概论》是对人类旅游活动及旅游产业的总体介绍，是旅游专业的入门课程，同时，也是教育部旅游管理类专业（含旅游管理专业、酒店管理专业、会展经济与管理专业等）的四门核心课程之一。如果把《旅游学概论》比作一片森林，那么，其他专业课程就如同这片森林里的一棵棵大树。通过《旅游学概论》的学习，旅游专业的学生可以了解旅游业的基本概念，旅游业的性质、特点，旅游活动及旅游业的内涵和外延，旅游业的发展模式，旅游政策和旅游法规，国内外旅游管理体制以及未来旅游业的发展趋势等，才能对现代旅游业有一个总体的认识，继而为更进一步学习其他专业课程奠定基础，并起到导向作用。不学习《旅游学概论》，学生对旅游业的认识将是片段式的、不完整的。

《旅游学概论》还是其他专业课程的引路者。《旅游学概论》在旅游专业的学生面前展示了一片崭新的天地。通过瞭望这片田野，学生可以发现自己的兴趣所在，进而确定未来学习和深入研究的重点，并进行自己的职业生涯规划：或从事现代化酒店管理，或进入旅行社，或从事旅游规划，或进行旅游景区开发，或从事旅游行政管理，或进行旅游学术研究……条条大路通罗马，关键在于找到适合自己的那一个方向。

四、知行合一：学好《旅游学概论》的关键

要学好《旅游学概论》，需注意以下问题：

首先，要端正学习态度，正确认识《旅游学概论》这门课程的重要性。只有认识并理解了其重要性，才能提高学习兴趣和学习效果。

其次，要认识和把握好《旅游学概论》与其他专业课程的关系，将《旅游学概论》当作旅游专业学习的"敲门砖"。

再次，要理论联系实际。为此，要注意多参加一些旅游实践活动，并将这些活动与《旅游学概论》中所学的知识结合起来，加深对旅游业的认识。

然后，要广泛涉猎有关旅游业的专业知识。通过阅读《中国旅游报》等旅游报刊，关注《旅游饭店内参》（Tourism-hotel）等旅游专业公众号，或者登录相关的旅游专业网站等，多方面关注旅游行业发展动态，保持与旅游行业的密切接触，了解不断出现的旅游新业态、新概念、新理论，不断扩大旅游知识。

最后，我想用美国希尔顿酒店管理学院院长约翰·博文先生在为本人所著《前厅与客房管理》（北京，高等教育出版社，2012）一书所作的"序"中的一段话结束这段文字：

> 作为中国酒店管理专业的大学生，你们正在一个伟大的国家进入一个伟大的行业。酒店业为你们提供了不同的工作。如果你喜欢与数字打交道，你可以从事酒店收益管理或会计工作；如果你喜欢创新，酒店餐饮或事件管理可以为你提供创新的机会；如果你喜欢与人打交道，总台管理和销售可能是你喜欢的工作；对于喜欢细节的同学来说，客房管理可能是你喜欢的重要部门和领域。无论你喜欢做什么，你都可以在酒店找到适合你做的工作。事实上，北美及欧洲的酒店业已经成熟，增长缓慢，而中国的酒店业正处于繁荣发展时期，世界上没有一个比在中国从事酒店业更好的地方。中国对于训练有素的酒店经理人的需求是巨大的，作为中国从事旅游与酒店管理专业的大学生，你们的前程无比远大！

中国酒店业仅是中国旅游业的一个分支，旅游业是更为广阔的一片天地，所以这段话对于打算投身于旅游行业的学生们来说，也是很有指导意义的，请记住：你们正在一个伟大的国家、伟大的时代，进入一个伟大的行业！

第一部分
导　论

　　什么是旅游？旅游就是穿越山水与固有的生活方式，突然发现，原来自己可以像孩子一样特别天真快乐。在旅游中，我可以变得如此哀伤，我也可以激情澎湃，还可以如此温婉！

——于丹

第一章
旅游

  旅游活动是一种社会现象，具有悠久的历史。通过了解旅游活动的历史，可以全面、深入、系统地考察旅游这一社会现象发生、发展的客观规律以及旅游活动的本质。

本章学习目标 / Learning Objectives

- 掌握旅游的基本概念；
- 了解国内外旅游活动的历史；
- 认识现代旅游的基本特征；
- 掌握现代旅游的种类及特点；
- 掌握旅游学基本概念和旅游学研究的主要内容。

本章关键概念 / Key Words

- 旅行 / Travel
- 旅游 / Tourism
- 现代旅游 / Modern Tourism

第一节 旅游与旅游学

一、旅游

旅游是人类社会发展到一定的历史阶段所产生的一种社会文化现象，各国专家学者及国际组织对旅游的定义很多，比较权威的定义有以下两个：

1. 艾斯特定义

艾斯特（IASET）定义是由瑞士学者汉泽克尔（Hunziker）和克拉普夫（Krapf）于1942年提出的，后来被旅游科学专家国际联合会（IASET：International Association of Scientific Experts in Tourism）所采用。艾斯特定义的一般叙述是："旅游是非定居者的旅行和暂时居留而引起的现象和关系的总和。这些人不会长期定居，并且不从事任何赚钱的活动。"显而易见，这一叙述的最后部分不能很好地说明近年蓬勃发展的商务旅游，存在一些不足。任何商务活动的最终目的都是为了赚钱，无论在企业所在地的活动或者外出旅行都是一样的。

2. 世界旅游组织的定义

按照世界旅游组织和联合国统计委员会的定义（以下称WTO1995定义），旅游是"人们为了休闲、商务和其他目的，离开他们惯常的环境，到某些地方去以及在那些地方停留的活动"，并为统计上的鉴别确定了这种在外地的暂时停留"不超过一年"的标准，同时，指出"访问的主要目的不应是通过所从事的活动从访问地获取报酬。"

与艾斯特定义不同，WTO1995定义明确说明旅游包括商务旅游。世界旅游组织的统计手册中也指出：游客在惯常环境以外进行这种商务旅行"是因为与他的职业或与所工作单位的经济活动有关"，而且对许多商务游客来说，其"出行及其出资的决定往往不是本人做出的"。虽然商务旅游本身可能是为了游客所在企业的经济利益即"从事赚钱"，但这与"通过所从事的活动从访问地获取报酬"的劳工和移民等非旅游者具有明显差别。所谓"报酬"是指为劳动而取得的酬劳，与笼统的"赚钱"一说含义有所区别。WTO1995定义将不够确切的"不从事任何赚钱的活动"的提法舍去，以"访问的主要目的不应是通过所从事的活动从访问地获取报酬"作为区分游客和其他旅行者的标准，在概念上也将商务旅游包容在内。因为商务旅游者虽然也会从本次旅行所从事的商务活动中取得自己应得到的报酬，但这些报酬是因其为所在企业付出劳动而由本企业发给，而不是从访问地获得。

WTO1995定义还强调旅游是离开惯常环境的旅行。所谓惯常环境，是指一个人的主要居住地区以及常去的地方，这一概念包含"常去"和"距离"两方面。对于一个要乘坐铁路列车通勤的职工，上下班可能距离较远，但他并未离开自己的惯常环境；而距离一个人的居住地很近的地方，即使很少去，也属于其惯常环境。虽然惯常环境对于不同国家和地区、不同的人有不同标准，但从统计角度仍须有一个可操作的定义，世界旅游组织的文件中对此进行了详细讨论。

二、旅游学

1. 旅游学是新兴的边缘学科

旅游学是研究人类旅游活动发生、发展的一般规律的科学。

旅游学是一门新兴的边缘学科，它与经济学、社会学、人类学、心理学、环境学、管理学、生态学以及历史、地理等诸多学科有着密切联系（见图1-1）。因而旅游学的研究必须吸取上述学科的理论成果。但与此同时，由于旅游活动有其自身特有的规律，因而，旅游学有自己的理论，而不是上述学科理论的简单叠加和堆砌。

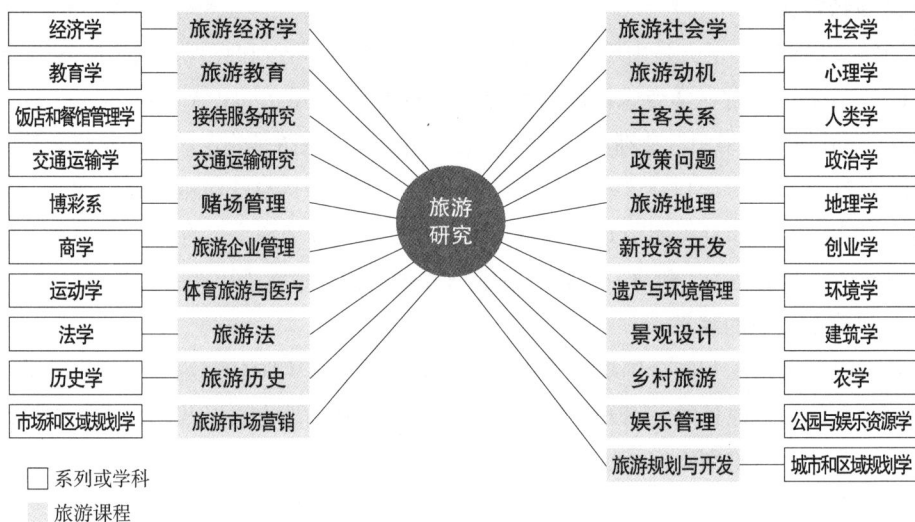

图1-1 旅游研究领域中的学科涉及范围

（资料来源：Adapted from Jafar Jafari, University of Wisconsin—Stout, Study of Tourism: Choices of Discipline and Approach. ）

2. 旅游学的研究内容

旅游学的研究内容一般包括：

- 旅游的基本概念和原理；
- 旅游发展变化的规律；
- 旅游的主体——旅游者；
- 旅游的客体——旅游资源；
- 旅游媒介——旅游业，包括旅游业的性质和特点、旅游业的发展问题、旅游业规划、旅游业的管理（旅游业的管理体制、旅游政策、旅游法规等）；
- 旅游业的影响，包括政治影响、经济影响、文化影响、环境影响、社会影响等；
- 旅游发展问题；
- 旅游管理；
- 旅游业的发展趋势。

第二节 旅游发展史

人类的旅游活动在古代就出现了。公元前5世纪，古希腊的贸易就已经很兴盛，特别是在奥林匹亚举行的祭祀天神宙斯的活动中所进行的体育竞技活动，更是一场体育盛会，吸引了大量的参赛者和参观者，这可以说是古代最盛大的体育旅游活动。

在数千年的漫长历史中，旅游活动的发展，大体经历了三个发展阶段，即古代旅游阶段、近代旅游阶段和现代旅游阶段。

一、古代旅游（19世纪中叶以前）

（一）国外的古代旅游

1. 宗教与军事旅行

古埃及修建了众多的金字塔和神庙，这些建筑物在当时就曾吸引了许多游客前往参观游览。埃及还经常举行宗教集会，大批宗教信奉者闻讯而至，参加庆典活动，这实际上也是一种宗教旅游活动。

公元前300年，波斯帝国修建了长2000多公里的"御道"，并设有百多处驿站，此外，还修建了自巴比伦城直到大夏（中亚和南亚次大陆西北部的古国名，在今阿富汗斯坦巴尔赫附近）和印度边境的道路。由于交通便利，商人、游客自此往来不断。

古罗马帝国政治统一，经济强盛，幅员辽阔，国家提倡和鼓励旅游活动。交通的便利，货币的统一（全国使用统一的罗马铸币），语言障碍的消除（希腊语和拉丁语被确定为官方语言），使得旅游活动得到顺利发展。

与古代相比，中世纪的旅游活动虽没有得到明显发展，但仍有一些旅游活动发展的实绩。在阿拉伯帝国时期，伊斯兰教实行朝觐制度，穆斯林只要有能力，在一生中都要去麦加朝觐，这种宗教活动也就形成了长距离的宗教旅游活动。此外，阿拉伯帝国对旅游活动也是鼓励的，并曾出现过一批著名的旅行家。如伊本·拔图塔就是其中一位杰出人物，他行程12万公里，费时26年，游览了亚、非、欧三大洲，并在1346年来到中国。后来，他将自己几十年的游历经验撰写成《旅行者的欢乐》一书，并得到广泛流传。

特别值得一提的是意大利的旅行家马可·波罗（1254—1324）。他在元朝忽必烈时期，随其叔父来到中国，因受忽必烈赏识而入朝为官，共计17年。在这期间，他遍历中国，回国后以其在中国的所见所闻为主要素材，口述并由他人代笔写成了《马可·波罗游记》。

在资本主义原始积累时期，新兴资产阶级寻求国外更广阔的市场、扩大商品销售的强烈需求，使得海上航行探险活动日益增多。从15世纪中期到16世纪中期前后，涌现了许多著名的航海家和探险家。如发现新大陆的意大利航海家哥伦布（1452—1506），发现绕过非洲南端好望角抵达印度洋航线的葡萄牙人达·伽马（约1469—1524），1519—1522年奉西班牙政府之命率船队完成人类首次环球航行的葡萄牙航海家麦哲伦（1480—1521，途中在菲律宾死于部落冲突）等。这些航海家、探险家的任务虽各有不同，历史贡献也大小不一，但是从一定意义上讲，他们都不失为伟大的旅行家。

2. 英国贵族阶层兴起的"大旅行"时代

法国旅游领域的专家学者们经常把旅游发展史追溯到18世纪欧洲大陆上首先由英国贵族阶层兴起的"大旅行（Le Grand Tour）"时代，甚至更早。所谓"大旅行"，实则是英国权贵以南欧国家为目的地的修学旅行。欧洲人普遍认为，欧洲文明的发祥地为古希腊、古罗马，也就是今天的希腊与意大利。因此，英国的年轻权贵往往会花上若干年的时间去认识与体验南部欧洲的社会制度、历史、文化等，行程通常经由法国、瑞士等国的主要大城市，最终到达意大利的罗马，并逐渐拓展到希腊等其他国家。法国学者们相信，世界上第一批真正意义上的旅游者，正是来自于这个"大旅行"时代。

（二）中国的古代旅游

中国古代社会岁月漫长，几千年间，内容各异、形式多样的旅游活动自是层出不穷，现仅就几种主要的、有代表性的旅游活动作一简略描述。

1. 帝王巡游

历代帝王大都有巡游活动，有的是出于政治、军事等目的，有的则是纯游览性的。周穆王（约公元前1001—前947）是最早出游的帝王之一，其行迹约在我国西北地区，《穆天子传》（又称《国王游行记》，共六卷，书中所记行程至今仍可找到线索，是我国最早的一部以记述游历我国西北地区为主要内容的著作）中可见相关记载。秦始皇在公元前220—前210年的十年中，先后五次巡游，游历了大半个中国。此后，隋炀帝、清康熙和乾隆皇帝等帝王都曾举办过规模较大的巡游活动。尽管他们的巡游大多出于政治上的考量，但不可否认的是，巡游对当时的交通、建筑、园林等方面，都产生了深刻的影响。

2. 士人漫游

孔丘（公元前551—前479）的思想成就同他的旅游活动是分不开的，他游历了宋、卫、陈、蔡、齐、楚等诸侯国，广泛收集文献资料，体察民情，为后代留下了《春秋》等传世之作。司马迁（公元前145—？）在他二十岁至四十岁的近二十年中，游览考察了江、浙、皖、湘、鲁、鄂等地，收集了大量的历史、地理以及文献资料等，为他以后编写《史记》奠定了基础。唐、宋时期，著名的文学家李白、杜甫、柳宗元、欧阳修、苏轼、陆游等都是漫游的代表。漫游中的触景生情催生出了许多不朽的作品。如李白的《黄鹤楼送孟浩然之广陵》："故人西辞黄鹤楼，烟花三月下扬州。孤帆远影碧空尽，唯见长江天际流。"又如苏轼的《题西林壁》："横看成岭侧成峰，远近高低各不同。不识庐山真面目，只缘身在此山中。"无不是流芳百世的旅游佳作。

3. 宗教旅行

唐代的玄奘、鉴真是最著名的宗教旅行的代表。玄奘于唐贞观元年（627年）从长安出发，西出玉门关和阳关而去印度，历时18年，行程5万余里，在贞观十九年（645年）回到长安。根据他的口述和记载，其弟子写成了《大唐西域记》，记述了他在28个国家的所见所闻。鉴真则于唐玄宗天宝元年（742年）起先后6次尝试东渡日本，历尽艰辛后，方于天宝十二年（753年）与弟子34人第六次东渡成功，于第二年抵达日本京都奈良。他的这次旅行，不仅将佛教传入日本，同时也将中国的文化、艺术、建筑等带到了日本。

4. 探险考察旅行

提及中国历史上著名的探险考察旅行，有两个人是不能忽略的：张骞，徐霞客。

受汉武帝之命，张骞于公元前139年出使西域——这既是一种政治性活动，同时也是一次探险性旅行。张骞在西域13年，经多方努力与大月氏等西域国家建立了友好关系。由于张骞通西域之行，"丝绸之路"也随之开通。它东起长安，西抵西欧和中东。由于东西大道的开通，中国丝绸源源不断输往西方，故西方国家把这一通道称之为"丝绸之路"。丝绸之路对东西方的经济、政治、文化的交流、对旅游活动的开展，起了不可估量的作用。

徐霞客是明代的伟大旅行家，自幼喜爱地理，从青年时代起就投身于祖国的地理考察事业。从22岁开始旅行考察，直到56岁辞世，徐霞客30多年如一日，行游四方，足迹遍及江苏、浙江、云南、贵州、河北、山西、陕西等地。所至之处，从经济到文化，从生物到植物，从地质到地貌，从河流到山岳等，无不细心观察思索，白天旅行考察，晚上挑灯整理写作。徐霞客对我国石灰岩地貌的研究取得重大成果（在欧洲，德国人瑙曼对石灰岩进行系统分类的研究，要较徐霞客晚200多年）。集30多年的风雨路途和灯下撰写，形成了《徐霞客游记》，该书不仅是一部地理学名著，同时也是一部文学著作。

二、近代旅游（19世纪中叶至20世纪中叶）

1. 国外的近代旅游

18世纪中期后，欧洲发生了产业革命，后发展到北美等地，其标志是蒸汽机、纺织机的发明和使用。产业革命后，资本主义进入大机器生产时代。由于机器代替了手工劳动，劳动生产率得以极大提高，社会财富被迅速创造出来。在交通工具方面，出现了以蒸汽为动力的火车和轮船。生产社会化和国际化的迅速发展，使国际经济交往日益增多，国际市场开始形成，整个世界开始卷入到资本主义商品经济的漩涡之中。所有这些变化都为旅游的广泛发展创造了社会条件。此外，由于生产的发展，劳动时间缩短，人们可支配收入增加，这些因素又为旅游者的增加提供了条件。

对近代旅游发展发挥了很大作用的应首推英国人托马斯·库克。托马斯·库克生于1808年，一个偶然的机会使他开始了旅游业的生涯。他年幼时，曾为一个花园管理员做助手，并从他那里学到许多人情世故，但该管理员嗜酒如命，终因一次饮酒过量而猝死。此后，他又跟随姑父学习木工，但姑父同样也因酒精中毒而亡。这两件事使库克对酗酒十分痛恶。1841年，当地基督教教会打算组织召开一次禁酒大会，库克积极参与了组织工作。为了帮助参加禁酒大会的人员减轻负担，他征得铁路公司同意，为参加禁酒大会的乘客予以打折优待。

1841年7月5日，库克包租了一列火车，运送570名旅客去参加禁酒大会。这是世界上第一次集体打折的包租列车旅行，也是托马斯·库克从事旅游业的起点。

禁酒大会和其后的禁酒活动十分成功，使很多嗜酒者戒了酒，走上了新的生活。库克也因在禁酒工作方面成绩卓著而名声远扬，社会上一些对团体旅行感兴趣的人，纷纷要求库克为他们提供条件和服务，这就使库克开始酝酿新的发展旅游的计划。之后，库克组建了一个旅游服务处，为旅客安排交通工具和筹划旅游活动项目，开始成为一名短途旅游的组织者和经营者。1846年，他又成功地组织了350名旅客赴苏格兰旅游，并为旅游团配备了导游。由于事业的发展，经营规模也不断扩大。1851年，英国伦敦举办第一次世界博览会，库克所组建的库克父子公司共组织了16万多人次前往参观游览。4年后，世界博览会又在巴黎举行，库克公司这一次共售出了前往巴黎的50万张票。1865年，库克在伦敦开设了营业所，负责为游客安排食宿，讲解旅游知识。1867年，库克设计和推行了旅馆代价券。1879年，又增加了银行业务和外币兑换。1872年，还组织了一次9人团体的环球旅行，历时220天。同年，趁美国经济兴起之机，库克父子公司被迁至美国，改名为美国通济隆公司，其后业务迅速发展，直至成为世界最大的旅游公司之一。

图1-2　"近代旅游之父"托马斯·库克（资料图片）

托马斯·库克（见图1-2）死于1892年，享年84岁。他是近代旅游业的创始者，被誉为"近代旅游之父"，一生为近代旅游的发展做出了巨大贡献，使古老的旅游活动发展到一个崭新的阶段，其成就包括：

- 第一次组织群众包租火车进行团体旅游；
- 第一个开办旅游代理业务；
- 编写出版了第一本旅游指南《利物浦旅游手册》；
- 第一次组织出国包价旅游；
- 第一次组织环球旅游；
- 第一个开办旅游公司。

不幸的是，2019年11月22日，这家旅行社帝国轰然倒下：拥有178年历史、近100架飞机的"全球最古老旅行社"——英国托马斯·库克集团（Thomas Cook Group PLC.）正式宣布破产（见图1-3）。英国《旅游周刊》的新闻部主编基利说起该集团破产的原因时称，"在人们开始转向互联网的时候，它仍在新管理层的决策下扩展门店"，也就是说，托马斯·库克集团是毁于战略决策失误。

美国的运通公司在近代旅游的发展中也起过巨大的推动作用。运通公司是因经营运送贵重物品和货币而涉足旅游业的。该公司由亨利·韦尔斯于1841年建立，最初主要是经营贵重物品、金银等的运送业务。从1850年起，公司开始兼营旅行代理业务，之后经营业务不断扩展，1882年采用了自己的汇票，1891年又开始采用旅行支票。此外，运通公司在1895年、1896年分别在巴黎和伦敦开设营业厅，主要经营行李运输和银行业务，并为去美国的游客提供住宿等服务。

从19世纪中期起，旅游活动不断发展。生产发展和人们生活的提高是旅游活动发展的基础，而铁路、轮船等交通工具的发展，是推进旅游发展的重要手段。旅游者的增多和出游次数的增加也推进了旅馆的建设和发展，社会为旅游服务的相关行业也得到发展。到19世纪末，旅游活动已经有了一定的普遍性，旅游作为一种产业，已初见端倪。

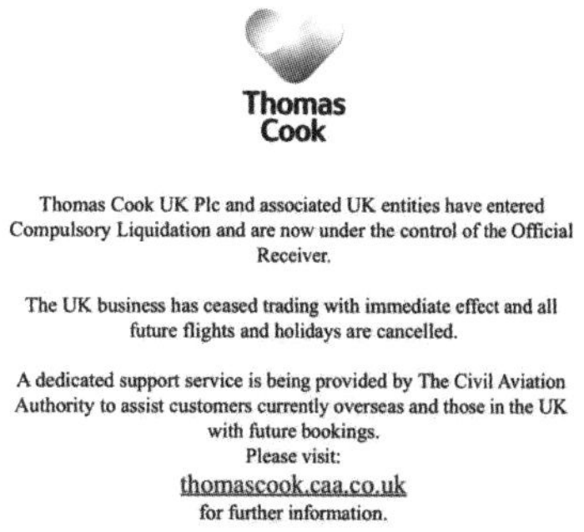
Thomas Cook

Thomas Cook UK Plc and associated UK entities have entered Compulsory Liquidation and are now under the control of the Official Receiver.

The UK business has ceased trading with immediate effect and all future flights and holidays are cancelled.

A dedicated support service is being provided by The Civil Aviation Authority to assist customers currently overseas and those in the UK with future bookings.
Please visit:
thomascook.caa.co.uk
for further information.

图1-3 2019年11月22日，英国托马斯·库克集团正式宣布破产（图片来源于网络）

随着工业生产的发展，人口也越来越城市化，人们在紧张工作之余，对郊外的旅游、消闲的欲望和要求有所增加，以调节呆板的劳动方式和生活方式，与这种社会要求相适应，多种多样的旅游活动项目和旅游目的地被开发出来。旅游不断地向社会的各个方面渗透着。进入20世纪后，随着社会生产、科学技术的进一步发展，旅游业也在继续向前推进，远洋巨轮的航行、汽车的行驶、飞机的飞行，为旅游活动提供了更加便捷的交通条件，人们期望着更多和更丰富的旅游活动。但是，在20世纪的前50年中，世界经历了两次世界大战。两次战争的间隔时期，是繁荣、衰退、萧条和复苏的交替时期，1929—1933年的危机，给社会经济的各个方面都带来了极其深刻的影响。一个新的世纪开始后，旅游活动原本应该有更快和更大的发展，但是，政治和经济的动荡，使得旅游行业并没有出现什么突破性的进展。

2. 中国的近代旅游

近代中国由封建社会逐步演变成半封建半殖民社会，在政治、经济、社会的各个方面都发生了深刻变化。随着中国封建社会的大门被打开，国际性的经济、政治、文化思想的交往不断开展起来，国际和国内的交通发展，也为这种国际交往提供了方便条件，中国近代的旅游业就是在这样的背景下形成的。鸦片战争后，外国的商人、传教士、学者、官员等纷纷来华进行活动。与此同时，中国人出国考察、求学、经商的人数也不断增加。在这种情况下，英国的通济隆、美国的运通旅游公司于20世纪初先后来中国建立起旅游经营机构，为来华的外国人和中国的出境人员办理各种旅行业务。

鸦片战争后，中国的一些进步人士，如林则徐、魏源等人，提出“师夷长技以制夷”的主张，随后又出现了洋务运动，这些都促使一部分人要求到国外学习和考察。到1906年，各种出国留学人员达到8000多人，标志着大规模研学旅游的开始。

中国旅游业形成的标志是中国旅行经营机构的建立。1923年，在上海商业储蓄银行任经理的陈光甫（见图1-4）为适应旅行游览的发展需要，在该银行中附设了“旅行部”，代办国内外车票、轮船票和飞机票，并在苏州、杭州银行分行设立旅行部柜台，由于满足了一些人

图1-4 中国第一家旅行社的创始人——陈光甫（资料图片）

的旅行需要，业务有一定的发展。1927年7月，陈光甫将附设在银行内的旅行部独立出来，正式成立了中国旅行社。这是中国第一家旅行社。

中国旅行社以扩大服务范围为宗旨，以发展中国旅游事业为己任。旅行社纲要四原则是"发扬国光""服务行李""阐扬名胜""改进食宿"。所谓"发扬国光"，即中国旅行社的首要任务就是要发扬国家声誉。当时国内仅有少数外商旅行机构，由于不熟悉"中国情况"，不能正确引导和介绍，以致外国人对中国的名胜、古迹、历史、风尚、物产、文化艺术无法有适当接触，且多有误解，影响了中国的旅游事业。所谓"阐扬名胜"，即鉴于中国有五千年的文明史，幅员辽阔的国土，名胜古迹遍布祖国各地，设立旅行社就是要使游客观赏，使中国名胜得以传扬。

中国旅行社最初的业务是代办车船票，后扩展到代运行李，接送旅客，组织个人和团体的旅游活动。此外，还办理：①留学生出国手续；②设立避暑区服务站；③组织短程的团体游览；④组织境外旅游，如赴日赏樱花等。

中国旅行社在苏州、无锡、镇江、杭州、蚌埠、徐州、济南、青岛、天津、北京、沈阳、西安、武汉、广州、南昌等15个城市设立分社和支社。此外，中国旅行社还先后在纽约、伦敦、河内设立"中国旅行分社"，承办外国人来华旅游事宜。

中国旅行社自正式成立后不断发展，一是适应了社会上不断增多的游客的需要，同时也是与中国旅行社的努力经营分不开的。中国旅行社把银行、旅行社、铁路、旅馆、旅游宣传、出版等连为一体，为游客提供综合性服务，简化了旅行中的各种手续，给游客提供了方便。

1949年中华人民共和国成立之前，由于经济落后，人民生活水平低，社会基础差，中国的近代旅游发展十分缓慢，以游览、休闲、娱乐为目的的旅游活动，仍然是社会少数人的事，而社会上的其他大多数人仍在为生活而疲于奔命，无能力也无闲暇参与旅游活动。旅游作为一种产业，虽说业已形成，但是，它的规模小、水平低，对国民经济的作用十分有限。

三、现代旅游（20世纪中叶以来）

1. 国外的现代旅游

旅游活动虽然有着悠久的历史，并且在产业革命以后有了较大的发展，但是，截止到第二次世界大战时期，旅游人数及次数仍然很少，基本上限于社会的上层人士。

第二次世界大战后，经济社会条件发生了巨大变化，众多因素共同推动着旅游业发展到一个崭新的阶段，即现代旅游阶段。

推动旅游业发展的因素主要有：

（1）新的科学技术革命极大地提高了社会劳动生产率，从而使社会财富和劳动者的收入、特别是可自由支配的收入迅速增加，旅游活动对更多人来说，具有了现实可能性。

（2）社会劳动生产率的大幅度提高，使劳动者的劳动时间缩短成为可能，劳动时间以外的时间，特别是劳动者可自由支配时间的增加，使旅游活动在时间上成为可能。

（3）现代交通工具的发展，使旅游活动变得非常便捷。大型邮轮、高速公路上奔驰的汽车、大型喷气式客机、特别是时速200公里以上的高铁的快速发展，为游客提供了舒适、快捷、安全的交通条件。现代交通工具的运营使人们突然感到地球变小了，偌大的世界，变成了地球村。对于有旅游需求的人们来说，不仅跨省区市旅游十分方便，就是跨国、跨洲的旅游，也变成说走就走的事了。

有了上述条件，旅游得到了飞速的发展。据《世界旅游组织》统计，1950年世界各国接待国际旅游者2530万人次，国际旅游收入21亿美元。而到了2019年，国际旅游者人数和国际旅游收入则已分别跃升至13.71亿人次和1.7万亿美元（见表1-1），分别是1950年的54倍和1240倍。

2. 中国的现代旅游

从20世纪50年代开始，世界旅游已经走入了现代旅游发展的阶段，而在中国，这个时间则要晚得多。1949年中华人民共和国成立后，由于国内和国际的经济、政治等各种原因，旅游业没有发展的条件，1966—1976年，更不具有旅游业发展的可能。实际上，我国旅游业的发展是从1978年后开始的。经过了40多年的发展，成绩斐然，如今已成为世界旅游大国。

中国现代旅游发展的特点是：起步晚，发展快。可以说，是经历了井喷式的发展。

我国把旅游作为一种产业来发展起始于1978年，那时，我们首先发展的是国际入境旅游，其主要目的是为了获取外汇收入和加快对外开放。当时，我们的旅游供给是短缺的，其

表1-1 现代国际旅游发展状况

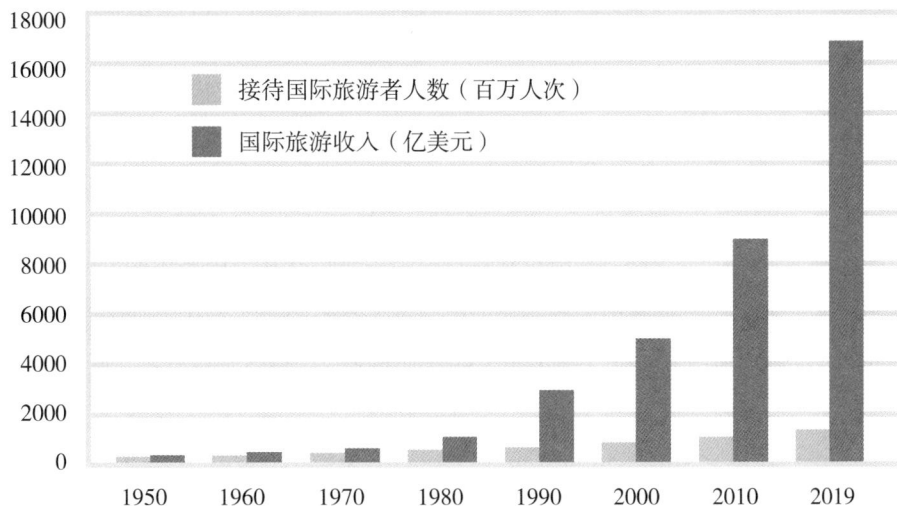

短缺的程度，还不是某种或某类旅游产品的短缺，而是全面的短缺，或者说，旅游产品供给的全面紧张。这种短缺和紧张，对于我国旅游业来说，从一开始就既是巨大的压力，也是无穷的动力和良好的机遇。随后，旅游饭店的兴建，旅游参观点的开发，旅行社业务的拓展，旅游交通的改善，旅游人才的培训，旅游商品的制造……经过5～7年的艰苦努力，旅游产业的雏形已经形成，旅游接待的人数大幅增加，旅游外汇收入成倍增长。1980—1986年，来华旅游入境人数增加三倍多，旅游外汇收入增加一倍半。

20世纪80年代中期以后，在国际入境旅游发展的同时，我国国内旅游开始起步发展，使我国出现了国际入境旅游和国内旅游并行发展的新局面。到2019年，我国国内旅游人次数达60.1亿，国内旅游收入达5.73万亿元人民币。

随着国民经济的发展和国力的增强，从20世纪90年代开始，我国的出境旅游开始起步，并得到高速发展。

2000年，我国出境旅游人数和接待入境旅游人数均首次超过1000万大关，而且可喜的是，出境旅游人次数首次超过了外国入境旅游人次数，标志着我国旅游业跨入新的世纪后，已经进入了新的历史阶段。

2013年，我国出境旅游一路高歌猛进，出境旅游人次数超过9800万，一跃而成为世界第一大客源国。

而到了2019年，我国出境旅游人次数已达到1.69亿，是2009年的3倍，10年间出境旅游人次数增长了2倍。

据统计，自1991年起，中国出境旅游人数年平均增长速度在两位数以上。与出境旅游人数的快速增长相伴随的另一个现象是，中国公民海外旅游花费处于相当高的水平，是人均出境消费最高的国家之一。也就是说，中国出境旅游具有两个显著的特点：一是高增长性；二是高消费性。据联合国世界旅游组织统计，至2012年，中国已超越美国等国，成为世界第一大国际旅游消费国。另据国外NTO提供的数据：在法国，中国游客的平均消费约为3000美元，是欧洲游客的三倍多。据澳大利亚旅游部门的统计，中国赴澳大利亚的旅游者在澳洲人均消费约2200美元，是日本游客平均花费（712美元）的三倍多。

自1990年我国正式开放中国公民因私出境旅游（新加坡、马来西亚、泰国）以来，截至2019年底，经国务院批准的中国公民出国旅游目的地国家和地区总数已达140多个，包括美、日、德、法、英等在内，几乎所有的国家都成为我国旅游目的地，至此，我国旅游业已走上了全面、健康、高速发展的道路。

在观光旅游业蓬勃发展的同时，同样从20世纪90年代初开始，度假旅游也开始在我国兴起，并得到快速发展，标志着我国旅游业的发展已进入高级阶段。近年来，随着中国高铁建设的快速发展，高铁旅游方兴未艾，成为我国旅游业的又一个热点和旅游业发展的助推器。

第三节 现代旅游：特征与种类

丹麦露营协会秘书长安妮17岁时在男朋友的劝说下，进行了一次露营旅游，睡在帐篷里、与大自然亲密接触的经历，深深吸引住了她，让她从此对露营旅游一发不可收。

随着两个女儿的出生，他们的帐篷也由当初的仅够住两个人，变成能住四个人。安妮说，他们会在假期带着女儿们去露营，隔两三周就去一次，一般是去离家一两个小时车程的营地。孩子在草地上奔跑、游戏，丈夫打球、骑自行车……夫妻两个人都从事露营协会的工作，虽然经常出差，但仍然保持每两三周出去露营的习惯。如今，他们早已不再使用帐篷了，家里买了拖挂式房车，两个女儿也都成家了，且都拥有各自的拖挂式房车。

像安妮一家这样的家庭比比皆是。在欧洲，露营已渐渐成为人们的一种生活方式。

一、现代旅游的特征

旅行游览活动虽古已有之，但那不过是商贾、政要、学儒、僧侣等人士的个体活动，向他们提供食宿、交通的店家也是各自分散的单项业务，并未形成彼此衔接的招徕、组织、行宿食购等配套接待网络。由某类企业有组织地从事客运、住宿、餐饮、游览、疗养等系列服务，从而形成一种产业经济，则是在近代市场经济发展和世界政治经济文化体系形成之后出现的。近代旅游业发端于19世纪中叶的西欧，然后向北美、东亚扩展。到第二次世界大战爆发前的近百年里，旅游业在此起彼伏的经济危机、社会冲突、战争与革命中缓慢发展，在欧美初步形成了由一批旅行商、饭店、车船公司等组成的旅游企业。这是国际旅游的初步发展阶段，也可称为传统旅游。

第二次世界大战之后，和平与发展成为世界发展的主流，科学技术突飞猛进，社会经济迅速发展，物资与非物资交流日趋频繁，自由旅行与自主休闲成为公认的人权内容。在这种背景下，传统旅游逐步向现代旅游提升。

现代旅游是对传统旅游业的继承、创新和提升，但又具有传统旅游业所没有的新特征、新业态、新功能。现代旅游的特征主要表现在以下几个方面：

1.旅游资源：注重挖掘当代各种社会资源

传统旅游业主要依托自然生态资源和历史文化资源，而现代旅游业更注重挖掘当代各种社会资源（工业、农业、文化、科技、教育、康体、重大节事、现代科技成就、军事工程等等），依托整个现代城乡环境，依托日新月异的现代科技无限创造，不断地扩大旅游供给的品种和质量。社会旅游资源以现代社会、经济、文化和科技军事成果为旅游吸引物，其核心是人，即人的生活、人的风情、人的精神、人的创造，因而可以不断创造、不断挖掘、不断利用。社会资源无限论为旅游的可持续发展开辟了无限广阔的前景。从这个意义上说，传统旅游资源观的有限论观念应该被重新审视。

2. 旅游产品：具有了生产性服务功能

传统旅游业主要提供观光、度假和康体健身等休闲娱乐产品，通常被认定为生活性服务产品。现代旅游业则将其进一步扩展到公务、商务、会议、展览、人才培训和企业推广等方面，具有生产性服务的功能。以工业旅游为例，既有为旅游者提供观光、休闲、增智、娱乐等生活性服务的功能，又有为工矿企业宣传企业形象、培育企业品牌、扩大企业社会影响的生产性服务的功能。

3. 客源市场：从少数上层社会扩展到普通大众

传统旅游业的市场群体有限，主要是贵族、富商、名流等社会上层富裕阶层。随着社会福利的普及、公民带薪休假制度的建立，休闲权被国际公认为人权的内容之一，旅游休闲已从少数群体的奢侈性消费转而成为大众化的文明生活方式的一部分。

4. 旅游活动范围：从国内和周边邻近地区扩展到全球

传统旅游业的市场半径较短，主要在国内和周边邻近地区，而现代旅游业将其进一步扩展到全球，甚至太空。每年有八九亿人次的国际游客在世界各地进行跨洲、跨国旅游活动。

5. 科技支撑：建立在以数字电子为标志的第三次产业革命成果基础之上

传统旅游业主要依托于近代以蒸汽机的发明和使用为标志的第一次产业革命成果（火车、汽车、轮船等），以及以电器的发明和使用为标志的第二次产业革命的成果（电话、传真等），而现代旅游业则是建立在以互联网和大数据为标志的第三次产业革命成果的基础之上，广泛地吸收、利用现代科技的各方面成果，从而使旅游的生产、营销、服务和管理等各个领域发生革命性的变革，极地旅游、太空旅游、海底旅游、虚拟景观和网络营销、网上预订与结算等电子商务形式等层出不穷。特别是Internet在现代旅游中发挥着重要作用，在一定程度上改变了旅游的模式和旅游企业的经营方式。

6. 旅游经营：形成全球性旅游集团和旅游产销体系

在科技现代化、经济全球化、区域一体化深度推进的背景下，现代旅游业逐步形成了跨地区、跨国家、跨洲界、跨行业（旅行商、饭店、航空公司、游船公司、娱乐公司、度假村等）的全球性旅游集团，产生了一大批各有专长、各具特色的著名国际、国家旅游品牌企业。在这些著名旅游集团的主导下，形成了由批发、代理、零售组成的全球性旅游产销体系，如以携程和airbnb（爱彼迎）为代表的在线旅游平台等。

7. 产业队伍：素质提高，规模扩大

传统旅游业主要是劳动密集型产业，就业门槛相对较低。现代旅游业以高新科技为支撑、知识经济为依托，拥有一支优秀的企业家队伍、高素质的管理团队、各种技术专长的专家群体以及训练有素的员工队伍。像迪斯尼这样的全球性休闲娱乐、旅游度假品牌，无疑集合着一支从策划创意、设计制作到经营管理和市场营销各方面的专家在内的高素质的员工队伍。在世界范围内，旅游从业者已成为一支重要的产业队伍（约占全球就业人口的10%）。

8. 产业形态：多元化

传统旅游业主要由客运、风景、住宿、餐饮等行业组成，配套的有通信、购物、娱乐、康疗等行业，产业构成较为简单。现代旅游业由于其地域延伸、规模扩张和产品深化，与国民经济的众多产业具有千丝万缕的联系。它是一个以行、游、住、食、购、娱为核心，由旅游服务行业和与该行业直接、间接相关的一、二、三产业共同构成的旅游产业，由众多行业链（或行业群）组成的产业集合体。有些行业和部门，由于旅游业发展的巨大需求，已形成某些相对独立的分支行业，如旅游教育业、旅游咨询业、旅游广告业、旅游农业等。

产业形态的多元化还表现在旅游活动的内容和方式方面，各种专业旅游不断增加。例如观光旅游、度假旅游、生态旅游、民俗旅游、体育旅游、研学旅游、会议旅游、烹饪旅游、狩猎旅游、探险旅游等。

9. 与自然环境的关系：注重保护

传统旅游业依托良好的生态环境和优美奇特的自然风光，侧重对自然生态环境的利用开发，更多的是对自然生态环境的"索取"。现代旅游业在依托生态环境和自然风光的同时，更注重对自然生态环境的保护、培育和优化，主张开发绿色产品，推广绿色经营，提倡绿色消费，开展绿色宣传，提高旅游管理者、经营者、旅游者和旅游目的地居民的环境意识、生态意识和绿色旅游意识，建立绿色旅游管理体制，日益成为资源节约型、环境友好型产业。

10. 产业地位：已确立相对独立的产业地位

旅游业在国民经济中的地位和重要性已突现，在一些国家和地区，旅游业已成为重要的支柱产业。

11. 旅游交通：快捷、舒适、浪漫

现代旅游交通发生了革命性的变化。汽车的普及和高速公路网的大规模扩建和发展，使得人们外出旅游更加方便、快捷。以A380为代表的宽体客机的出现和高速铁路的迅猛发展，则不仅使旅游活动更加快捷、方便，而且能够使旅游者享受到前所未有的舒适。乘坐邮轮、游艇旅游则是浪漫一族旅游者的首选。

二、现代旅游的种类

随着社会的进步和旅游业的发展，现代旅游可谓异彩纷呈，概括而言，主要有以下几种类型。

（一）按照旅游目的划分

按照旅游的目的划分，现代旅游主要有以下几种类型：

1. 观光旅游

观光旅游是以参观游览各类人文和自然景观为主要目的的旅游活动。观光旅游是初级阶段旅游活动的主要特征，也是大众化旅游时期的主要特征。观光旅游者通常对旅游产品的价格比较在乎。旅行社组织的团队旅游通常都属于观光旅游。

图1-5　全球最大的会展中心——
广交会琶洲展馆（刘伟 摄）

图1-6　2010年上海世博会创下了
多项世博之最（刘伟 摄）

图1-7　大陆游客在台湾乡村度假
（刘伟 摄）

2. 商务旅游

商务旅行是以从事各类商务活动为主要目的的旅游类型。商务旅行者对住宿、交通、饮食等要求较高。

3. 会展旅游

会展旅游是以参加国内外各类会议、展览为主要目的的旅游活动。

随着经济的发展，各类会展活动将不断增多，从事会展旅游的人数正在迅速扩大，会展旅游在国民经济中的地位将不断上升。"如果在我这个城市召开一个国际会议，就好比有一架飞机在我们头上撒美元"，一位美国市长如此比喻会展旅游的魅力。会展旅游的主要目的地是国内外商业发达的现代化大都市。北京、上海、广州是中国三大会展城市，其中，广州中国进出口商品交易会（简称"广交会"）不仅是"中国第一展"，而且经过30多年的发展，其规模已经超过德国汉诺威通信及技术博览会和汉诺威工业博览会，成为"世界第一展"。国际会议组织ICCA（国际大会及会议协会）主席曾预测：中国有可能成为21世纪国际会展旅游的首要目的地（见图1-5）。

2010年在我国上海举办的世博会，则是最具代表性的会展旅游项目，创下了展会规模、接待游客人数和旅游收入等多项世博之最。世博会期间，上海处处游客如织，大街小巷都可以见到来自世界各地的游客。旅游行业赚了个盘满钵满，旅游饭店连连爆满（平日100多元的经济型酒店的房价，都可以卖到500多元）。世博会将上海进一步推向了世界，极大地促进了上海旅游业的发展（见图1-6）。

4. 度假旅游

度假旅游是现代社会人们以休闲、放松、度假为主要目的的一种新形式的旅游活动，是观光旅游的替代产品。随着经济的发展和社会的进步，生活节奏日益加快，人们对生活质量的要求越来越高，同时，人们的收入水平和闲暇时间也越来越多，这就为度假旅游创造了条件。温泉、海滨、沙滩、山地滑雪等是传统的度假旅游目的地，近年来，城市附近的乡村、度假村也成了广受欢迎的度假好去处（见图1-7）。

从本质上讲，度假旅游是为实现人类自身的可持续发展而开展的旅游活动，是旅游活动的高级形式，符合未来旅游业的发展趋势。

作为新旅游形式的度假旅游，一般具有以下特点：

（1）度假旅游的访问地相对固定。度假旅游者到达目的地后，一般活动范围不大，往往局限于度假村及其周围地区。

（2）度假旅游更强调休息。观光旅游着意于游山玩水，欣赏异国情调，以开阔视野，增长见识；而度假旅游则主要是在工作紧张之余，寻求消遣，消除疲劳，增进身心健康。

（3）度假旅游在一地的停留时间相对较长。度假旅游的目的是为了好好休息，因此在一地停留的时间较长。而观光旅游者则不然，往往是走马观花式的，有的当天来，当天走。

（4）度假旅游者一般不需要导游。

5. 研学旅游

研学旅游是以研修异国他乡的文化、学习特定知识并取得生活体验为主要目的的旅游活动。"研学旅游"一词源自日本，日本的现代研学旅游已有近130年的历史。

研学旅游作为素质教育的重要组成部分，可以让学生在旅行的过程中陶冶情操、增长见识，体验不同的自然和人文环境，获得综合素质的提升。

研学旅游在发达国家十分盛行，而在我国尚处于初级发展阶段。不过，近年来，我国政府已开始重视研学旅游的发展，研学旅游在我国已开始盛行。

2013年发布的《国民旅游休闲纲要（2013—2020）》提出"逐步推行中小学生研学旅行"的设想，"鼓励学校组织学生进行寓教于游的课外实践活动"。

2014年，在《国务院关于促进旅游业改革发展的若干意见》（国发[2014]31号）中，研学旅行被当作拓展旅游发展空间的重要举措，并较全面地做出了原则性规定，涉及中小学研学旅行体系建设、中小学生集体出国旅行规范、研学旅行基地建设、接待体系完善以及优惠政策等，对我国研学旅游发展起着里程碑式的作用。文件还指出，不同学习阶段的研学旅游重点不同：小学阶段以乡土乡情为主，初中阶段以县情市情为主，高中阶段以省情国情为主。

2016年，教育部发布了《教育部等部门关于推进中小学生研学旅游的意见》，明确表示要让广大中小学生在研学旅游中感受祖国大好河山，感受中华传统美德，感受革命光荣历史，感受改革开放伟大成就，增强并坚定对"四个自信"的理解与认同；同时学会动手动脑，学会生存生活，学会做人做事，促进身心健康、体魄强健、意志坚强，促进形成正确的世界观、人生观、价值观，培养他们成为全面发展的社会主义建设者和接班人。

随后，国家旅游局发布了《研学旅游服务规范》，详细提出研学旅游的安全性问题。

2017年年底，教育部公示了第一批"全国中小学生研学实践教育基地或营地"名单，并出台了推进中小学生研学旅游的意见，要求各地要把研学旅游摆在更加重要的位置，推动研学旅游的健康快速发展。

无疑，研学旅游将成为下一个旅游新业态和国内旅游的一片蓝海。

可扫描二维码，观看广州白云机场的研学旅游者音、视频。

6. 奖励旅游

奖励旅游是旅行社以及旅游公司等旅游企业为满足国内外企事业单

位激励其员工的需要而开发的旅游产品类型。在现代企业管理中，单一的物质奖励手段渐渐老化，强调员工的精神方面激励对增强企业凝聚力、提高工作积极性大有裨益，奖励旅游应运而生。

奖励旅游是旅游行业的高端产品，只有在国际商务旅行发展到一定阶段时，才可衍生出奖励旅游产品。对于企业而言，奖励旅游不仅是一种员工激励方式，也是各大跨国公司最受青睐的市场营销手段之一。各大公司为激励自己的分销商及销售人员更加努力地工作，而热衷于组织奖励旅游活动。国际奖励旅游的目标市场大多是大型国际企业的年度表彰会议。

从某种意义上讲，奖励旅游是商务旅游和消遣旅游的"混血儿"，是旅游活动与管理手段的巧妙结合。这是因为，它有着多重的属性，发挥着多种功能。

首先，它具有商务旅游的属性。这项旅游活动的费用不是由旅游者本人支付的，而是由其他人（往往是雇主）支付的；这项旅游的目的是奖励做出卓越贡献的员工，鼓励参与者将来更加努力地工作，绩效更加突出。这项旅游活动是由别人设计、安排的，而不是参与者本人的自主选择，当然，这项旅游活动往往给参与者带来许多意外的、异乎寻常的体验。

其次，它是一项消遣旅游。旅游活动的本身并非为商务或公务活动，而是为了参与者的消遣和享受；旅游的行程是精心设计的，这些行程中往往包括旅游目的地最著名、最独特的旅游吸引物和一些特殊的激动人心的活动；旅游的过程是轻松愉快的，往往可以与配偶或家人、同事们在一起共享天伦之乐。

最后，它是一种管理工具。奖励旅游是用来刺激员工完成明确规定的商业目标的管理工具之一；奖励旅游可使旅游的参与者感觉受到尊重，欣慰于他们的优异业绩得到承认，且相信自己的行动为其他人树立了效法的榜样；奖励旅游的举办是为了培养一种企业文化，创造一种企业精神，增加企业或组织的凝聚力和员工的忠诚度。

但是，奖励旅游并不仅仅意味着吃好、住好。你可以扫描二维码，深入了解有关奖励旅游的更多内容。

7. 体育旅游

体育旅游是以参加和欣赏国内、国际各类体育赛事为主要目的的旅游活动。当今社会，体育旅游已成为旅游活动的重要组成部分，滑雪、登山、漂流等都是体育旅游的表现形式。世界各地每年都举办为数众多的各类体育赛事，特别是奥运会、足球世界杯等，作为大规模的全球体育盛会，吸引着成千上万的运动员、教练员、新闻记者、球迷和体育爱好者，带动了当地旅游产业的发展，为主办国和地区创造了巨大的旅游收入。2008年北京奥运会及2010年广州亚运会，就为这两个城市带来巨大的旅游收入，同时也极大地促进了中国旅游业的发展。

体育旅游是以体育为载体的旅游活动，体育与旅游之间的关系密不可分，正如前任世界旅游组织秘书长弗朗加利与国际奥委会主席罗格在联合声明中所指出的那样，体育与旅游具有相同的目的：在不同的文化、生活方式和传统之间建立起沟通的桥梁；促进各国间的和平与友好；激励青年人；通过减少生活压力为大多数人带来娱乐和享受。

8. 宗教旅游

宗教旅游是以宗教为主题的旅游活动。全世界有三大宗教：基督教、佛教和伊斯兰教，信徒达数十亿之众，很多人每年都要赴各地的宗教圣地去朝圣或参加各类宗教活动。特别是伊斯兰教徒，每年都有成千上万的人从世界各地远赴伊斯兰教圣地麦加朝圣，形成浩浩荡荡的宗教旅游大军。而我国青海、西藏等地的佛教徒，历经千辛万苦，去佛教圣地朝圣，也是一种宗教旅游（见第I页图01）。

9. 生态旅游

参见本书第七章第一节的相关内容。

10. 黑色旅游

黑色旅游是指到"与死亡或灾难相关的地方"的旅游活动。比如，观看古罗马角斗士的表演、中世纪的朝圣以及公众观看死刑，参观奥斯威辛集中营、新奥尔良的"卡特利娜飓风灾难之旅"等，都是与暴力、死亡或灾难相关的旅游现象。20世纪，这种现象变得广泛化和多样化，出现了战争旅游、暴力旅游、监狱旅游、大屠杀旅游、墓地旅游等多种旅游形式。

虽然"到与死亡或者灾难相关的地方或者吸引物"旅游的现象有着长期的历史并且逐渐发展，但是直到1996年，列农和弗勒才提出黑色旅游（dark tourism）来定义这种旅游现象。2000年，他们合作出版了《黑色旅游：死亡与灾难的吸引力》一书，此后黑色旅游现象引起了学者们广泛的研究以及媒体的注意（如黑色旅游的专门网站：www.dark—tourism.org.uk），成为旅游学界新兴的热点研究领域。

考虑到黑色旅游目的地、吸引物以及经历的广泛化和多样化，许多学者依据黑色旅游的"黑色的强烈度"将其划分为不同的形式。迈尔斯首次提出了"更黑色旅游（Darker Tourism）"以及"最黑色旅游（the Darkest Tourism）"。他指出，与"死亡、灾难和文明衰败"相关的目的地和"死亡、灾难和文明衰败"的真实发生地是不同的。如果去前者参观游览可以很自然的描述为黑色旅游的话，那么到后者的旅途以及朝圣则需要更深厚的情感，应该被称作"更黑色旅游"。而最黑色旅游超越了区分上述二者的空间差异，以及区分上述二者与历史真实之间的时间差异，网络上的互动电子媒体及其新一代的电视为最黑色旅游的发展开辟了道路，通过这些手段，游客可以体验到最接近真实的经历，这就是最黑色旅游。

图1-8 博彩旅游——澳门的经济支柱（图片来源于网络）

11. 博彩旅游

博彩旅游是一种重要的旅游类型。1988年，美国只有两个州——内华达州和新泽西州允许设立赌场，但是到了2005年，包括印第安博彩在内，已经有28个州开设了赌场。时至今日，在美国，只有夏威夷州和犹他州这两个州没有将博彩合法化，而去赌场的美国人远比去动物园、水族馆、野生动物园的人数要多，且这种娱乐潮流仍在持续。

实际上，全球很多地方都经营有博彩业。因赌场而闻名的地区和城市包括拉斯维加斯、摩纳哥、加勒比地区、伦敦、尼斯、澳门（见图1-8）和里约热内卢。博彩，或博彩业，已经成为旅游业中的一支主要力量。

12. 特种旅游

从旅游经济的角度看，特种旅游是一种较高端的旅游消费，有高风险、高盈利的特点。

关于特种旅游的界定，国际上并没有形成统一的说法。特种旅游的英文直译为特殊兴趣旅游，简写为SIT。从产品分类来说，通常把摄影旅游、观鸟旅游、灾害旅游以及穿越、登山、蹦极、探险等都归为特种旅游的范畴。很多情况下，体育旅游和主题旅游也都被归入特种旅游的范畴，其中，体育旅游还是特种旅游的重要组成部分。

开展特种旅游，需要一定的准入条件，除了旅行社以外，各种行业协会在其中扮演重要角色。事实上，国外主要是通过相关的协会去引导特种旅游的发展，甚至由协会直接负责起相关推介活动和特种旅游的组织工作。这一方面的典型例子是新西兰——在这个国家，所有的探险项目都是由探险协会组织的，其他如印度、加拿大、巴西等国的情况也是一样。这些国家的探险旅游之所以做得比较好，主要就是因为行业协会发挥了巨大作用，甚至在宣传方面，也都是通过行业协会来开展的。

由于旅游的类型、方式比较特殊，地点也较为偏远，且常带有探险性质，所以，特种旅游的安全问题是一个比较突出的问题，需组织者特别关注。国家也应该在特种旅游的市场准入、人员资质、设施设备标准等方面，出台相关的法律、法规，对特种旅游活动及其经营加以规范。

与观光旅游、度假旅游相比，特种旅游虽然属于"小众"市场，但在国外已经相当发达。随着中国经济、社会的高速发展和旅游业的转型升级，特种旅游在中国具有广泛的发展潜力，越来越受到年轻人的追捧。

（二）按照其他标准划分

此外，按照组织形式划分，旅游还可以划分为团队旅游和散客旅游；按范围划分，旅游可分为国内旅游和国际旅游；按照对象划分，旅游可分为工业旅游和乡村旅游；按方式划分，旅游可分为自驾车旅游、露营旅游、高铁旅游和邮轮旅游等。

1. 团队旅游与散客旅游

（1）团队旅游

团队旅游是一种集体性质的旅游，通常通过旅行社组织游览活动，其优点是：

● 省心、省时、方便。旅游者的交通、食宿、游览项目以及导游工作等都由旅行社负责安排，省去旅游者很多事宜，令他们不必亲自为此而奔波、操心、做攻略。

● 价格便宜。参加旅游团在很多方面能够得到航空公司、旅游饭店、旅游景点等旅游企业的优惠，因而价格便宜得多。

● 有安全感。旅游者到异国他乡一个陌生的地方，会遇到很多安全问题，很多旅游者在出发前也会为购买机票、预订旅馆而发愁，尤其是在旅游旺季以及在旅游设施较为缺乏的国家和地区，旅游者担心不能按时抵达和离开某地，不能顺利地订到旅馆、饭店，等等，因而缺少安全感。但如果参加旅游团队，这一切都将由旅行社负责安排，就会减少这种不安全感，解除其后顾之忧。此外，参加旅游团，由于能够得到旅行社和导游人员的照料，因此，较之于散客旅游，更能保障旅游者的人身和财物安全。

- 享受导游服务。参加团体旅游项目，旅游者一般都能享受旅行社提供的导游服务，从而可以使旅游者克服语言障碍，更好地了解旅游地的文化历史、民俗风情以及旅游景点的一些情况，顺利地完成旅游活动。

团队旅游的缺点是缺乏自由度。旅游者在旅游活动中要受到团队较多的限制，而不能随心所欲。旅游日程、项目和时间的安排都由旅行社决定，单个旅游者必须服从，从而限制了个人的意志和爱好。另外，团体旅游日程安排一般比较紧张，有人认为，它是一种"赶鸭子"式的旅游方式，这是很多旅游者难以接受的。最后，团队旅游参加游客比较多，各自的兴趣、爱好千差万别，在旅游途中，容易发生意见分歧，进而产生矛盾和冲突，如果解决不好，会造成整个旅途的不愉快。

（2）散客旅游

散客旅游是相对于团体旅游而言的一种个体旅游，通常旅游活动中的一切事宜均由游客自行解决（当然某些项目也可以委托旅行社代办），它虽然缺少团体旅游所具有的便利、优惠等条件，但它最大的特点是"自由"（见图1-9）。自由行的自由度主要体现在产品选择的自由度、时间的自由度以及行程的自由度三个方面。游客可自由选择游览地，自由掌握游览时间和游览节奏，自由选择适合自己口味的旅游内容，而不必受团体的限制。

2. 国内旅游与国际旅游

国内旅游是一国居民在本国境内从事的旅游活动。发展国内旅游对于国内政治的稳定、社会的进步、经济的发展和国内居民生活质量的提高，都有重要意义。

国际旅游是旅游活动发展的高级阶段，是一种跨国旅游活动，分为国际入境旅游和国际出境旅游两种类型。发展国际旅游对于满足人民需要，增加外汇收入，平衡国际收支，扩大对外交流，增强各国人民之间的友谊，促进各国人民之间的理解，维护世界和平等，都具有重要影响。

国内旅游和国际旅游相互影响，相互促进。一般而言，国内旅游是国际旅游的基础，当国内旅游

图1-9　自由自在的散客旅游者（刘伟 摄）

发展到一定阶段以后，必然产生国际旅游需求。但对于广大发展中国家而言，旅游业发展的轨迹通常为：国际入境旅游→国内旅游→国际出境旅游。中国改革开放40多年来，所走过的正是这样一个旅游发展历程（见图1-10）。

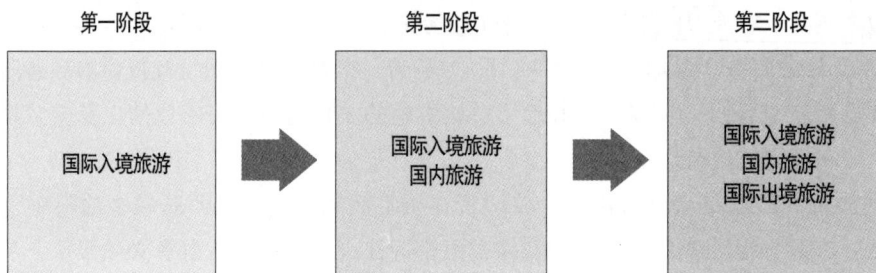

第一阶段	第二阶段	第三阶段
国际入境旅游	国际入境旅游 国内旅游	国际入境旅游 国内旅游 国际出境旅游

图1-10　发展中国家旅游业发展历程

3. 工业旅游与乡村旅游

（1）工业旅游

工业旅游是以国内外大型和知名工业企业为参观游览对象的现代旅游活动，其目的是学习考察、增长见识和满足好奇心；而对于作为参观游览对象的知名企业而言，则是进一步扩大其社会影响和知名度，树立良好社会形象，加强企业品牌建设的重要途径，因而这一旅游方式备受广大游客和企业的欢迎。

工业旅游不是工业与旅游的简单结合，而是要把工业的魅力与文化和艺术相融合，并将这种内涵渗透到旅游的形式中，体现出独特的个性。

（2）乡村旅游

乡村旅游是指以城市居民为旅游主体，以观光、休闲、度假为主要目的，以城郊乡村为目的地的旅游活动。主要是城市居民利用周末等闲暇时间，去城郊乡村（通常为1小时左右车程）观赏农作物、钓鱼、打牌、玩游戏、娱乐、享受乡村美食和淳朴的民风民俗，以达到彻底放松的目的。

乡村旅游起源于1885年的法国，之后开始大规模发展，至今已在德国、奥地利、英国、法国、西班牙、美国、日本等发达国家具有相当的规模，走上了规范化发展的道路。西班牙政府对乡村旅游十分重视，每个大区政府都对乡村旅游立法，从法律上确立乡村旅游的地位。如法律规定，乡村旅馆必须是具有50年历史以上的老房子，最多只能提供10~15个房间，以防止游客数量过多，破坏农村固有的面貌。开业需要申请，经政府审批才发给开业许可证。政府还通过减免税收、补贴、低息投资贷款等对乡村旅游给予特定的扶持和帮助。

国外乡村旅游的类型主要包括观光型、休闲型和乡村文化型，而中国最具代表性的乡村旅游形式则当属"农家乐"。这种旅游形式最早诞生于成都（20世纪80年代），客人多为成都市民，旅游的主要目的是休息、娱乐与餐饮。至2019年，成都的农家乐接待户已多达近万家，其旅游产品也已由单调的"住农家屋、吃农家饭、干农家活、享农家乐"为内容的

"农家乐"，逐步向休闲、度假、养生、会议等多功能产品过渡，并形成了农家园林型、观光果园型、景区旅舍型、花园客栈型、养殖科普型、农事体验型和川西民居型等几大类经营特色，经营模式也由一家一户经营向会所、山庄和乡村酒店发展，同时，成都的乡村旅游产品也在向主题化方向发展，如成都市锦江区委、区政府倾力打造的"五朵金花"——幸福梅林、花乡农居、江家菜地、东篱菊园、荷塘月色——旅游景点已成功进入成都市旅游市场，深受成都市民的欢迎。随着消费升级，我国很多地方的农家乐已开始向高档民宿转型。

如今，也有这样一群人，"他们是新潮游客，他们在世界各地的有机农场用劳动换食宿，他们被称为'国际农夫'"。你可以扫描二维码，了解更多有关于"国际农夫"的内容。

4. 自驾车旅游与露营旅游

（1）自驾车旅游

顾名思义，自驾车旅游就是旅游者自己驾驶私家车（或从汽车租赁公司、旅行社等租赁小汽车、房车或越野车）与家人或朋友一起前往旅游目的地外出旅游的一种形式（见第I页图02）。其最大的特点是方便，且能够体验旅游和驾驶乐趣，因而是现代度假旅游和探险旅游的重要方式，受到现代旅游者的欢迎，成为未来旅游业的发展趋势之一。

（2）露营旅游

露营旅游是指不依赖固定房屋等人工设施，通常以自带设备在野外生活等为主要目的的自由活动方式，它集观光、健身、休闲、娱乐、体育竞技于一体，目前已成为社会大众积极投入参与的时尚旅游休闲消费行为。近年来，露营旅游在世界各地逐渐盛行，在欧美一些国家，露营甚至已成为人们日常生活中的一部分。据悉，欧洲拥有6000多个标准的露营地，每年夏季这些露营地都处于爆满状态，而在美国，1/3的旅游住宿设施、1/3的旅游时间以及1/3的旅游地是以露营形式存在的，每年露营人数超过3000万，单露营地年收入就超过200亿美元。

露营旅游表现出如下特点：

● 空间范围广。依托发达的高速公路网和密集的公路群，在私家车发展迅速、自驾车日益发达的地区，露营旅游能抵达较远的距离。

● 产品需求多元。丰富的旅游资源（如山地、森林、滨海、湖泊包括河湖水库，以及草地、沙漠、古村落、果园、特色乡村等）都是理想的露营旅游胜地（见图1-11，图1-12），多样化的自然背景是露营旅游的重要优势，它可以满足不同爱好群体的不同需求，各风景名胜区、森林公园、自然保护区等，由于风景宜人，观光资源丰富，将成为最受露营者欢迎的地区。

● 露营活动形式多样。在追求浪漫、自主、放松等心态下，文娱表演、竞技比赛、地方民俗、篝火晚会、自助野炊等露营活动受到欢迎。

● 露营旅游营地设施有一定的要求。在安全的前提下，要有良好的设施配置，如个人卫

图1-11　位于广州从化的"北纬23度8"森林露营地（"北纬23度8"森林露营地 供图）

图1-12　奢华的房车内部装饰（"北纬23度8"森林露营地 供图）

图1-13　高铁旅游已成为我国现代旅游的新标志和旅游业发展的新引擎（图片来源于网络）

生设施、各类租用设备、日用品、药品、服务设施等，有特色、服务质量好的露营地会获得露营客的青睐。

5. 高铁旅游与邮轮旅游

（1）高铁旅游

高铁旅游是指乘坐高铁，在高铁沿线旅游目的地参观、游览和度假的旅游形式。随着我国各地高速铁路的不断开通，高铁旅游热潮席卷全国，带旺了高铁沿线旅游城市和旅游目的地的发展，旅行社也纷纷推出高铁旅游线路和旅游产品，吸引高铁旅游者，高铁旅游成了旅行社一块大蛋糕（见图1-13）。

（2）邮轮旅游

一部《泰坦尼克号》，在向人们展现友爱等人性之美的同时，也尽显了海上旅行的浪漫与惊喜。享受邮轮上的浪漫生活，今天已经成为许多人的梦想。

发展邮轮经济无疑对于促进一个地区（城市）旅游业的发展和转型升级具有重要意义，21世纪，邮轮经济将得到蓬勃发展，我国很多省区市已经充分认识到邮轮经济的重要作用，纷纷投巨资修建国际邮轮码头和邮轮城，目前国内已建和在建的邮轮码头（城）包括上海邮轮码头（母港）、厦门国际邮轮城、香港启德邮轮码头、深圳太子港邮轮码头、广州南沙港邮轮码头以及天津、青岛、海口、大连、宁波等邮轮码头。

在中国邮轮市场中，未来几年内最主要的消费群体，一是中青年人，这个年龄层的人在经济上完全独立自主或趋向于独立自主，在生活上追求更高的品质；二是大型企业，其大型商务活动、员工奖励、客户联谊活动正转向于选择邮轮旅游作为新的活动方式；三是大型社团，其传统的大型会议、大型活动正在失去吸引力，正在选择新的方式；四是中老年市场，由于邮轮旅游通常出境，需要较长时间，而所需的费用又不是很高，这对于已经退休、有时间但比较节俭的中老年人很有吸引力。这四部分群体将是中国邮轮客源的中坚力量。

有关目前我国邮轮旅游中存在的问题，可扫描二维码进行深入了解。

【本章小结】

● 按照世界旅游组织的定义，旅游是人们为了休闲、商务和其他目的，离开他们惯常的环境，到某些地方去以及在那些地方停留的活动。

● 旅游学是研究人类旅游活动发生、发展的一般规律的科学，是新兴边缘学科，与诸多学科有着密切联系，有其特定的研究内容，包括旅游发展史、旅游者、旅游资源、旅游业及其影响、旅游营销、旅游业发展趋势等。

● 旅游活动的发展，大体经历了三个发展阶段，即古代旅游阶段、近代旅游阶段和现代旅游阶段。改革开放以来，我国的旅游业发展很快，当前已经形成国际入境旅游、国内旅游、国际出境旅游并驾齐驱的发展格局，进入了旅游业发展的高级阶段。

● 按照旅游目的地划分，现代旅游分为观光旅游、商务旅行、会展旅游、休闲度假旅游、研学旅游、体育旅游、宗教旅游、生态旅游等类型；按照其他标准，可分为团队旅游与散客旅游、国内旅游与国际旅游、工业旅游与乡村旅游、高铁旅游与露营旅游、邮轮旅游与游艇旅游等。

【复习思考】

1. 什么是旅游？
2. 人类的旅游活动分为哪几个历史阶段？各有什么特点？
3. 现代旅游有哪些主要特征？

【案例分析】

"青岛啤酒"的工业旅游

背景：世界一流的青啤博物馆

青岛啤酒博物馆于2003年8月落成，它是在考察了美国、日本、荷兰、德国、丹麦等国家的一些国际大型啤酒集团的博物馆的基础上，集各家之所长，聘请欧洲著名设计师设计建造的融合东西方文化的典范之作。博物馆以国际性、前瞻性、和谐性和趣味性为基础，突出了工业旅游的历史性与专业性，是一座世界一流、国内唯一的啤酒博物馆。经过近5年的发展，青岛啤酒博物馆已成为国家AAAA级旅游景点、国家级重点文物保护单位和首批全国工业旅游示范点，逐步成为青岛旅游的精品项目、山东旅游的亮点、国内工业旅游的明珠。

战略合作：世界看中青啤

青岛啤酒公司的工业旅游红红火火，吸引了世界的目光。早在2007年8月，青岛啤酒公司与世界旅游组织（WTO）签订了战略合作协议，成为继微软之后该组织在全球的第二家合作伙伴，这标志着青岛啤酒公司在创建青岛啤酒博物馆之后，工业旅游项目"与世界干杯"战略正式实施。

在2007年的中日韩三国旅游部长会议期间，青岛啤酒博物馆得到了三位部（局）长和旅游界人士的高度评价。他们称青岛啤酒博物这个馆旅游景点浓缩了中国啤酒工业及青岛啤酒的发展史，集文化历史、生产工艺流程、啤酒娱乐、购物、餐饮为一体，具备了旅游的知识性、娱乐性、参与性等特点，体现了世界视野、民族特色、穿透历史、融会生活的文化理念。中日韩三国旅游部（局）长的金手印也被收藏于青岛啤酒博物馆内，成为三国旅游发展与合作的见证。

营销文化：新科技打造梦工厂

工业旅游不同于传统旅游，它以科技含量和企业文化为卖点；工业遗产的利用和改造有巨大的想象空间，个性化、差异化的旅游需求更是无止境。

"体验经济"带来的快乐，终生难忘。为了发展工业旅游，青岛啤酒专门成立了青岛啤酒文化公司，作为青岛啤酒工业旅游项目的日常经营者。该公司的重要任务就是要把青岛啤酒的文化营销理念转化为游客的切身"体验"，把青岛啤酒百年文化中最精彩的内容"说"给游客听，"做"给游客看，通过让游客亲身"体验"去完成企业文化的营销。

"给我一小时，还您一百年"，这是青岛啤酒博物馆给每一位到访游客的承诺，博物馆的讲解员要在短短1小时的时间里，给游客们讲述一个贯穿世纪的传奇故事。青岛啤酒历经百年沧桑，它的历史是中国近现代民族啤酒工业发展的一个缩影，同时又与青岛这座城市的历史是同步的。博物馆内的红色厂房就代表着这样一段历史，它于1903年德国人建厂时修造，为青岛市目前唯一的德式工业用楼建筑，其中保存有德国人留下的中国最古老的啤酒酿造设备，有被称为镇馆之宝之一的西门子电机，有为纪念著名啤酒酿造科学家而设立的汉森实验室，还有新设置的人工翻麦芽等劳动场景的雕塑模型……

寓教于乐：在体验中感受激情

工业旅游不应该是"工业"与"旅游"的简单结合，而是要把工业的魅力与文化和艺术相融合，将这种内涵渗透到旅游的形式中，体现出独特的审美个性。

"让青岛啤酒博物馆成为一个文化和艺术的卖场，只有具备独特个性才是企业工业旅游永不褪色的卖点。"随着游客数量逐渐接近设计能力，如何进行旅游产品创新，提高服务附加值成了青岛啤酒文化公司经营策略的重点。为此，文化公司投入大量资金进行工业旅游项目的二次创意和开发，目的就是让游客在比较中得到不同体验。

文化公司通过多年的跟踪调研，发现很多游客在游览完青岛啤酒博物馆后往往还有一种意犹未尽的"遗憾"——他们在了解了青岛啤酒的百年历史和传统工艺知识后，非常渴望能在现场亲自模拟一回操作工人，制造一瓶属于自己的纪念版啤酒——也就是说，当他们掀开历史的幕布看到了舞台后面的秘密后，更想亲自到舞台上客串一回主角。

游客的需求为梦想注入激情。在了解了游客的需求后，文化公司迅速启动"青岛啤酒个性啤酒生产线"项目。当来自云南的汤先生成为该生产线的第一名幸运操作工、拿到印有自己照片的第一瓶个性青岛啤酒时，兴奋得难以自抑，最后只能用一连串的"想不到"来表达了，他说他终于理解了青岛啤酒的品牌主张"激情成就梦想"的含义了。

◎**问题**：如何看待"青岛啤酒"的工业旅游？

【拓展阅读】

日本的研学旅游

日本的研学旅游活动具有悠久历史，近年来，日本的研学旅游已成时尚，每年都有大批大中小学生利用寒暑假来中国边旅游边学习汉语、武术、中医（针灸）、烹饪等中国传统文化。

（一）日本研学旅游的特征

1. 学校组织

日本研学旅游是由学校组织实施的，并且伴有集体住宿行为的学校教育活动。在学校学习指导纲要中有明确规定，并处在学校教育课程的重要位置。学校在组织研学旅游时，以年级为单位，原则上全体学生参加。这些是与我国研学旅游最主要的不同之处。

2. 管理规范

日本各都道府县教育委员会要求学校提交研学旅游的申请书、计划书，审查并备案。学校一般要提前两年就着手制订研学旅游的计划，在具体实施前要进行实地考察，确保研学旅游的有效性、安全性。

此外，日本各都道府县教育委员会还要制定"研学旅游实施基准"，在旅游时间、旅游费用等方面列出确定的标准。除私立学校外，各中小学校要依照实施基准组织实施。例如，日本大分县教育主管部门规定，县立中学的学生研学旅游时间为3宿4天，参加人数要达到80%以上，在关西可以4宿5天。北九州市教育主管部门则详细规定，小学生去大分、熊本的研学旅游费用，人均控制在21517日元以内，去长崎则人均费用为22571日元以内；中学生去关西的人均费用应在52327日元以内；高中生到海外研学旅游费用则在15.4万日元以内。而北海道则将学生研学旅游的海外目的地限定为韩国。

3. 实施普遍

目前，日本除富山县外，全国各地95%以上的初中、高中都在实施研学旅游。实施的广泛性、普遍性，是日本研学旅游的一大特点。

（二）日本研学旅游的兴起与发展

日本研学旅游始于1886年2月，当时的东京师范学校组织学生到千叶县进行长达11天的"长途远足"。此次活动内容涉及军事训练和物理学、动物学、植物学、地理、历史、美术等诸多学科，学生们在同行老师的指导下进行参观、考察、实习等。1886年12月，在《茗溪会》杂志上，最早将学生"长途远足"称为"研学旅游"。1888年，寻常师范学校准则中将"研学旅游"作为学校活动的一项内容，将其与军事训练相分离，成为以探究各学科知识为主要目的的旅游活动。同年，研学旅游在师范学校、中学、小学等得到广泛开展。

日本在大正时代（1912—1926年），研学旅游多选择在京都、奈良、伊势等地，以参观寺社、史迹、名胜等为主要内容。少数中学也组织去东北亚地区。进入昭和时代（1926—1988年）后，由于受第二次世界大战的影响，研学旅游在1943年中止。但战败后，研学旅游比其他旅游活动恢复要早，从1950年左右就开始了自带食物的研学旅游，主要原因是研学旅游作为学校教育活动，受到学校、家长、学生们的支持。

1952年，日本战后混乱局面结束，经济开始走向复苏。为促进研学旅游有效开展，当时由文部大臣、运输大臣、日本国有铁路总裁、东京都知事共同发起，出资成立了"财团法人日本研学旅游协会"，为完善研学旅游提供指导性建议，并致力于改善当时的交通状况。1958年，研学旅游特别列车开通。

1960年，在《高中学习指导纲要》中，日本将研学旅游确定为学校例行活动，成为正式的校外教育活动。在《指导纲要》的解释中，关于研学旅游的目的有如下表述：①通过亲身体验、参观日本的自然、文化、经济、产业等，增长见闻，能够扩展各学科、科目及其他方面的知识，以获得较多的实践知识和培养良好的情操。②通过到校外旅行生活和集体活动的体验，积累有关健康、安全、集体生活的规则和公共道德等方面的体验。③了解未知世界，或者通过师生、学友共同生活，品味生活快乐，加深友情，培育师生情谊，丰富学生的学校生活。

伴随着社会发展和时代进步，研学旅游的目的也发生变化，越来越重视人际沟通与交流。研学旅游的形式、内容、采用的交通手段也不断发生着变化，展示着不同的时代特性。

（三）日本研学旅游的发展趋势

1. 自主参观、分散参观成为主流

随着时代和社会的变化，研学旅游的实施形态，尤其是参观形式发生了很大的变化，自主参观、分散参观成为主流，即确定各种各样的参观地，由原来的以年级为单位，发展为以班级为单位开展活动。

2. 研学旅游内容多样化，注重体验学习

过去日本的国内研学旅游以参观本国文化名胜为主要内容，地点主要集中在京都、奈良、东京等地，出现过几个学校的学生同时集中于某一旅游地的现象。如今，研学旅游内容已不断丰富且更注重体验学习。2005年日本研学旅游协会对日本1074所中学的调查结果显示，大部分学校的研学旅游中都有针对性地选择了与综合性学习相关联的主题，涵盖了政治、经济、文化等诸多领域，还增加了考察先进企业、进行职场体验等有助于学生未来职业选择的实践活动，以及自然体验、异地家庭生活体验等丰富多样的体验内容。

第二章
旅游的主体——旅游者

　　旅游业的兴旺取决于旅游活动的活跃，而旅游活动的活跃源自于旅游者的需求与动机。旅游者是旅游活动的主体。有了旅游者，才有旅游活动，有了旅游活动，才有旅游业的产生，因此，对旅游活动以及旅游业的研究应该从旅游者开始。

本章学习目标 / Learning Objectives

- 分析旅游者产生的条件；
- 了解旅游者的需求动机；
- 掌握旅游者的流动规律；
- 明确旅游者应具备的素质修养。

本章关键概念 / Key Words

- 旅游者 / Tourist
- 权利 / Rights
- 义务 / Obligations
- 需求动机 / Tourist Motives
- 流动规律 / Tourist Flow Patterns
- 修养 / Manners

第一节 旅游者：基本概念

旅游者是旅游学研究的基本概念。研究旅游者定义，不仅有重要的理论意义，而且有着重要的实际意义。在实际工作中，因受旅游者的定义而影响的两个最为重要的问题，一是对旅游业发展形势的估计，因为旅游者定义范围不同，所统计出的旅游者人数和旅游收入也就不同，则对旅游业在经济社会发展中的作用的评估也就不同。二是旅游业管理体制的确定，由于旅游者的定义会涉及旅游活动广度的划分，因而也就涉及旅游业范围的划分，同时还会涉及旅游业与有关行业的关系问题。

在不同历史阶段，有关国际组织对旅游者的定义较有影响的有以下三个：

一、国际联盟定义

20世纪上半叶，由于国际旅游人数日益增长，使国际联盟（The League of Nations）对这一现象产生了特殊兴趣。因而，国际联盟专家统计委员会于1937年对"外国旅游者"做出如下定义，即"外国旅游者就是离开自己的常住国到另一个国家访问超过24小时的人"，并且确认下列几种人属于旅游者：

出于娱乐、健康和家庭原因而外出旅行的人；为出席会议或作为任何种类包括科学、管理、外交、宗教、体育等活动代表而旅行的人；为商业原因而旅行的人；在航海沿途停靠，即使不超过24小时的人；其他。

同时，该委员会还确认以下几类人不属于旅游者的范围：

有或没有工作合同去某国或某地区接受某一职业，并从事任何商业活动的人；到另一个国家或地区定居的人；到国外学习，膳宿在校的学生；边境地区居民，户籍属于一个国家但去另一个国家工作的人；临时过境而不停留的旅行者，即使超过24小时。

二、罗马会议定义

1963年在罗马举行的联合国旅行和旅游会议，在国际联盟对旅游者定义的基础上，做了修改和进一步补充，提出了游客（Visitors）、旅游者（Tourists）和短途游览者（Excursionists）三种人，并规定旅游者和短途游览者都包含在游客的范围之内。

罗马会议规定，"游客"是"除为获得报酬和从事某项职业以外，基于任何原因到一个非常住国去访问的人"，它包括：

● 旅游者：到一个国家去暂时逗留至少24小时的游客。其旅行目的是为了消闲（如从事娱乐、度假、宗教和体育运动等）、健康、研究、工商业务、探亲、出差和开会等。

● 短途游览者：指到一个国家去暂时逗留不足24小时者（包括乘游船在海上旅行的人）。

1967年，联合国统计委员会召集的专家统计小组采纳了1963年罗马会议的定义，1968年该委员会正式通过了这一定义。同年，国际官方旅游组织联合会也通过了罗马定义。

三、世界旅游组织对旅游者的界定

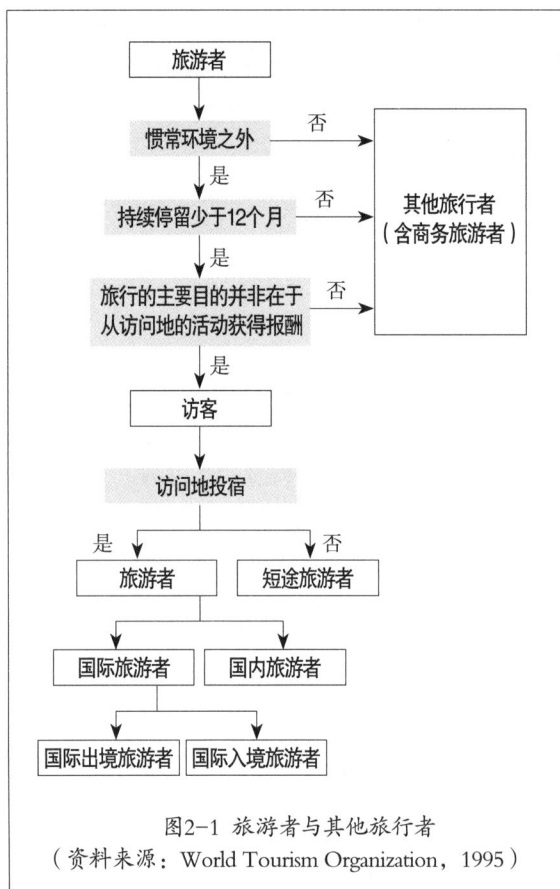

图2-1 旅游者与其他旅行者
（资料来源：World Tourism Organization，1995）

联合国的下设机构世界旅游组织将从事旅游（旅行）活动的人分为旅行者、访客、旅游者、短途游览者等几种类型。

按照世界旅游组织（1995）的定义，"旅行者"（Traveler）按照是否离开惯常环境、是否持续停留少于12个月，以及旅行的主要目的是否从访问地获得报酬，分为"访客"（Visitor）和"其他旅行者"；而访客则按照是否在访问地过夜，分为"旅游者"（Tourist）和"短途游览者（一日游客 Excursionist）"（见图2-1）。

四、我国政府有关部门对旅游者的定义

对于"旅游者"，我国原国家旅游局和国家统计局给出的定义是：旅游是指离开惯常居住地、不以谋生为目的，出行6小时、10公里以上的活动。从事这种活动的人，就是旅游者。我国的旅游统计数据都是以此为口径和依据进行统计、并由国家统计局和原国家旅游局统一对外公布的，统计成果收录于每年的《中国旅游统计年鉴中》。

五、本书对旅游者的定义

综上所述，我们认为，对旅游者下定义应该把握旅游者的以下特征：

● 异地性：即旅游者必须是离开常住地，去异国他乡参观访问的人；

● 短暂性：旅游者前往异国他乡进行参观访问具有暂时性的特点，不可导致永久性居留

（为了便于统计，我们不妨规定最长为一年）；

- 娱乐性：旅游者外出旅游，主要动机是为了获得精神上的满足。

基于以上认识，我们认为旅游者有广义与狭义之分。狭义的旅游者是指：以休闲、观光、度假为主要目的，暂时离开常住地到异国他乡旅行游览的人。而广义的旅游者则是指基于任何目的，暂时离开常住地到异国他乡以获得精神满足的人。为了统计的方便，不妨规定旅游者在异国他乡连续停留时间不超过12个月。

旅游者根据其活动范围，可划分为国际旅游者和国内旅游者，其中国际旅游者又可根据其流向的不同而分为国际入境旅游者和国际出境旅游者。

第二节 旅游者：产生条件

旅游者的产生需要一定的社会经济条件。

一、可自由支配的收入水平

旅游活动是一种经济支出活动，必须建立在某些经济关系的基础上。从经济角度讲，旅游活动的过程就是旅游者在食、住、行、游、购、娱各环节上发生各种经济关系的过程。在现代市场经济条件下，旅游者的需求及其实现过程要受到一定经济条件的限制。旅游者的个人可自由支配收入水平是旅游者产生和旅游需求得以实现的重要条件。

所谓可自由支配的收入是指扣除全部税收及社会消费（健康人寿保险、老年退休金和失业补贴的预支等）以及生活之必须消费部分（衣、食、住、行等）之后余下的收入。旅游支付就是从这个收入中产生的，但基本生活费用的数量标准则依国家不同而异，所以对可自由支配收入水平也就存在着不同的认识。

旅游者的可自由支配收入水平可以通过恩格尔系数进行相对衡量。

恩格尔系数是一个家庭或个人收入中用于食物支出的比例，其系数越低，则表明可自由支配收入水平越高，形成的旅游者就越多，旅游者在旅游中所跨越的距离也越远，花费总量也越大；反之，则呈相反方向变化。根据联合国粮农组织提出的标准，恩格尔系数在59%以上为贫困，50%～59%为温饱，40%～50%为小康，30%～40%为富裕，低于30%为最富裕。据有关资料，美国和日本的恩格尔系数只有25%上下。如此低的系数表明，美国和日本旅游者具有很高的旅游支付水平，对于他们来讲，国内旅游已非常普遍，国际旅游也不断发展，而且个人消费水平很高。2018年，我国恩格尔系数已从20世纪80年代的50%左右下降至28.4%，而北京、上海、广州等城市的居民的恩格尔系数则更低，根据旅游业发展的客观规律，此时已具备产生大量旅游者的经济条件。事实也证明，我国的国内旅游和出境旅游已开始蓬勃发展。

衡量人们收入水平的另一个指标是人均GDP。根据各国旅游的发展规律，通常一个国家人均GDP超过1000美元时，便开始产生出境旅游消费的动机；人均GDP超过3000美元时，出境旅游会有较大的井喷。2019年，我国人均GDP已超过10000美元，达到10276美元，按照世界银行的标准，我国已经进入"发达状态"，出境游对于许多中国公民来说，已成为家常便饭。

二、闲暇时间

人们的时间可分为4类：工作时间、生理上需要调剂的时间、家务和社会交往时间、闲暇时间。闲暇时间是指"个人完成工作和满足生活要求之后，完全由他本身支配的一段时间"（联合国《消遣宪章》）。

闲暇时间按时间长短可分为三种：每日工作之后的闲暇时间，周末闲暇时间，假日闲暇时间。时间长短不同，使用方式也就不同。第一种只能用于看电影、电视、闲谈等时间不长的活动项目上；第二种可用于近距离旅游度假；第三种一般是指长于周末的闲暇时间，可用于中长距离旅游。显然，对闲暇时间的研究重点应放在第二种和第三种上。不论是国内旅游还是国际旅游，都需要有第二种和第三种闲暇时间，闲暇时间是旅游者产生的必要条件。

近年来，我国出现的火爆异常的"黄金周"旅游现象，就是人们对闲暇时间的利用结果。黄金周旅游已经取得了显著的经济效益和社会效益——2019年的"十一"黄金周期间，全国共有7.82亿人次出游，有力地带动了铁路、民航、交通、商业、餐饮等行业的发展，使黄金周旅游成为假日经济中的龙头和亮点（见图2-2）。

图2-2 黄金周旅游处处人潮汹涌（图片来源于网络）

国民闲暇时间的多少与该国经济发展程度有关，如美国、日本等发达资本主义国家，每周有两个闲暇日。值得一提的是，自从1936年以后，西方各国都推行带薪休假制度。除周末和法定假日以外，欧、美、日等发达国家公民一般享有30～40天左右的带薪休假时间，而且，西方国家对公民的休闲权利有严格的法律保障。2011年，法国巴黎13区的华人超市、商铺就因在星期天照常营业，违反了自1906年以来"商店周末不得开门营业"的法律，遭到法国劳动、就业和卫生部下属劳动监察局的调查，并收到当地政府的警告函，如再在周末营业将面临罚款。

在我国，根据自2008年1月1日起开始实行的《职工带薪年休假条例》，职工累计工作已满1年不满10年的，年休假5天；已满10年，不满20年的，年休假10天；已满20年的，年休假15天。

事实上，西方发达市场经济国家普遍推行带薪休假，法国、德国已推行有几十年的历史，与这些国家相比，我国的法定节假

【链接】

法国人的带薪休假

法国是世界上率先实行带薪休假制度的国家之一。到过法国的人几乎都有这样的印象：法国人不仅懂得生活和享受，他们更深知休息与工作的关系。在法国人心里，休假是神圣不可侵犯的，甚至有不少人还认为休假比工作更重要。外出度假、进行体育运动、听音乐会……法国人的休闲方式多种多样，但目的只有一个，那就是快乐而放松。

目前，全球许多国家都实行带薪休假制度，而这一制度的起源地就是法国。早在1936年6月7日，法国总工会和雇主协会就签署了《马提翁协议》。20日，法国众议院通过一项法律，规定员工只要在一家企业连续工作满一年便可享受15天的带薪假期。从此，这种过去只属于特权阶层的权利进入到了老百姓的生活中，法国在全球率先实行了带薪假期制度，并将之写入了《劳动法》。在工会等组织努力下，法国人的带薪休假期越来越长。目前法国带薪休假一般为30天，周六、周日不计算在内，若假期中有节假日还要顺延。

法国《劳动法》规定，休年假原则上在每年5月1日到10月30日之间，具体休假时间由员工与老板协商确定，但实际上大部分人选择7、8、9月阳光最充沛的3个月休假。而在这期间又是学生的暑假，为此，法国人将这一时期称为"大假期"。假如老板要求员工在法定年休期以外的时间休假——每年11月1日到次年4月30日，员工有权再享受2天额外的休假。有15岁以下孩子的母亲，年休可延长，每一个孩子可增加2天假期。

除年假及周末两天的休息日以外，法国人每年还有11天的法定假日，即元旦、"五一"、国庆、一次世界大战停战日、二次世界大战停战日以及6个宗教节日。

法国人的休假方式多种多样。其中外出度假是一个重要的休闲方式，其趋势和特点是行期缩短、次数增多、假期形式与内容安排上追求与众不同。如不少家庭开车举家到附近游玩，甚至会在一些森林公园野餐、烧烤，享受与都市截然不同的生活。

体育活动也是法国人喜爱的休闲方式之一，法国人的体育运动开支居欧洲各国之首。如果休长假，人们会相约去高山滑雪、水上滑翔；如果是周末，许多人会到大型公园或附近绿化好的小区跑步或参加各类体育活动。

（刘国信）

日数量差不多，主要差别在于落实不够。而带薪休假遭遇执行难的主要原因：一是劳动力供过于求，劳动者维权底气不足。我国劳资双方关系不对等，资方相对强势，尤其是在劳动力供过于求的情况下，劳动者竞争压力大，担心因休假被抢走了饭碗，或担心领导不高兴而影响自己的待遇，故哪怕带薪休假权和八小时工作制一样，用人单位经常不予遵守，也很少有人通过法律手段进行维权。二是多数用人单位存在认识误区，认为休假影响效益。三是政府层面重视不够，监管部门"执法"力度弱。《职工带薪年休假条例》执行至今多年，很少听说有企事业单位负责人因为不落实这项制度而被处罚的。四是劳动监察部门、工会等职能部门的作用发挥有限。在国外，如果雇主不依法办事，员工可以找工会或各地公民咨询处寻求帮助，也可向劳动仲裁机构申诉。而在我国，职工的休息权与农民工工资拖欠、各种劳动纠纷比起来，并不是头等重要的事，基本上属于民不举，官不究。

以上，我们分析了个人可自由支配的收入和闲暇时间这两个旅游者产生的客观条件。只有当这两个条件同时具备时，才能产生出旅游者，如果只具其一，不具其二，那就只能是潜在的旅游者。

当然，旅游者的产生，除必须具备上述客观条件之外，还需要有主观条件，即旅游动机和旅游需求。

第三节　旅游者：旅游动机

除了前面所述的旅游者产生的客观条件外，对一个具体的人来说，能不能成为旅游者，则取决于他的旅游动机。

一、旅游动机

心理学研究表明，人的动机和行为是相互联系着的，有什么样的动机，就有什么样的行为。所谓动机，指推动和维持人们进行某种活动的内部原因和实质动力。动机是需要的具体化，是需要和行为的中介，动机转换为行为后，通过最终结果来满足动机的需要。

旅游动机是推动人们从事旅游活动的内在原因。关于旅游动机的形成原因，西方学者认为，人天生具有好奇心，寻求新的感受驱使旅游者走向国内各方和世界各地，了解各方面知识，得到新的经历，亲临其地去接触各地人民，欣赏多种多样的自然风光，体验异地文化，考察不同社会制度等，从而成为人们外出旅游的原始动力，当人们具备了外出旅游的支付水平和闲暇时间条件后，旅游就是一件必然的事情了。

二、研究旅游动机的意义

旅游者的旅游动机直接影响旅游者在旅游活动中的地区选择、计划安排、时间顺序、支付动机等。因此，研究旅游动机具有重要意义。

首先，通过对旅游动机的分析，可以达到认识旅游者行为的目的。

旅游动机对旅游行为有三方面的作用：

- 旅游动机对旅游行为的启动作用。
- 旅游动机对旅游行为过程中的规范作用。
- 旅游动机变化将对旅游行为产生影响。

因此，通过对旅游者旅游动机的研究，可以把握旅游行为的产生、行为特点和旅游行为变化的规律。

其次，有目的地进行旅游宣传，扩大客源市场。旅游宣传须有针对性，只有了解旅游者的动机，才能以适当方式去宣传并达到良好的效果。

再次，迎合旅游者要求，做好旅游服务工作。在旅游活动过程中，旅游者动机满足不仅体现在旅游地本身，也体现在旅游服务工作中，不同的旅游者要用不同方式对待，以使旅游者对旅游地留下一个好印象。

最后，指导旅游目的地的建设。旅游地的建设必须考虑旅游者来此地的旅游动机，以最大限度地满足其需求。

三、旅游动机分类

旅游动机虽然千差万别，但大致可分为以下几种类型：

1. 观光型旅游动机

有这一类旅游动机者以观赏自然景色为目的，对自然风景有着浓厚兴趣，他们都愿意去具有独特山水风光的名胜区。

2. 度假型旅游动机

指以外出度假的方式，在工作、学习后以轻松头脑和保健、娱乐为目的的旅游。随着经济、社会的发展和进步，从事度假旅游的人数在旅游者中所占比例将日益提高，以休闲、放松和享受为目的的度假旅游将取代传统的走马观花式的观光旅游。

3. 文化型旅游动机

受所处环境的影响，大多数人在日常生活中接触面有限，通过旅游可以扩大知识面，特别是增加一些直接的感性认识，如参观一些古迹、博物馆，体察某地的风俗民情等，都可以达到这种效果。

4. 社会关系型旅游动机

这类旅游动机以探亲访友为目的，或想通过旅游逃避日常社会关系，摆脱日常事务，同时在旅游中广交益友。

5. 宗教型旅游动机

以到宗教圣地朝圣为主要目的，如阿拉伯国家的伊斯兰信徒走麦加朝圣，我国青海、西藏等地的佛教徒爬行去拉萨布达拉宫朝圣等，均属此类（见图2-3）。另外，我国的九华山、峨

眉山、普陀山、五台山等佛教名山，也
是吸引众多香客与广大旅游者朝圣和观
光的地方。

6. 经济型旅游动机

即以从事各种商业经济活动为主要
目的。随着现代经济的发展，各国、各
地区间的经济联系日益加强，商务旅游
者也将日益增多。

图2-3 虔诚的西藏朝圣者（刘伟 摄）

7. 会议型旅游动机

以参加国际国内各种会议、会展为主要目的，同时去当地各旅游景点参观游览。

8. 特种旅游动机

以追求刺激、浪漫、挑战自我为目的的旅游活动。如野营、漂流、登山、自驾车旅行等
均属此类。

以上几种旅游动机基本上概括了旅游者全部动机。对于旅游者来讲，几种旅游动机会以各
种组合方式形成一种综合动机。例如，去承德避暑山庄的旅游者，既是为了避暑，也是为了欣
赏那里的自然景色，还可能是为了了解历史文化知识。

第四节　旅游者：流动规律

旅游者的流动规律是指旅游者在一定时期内，在流向和流量方面呈现的一定的规律性。
研究旅游者流动规律，有助于我们更好地搞好旅游规划，开拓旅游市场。

一、旅游者流动规律

世界旅游发展的历史表明，旅游者在不同国家和地区间的流动具有以下规律：

1. 近距离流动多，远距离流动少

欧洲是世界旅游业最发达的地区，它每年接待的国际旅游者占全世界国际旅游总人数
的70%左右，且绝大部分是本地区产生的旅游者，约占72%。从日本出国旅游的传统目的地
看，主要是与其邻近的夏威夷，以及韩国、中国香港、中国台湾、泰国等东亚、东南亚国家
和地区。另外，美国是一个主要的旅游产生国，每年去加拿大和南美等邻近国家旅游的游客
人数占其出国旅游总人数的2/3以上。而中国接待的境外旅游者则主要来自日本、韩国、缅

甸、越南、新加坡、马来西亚、俄罗斯等邻国。

旅游者的旅游活动之所以集中在邻近国家和地区，主要有以下几方面的原因：

● 省钱。由于距离近，因而能够节约一笔数目可观的交通费用。

● 省时。闲暇时间是旅游者外出旅游的必要条件之一，很多人则由于工作忙，带薪假期有限，很难在旅游方面花费大量时间，因此邻近国家和地区就成为外出旅游的首选目的地。

● 方便。邻近国家和地区往往具有相同的语言，类似的文化，因而对于旅游者来说，在食、住、行、游、购等方面可以获得很大的便利。另外，邻近国家之间为了发展经济，往往互免签证。例如，美国与加拿大和墨西哥之间以及欧洲许多国家之间都有这方面的协议。这就增加了这些国家的可进入性，为旅游者在这些国家的旅游活动提供了便利。最后，在邻近国家之间，旅游者往往可以自己驾车旅行，有时一天之内就可以穿越好几个国家和地区，既方便、自由，又省时，这也使得近距离旅游人数增加。

2. 流向风景名胜地区

风景名胜地区是一种很有吸引力的旅游目的地，因此，旅游者总是从世界各地（包括其他风景名胜地区和非风景名胜地区）流向风景名胜地区。这是最普遍的旅游者流动规律。

3. 从经济发达国家和地区流向经济不发达国家和地区

经济发达的国家和地区，人们的平均收入水平较高，从而为外出旅游提供了必要的经济条件。因此，发达国家和地区就自然而然地成为旅游输出国和地区。而在经济不发达的国家和地区，除了基本的食宿需求以外，人们能够用于旅游活动的可自由支配的收入非常有限，外出旅游很难成行。因此，这些国家和地区在世界旅游业中只能充当旅游接待国（或地区）的角色，凭借其美丽的山川湖泊、海洋、沙滩和阳光以及独特悠久而又丰富多彩的文化资源吸引经济发达国家和地区的人们前来观光、游览，从而导致旅游者从经济发达的国家和地区流向经济不发达的国家和地区。另外，和不发达国家和地区相比，经济发达的国家和地区在其经济发展过程中，往往伴随着严重的工业污染和生态环境的破坏，因此，旅游者就从经济发达的国家和地区流向经济不发达的国家和地区，以摆脱嘈杂的环境，投身于大自然中，呼吸清新的空气。很多欧洲人去非洲旅游就是出于这种动机。

4. 从一个经济发达的国家和地区流向另一个经济发达的国家和地区

发达国家和地区本身也有其独特的旅游资源，可吸引来自其他发达国家和地区的旅游者。除了美丽的自然景色以外，它们还有迷人的城市风光和独特的现代文化，这在其他发展中国家和地区是很少见到的，因而也吸引着大量观光客。另外，经济发达的国家和地区之间经济联系较为密切，商业往来频繁，商务旅游者人数众多，这就使得旅游者在经济发达的国家和地区之间的流动成为现实。旅游者在欧洲各国之间以及欧洲与北美之间的流动就属于此类型。

5. 从温暖地区流向严寒地区及反方向的流动

气候对旅游者的流向有着重要影响。寒冬，人们为了避寒，往往会到温暖的国家和地区旅游；而在炎夏，旅游者为了消暑，则会选择天气凉爽的国家和地区作为目的地。以夏威夷为例，每年的12月至次年4月，当北美冰天雪地、寒风刺骨时，这里正当旅游旺季——旅游者大批向这里移动。与此相反，位于大洋洲地区的澳大利亚人、新西兰人则为了避暑，在每年的12月至次年2月，纷纷从炎热的南半球来到北半球凉爽的夏威夷。另外，西班牙每年都要接待很多来这里寻求阳光和沙滩的北欧旅游者。而我国的哈尔滨在隆冬时节，则依靠其"千里冰封，万里雪飘"的北国风光（见第I页图03）和迷人的冰灯游园会吸引着大批来自港、澳等温暖区域以及其他国家的观光客，可见旅游者在严寒地区和温暖地区的流向是可逆的。

6. 流向首都

旅游者向首都移动有以下几方面的原因：

（1）一个国家的首都往往就是该国政治、经济、文化中心，经济发展水平、城市建筑和现代化程度等方面具有较高水平。从某种意义上讲，一个国家的首都就是这个国家的缩影。旅游者希望通过首都这个窗口来了解这个国家。

（2）首都往往集中了大量能够吸引旅游者的人文旅游资源。以北京为例，除去在城市建设方面取得的成就以外，它还是很多历史事件的发生地，是许多封建王朝建都的地方，留下了丰富的人文景观。比如辉煌的故宫、美丽的颐和园、巍峨的长城、众多的帝王陵墓、壮观的人民大会堂和被誉为世界第一大广场的天安门广场等，无不吸引着国外众多的观光客。

（3）作为经济中心，一个国家的首都每年都接待大批商务旅游者。

（4）作为政治和文化中心，首都一般都具有较高的知名度，因而能够吸引大量国内外旅游者前来参观游览。

（5）首都是一个国家的象征，旅游者往往认为，不到首都就等于没有去过这个国家（见图2-4）。换句话说，"没到北京，就等于没来过中国""不到巴黎，则等于没去过法国""不到伦敦，也等于没过到英国"……

图2-4 "不到华盛顿，就等于没到过美国"（刘伟 摄）

二、影响旅游者流向和流量的其他因素

以上是旅游者带有普遍性的流动规律。除此以外，在一定时期，旅游者的流向和流量还要受到其他因素的影响，这些因素包括：

1. 旅游设施的接待能力和旅游业服务质量

旅游设施的接待能力是制约旅游业发展的一个主要因素。在我国旅游业发展的头十年中，由于饭店数量严重不足，交通运输能力有限，致使很多海外游客望而却步。

进入20世纪90年代，交通运输及住宿设施得到极大改善，但服务质量问题又成了制约我国旅游业进一步发展的突出问题。近年来，随着旅游业的发展和国际化的加快，我国旅游业的服务质量已得到较大提高，吸引了越来越多的国内外旅游者前来参观游览、休闲度假。

2. 汇率

汇率是一国货币对另一国货币的比价，反映一国货币相对于另一个国家货币的购买力情

【链接】

几个主要客源输出国的旅游者流向

美、中、日、德、英、法是世界旅游的几个主要客源输出国，其客源流向如下。

美国：美国是世界第一大客源输出国。美国人出国旅游的流向主要是墨西哥（约占36%）、欧洲（约占18%）、加拿大（约占16%）和加勒比地区（约占11%）。另外，亚洲已经逐渐成为美国重要出境旅游目的地（约占其出国旅游者的7%）。

德国：德国是世界第二大旅游输出国，德国人出国旅游的主要流向为南欧，目的是追寻阳光和海滩，出国旅游的目的地国家依次为：西班牙、意大利、奥地利、法国、希腊、荷兰、瑞士、土耳其、美国和加拿大。亚洲是德国旅行商经营的热点之一。

英国：英国的出国旅游70%～80%在欧洲境内，远途旅行约占30%。

日本：日本是亚太地区除中国以外第二大客源输出国，也是世界旅游市场发展最快、潜力最大的客源输出国之一。日本人最爱去的旅游目的地是美国，占总出境人数的22%左右。第二是中国内地，占18%。第三是韩国，占14%。第四是中国香港，占8.5%。第五是泰国，占7.5%。

法国：法国是世界上旅游业发达国家之一。法国每年外出度假的旅游者人数占其总人口的一半以上。法国人出国旅游主要在欧洲境内，其次是北美和非洲。

中国：中国是一个新兴的旅游客源输出大国，已超过日本成为亚洲第一客源输出国。根据中国旅游研究院《中国出境旅游发展年度报告2019》，目前中国出国旅游（不包含中国香港、中国澳门、中国台湾）目的地排名前八位分别是泰国、日本、越南、韩国、美国、新加坡、马来西亚和柬埔寨。近年来俄罗斯旅游呈现上升趋势，2019年已成为中国游客的第九大海外旅游目的地国家。

况。汇率的变化将直接影响国际旅游者的流向与流量。一国货币相对于另一国货币币值的上升，将使来到该国的另一国旅游者人数减少，流向发生变化；相反，一国货币相对于另一国货币币值的下跌，则会导致赴该国旅游的另一国旅游者人数增加。

3. 价格

旅游产品的价格，直接影响旅游者消费支出的多少，因而，它同汇率一样，对旅游者的流向和流量有着重要影响。一般来说，一个国家旅游费用的上升（机票价格的上涨，旅馆房费的提高……）将使来该国旅游的旅游者人数减少，游客流向发生转移；相反，旅游费用的下降，则会吸引更多的国际旅游者赴该国旅行。

4. 促销

现代社会是一个信息社会，旅游者处于各种旅游广告、宣传和推销活动的包围之中，虽然旅游者对一些夸大其词的宣传常常产生反感情绪，却又无法抵御强大的旅游宣传活动对他们的影响。在选择旅游目的地、做出旅游决策时，旅游接待国企业和政府的宣传活动仍然对旅游者的决策起着指导作用，甚至是决定性的影响。

5. 政策

旅游者的流向还受到各国发展旅游业的政策影响，很多国家为了发展旅游业，制订了大量优惠政策。还有一些国家则纷纷开放边境，互免旅游签证，提高了去该国旅游的可进入性，以方便旅游者前来观光游览。

6. 军事

战争一向是发展旅游业的天敌。旅游者外出旅游是以人身、财物的安全为前提条件的，军事行动显然会令旅游者望而却步，改道前往其他安全国家和地区。例如，伊拉克曾经是旅游业发达的国家，但是连绵不断的战争和恐怖事件，不但使该地区人民的生命和财产遭受损失，同时也使这一地区的旅游业饱受打击，特别是美军占领下的伊拉克旅游业更是一蹶不振。

7. 政治

国与国之间政治关系的变化也影响两国旅游业的发展，使旅游者的流向发生变化。另外，具有一定政治目的的恐怖活动也会影响旅游者的流向与流量。例如，中东恐怖分子对欧美游客的袭击就严重地影响了这些国家和地区旅游业的发展。而中日之间的钓鱼岛之争，使得大量中国游客取消了去日本的旅游计划，使往来于中日之间的日本最大的航空公司——全日空（JAL）真正变成了"全日空"。

8. 社会

稳定的社会环境，热情好客的人民能够吸引外国旅游者前来观光游览；相反，对外国旅游者不友好的态度，充满敌意的言行会把旅游者吓跑。例如，埃及发生的多起袭击西方旅游者的事件，使得许多旅游者纷纷取消了去埃及旅游的计划。

由于影响旅游者流向流量的这些因素是不断变化的，因此，旅游者的流向和流量本身也是处在不断变化之中的，是一个动态的概念。

第五节　旅游者：权利和义务

一、有关国际组织确定的旅游者的权利和义务

随着旅游在各国人民生活中的重要性的提高和它对各国社会、经济、文化、教育领域所产生的直接和积极的影响的不断扩大，1985年9月17日至26日，世界旅游组织第六次一般性全

体大会在保加利亚首都索菲亚召开。这次大会在回顾了《联合国宪章》《马尼拉世界旅游宣言》《世界人权宣言》《国际经济、社会和文化权利公约》等的精神以后庄严重申：正如人们有工作的权利一样，每个人的基本权利自然也包括在居住国和海外享有休息、娱乐和带薪假期的权利，以及享受旅游带来的好处的权利。

根据大会所提出的《旅游权利法案和旅游者守则》，旅游者在旅游活动中的权利和义务为：

1. 旅游者的权利

（1）世界各国承认，每个人有休息和娱乐的权利，有合理限定工时的权利，有定期带薪休假的权利，并在法律范围内不加限制地自由往来的权利。

（2）旅游者在本国或外国，应能自由地进入旅游景点和旅游地；在过境地和逗留地，除现有规定和限制之外，应能自由往来（见图2-5）。

（3）在进入旅游景点、旅游地时，以及在过境地和在某地逗留时，旅游者应享有以下方面的权益：

● 官方旅游机构和旅游服务供给商向旅游者客观、准确和完整地提供关于他们在旅行和逗留期间所有条件和设施的信息；

● 旅游者人身和财产的安全，以及作为消费者受保护的权利；

● 令人满意的公共卫生，尤其在住宿、食品和交通等方面，并提供关于如何有效地预防传染病和事故的信息以及随时使用健康服务设施；

● 能够使用迅速有效的国内或国际公共通信设施；

● 为保护旅游者权利所必要的行政和法律程序及保证；

● 有权进行宗教活动，并为此目标使用现有的设施；

● 有关政府放宽对旅游者的行政和金融控制。

（4）每个人都有权让立法代表和公共当局了解自己的需要，行使休息和娱乐的权利，这是为了在最佳条件下享受旅游带来的益处，并在可能和法律范围内使之与其他人相联系。

2. 旅游者守则

旅游者应通过他们的行为，在国家和国际范围内促进各国人民的理解和友好关系，从而对持久的和平做出贡献：

● 旅游者必须尊重过境地和逗留地在政治、社会、道义和宗教方面已确立的秩序，并遵守所实行的条法和规定；

● 对东道国的习俗、信仰和行为显示出最大程度的理解，并对其自然和文化遗产显示出最大限度的尊重；

● 不过分强调存在于旅游者和当地人之间的经济、社会和文化差异；

● 对东道国的文化应持接受和尊重的态度，因为这是构成人类共同遗产的组成部分；

图2-5 旅游者的权利：旅游者在本国或外国，应能自由地进入旅游景点和旅游地（刘伟 摄）

【链接】

"丑陋的韩国人"

据报道，韩国政府已采取措施，制定了处理"丑陋的韩国人"的综合对策。韩国外交通商部在国务会议上解释，"丑陋的韩国人"是指在国外旅行期间行为不检给国家造成损害的人。根据韩国《护照法》第八条规定，对于那些在国外旅行期间，违反当地法律从而损害韩国形象的人，政府将在一定期限内拒绝发放护照，最高期限可长达3年。

● 不能从事娼妓活动而剥削他人；
● 不能买卖、携带和使用麻醉品和其他被禁毒品。

二、中国政府规定的旅游者的权利和义务

依据《中华人民共和国旅游法》的相关规定和精神，中国国家旅游局于2013年9月10发布了《旅游者的主要权利和义务指南》，提出旅游者享有如下权利和义务。

1. 旅游者的主要权利

（1）知悉真情权。旅游者有权知悉其购买的旅游产品和服务的真实情况，有权就包价旅游合同中的行程安排、成团最低人数、服务项目的具体内容和标准、自由活动时间安排、旅行社责任减免信息，以及旅游者应当注意的旅游目的地相关法律、法规和风俗习惯、宗教禁忌，依照中国法律不宜参加的活动等内容，要求旅行社作详细说明，并有权要求旅行社在行程开始前提供旅游行程单。

（2）拒绝强制交易权。旅游者有权自主选择旅游产品和服务，有权拒绝旅游经营者的强制交易行为。旅行社未与旅游者协商一致或未经旅游者要求，指定购物场所、安排旅游者参加另行付费项目，以及旅行社的导游、领队强迫或者变相强迫旅游者购物、参加另行付费项目的，旅游者有权拒绝，也可以在旅游行程结束后30日内，要求旅行社为其办理退货并先行垫付退货货款、退还另行付费项目的费用。

（3）合同转让权。除旅行社有正当的拒绝理由外，旅游者有权在旅游行程开始前，将包价旅游合同中自身的权利和义务转让给第三人，因此增加的费用由旅游者和第三人承担。

（4）合同解除权。包价旅游合同订立后，因未达到约定人数不能出团时，旅游者不同意组团社委托其他旅行社履行合同的，有权解除合同，并要求退还已收取的全部费用。

旅游行程结束前，旅游者解除合同，组团社应在扣除必要费用后，将余款退还旅游者。

如发生因不可抗力或者旅行社、履行辅助人已尽合理注意义务仍不能避免的事件，导致旅游合同不能继续履行的，旅行社和旅游者均可以解除合同；导致合同不能完全履行，且旅

游者不同意旅行社变更合同的，有权解除合同；导致合同解除的，旅游者有权获得扣除组团社已向地接社或者履行辅助人支付且不可退还的费用后的余款。

（5）损害赔偿请求权。旅游者有权要求旅游经营者按照约定提供产品和服务。旅游者人身、财产受到损害的，有依法获得赔偿的权利。

景区、住宿经营者将其部分经营项目或者场地交由他人从事住宿、餐饮、购物、游览、娱乐、旅游交通等经营的，旅游者有权要求景区、住宿经营者对实际经营者给旅游者造成的损害承担连带责任。

旅行社具备履行条件，经旅游者要求仍拒绝履行合同，造成旅游者人身损害、滞留等严重后果的，旅游者还可以要求旅行社支付旅游费用1倍以上、3倍以下的赔偿金。

（6）受尊重权。旅游者的人格尊严、民族风俗习惯和宗教信仰应当得到尊重；旅游者有权要求旅游经营者对其在经营活动中知悉的旅游者个人信息予以保密。

（7）安全保障权。旅游者有权要求旅游经营者保证其提供的商品和服务符合保障人身、财产安全的要求，有权要求其就正确使用相关设施设备的方法、必要的安全防范和应急措施、未向旅游者开放的经营服务场所和设施设备、不适宜参加相关活动的群体等事项，以明示的方式事先向旅游者做出说明或者警示。

（8）救助请求权。旅游者在人身、财产安全遇有危险时，有权请求旅游经营者、当地政府和相关机构给予及时救助；中国出境旅游者在境外陷于困境时，有权请求我国驻当地机构在其职责范围内给予协助和保护。

（9）协助返程请求权。包价旅游合同在旅游行程中被解除的，旅游者有权要求旅行社协助旅游者返回出发地或者旅游者指定的合理地点，由于旅行社或者履行辅助人的原因导致合同解除的，旅游者有权要求旅行社承担返程费用。

（10）投诉举报权。旅游者发现旅游经营者有违法行为的，有权向旅游、工商、价格、交通、质监、卫生等相关主管部门举报；旅游者与旅游经营者发生纠纷的，有权向相关主管部门或旅游投诉受理机构投诉、申请调解，也可以向人民法院提起诉讼。

2. 旅游者的主要义务

（1）文明旅游义务。旅游者在旅游活动中应遵守社会公共秩序和社会公德，尊重当地风俗习惯、文化传统和宗教信仰，爱护旅游资源，保护生态环境，遵守旅游文明行为规范。

（2）不损害他人合法权益的义务。旅游者在旅游活动中或者在解决纠纷时，不得损害当地居民的合法权益，不得干扰他人的旅游活动，不得损害旅游经营者和旅游从业人员的合法权益；造成损害的，依法承担赔偿责任。

（3）个人健康信息告知义务。旅游者购买、接受旅游服务时，应当向旅游经营者如实告知与旅游活动相关的个人健康信息，审慎选择参加旅游行程或旅游项目。

（4）安全配合义务。旅游者应当遵守旅游活动中的安全警示规定，不得携带危害公共安全的物品。

旅游者对国家应对重大突发事件暂时限制旅游活动的措施以及有关部门、机构或者旅游经营者采取的安全防范和应急处置措施，应当予以配合；违反安全警示规定，或者对国家应对重大突发事件暂时限制旅游活动的措施、安全防范和应急处置措施不予配合的，依法承担相应责任；接受相关组织或者机构的救助后，应当支付应由个人承担的费用。

（5）遵守出入境管理义务。出境旅游者不得在境外非法滞留，入境旅游者不得在境内非法滞留；随团出、入境的旅游者不得擅自分团、脱团。

第六节　旅游者：素质修养

"在美国，每天用过早餐后，游客不会把餐盘和废弃物堆在桌子上，而是主动扔到垃圾桶里；在美国，拥挤的景点很少会发生人为的冲突，因为每个人都会把'Excuse me（打扰了，借过）'和'sorry（对不起）'挂在嘴边，甚至没有碰到对方，只是认为自己挡了对方的路都会道歉不止；景区有些文物景观没有防护措施，但很少有人去摸去损坏去刻'到此一游'……"

旅游活动是旅游者在不同国家和地区之间的流动，这不仅是一种经济现象，而且是一种社会和文化现象。旅游活动和旅游行为不仅会影响旅游目的地国家和地区的文化，同时，也会反映旅游者的素质，体现旅游客源地国家和地区的文化和文明程度，因此，发展旅游业必须加强对旅游者的文明、礼貌教育，不断提高旅游者的素质。

一、旅游者的不文明行为

近年来，我国出境旅游发展十分迅猛，这一方面反映了我国的经济发展水平，扩大了中国的国际影响，值得国人引以为豪，但同时一些旅游者在国外旅游目的地的所作所为，却有损国格和人格，与我国文明古国的文化背景格格不入，已经严重损害了国人的国际形象，引起旅游目的地居民的反感。中国游客常见不文明行为包括：

（1）不修边幅，行为不检。夏天光着臂膀招摇过市；穿T恤时打领带，卷起裤管，跷起二郎腿；蹲在酒店大堂的地上；在自助餐厅吃饱后兜着走，拿走餐厅的食物……导致一些酒店餐厅拒绝接待中国游客。

（2）高声喧哗，旁若无人。喧哗吵闹也是中国旅行团的特色。如在酒店大堂高声呼唤和交谈；把中国敬酒的习俗搬出国门，在餐厅里大声轮番敬酒，猜拳行令，令其他客人不堪其扰；在不打折的商店不守规矩高声讲价；在其他公共场所三五成群，大声喧哗。

（3）争先恐后，不自觉排队。办理入境手续时，总有人从"蛇形"通道的栏杆下钻来钻去，找熟人插队。在购物和旅游景点拍照时争先恐后，不自觉排队的现象也很常见。

（4）乱抛垃圾，随地吐痰。随地吐痰，乱抛垃圾，随地吐泡泡糖胶，甚至随地小便。这些都是触犯外国卫生条例的行为。为了防止中国游客在街道、花坛、草丛随地吐痰，逼得一些导游煞有介事地警告"毒蛇会从中蹿出来咬你的！"

（5）大摇大摆，扎堆吸烟。虽然导游三令五申，不能认为在户外就可以吸烟，而且特别强调到处都有监控的探头，违规者罚款上千元人民币。但是，在禁烟区内吸烟者有之；叼着香烟大摇大摆者有之；三五成群，扎堆吸烟，弄得烟雾缭绕、满地烟蒂者有之。

（6）不遵守公共秩序，爱占小便宜。在机场禁区办手续和进行安检的时候，践踏黄线。在飞机上，抢夺行李箱空位；不听空中小姐指示处理好手提行李的摆放位置；和空中小姐争吵，导致整班飞机延误，甚至被驱逐离开飞机；顺手牵羊，偷走飞机厕所的牙膏、剃须水、纸巾，或偷走酒店的毛巾、烟灰缸等。

（7）在风景地点乱刻乱涂，损毁文物。如在景点、文物上写上"某某到此一游"字句；站立在公园的长凳或者桌面上拍照，损毁公物。

（8）不爱护环境和公共设施，践踏草坪如入无人之境。在一些明确告知"不得入内"处，中国游客照样进入，摆弄风姿，大拍其照。

上述行为，除了第一类之外，可能都触犯了当地法律、公园管理规定和公共交通工具条例。法国和加拿大一些国家，报纸传媒曾经强烈批评这些中国游客的行为。欧洲某些酒店和公园，甚至用中文在大堂或者显眼的地方，写明"不准吐痰"等字样。

二、提升旅游者文明旅游行为的途径

1. 做好文明教育

公民素质的提高必须从教育入手，从学校抓起，从家庭抓起，把公德建设、文明建设作为重要教学内容。文明是一种习惯，而习惯则要从小养成。因此，对青少年来说，尤其要重视对其进行养成教育，把怎样做人、怎样与人和自然相处，做到自强、自爱、自律作为养成训练的重要内容，使其养成自觉遵守社会道德和行为规范等良好的道德品质与行为习惯。儿童、青少年的文明行为，反过来会影响和教育其父母和成人的行为举止，从而使全社会公民的文明素质得以提高，只有这样，旅游者的文明旅游行为才能得到根本保障，否则，平时没有养成良好的习惯，而要求其在旅游时表现出良好的素质，显然是无源之水。

2. 出游前，对游客进行文明旅游行为教育

无论是国内游还是境外游，旅行社在组团出游之前，都要专门进行行前告知或培训。告知内容主要应包括目的地的法律法规、风俗习惯、礼仪规范、民族禁忌及行为方式等。告知方式要多样化和生动化，可包括旅行社出团说明会，举办文明礼仪培训，进行目的地法律法规和文化习俗、民族禁忌的专题讲座、播放专门的文明礼仪教育片等。必要时还可以采取组织文明旅游考试，签订相关"文明旅游承诺书"。

3. 加强对旅行社导游和领队的管理

加强旅行社管理是文明旅游建设的重要环节和内容，而旅行社管理中又必须以加强导游管理和领队管理为重点。

要进一步把文明旅游建设中专门针对旅行社、导游和领队等人员的相关规定及措施形成制度，纳入日常管理，进行相关考核。要抓好旅游企业文明规范服务工作，旅行社、导游和领队要有意识地及时提醒和制止游客的不文明行为。要抓好导游和领队的文明示范工作，建立相关奖惩制度，对旅游行为中做得好的旅行社、导游、领队典型要进行宣传、表彰和物质奖励。要抓好文明旅游的监督和考核工作，对不履行职责、造成不良影响的旅游企业和有关人员要进行通报批评，对出现严重问题的旅行社和旅游从业人员要取消其从业资格。

4. 加强景区管理，培养文明意识

加强景区管理是约束游客行为、培养文明旅游意识的重要手段。

首先，旅游景区可以以适当的形式设置引人注目的标语牌、宣传画和公益广告，使旅游文明行为潜移默化、深入人心。在印制的门票和导游图上加印提醒游客文明行为的提示语句，使游客一进入景区就开始接受旅游文明教育和提示。

其次，景区及厕所等的设置要方便、科学、合理，设计要有美感、有艺术性。要创造温馨美好的旅游环境，让游客身在其中感受文明的氛围，使文明旅游成为游客的自觉行动和行为规范。

5. 加强公众宣传，曝光不文明旅游行为

充分利用报纸、广播、电视、网络、宣传栏等大众传媒以及电视宣传片、文学创作、卡通、漫画、摄影、话剧、公益歌曲、公益广告等艺术形式，进行文明旅游宣传，同时揭露不良陋习，生动活泼地曝光和鞭挞不文明行为，促进全体公民的文明素质提高。例如，可由官方机构专门制作统一的文明旅游宣传片、宣传画册和宣传歌曲，在飞机、列车、汽车、轮船等交通工具和各旅行社及景区景点滚动播出；举办文明旅游征文、演讲、摄影和DV短片大赛等活动；定期开展游客问卷调查活动、青年志愿者劝导活动等。

6. 培育旅游者的国民意识

在文明旅游建设中，必须全面培育国民意识。在出境游中，到达旅游目的地国后，每个游客都在一定程度上代表了自己国家的形象，都是国家的"形象大使"，具体的一言一行，在很大程度上影响甚至改变着目的地所在国家的人民对中国的看法，因此，每个游客都有义务在"以热爱祖国为荣、以危害祖国为耻"思想指导下，树立国民意识，尊重他国的法律法规、风俗习惯，主动维护旅游客源国的国际形象。

7. 建立长效机制，强化惩罚措施

建立长效机制，一方面要对游客加强宣传教育，另一方面要有惩罚措施。有些陋习单靠教育是不能改变的，必须有罚款和硬性的制裁。对有令不行、有禁不止、多次犯规的游客要给予处罚，有效制止游客的不文明行为。新加坡、韩国对不文明行为的惩罚帮助国民形成了良好习惯，值得借鉴。

【链接】

中国游客在美国被罚的警示

据报道，一名中国游客近日在美国黄石国家公园离开指定观景区，踩过岩层去灌温泉水，被罚款1000美元。

灌了一瓶温泉水被罚款1000美元，高昂的代价是否让人心疼？这名游客和其他人会汲取这个深刻的教训吗？该游客解释之所以这样做，是因为进入公园后没有阅读公园提供的安全信息，而他取温泉水是为了治病做药。但笔者认为，黄石公园对于游客的行为处以重罚，毫无疑义。因为，公园手册中提到，为了保护自身安全和公园环境，游客禁止走出游览道路和木板路。黄石国家公园曾经发生过一系列游客事故，一些游客因与野生动物距离过近而遭遇危险，一些游客因在温泉附近偏离规定路线而遭遇不测，故公园对游客的行为严格管理。此外，美国联邦法律还规定，禁止将任何资源带出黄石公园。

由此可见，"取矿泉水做药"存在两处错误：一是违反了美国联邦法律，属于违法行为；二是违反了公园管理规定，擅自走下木板铺成的观景区，闯入温泉四周"脆弱"的岩石区。不仅游客自身有生命危险，也有可能踩坏岩石。一言以蔽之，对于任何违反法律和破坏生态环境的危险举动都要予以处罚。

随着国人的脚步越走越远，国内国外的名胜风景都留下中国人的身影，不文明现象也伴随而生。每当这种尴尬发生之后，我们往往多停留于道德层面的谴责。殊不知，法律的外延是一种社会规则，法律的内涵则是最低限度的道德。当道德规范不足以约束人们的行为时，就必须以严明的法律予以明晰，用严厉的惩处告诉公众"可以做什么""禁止做什么""做错了要受罚"等规则，督促人们自律，减少不文明、不道德行为的发生。因此，必须用法律法规强力约束游客的不文明行为，明确告知公众行为的界限，用法律的刚性强制力维护法律的威信，进而促进整个社会文明水平的提升。这是游客在美国被罚事件给我们的警示。

【本章小结】

● 旅游者是指任何以休闲、娱乐、观光、度假等为主要目的，离开常住地到其他地区，其连续停留时间不超过12个月，并且在异地的主要目的不是通过所从事的活动获取报酬的人。旅游者可分为过夜旅游者和一日游游客。

● 旅游者的产生除了旅游愿望以外，还需要一定的可自由支配的收入水平和闲暇时间。

● 旅游动机是推动人们从事旅游活动的内在原因。旅游者的旅游动机包括观光型、度假型、商务型、文化型、社会关系型、宗教型、探险型等。

● 旅游者的流动规律：近距离流动多，远距离流动少；流向风景名胜地区；从经济发达国家和地区流向经济不发达国家和地区；从一个经济发达的国家和地区流向另一个经济发达的国家和地区；从严寒地区流向温暖地区及反方向的流动；流向首都。

● 影响旅游者流向和流量的因素包括：旅游设施的接待能力和旅游业服务质量；汇率；价格；促销；政策；军事；政治。

【复习思考】

1. 什么样的人属于"旅游者"？

2. 旅游者产生的条件有哪些？旅游者的动机有哪些类型？

3. 试述旅游者的流动规律。

4. 在现代社会，旅游者有哪些基本的权利和义务？

5. 常见游客的不文明行为有哪些？如何对游客的不文明行为加强管理？

【案例分析】

台北市议会出新规，禁大陆游客走正门

（2013年1月11日）据台湾民视报道，台北市议会地下一楼餐厅开始接待大陆游客后，每到用餐时间或假日，市议会就成了菜市场，游客大声喧哗，乱闯议员研究室，甚至卫生习惯也不好，乱丢烟蒂、牙签等，所以，台北市议会从12月底开始针对大陆游客做管制，禁止大陆旅游团走正门，只能从后门进出。

报道称，这样的管制是有原因的。正门的花圃被丢了不少烟蒂，而且大陆游客爱站在正门前的车道拍照，非常危险。走到地下一楼餐厅，更是闹哄哄。餐厅的盆栽更惨，被丢了一根又一根的牙签，这样的卫生习惯让议会不堪其扰。

禁令颁布后，大陆游客只能走后门，餐厅要派人带团下楼。而且来吃饭的大陆游客只能使用餐厅厕所，不能在一楼方便，甚至餐厅门口也贴出公告，禁止大陆游客上二楼，活动范围除了在地下一楼的餐厅吃饭，还可以到一楼大厅拍照，不过，二楼、三楼的议事厅，甚至五楼到七楼的议员研究室，大陆游客通通不准进入。

台北市议会由于靠近台北101、市政府、台北中山纪念馆等知名景点，意外成为不少大

陆游客拍照景点，甚至要求参观、旁听者亦大有人在。不少大陆旅游团亦安排在议会地下室餐厅用餐，除价钱合理外，还能向亲友夸耀"我可是在台北市议会吃饭"，附加价值不小。

资深导游说，台北101、台北中山纪念馆，几乎是大陆游客必逛景点，比邻的台北市议会，自然成为游客询问焦点，解说时强调议会为民喉舌、监督市政等功能，大陆游客好奇不已，争相拍照留念。

台北市议会秘书长王金德说，开放大陆游客来台参观后，三不五时都有团体参访，尤其在旁听席看到"议员骂官员"，大呼不可思议，频频好奇询问"是套招还是真骂？"对他们来说，这些既新鲜又陌生。

◎讨论：大陆游客的行为有不妥之处吗？请针对大陆游客的行为举止及台北市议会的新规进行评价。

【拓展阅读】

中国游客要靠行动赢得尊严

外国人眼里的中国游客

国旅门市经营中心经理宋演说，有一次，他带一个100多人的中国旅游团到欧洲旅游，团里有两个游客"脱团"去了别的景点，回来晚了。在转去埃及的火车上，有的团友站出来，指责两位游客耽误了全团集合的时间。结果双方争吵起来，差一点挥起拳头，整个车厢吵得沸沸扬扬。欧美游客奇怪地问："这是哪国游客？"有的游客努着嘴说："Chinese."车厢所有的外国人都向中国游客投去了异样的眼神。

在法国生活了13年的国旅总社欧洲线领队朱华，则更是被这种目光重重伤害的中国人之一。朱华说，欧洲人了解中国，主要是通过我们出去的中国游客。刚到欧洲，国外服务员都把我们当成亚洲人问好打招呼，但有的中国游客可能不会外语，或没有意识到人家问好，这不要紧，你点个头表示一下，但我们的游客，偏偏把眼睛歪过去，假装没听见。一次、两次、三次之后，人家会想，中国游客怎么连问候都不理。

"我们同欧美人在认知上的确有不同的地方。"朱华描述：在欧洲，人们在用餐时都很安静，相互说话声音很小，可我们国内是越热闹越好，大声说话，这就造成了当地人的反感，在欧洲很多人对中国游客随地吐痰也很厌恶。

在法国卢浮宫参观时，卢浮宫为游人们专门提供了一份资料。但到下午，人们就会发现，丢在地上的大部分是以中文为主的资料。在外国人看来，写有本国文字的资料不能随便乱丢，更不能坐在屁股底下，这是一个非常严肃的问题。

走在欧洲大街上，常会看到这样的场景——中国旅游团在餐厅用完餐便堆在门口，不少人还拿着牙签剔牙。在西方人看来，中国的游客总是考虑自己的事要多一些，尤其缺少一种团队精神。朱华举例说，一个中国旅游团如果走在街上，哩哩啦啦能拖出150米以外。但人们再看一个100多人的日本旅游团走在街上，落在最后的也就20米。

乘坐国外高速列车，很多客人都想在车厢里调整调整体力，好好休息一下，整个车厢鸦雀无声、静悄悄的。可中国旅游团一上车就大呼小叫，很多中国游客不认为这有失风度，但正是这种细微的举止，很容易引起外国人内心产生中国游客缺乏修养、不文明礼貌的看法。

社会发展太快，人们浮躁了

根据我国旅游专家研究分析：20世纪末，我国一些城市像上海、北京、广州以及许多东部沿海地区经济发达城市，已开始进入发达国家初级阶段的经济水平。经济社会的发展进入加速转型期，传统道德文化的大面积缺失，人们的价值判断力、知识结构及道德水准严重滞后，加之社会各方面及快节奏的都市生活压力，也诱发了人们心理上的畸形变化，情绪上出现浮躁。

国旅总社企管总部副总经理徐维洪说，从处理旅游投诉角度来看，目前旅游市场也存在两个不成熟。一是旅行社不讲诚信，坑骗、欺诈游客；一个是消费者自身不成熟，过度维权。有时很小的一件事，为了怄气，就是过不去。这种心理也直接影响到旅游者的行为举止。例如不尊重别人，无视别人的存在，以我为中心。认为导游你就是伺候我的，别人的事管不着，自己合适就行，游客缺乏整体团队精神。对突发出现的旅游特例，也不能冷静对待，情绪过激，个别游客拒绝登机，拒绝上车返程，甚至在有些地方出现静坐示威。中国出境旅游经历了20多年发展，已成为亚洲最大的客源输出国，中宣部、中央文明办、国家旅游局提出提高中国公民旅游文明素质很合时宜。

中国游客文明素质正在提升

座谈会上，国旅总社领队、导游们表示，中国游客的旅游文明素质也在逐年提升。

国旅总社国内游总部质管主管经理梁东平介绍说，最近他跟国旅推出的"品质之旅"团考察，在游览中，发现有的游客吃完口香糖，随便吐在地上，旅行社导游看到后，不是简单批评游客，而是把他吐的口香糖很快拾起来，装进备好的塑料袋。这个举动让在场的游客很受触动。后来，大家主动维护游览中的旅游环境，还在团里选了组长，轮流值班做旅游车的卫生，行程结束后，旅游车内外干干净净，游客们也非常满意开心。在开展旅游诚信活动中，国旅总社组织的"品质之旅"旅游团，至今还没有接到一例游客投诉。

特种项目策划部经理李雷谈到，该部是搞非常规旅游的，一般都是常规旅游团不能到的地方，旅游接待设施很少。像经拉萨到珠峰的旅游团全部是自驾车，沿途没有垃圾箱，为了杜绝不文明的旅游行为，他们提出"珠峰环保大行动"的倡议，参团游客积极响应支持。从参团伊始，旅游团的每个游客就积极展开环保行动，不但沿途不丢垃圾，还边旅游、边捡拾垃圾。一路上，对宣传提升中国公民旅游文明素质，树立良好的旅游形象，起到了较好的作用。

从国旅总社领队、导游关于"提升中国公民旅游文明素质行动"座谈会上，记者了解到，中国的旅行社和数以万计的游客正在从自身做起，投入到轰轰烈烈的"提升中国公民旅游文明素质行动"中。正如温家宝总理所言："中国人赢得尊严靠行动"。"中国要受人尊敬不仅要经济发达，人民生活幸福，而且国民素质要提高，要有健全的民主法制，要有精神文明和道德文明，这才是完整的一个现代化国家所应该具备的。"

（资料来源：《中国旅游报》2006年9月20日，《中国游客要靠行动赢得尊严》，耿闻）

第三章
旅游的客体——旅游资源

　　旅游资源是旅游业的客体，虽然没有像旅行社、旅游交通、旅游住宿和旅游商品一样被列入旅游业的"支柱"，但却是旅游业赖以生存和发展的基础。

　　旅游资源分为自然旅游资源和人文旅游资源两大类。

本章学习目标 / Learning Objectives

- 了解旅游资源及其分类;
- 学会对旅游资源进行评价;
- 掌握旅游资源开发的原则;
- 了解我国文物、风景旅游资源的管理体制。

本章关键概念 / Key Words

- 旅游资源 / Tourist Attraction
- 开发 / Development
- 评价 / Appraisal

第一节 旅游资源及其特点

西安旅游业之所以发达，就是因为它是十三朝古都，有悠久灿烂的历史文化，有闻名于世的世界第八大奇迹——秦始皇兵马俑，这些都是旅游资源。旅游资源是旅游业建立和发展的前提，其数量、品级以及旅游资源的组合状况等，对一国一地旅游业的发展有着直接的影响。世界上旅游业发达的国家都是得益于丰富的、具有较大特色的旅游资源。

一、旅游资源

资源在自然界和社会界中是客观存在的。资源是多种多样的，如自然界中的煤炭资源、水力资源、森林资源、土地资源等，社会生活中的人力资源、技术资源、资本资源等。

旅游资源是资源的一种。凡是能激发旅游者的旅游动机，吸引旅游者前来观光、游览，满足其生理和心理需求的一切自然和人文因素，都可称之为旅游资源。因此，旅游资源又称作"旅游吸引物"（Tourist Attraction）（见表3-1）。旅游资源是发展旅游业的基础和凭借，它能够被旅游业利用，并且在通常情况下能够产生社会效益、环境效益和经济效益。

旅游业是借助于旅游资源而建立和发展的，其服务的对象是旅游者，而旅游者的旅游活动又是由旅游资源所引起，没有旅游资源就没有旅游者的旅游活动，没有旅游者的旅游活动，也就没有旅游业的服务对象，从这个意义上说，没有旅游资源也就没有旅游业。

表3-1 旅游资源（旅游吸引物）概览

旅游吸引物				
文化景点	自然景点	节庆盛事	户外休闲	娱乐表演
历史古迹	地貌	盛大活动	观光	主题公园
建筑遗址	海景	社区活动	高尔夫	游乐园
建筑	公园	节庆	旅游	赌场
烹饪	山地			电影院
纪念碑	植物	宗教活动	网球	
工业旧址	动物	体育赛事	远足	购物设施
博物馆		交易展会	骑车	表演艺术中心
民俗	海滨			
音乐会		公司/社团	雪上运动	体育中心
剧院	岛屿			

二、旅游资源的特点

旅游资源作为旅游业的凭借和旅游者参观游览的对象物，具有以下基本特点：

1. 旅游资源具有垄断性的特点

旅游资源，特别是自然旅游资源，大都是天然形成的，是大自然所赋予的，如西班牙的金色海滩、美国和加拿大所共同拥有的尼亚加拉大瀑布、瑞士的日内瓦湖、中国的桂林山水等等。许多旅游资源为某一国一地所独有，而其他国家和地区却不能同时具有。就文化资源来讲也是如此，中国的长城和兵马俑、埃及的金字塔等，无一不具有垄断性的特点。

2. 旅游资源是可以创造的

对那些由于自然、历史等方面的原因，旅游资源较为贫乏或品级不高，对旅游者缺乏吸引力的国家和地区来说，建立和发展旅游业显然会受到限制。但旅游资源也是可以创造的，通过创造，同样可以吸引游客，发展旅游业。如我国的深圳，本来没有什么旅游资源，后香港中国旅行社在那里投资兴建了"锦绣中华""民俗村""世界之窗""欢乐谷"等大型人文景观，使深圳旅游业一炮打响，成为国内著名旅游城市。再如横空出世的"小蛮腰"，如今已作为广州的地标性建筑，成为重要旅游资源以及游客的必游之地（见第I页图04）。

3. 旅游资源是发展变化的

随着经济社会的发展和旅游业的发展，可被利用作为旅游者对象物的旅游资源的数量是不断增加的。科学技术的进步，增强了人们认识自然界和利用自然界的能力，不断开拓了旅游资源的领域，从而使旅游资源不断增多。如南极，终年冰封，气温寒冷，在过去交通条件很差的情况下，除了极少量的探险家，一般旅游者难以抵达，但随着交通条件的变化，去南极如今已经变得相对容易了，可以预料，南极将成为重要的旅游资源。

随着人类社会的发展，人们在社会领域中活动范围的扩大和活动内容的增多，也必然会使人们拓宽旅游资源的领域，从而使旅游资源不断增多。如放风筝是许多国家的一种传统活动，但在过去也都只限于当地少数人的消闲和娱乐活动中，并没有把放风筝与旅游联系起来。中国山东潍坊市有春季放风筝的传统，在中国旅游发展的大环境下，潍坊市每年举行一次风筝节，吸引各国的风筝爱好者前来参加。这样，放风筝活动就成了潍坊市的一项旅游资源（见图3-1）。

图3-1 潍坊风筝节（图片来源于网络）

图3-2 广州"世界大观"如昙花一现，仅仅红火了2年多时间（刘伟 摄）

4. 旅游资源具有生命周期

旅游资源具有生命周期，特别是各类人造景观，在一定历史时期和社会条件下，某一旅游资源可能对旅游者具有广泛的吸引力，而随着时间的推移，如果没有创新，没有变化，它就会逐渐丧失其吸引力，失去旅游资源的效用。如广州的"东方乐园"，20世纪80年代在国内红极一时，但进入90年代以后，随着国内人造景观的不断涌现，人们对各类"乐园"逐渐丧失了兴趣，到2003年，它终于寿终正寝，改作他用。另外，多少年来，广州旅游资源缺乏拳头旅游产品，被戏称为"只有星星，没有月亮"，于是，有关方面开始实施"造月工程"。90年代初，广州出现了一大人造景观——"世界大观"，被政府和媒体誉为广州旅游的"月亮"。当时也是火爆异常，游人如织，着实让政府和广州旅游界兴奋了一阵子。但其轰动效应也只是昙花一现，两三年之后，便进入萧条期，从此每况愈下，直到2004年被拍卖改做其他用途（见图3-2）。

5. 旅游资源具有分布上的地域性

不同的地区，会形成不同特色的旅游资源，无论是自然资源，还是人文旅游资源，均是如此。海南岛不可能有冰雪资源，同样，哈尔滨也不能见到椰林，如此等等。社会人文方面的旅游资源在分布上也有地域性，因为地域不同，人们的劳动方式、生活条件也就不同，使得人们的生活习惯也就不同。草原上的居民擅长骑马放牧，喜欢喝奶茶，而海边的渔民则擅长驾船扬帆，喜欢吃鱼虾。云南西双版纳的居民住的是竹楼，而内蒙古草原的居民则生活于蒙古包中。如果将这些民间习俗作为旅游资源，那么，它们当然会带上浓郁的地域色彩。

第二节　旅游资源分类

旅游资源依其性质不同，可划分为自然旅游资源和人文旅游资源。自然旅游资源是自然界所赋予的、经过开发利用成为旅游者的吸引物的各种资源。人文旅游资源是人类社会活动的成果，经开发利用成为旅游者的吸引物的各种资源。

一、自然旅游资源

自然旅游资源有以下几种类型：

（一）地貌风景资源

地貌是构成自然景观的基本条件，是自然景观存在的地质基础。作为旅游资源的地貌类别主要有：

1. 山地

在地理学上把山岳和丘陵通称为山，山体包括的整个隆起范围及直接坡积的外围，通称为山地。而山峰则往往位于群山之中，以峻峭险要为特征，是旅游者俯视山峦、观看云海和日出的理想位置。山地和山峰都是重要的自然旅游资源。我国是多山国家，有许多名山风景胜地，如五岳（恒山、华山、衡山、泰山、嵩山）以及庐山、黄山等，都是驰名中外的旅游资源，而"世界屋脊"——珠穆朗玛峰更是让旅游者神往（见图3-3）。

2. 峡谷

峡谷是陡峭的两坡相夹而成的谷地，有的笔直，显得气势磅礴；有的弯曲，显得险峻神秘。我国的长江三峡、黄河龙门峡，北美的科罗拉多大峡谷、世界峡谷奇观羚羊谷（见第I页图05）等，都是极为有名的峡谷，每年慕名而至的旅游者络绎不绝。

（二）水文风景资源

水文是自然地理环境的重要组成部分，也是自然界中最活跃的物质之一。主要类别有：

1. 河流

如我国的长江、黄河（见第II页图06），欧洲的多瑙河、莱茵河、塞纳河以及美国的密西西比河等，都是重要的水文旅游资源。

2. 湖泊

湖泊多具有瑰丽晶莹、幽美静谧的特点，是用以发展旅游的极佳旅游资源。我国有大小湖泊约2万个，姿色各异。江苏的太湖、杭州的西湖、青海的青海湖（见第II页图07）和翡翠盐湖（见第II页图08）、昆明的滇池等，都是著名的旅游胜地。此外，日本的琵琶湖、瑞士的日内瓦湖、匈牙利的巴拉顿湖等也都是著称于世的旅游资源。

3. 泉水

位于名山大川的美丽的泉水也是人们喜爱的旅游资源。如美国黄石公园的间歇泉、我国济南的趵突泉、西安的骊山温泉、青岛的崂山矿泉、南京的汤山温泉、杭州的虎跑泉、敦煌的月牙泉（见第II页图09、图10）等都驰名已久，是旅游者向往的旅游地。

4. 瀑布

瀑布大都是山水结合，飞泻千仞，极其壮观。我国的黄果树瀑布、黄河壶口瀑布（见图3-4）、庐山瀑布等，壮美宏丽，被历代所传颂。赞比亚的维多利亚瀑布、北美的尼亚加拉瀑

图3-3 "世界屋脊"珠穆朗玛峰（刘伟 摄）

图3-4 气势非凡的黄河壶口瀑布（刘伟 摄）

布、南美的伊瓜苏瀑布等，也都极其宏伟壮丽。世界各国都设法利用瀑布来发展旅游业。

5. 海洋与海滩

利用海洋、海滩发展旅游业是许多国家开发旅游资源的一个重点。我国有漫长的海岸线，有众多的岛屿，海洋与海滩资源十分丰富，大连、青岛、普陀山、厦门、三亚等都有极好的海滩，也都是旅游胜地。世界上作为旅游胜地的海滩还有西班牙的希洪海滨浴场、美国的夏威夷岛、意大利的斯培西亚海滨、法国的尼斯海滨、克罗地亚的斯普利特海滨、泰国的宋卡海滩等。

6. 溶洞

溶洞属于喀斯特地貌，是亿万年前大自然的杰作。国内外有很多溶洞，大都规模宏大，气势壮观，洞内则钟乳累累，石笋林立，石秀而水清。溶洞也是一种水文地质地貌资源，经过人工开发的溶洞，可以形成人间仙境般的瑰丽奇观，是一个地区发展旅游业的重要旅游资源。

（三）气候风景资源

气候与人们的生产和生活活动有着极为密切的关系，同时，与旅游活动和旅游业的发展也有着极为密切的联系。认识气候特征，了解气候的变化及其规律，对发展旅游业十分重要。

我国有多种多样的气候资源，为发展多种多样的旅游活动提供了有利条件。北方的冬季"千里冰封，万里雪飘"，是开展滑冰、滑雪、冬猎的大好时机。东北地区的哈尔滨、佳木斯、吉林等城市所制作的冰灯具有特殊的魅力，每年都吸引大量的中外游客前往观赏。南方的冬季，特别是广东、广西、海南，气候温和，花草树木繁茂，是北方人避寒的好地方。在夏季，北方许多地方气候凉快，又成为南方人的避暑胜地。

（四）极地风光资源

去南极和北极体验极地风光，是很多人一生的向往。在那里，游客不仅可以体验冰雪世界，还可以观赏绚烂的极光（见第II页图11）。扫描二维码，可进一步欣赏极地风光。

（五）动、植物资源

动、植物资源既可单独作为旅游资源，也可与特定的地貌、环境结合起来作为旅游资源。

我国广州番禺的长隆（夜间）野生动物园，就是利用动植物资源发展旅游业的成功范例。另外，非洲的原始森林，澳大利亚的考拉、袋鼠，中国的大熊猫、金丝猴等，都是旅游者所喜爱的动植物旅游资源。

另外，我国许多城市都各有市花，如南京的梅花、昆明的山茶花、漳州的水仙花、广州的木棉花、济南的荷花、杭州的桂花、开封的菊花、西安的石榴花、兰州的玫瑰花、丹东的杜鹃花等等，不少城市利用这些花卉大力发展旅游业。去大连观槐、无锡赏梅、洛阳看牡丹等，已成为一种旅游时尚，成为当地一项重要旅游活动。

利用树木、森林发展旅游也是较为普遍的。很多国家都建立了森林公园，供人们游览、休息、疗养，如中国的张家界国家森林公园等。

中国西部、北部有大面积的草原，广阔无垠，视野宽广，能使人心胸开朗，有着与其他自然景观不同的特有韵味。随着季节的不同，草原在变换着颜色，春夏为碧绿，秋冬为金黄，自然景观迥异。"天苍苍、野茫茫，风吹草低见牛羊"不仅是民歌中的佳句，也是很多旅游者前往草原的动力。

二、人文旅游资源

人文旅游资源又可分为以下几种类型：

（一）古代陵墓与文化遗址

1. 古文化遗址

古文化遗址包括古人类遗址和古建筑遗址。中国许多地方都发现了古人类遗址，如云南元谋距今250万年的旧石器时代早期猿人——元谋人遗址；陕西蓝田距今50万～60万年的蓝田人遗址；北京周口店距今40万～50万年的北京人遗址，以及陕西大荔距今10万～20万年的大荔猿人遗址、距今6800多年的西安半坡遗址等，现都已在发现地修建了博物馆，供人们参观。距今2000多年前、一夜之间被维苏威火山吞没的意大利庞贝古城，如今也作为古文化遗址，成为意大利重要的旅游资源（见图3-5）。

2. 古代陵墓

陵墓种类很多，其中帝王陵墓一般建筑规模都比较大，造型宏伟，是吸引旅游者前来参观游览的重要旅游资源。中国是历史悠久的世界文明古国，帝王陵墓资源十分丰富，仅在西安附近就有72座帝王陵墓，包括黄陵县的黄帝陵、临潼的秦始皇陵、乾县的李治和武则天合葬墓——乾陵、礼泉县的唐太宗李世民墓——昭陵等。这些世界级的古陵墓资源是我国旅游资源的重要组成部分。

图3-5 意大利庞贝古城遗址（图片来源于网络）　图3-6 世界七大奇迹之一：印度泰姬陵（刘伟 摄）

国外的著名陵墓则有埃及的金字塔——其中最大者是建于公元前27世纪的法老胡夫和法老哈夫的金字塔（墓），还有建于约400年前的印度泰姬陵（Taj Mahal）（见图3-6）等，它们都吸引着大量的旅游者。

泰姬陵是莫卧儿第5代君主——沙·贾汗（Shah Jahan）对皇后慕塔芝·玛哈（Mamtaz Mahal）的爱的见证。皇后在1630年第14次生产中去世，临终前向皇上要求了4个承诺，其中一项便是为她建造一座人人可瞻仰的美丽陵墓。于是沙·贾汗便耗资约4000万卢比，动用成千上万名工匠，花了22年时间，完成了这座震惊世人的大理石艺术建筑，作为其长眠之所。

（二）古代建筑

在古建筑、石碑和雕刻中，可被利用的旅游资源是极其丰富的，主要有以下六种：

1. 宫殿

宫殿分布比较广泛，各国古代建都之地大都有宫殿。由于历史悠久，许多宫殿的地面建筑已荡然无存，只剩下了遗址。但仍有一些保存完好的宫殿，如北京故宫，规模宏大，由大小数十个院落组成，房屋9000多间，建筑面积15万平方米，是中国现存最大、最完整的古建筑群，现在不仅是北京，也是中国的重点旅游景点之一。再如承德避暑山庄，是清朝皇室的离宫，占地560万平方米，前后共费87年才建成完工，如今也是著名的旅游区。在国外，英国伦敦的白金汉宫、法国巴黎的凡尔赛宫、俄罗斯圣彼得堡的冬宫（见第III页图12）等，都著称于世。

2. 寺庙

寺庙作为宗教建筑，反映了一个国家在一定历史时期的建筑文化和建筑艺术。但现在，寺庙不仅是宗教建筑，同时也是重要的旅游资源，既吸引着国内外众多的香客和朝圣者，也吸引着来自世界各地成千上万的观光旅游者，如杭州的灵隐寺、西安的大雁塔（大慈恩寺）等几乎是到杭州和西安的游客必至之地。而西藏的布达拉宫则是藏传佛教寺庙与宫殿相结合的建筑类型中最杰出的代表，在中国乃至世界上都是绝无仅有的，不仅具有极高的宗教价值、文化价值、建筑艺术价值，而且具有极高的旅游观光价值。

3. 塔

塔不仅分布极广，而且造型各异。它们有的与宗教相联系（见第III页图13），与庙宇相结合，有的与墓地相结合，有的作为一城一地的标志，有的却是一种纪念物，等等。著名的塔有西安的大雁塔（建于唐代，是唐玄奘自印度返回后译经、藏经的地方）、杭州的六和塔、延安的宝塔（延安的象征）以及为庆祝资产阶级革命100周年而建造的法国巴黎埃菲尔铁塔（塔高300米，已成为巴黎乃至法国的象征）等。

4. 碑石

碑石反映一个国家的雕刻艺术、书法艺术和思想文化，也是旅游者参观游览的对象。国外也有著名的碑石，但是中国的碑石尤为丰富多样，这不仅是因为中国是世界上古老的国家之一，历史悠久，也是因为中国的文字和书法更适合在石面上雕刻。西安碑林是中国碑石精华荟萃之处，始于宋哲宗元祐五年（1090年），至今已有900多年历史，藏有汉代以来的各种名贵碑石1700多种，其中刻于唐文宗开成二年（837年）的《十二经》，分刻于114块高大的石碑上，共计228面65025字。此外，唐代书法家颜真卿的《颜家庙碑》、柳公权的《玄秘塔碑》、欧阳询的《皇甫诞碑》等名碑都收藏于此。该处每年都吸引着大量国内外游客观赏。

5. 石窟

石窟大都与宗教相联系，同时也反映出不同民族不同历史时期的文化和艺术。中国的石窟很多，其中有的石窟规模很大，并有着极高的历史价值和艺术价值，如山西大同的云冈石窟、河南洛阳的龙门石窟、甘肃敦煌的莫高窟等，都是驰名中外的艺术精品。

6. 亭台楼阁

这种建筑在中国是极为普遍的，它们的造型精巧奇特，往往使观赏者流连忘返。武汉长江畔的黄鹤楼、岳阳洞庭湖畔的岳阳楼、成都的望江楼、西安市中心的钟楼、山东蓬莱的蓬莱阁等，都极为精美，是旅游者参观游览的对象（见第III页图14）。

（三）伟大工程

无论是历史还是现代，都出现过许多伟大工程，这些工程既具有经济、军事、历史、艺术、科学等方面的巨大价值，也有很高的旅游价值，如中国古代的长城、都江堰等工程以及现代的长江三峡大坝工程等。

（四）民俗民情

民俗民情是不同地方、不同民族在长期的生产和生活活动中所形成的特殊风俗习惯，是重要的旅游吸引物。

1. 民族风情

各民族大都有其特有的风俗民情，如宗教仪式（见第III页图15）、婚丧嫁娶、待客礼仪等，各有不同。

2. 文化艺术

文化艺术上的差异或因民族不同而引起，或因地区不同而导致（见图3-7）。以歌舞为例，维吾尔族歌舞就与朝鲜族不同，苗族又与高山族不同，等等。地方戏也是如此，如河南的豫剧、山西的晋剧、陕西的秦腔、河北的梆子等。

3. 建筑形式

由于生活地域不同，气候条件不同，宗教信仰不同，生活习惯不同，经济条件不同等因素，形成各地、各民族不同的建筑形式，如蒙古族的蒙古包、陕北的窑洞（见图3-8）、傣族的竹楼、北京的四合院等。

图3-7 以文化创意为特色的"北京798艺术区"是外国旅游者必去的旅游景点（图片来源于网络）

图3-8 广泛分布于我国西北黄土高原上的古老"穴居式"民居——窑洞（图片来源于网络）

4. 节庆活动

节庆活动，如藏族的浴佛节、贵州苗族的姊妹节（见第III页图16）、彝族的火把节、傣族的泼水节以及各地的音乐节等，都是当地发展旅游业的重要旅游资源。

5. 美食文化

不同的饮食、服饰也可以成为旅游吸引物（见第IV页图17），如广州等饮食业发达的城市，通过每年举办美食节进行旅游促销活动，吸引国内外旅游者。

（五）城镇风貌和纪念地

1. 城镇风貌

城市的面貌各种各样，有的是一国国都，有的是风景胜地；有的是著名古城，有的则是现代都市。其中，各国的都城大都为该国城市建筑中的重点，也是该国旅游最发达的城市，如中国的北京、法国的巴黎、英国的伦敦、意大利的罗马、日本的东京、埃及的开罗等。除此之外，中国还有其他许多著名旅游城市：西安是中国古都之一，以拥有极其丰富的文物古迹而著称于世；桂林则是中国的一座风景城市，"桂林山水甲天下"一直被世人传颂；深圳则是一座新兴的现代化城市，是中国对外开放的最重要的窗口，体现和充满着现代的气息；上海则是中国最具现代化特征的城市……其中，西安、桂林、深圳、上海各有着迥然不同的城市风貌，虽然都拥有丰富的旅游资源，但其类型又是完全不同的。

2. 纪念地

纪念地旅游资源形式多样，历史上的革命纪念地、军事上的主战场、曾经的自然灾害发生地……这些都可能成为重要的旅游资源。

四川"5·12"大地震给汶川人民造成惨重的生命财产损失。地震发生后，人们不仅进行了史无前例的抗震救灾工作，接着又在全国人民的大力支持下，开始了恢复和重建。经过仅一年的建设，一个崭新的汶川又重新展现在世人眼前。重建后的汶川不仅恢复了往日的生机，而且以崭新的面貌和大地震旅游纪念地的形象，迎接国内外游客缅怀和参观，成为当地发展旅游业的独特资源。

近年来，在中国蓬勃发展的"红色旅游"，则是利用革命纪念地来发展旅游的典范。

另外，名人诞生地或生活过的地方（见第IV页图18），也会成为吸引游客的旅游资源。

（六）人造景观

为了吸引旅游者，发展旅游业，很多地方开发了有价值的人造景观，其中以著名导演张艺谋所导演的《印象——刘三姐》（位于桂林阳朔）为代表的"印象"系列旅游景观最具代表性，世界旅游组织前秘书长观后曾感叹道：从世界上任何一个地方前来观看都是值得的，可见其具有良好的经济效益和社会效益。

扫描二维码，可观赏美轮美奂的敦煌大型室内融入式情境体验实景演艺项目：《跨越千年——又见敦煌》。

第三节　旅游资源评价

旅游资源是发展旅游业的基础，因此，一个地区旅游资源数量的多少、价值的高低以及对游客吸引力的大小，决定了该地区旅游资源的开发价值以及旅游业可能的发展水平。开发旅游资源，必须首先对当地旅游资源进行评价。

一、旅游资源评价

旅游资源评价就是以发展旅游业为目的对旅游资源所进行的分析、比较和评判。分析，就是揭示旅游资源的内涵和特点；比较，就是将各种不同旅游资源进行对比———一般是将处于不同地方的同类旅游资源进行比较，从中发现旅游资源的差异性，从而使人们能够进行鉴别并为评判打下基础；评判，就是对旅游资源的好坏优劣、价值大小、品位高低等做出判断。

旅游资源的评价对发展旅游业有着重要意义。对旅游资源的评价正确，可以推进旅游业的发展，提高旅游业的经济效益；相反，对旅游资源的评价不正确，就会影响旅游业的发展，降低旅游业的经济效益，甚至于没有经济效益或负经济效益。

二、旅游资源的评价标准

评价旅游资源，应该从旅游资源本身的价值以及旅游资源所处的环境（如自然环境、经济环境、市场环境等）两个方面进行，主要评价标准包括以下方面：

1. 知名度

知名度是人们对该旅游资源了解和熟悉的程度及认识的广泛程度。如长城这一旅游资源知名度很高，即人们对它很了解和熟悉，并且了解和熟悉的人群极为广泛，差不多各国的男女老少都知道它。知名度是人们形成旅游动机的重要因素，所谓"慕名而来"就是这个意思。

2. 观赏价值

观赏价值是旅游资源所能给予旅游者的感受，或美，或新，或奇，或特，或宏大，或雄伟，或富有深刻内涵等。例如参观北京故宫，人们会感受到它的宏大、雄伟；参观云南石林，人们会体验到奇特、峻拔，等等。

3. 历史文化价值

历史文化价值是旅游资源在历史文化上的地位和品位。或是历史特别悠久，或是关联着历史上的重大事件，或是与伟大历史人物相关，或是人们智慧的结晶，或稀缺性大等。如西安临潼秦始皇兵马俑，不仅历史悠久，又是秦始皇这个重要历史人物的陪葬品，并且艺术上的造诣也是极高的，因而有很高的历史文化价值。

4. 科学价值

科学价值是旅游资源能够供科学工作者开展科学研究活动。如西安半坡村遗址这一著名的旅游资源即拥有很大的科学价值，人们可以据此研究母系氏族后期的经济状况，了解当时的生产方法、生产工具、生活方式、居住条件、婚丧嫁娶习俗等。

5. 可进入性

可进入性是旅游者进入该旅游资源所在地的难易程度。可进入性主要是指交通条件，交通不便，则旅游者进入就困难。此外，交通虽然便利，但旅游地距离旅游城镇很远，旅途时间过长，也会使旅游者进入困难，如陕西商洛柞水溶洞，虽然是一项很好的旅游资源，但由于地处秦岭山中，从西安至柞水乘汽车需5个小时，当天往返十分紧张，故此限制了更多的游客前往观赏。

6. 环境容量

环境容量是旅游资源所在地在一定时间内对旅游者的容纳量。容纳量应以多少为合适，不能一概而论，因为旅游资源的性质、环境不一样，容纳量的合理度也有很大差别，如一座博物馆和一个森林公园的容纳量的合理度就很不一样，假定在博物馆中每5平方米一位参观者，密度并不算大，可对森林公园来说，这密度就很大了。因此，对于环境容量的计算可以有不同的方法，对不同的旅游地也有不同的计算方法。

7. 环境质量

环境质量包括的因素较多，如气候条件、空气、水、噪声、游人的安全程度、卫生条件、接待设施条件、绿化植被情况等。如有的旅游地气候条件恶劣，一般游人难以忍受；有的旅游地附近有污染源，有损游人健康；有的旅游地有发生泥石流、滑坡、洪水等自然灾害的可能，游客的安全性较差……都会影响旅游的发展。

8. 旅游地旅游资源的集聚程度

旅游资源可分为单项旅游资源和聚集性旅游资源。一般来说，只拥有单项旅游资源对旅游者的吸引力会较小；反之，一旅游地如果旅游资源众多，并且在分布上又较密集，它对旅游者的吸引力就会大。如北京颐和园就是属于旅游资源集聚的旅游地，并且在分布上又很密集，既有山有水，又有亭台楼阁，还有许多游乐设施，因此，它所能吸引的旅游者就很多。

9. 旅游季节性的大小

许多旅游资源具有季节性，但不同旅游资源的季节性大小也不同。如中国北方的海滨季节性很强，夏天人满为患，但夏天一过，游客即骤减；反之，海南省的三亚海滨就没有这样强的季节性。一般来说，旅游资源的季节性越小，对发展旅游业越有利。

10. 旅游资源所在地或附近城镇经济社会发展情况

一般说来，旅游资源所在地或附近城镇经济社会越是发展，对旅游者的吸引力就越大；反之，则越小。北京不仅拥有极为丰富的旅游资源可以吸引旅游者，同时，作为首都，又是全国仅次于上海的现代化大城市，这一点对旅游者也有很大的吸引力。

除以上10个因素外，还有别的一些因素也可作为评价旅游资源的标准，如旅游资源的历史悠久程度，旅游资源使用价值大小，旅游资源所在地的社会设施和生活设施情况，旅游资源的市场情况等。

三、旅游资源的评价方法

旅游资源的评价有定性评价方法和定量评价方法。要对旅游资源进行科学评价，往往需将二者结合起来。

对旅游资源的定性评价，一般用分析对比的方法并通过文字描述来表现。如对某一旅游景点的定性评价为：知名度比较大，有较高的观赏价值，可进入性强，旅游资源集聚性高；但是，环境容量较小，植被条件较差，季节性较强等。这种定性评价方法使用比较广泛。

对旅游资源的定量评价，是按照所规定的评价标准，以给分的办法计算出某一旅游资源所得分数。假定某一旅游资源的最高得分为10分，或总权重为10，就要对每一项评价标准给一定的分值，或确定每一标准的权重。举例如下（见表3-2）：

表3-2 旅游资源评价元素表

评价标准/评价元素	知名度	观赏价值	历史文化价值	科学价值	可进入性	环境容量	环境质量	旅游地旅游资源集聚程度	旅游季节性大小	经济社会发展程度
权重分配	1.5	1.5	1.0	0.8	1.5	0.8	0.8	0.8	0.5	0.5

根据上表，对某一旅游资源的评价情况如下：知名度1.2，观赏价值1.0，历史文化价值0.8，科学价值0.4，可进入性1.4，环境容量0.6，环境质量0.5，旅游资源集聚性0.6，旅游季节性0.3，旅游地区经济社会发展情况0.4，结果加权总值为7.2。如果有多个旅游资源，则分别得出加权总值后，就可以列出彼此的名次了。

这种定量评价方法有一定的科学性和可操作性，并可将诸多的旅游资源排列出名次，便于掌握。因此，这种评价方法的使用也较为广泛。但是这种方法也存在某些不够准确的方面：一方面，被评价的标准或元素应该包括哪些内容是不确定的，这样会影响到评价结果；另一方面，每一标准或元素的权重应给多少，也是不确定的，有的标准或元素还存在一定的主观因素，这样也会影响到评价的结果。因此，使用这种评价方法时，既要使标准或元素类别合适，也要使每一标准或元素的权重合理，这样才能得到较为客观、公正、合理的评价结果。

扫描二维码，可观看以河南省济源市王屋山景区（中国古代九大名山之一，轩辕黄帝祭天之所、《愚公移山》原型地）为范例的旅游策划中旅游资源评价的实例。

第四节　旅游资源开发

　　旅游资源开发应注意协调性。以福建省武夷山为例，这个以优雅秀丽的自然风景取胜的风景名胜区在开发过程中，就特别注意了协调性。这里也修筑了一些必要的设施，也做了一些人工点缀，但均以协调自然为尚。在修建设施时，这里秉承的是"宜小不宜大，宜土不宜洋，宜低不宜高，宜隐不宜显，宜淡不宜艳"的原则。宜小不宜大，宜低不宜高，是指建筑物体量要小，不搞庞然大物，不与自然物夺空间。宜隐不宜显，是要使建筑物尽量不要直入游客眼帘，游客从远处眺望时，这些建筑物与自然风光之间虚虚实实，时隐时现，不破坏景区的原有风貌。宜土不宜洋，是指建筑物的风格，不要搞洋式建筑，而是搞篱笆环绕的草房和竹楼，具有山间野趣。当然，草房、竹楼不一定真的用草或竹修造，而是形似草房和竹楼，且草房竹楼内部也并不排除搞"洋"的现代化设施，例如可设卫生间，可装暖气和空调等。宜淡不宜艳，则是指建筑物的颜色。淡，可令观者觉得柔和；艳，则夺人眼目，有喧宾夺主之嫌。

一、旅游资源开发的基本条件

　　旅游资源开发是指通过一定的经济技术活动，将自然界和人类社会中客观存在的资源转化为可为旅游业所利用、并对旅游者形成吸引力的一种过程。

　　旅游资源开发需要许多条件，但最基本的条件有以下几个：

1. 基本的自然条件

　　自然条件很多，基本的自然条件则是指能够保证旅游者旅游活动的气候条件、安全条件等。气候条件是指一般旅游者所能承受的气候状况。安全条件是指在正常情况下，不损害旅游者健康、不威胁旅游者生命的条件。如果不具备这些基本的自然条件，该旅游资源就不宜开发。

2. 交通条件

　　交通是发展旅游的前提条件，没有起码的交通条件，旅游者很难进入旅游地，就会使旅游者数量稀少，这样的旅游资源也是不宜开发的。当然，从另一方面讲，开发旅游资源本身也意味着改善通往旅游资源地的交通条件，旅游资源的开发和旅游地交通条件的改善是相互促进、相互影响的。

3. 旅游地的社会基础设施条件

　　旅游地是游人集中之地，游人抵达后，在进行旅游活动的同时，还要满足自己在生活方面的各种需要，否则游人就难以停留。因此，旅游地必须有起码的食宿条件。此外，在旅游资源开发过程中，也需要一定的社会经济条件，如供水排水条件、电力条件、通信条件、劳动力条件等。没有这些社会基础条件，旅游资源开发也难以进行。

二、旅游资源开发的原则

1. 特色原则

旅游资源开发应该保持和发扬旅游资源特色。经过开发的旅游资源，不仅应保持其原有的特色，还应使这些特色更加鲜明，且有所创新和发展，要绝对避免旅游资源的开发导致原有特色遭到破坏。如九寨沟自然风景区风景优美，自然朴实，诗情画意，意境深邃，这种自然景观的美好正是其鲜明特色所在。经过多年的开发，九寨沟原有的特色更加真实和鲜明地表现出来。在景区中，虽有一些设施和点缀，但它们也都能与整体环境相融合，不令人觉得多余，也没有画蛇添足之感。又如西安市临潼华清池，这一唐玄宗、杨贵妃曾经沐浴过的汤池遗址于20世纪80年代被发现，后在遗址上修建了唐式建筑物，既使遗址得到保护，又便于游人参观。由于建筑物是唐式风格，这就不仅与遗址相谐调，也与华清池的其他建筑物相谐调，这样的开发就较好地体现了保持旅游资源特色的原则，并使原有的特色更加鲜明。这是较为成功的例子。当然，在旅游资源开发中，也有不少失败的案例。

以上谈的是单项旅游资源和一个风景区旅游资源开发中要注意保持其特色的问题。但这一原则对于旅游城市或旅游地的旅游资源开发来说，同样适用。西安是中国最古老的城市之一，周、秦、汉、隋、唐等王朝都曾在此建都，前后长达1100多年，遗留下大量的文物古迹。因此，作为重要的旅游城市，西安在城市规划、建设和发展过程中，不论是在城市布局上，还是建筑物的形式、颜色和体量上，都特别注意其古都特色。与西安市相比，山东省威海市属于另一种类型的城市。这个新兴的旅游城市是一个对外开放的海滨城市，处处是蓝天、白云、碧海、绿树，以优美、明快和生气勃勃为其城市风貌和特色，因此，威海旅游资源的开发就必须保持和发展这一特色。

2. 多样性原则

多样性原则主要从较大范围和领域的角度着眼，是各有特色的旅游资源的聚合，而不特指某一景区、景点中的旅游资源。即旅游资源的多样性是以各个旅游资源的特色为基础的。

3. 协调性原则

旅游资源开发应贯彻与景区的自然环境相协调的原则（见第IV页图19）。旅游资源开发若能与环境相谐调，既有利于突出各旅游资源的特色，又可以构成集聚旅游资源的整体美，使游客有舒适、自然之感。本节开头所提到的武夷山风景名胜区的做法，是很有见地的，其经验也是值得借鉴的。但也有不少风景区、景点开发后存在着这样或那样的不协调性，令游客产生不舒服的观感。例如，某地有一座唐代寺院，历史文化价值极高，该寺院在维修时将破损的原砖地面铲除，更换为水泥地面。维修者用意很好，但是，光滑的水泥地面却与寺院的古朴风格形成了极大的反差，不协调性凸显。这种反面案例还有很多。比如某森林公园在园内的一条重要道路上，修建了一座鲜艳夺目的大体量的牌楼，并在林中显眼处修建了几栋现代式的楼房。这些建筑物与周围茂密的森林形成巨大反差，与森林公园的特色格格不入，名为开发，实则破坏了整个森林公园的特色。

4. 市场导向原则

所谓市场导向，是指旅游资源在开发前须对旅游客源市场进行调研和预测，了解旅游者的需求，然后再根据旅游者的需求来设计和开发相应的旅游资源。至于开发什么样的旅游资源才算是遵循了市场导向原则，不能一概而论。因为旅游客源市场是不断发展变化的，而旅游者的兴趣、爱好等也同样在发展变化着。特定时期某些旅游资源对旅游者有较大吸引力，能吸引较多的游客前来，但是，经过一定时期以后，它们对游客的吸引力就可能减弱，所能吸引前来的游客也就相应减少了。在这种情况下，再开发这些类型的旅游资源，就不符合（或不完全符合）市场导向原则了。如蜡像馆，因对某些人物形象塑造得惟妙惟肖、以假乱真，最初吸引了不少观众，开发此类旅游资源对游客有一定的吸引力。但是，随着时间的推移和各地蜡像馆数量的增多，以及蜡像馆本身所具备的静态性和不易变换性，它对游客的吸引力也就逐渐减弱，游客的数量也日趋减少。因此，作为旅游资源开发单位或主持者，一定要随时关注客源市场动向，收集和掌握旅游市场信息，做好旅游资源开发方面的正确决策。

5. 综合效益原则

所谓综合效益，主要指社会效益和经济效益。

首先，开发旅游资源应注重经济效益。旅游业作为一种产业，当然就要讲求投入与产出的对比分析。作为旅游业投资者，利润的最大化是其投资和经营的首要目标，如果开发旅游资源不能带来经济效益或收效甚微，旅游业就难以发展。"经济效益"指向两个不同的层次：一是投资者和经营者的经济效益，即微观经济效益；二是整个旅游产业和社会的经济效益，即宏观经济效益。我们所要的，应是以微观经济效益为基础，并能与宏观经济效益相结合的经济效益。单纯追求微观经济效益，而不顾或有损宏观经济效益，是不可取的。

其次，开发旅游资源要注意社会效益，即能对社会进步产生积极影响，包括智力的开发、知识的普及、思想教育、社会道德风尚等。如博物馆、展览馆、纪念馆等，能够开发人们的智力，增长人们的历史、文化、科学、民俗、军事等方面的知识，树立人们的爱国主义思想，培养高尚的道德情操……也就是说，这些旅游资源均可从不同方面对旅游者起到积极有益的作用。所以，凡是能对社会进步产生积极作用的旅游资源应优先开发；反之，对社会进步不能产生积极作用、甚至会产生消极影响的旅游资源，就必须慎之又慎了。

6. 避免过度商业性开发原则

所谓过度开发，实际上就是过度商业化。旅游者一般都来自经济、社会、商业比较发达的城市、地区和国家，到异地他乡去是为了追寻当地原汁原味的自然景观和民俗文化，但一些地方为了追求短期效益，在旅游资源开发和旅游业发展过程中，过度商业化现象比较严重，旅游业的发展误入了歧途，走的是一种涸泽而渔的发展道路，最终把游客"赶走"。

这种过度商业化开发，不仅会引起旅游者的不满，遭到旅游者的抛弃，也会受到社会、政府及国际组织的谴责。以世界遗产的申报和管理为例，近年来，为了发展旅游业，我国各地掀起了一波又一波的"申遗热"，为了筹集资金而对这些"遗产"进行商业开发，一旦申遗成功，则景区门票立马涨价。但申遗目录设立的初衷是保护这些"遗产"，本质上是与商业开发相对立的。因此，商业开发一旦过度，便会遭到世遗会的警告，甚至有被除名的危险。近年来，因过度商业开发，我国列入世界遗产名录的多处遗产都曾被"黄牌"警告。

7. 保护性原则

旅游资源要注意处理好开发与保护的关系，尤其是自然旅游资源和以文物古迹为主的人文旅游资源（见第IV页图20）。不能因开发而破坏山体、水体、植被、树木、水质、空气等。作为世界自然遗产的日本富士山的旅游开发案例很有启发意义。富士山海拔3776米，但上山的公路只修到2000米的高度，再往上连登山的台阶也不设置，且不适合登山的季节就不开放，这样做，既保持了富士山的自然和神圣，也节省了开发和维护的成本。

第五节　我国旅游景区的开发

2013年1月9日，我国的三大著名景区收到来自联合国教科文组织的一份特殊"惩罚"：给予湖南张家界、江西庐山和黑龙江五大连池"黄牌"警告，要求其在"向公众科普地球科学知识"等方面进行整改。事实上，张家界并不是第一次被"黄牌"警告。早在1998年，联合国教科文组织就发出警告：该景区作为"世界自然文化遗产"，旅游设施泛滥，"城市化"破坏了"自然界"。评价言辞苛刻地指出，其大部分景区更像是郊区公园。

其实，在中国所有的地质公园中，都存在类似的问题，只是程度不同而已。

一、旅游景区的含义和特征

旅游景区是指具有吸引游客前往游览的吸引物和明确划定的区域范围，能满足游客参观、游览、度假、娱乐、求知等旅游需求，并能提供必要的各种附属设施和服务的旅游经营场所。

旅游景区具有下面几个方面的基本特征。

1. 具有旅游活动的吸引物

旅游活动的吸引物也称为景观，是对旅游资源开发利用的结果，是旅游景区的核心，也是构成旅游景区文化内涵和特殊活动的基本要素。不论是以各种自然风光为主体的景区，还是以人文景观为主体的景区，都必须拥有对旅游者有较强吸引力的吸引物，并因该吸引物的文化内涵和活动内容而区别于其他旅游景区。

2. 具有明确划定的地域范围

旅游景区的规模大小通常差别很大，但不论大小，它们都有一个相对明确划定的地域范围。对旅游景区地域范围的划定，主要以景区的主体吸引物为标准，即每一个旅游景点都有多个不同特色的主体吸引物，并以此为核心组合成一个旅游景区。因此，任何旅游景区都是在划定的地域范围内进行规划设计、开发建设和经营管理的。

3. 具有满足游客需求的综合性服务设施和条件

旅游活动是一项包含食、住、行、游、购、娱等六大要素的综合性活动，必须有相应的基础设施和接待设施与之配套，必须提供综合性的旅游服务以满足旅游者的各种需求，才能成为一个名副其实的旅游景区。这是现代旅游景区与一般风景名胜区、自然保护区的根本区别，也是区别旅游景区与旅游资源的关键所在。

4. 是专门的旅游经营场所

从旅游经济的角度看，任何旅游景区都是为了实现既定目标和效益，按照国家有关法律规定依法成立的经济实体，设置有专门的经营管理机构，具体负责旅游景区的经营或管理。

二、我国旅游景区的类型及其管理体制

经常外出旅游的旅游者会发现，我国很多旅游景区身上都背着"世界地质公园""世界文化遗产""世界自然遗产""国家地质公园""国家风景名胜区""国家森林公园""国家自然保护区""国家水利风景区"等光环、荣耀和品牌，那么，这些"名牌"都是由哪些部门和机构颁发的呢？拥有这些"名牌"对景区都有哪些要求？事实上，景区的名称也在一定程度上反映了我国旅游景区的管理体制。

1. 国家公园

"国家公园"（National Park）的概念最早由美国艺术家乔治·卡特林（Geoge Catlin）提出。1832年，他在旅行途中目睹美国西部大开发对印第安文明、野生动植物和荒野的影响，深表忧虑："它们可以被保护起来，只要政府通过一些保护政策设立一个大公园……一个国家公园，其中有人也有野兽，所有的一切都处于原生状态，体现着自然之美。"

图3-9 世界上第一个国家公园：美国黄石国家公园（刘伟摄）

1872年，世界上第一个国家公园——美国黄石国家公园建立（见图3-9）。此后，国家公园在世界各国迅速发展，如今已在全球200多个国家和地区建立了近1万个国家公园。

2008年10月8日，中国国家环境保护部和国家旅游局共同宣布：汤旺河国家公园被批准成为我国第一个国家公园建设试点单位。至此，中国首个国家公园尘埃落定。消息一公布，这个位于中国版图北端、充满神秘色彩的汤旺河一夜成名，吸引了各地游客以及媒体的关注。

2. 世界地质公园

地质公园是指具有特殊地质意义，珍奇或秀丽景观特征的自然保护区。这些特征是该地区地质历史、地质事件和形成过程的典型代表。

【链接】

国家公园在我国的发展历程

国家公园在我国的发展经历了曲折的过程，一定程度上反映出国家自然遗产管理方面的混乱局面。

2006年，云南迪庆藏族自治州通过地方立法成立香格里拉普达措国家公园，并宣告原已于1988年由国务院批准划入"三江并流国家重点风景名胜区"的有关地域为中国第一个"国家公园"。但地方立法机关没有权限批准国家公园，故而，该公园不应被视为中国第一个官方的国家公园。

2007年6月21日，我国首个被定名为"国家公园"的保护区——香格里拉普达措国家公园正式揭牌。当时，云南省委书记、省长为公园揭牌。这个概念是由云南省政府提出的，并宣称要在省内建立更多的"国家公园"。但是，与云南迪庆藏族自治州一样，云南省政府也没有权力批准设立国家公园。

2008年6月，国家林业局发出通知，同意将云南省列为国家公园建设试点省，"以具备条件的自然保护区为依托，开展国家公园建设工作"。也就是说，普达措国家公园是中国第一个由林业主管部门审批的"国家公园"，审批方是国家林业局，主管方是云南省林业厅。

此后，2008年10月，中国环境保护部和国家旅游局批准建设了真正意义上的中国第一个"国家公园"——黑龙江汤旺河国家公园。

为了统筹生态环境保护与区域经济社会发展，环境保护部和国家旅游局研究决定，在充分试点和探索的基础上，正式引入国家公园的理念和管理模式，建立符合我国国情的国家公园管理体系，努力实现区域经济、社会和生态效益的协调统一。

作为国家公园，必须兼具自然保护和供游客游览观赏两项基本职能。国家公园应以生态环境、自然资源保护和适度旅游开发为基本策略，通过较小范围的管理方式开发实现大范围的有效保护，既排除与保护目标相抵触的开发利用方式，达到保护生态系统的完整性的目的，又为公众提供了旅游、科研、教育、娱乐的机会和场所，是一种能够合理处理生态环境保护与资源开发利用关系的行之有效的保护和管理模式。

中国共产党十八届三中全会通过的《中共中央关于全面深化改革若干重大问题的决定》强调："坚定不移实施主体功能区制度，建立国土空间开发保护制度，严格按照主体功能区定位推动发展，建立国家公园体制。"国家公园的建设又一次被提到议事日程上。国家发展和改革委员会已经开始牵头研究建立国家公园体制的思路，制定试点方案。中华人民共和国成立以来，我国已经大致形成了九大类自然和文化遗产地管理体系，其总面积占国土面积的近20%。这些自然和文化遗产地管理权限，分散在相关各部门和各地方政府。"国家公园体制"的建立，必将打破这些遗产和资源的地方所有制和部门所有制，全面深化和改革其管理方式。

鉴于国家公园制度建立的复杂性、艰巨性，全国的立法机构已着手制定有关国家公园的法律法规，以期规范管理一批公益型景区，建立三级公益景区体系，实行免票或者低票价，同时，中央政府也在加快确定实施国家公园体制的时间表和路线图，在充分试点和调研的基础上，会同有关部门研究制订国家公园建设和管理的政策和技术标准。

【链接】

联合国教科文组织世界遗产委员会

联合国教科文组织世界遗产委员会是政府间组织，由21个成员国组成，每年召开一次会议，主要决定哪些遗产可以录入《世界遗产名录》（见图3-10），并对已列入名录的世界遗产的保护工作进行监督指导。委员会内由七名成员构成世界遗产委员会主席团，主席团每年举行两次会议，筹备委员会的工作。

世界遗产委员会承担四项主要任务：

1. 在挑选录入《世界遗产名录》的文化和自然遗产地时，负责对世界遗产的定义进行解释。

2. 审查世界遗产保护状况报告。当遗产得不到恰当的处理和保护时，该委员会可要求缔约国采取特别性保护措施。

3. 经过与有关缔约国协商，该委员会做出决定把濒危遗产列入《濒危世界遗产名录》。

4. 管理世界遗产基金（保护世界文化和自然遗产基金），对为保护遗产而申请援助的国家给予技术和财力援助。

图3-10 世界遗产标识

世界地质公园（World Geopark）是以其地质科学意义、珍奇秀丽和独特的地质景观为主，融合自然景观与人文景观的自然公园。由联合国教科文组织选出。此计划在2000年之后开始推行，目标是选出超过500个值得保存的地质景观加强保护。

2004年2月13日，联合国教科文组织世界地质公园专家评审会在法国巴黎宣布，中国黄山等8处地质公园首批入选世界地质公园名单，分别是：安徽黄山地质公园、江西庐山地质公园、河南云台山地质公园、云南石林地质公园、广东丹霞地质公园、湖南张家界地质公园、黑龙江五大连池地质公园和河南嵩山地质公园。每隔四年，联合国教科文组织会对各国获得世界地质公园网络成员资格的景区进行评估，评估结果将作为保留、警告或取消世界地质公园网络成员资格的基本依据。

3. 世界文化遗产

世界文化遗产（Cultural Heritage of the World）是由联合国教科文组织确认的具有科学、审美、文化价值的自然景观与人类历史遗存。

世界文化遗产属于世界遗产范畴，1972年，联合国教科文组织在巴黎通过了《保护世界文化和自然遗产公约》，成立联合国教科文组织世界遗产委员会，其宗旨在于促进各国和各国人民之间的合作，为合理保护和恢复全人类共同的遗产作出积极的贡献。

4. 世界自然遗产

世界自然遗产（World Natural Heritage）是从审美或科学角度看具有突出的普遍价值的、由物质和生物结构或该结构群组成的自然面貌、地质和自然地理结构、天然名胜或明确划分的自然区域以及明确划为受威胁的动物和植物的生境区。世界自然遗产同样是由联合国教科文组织确认的。

按照《保护世界文化与自然遗产公约》的规定，属于下列各类内容之一者，可列为自然遗产：①从美学或科学角度看，具有突出、普遍价值的由地质和生物结构或这类结构群组成的自然面貌；②从科学或保护角度看，具有突出、普遍价值的地质和自然地理结构以及明确划定的濒危动植物物种生态区；③从科学、保护或自然美角度看，具有突出、普遍价值的天然名胜或明确划定的自然地带。截至2018年，中国有包括九寨沟（四川，1992.12）、大熊猫栖息地（四川，2006.7）等13处世界自然遗产。

5. 世界自然和文化双遗产

同样由联合国教科文组织确认。目前我国被确定为世界自然和文化双遗产（World Natural and Cultural Heritage）的有：泰山、黄山、峨眉山和乐山大佛、武夷山。

为了发展旅游业，世界各国（特别是中国），争相申报由联合国教科文组织世界遗产委员会组织评审的包括世界自然遗产和世界文化遗产在内的世界遗产项目。但是，如何做好世界遗产项目的申报、旅游开发和保护，从而实现旅游业的可持续发展，则是有关国家和地方政府面临的重大问题。

6. 国家地质公园

除了世界地质公园以外，我国政府还制定了国家地质公园评选办法等系列文件。2001年

3月，云南石林等11个地质遗迹被授予首批国家地质公园称号。

中华人民共和国国家地质公园（见图3-11）是由行政管理部门组织专家审定，由国务院国土资源部正式批准授牌的地质公园，是以具有国家级特殊地质科学意义，较高的美学观赏价值的地质遗迹为主体，并融合其他自然景观与人文景观而构成的一种独特的自然区域。

建立国家地质公园（见第Ⅳ页图21）的意义在于：

（1）保护地质遗迹。保护地质遗迹的有效方式，就是动员全社会的力量，合理而科学地开发、利用地质遗迹资源。把建立地质公园与地区经济发展结合起来，通过建立地质公园带动旅游业的发展，使地质遗迹资源成为地方经济发展新的增长点，促进地方经济发展和增加居民就业，提高当地群众的生活水平，从而达到保护地质遗迹的目的。

（2）崇尚科学。建立地质公园是崇尚科学和破除迷信的重要举措。地质公园建设以普及地学知识、宣传唯物主义世界观、反对封建迷信为主要任务，既要有对自然景观的人文解释，又有地质科学的解释，从而使地质公园既有趣味性，更有科学性。

（3）普及知识。对整个社会来说，地质公园是科学家成长的摇篮和进行科学探索的基地。对广大青少年朋友、对民众，地质公园是普及地质科学知识，进行启智教育的最好课堂。

（4）开发旅游资源。直到20世纪80年代末期，人们才逐步认识到地质遗迹资源对旅游业的重要性。地质遗迹有独特的观赏和游览价值，建立地质公园可使宝贵的地质遗迹资源无需改变原有面貌和性质而得到永续利用，是对地质遗迹资源利用的最好方式。

（5）发展经济。通过建立地质公园，可以改变传统的生产方式和资源利用方式，为地方旅游经济的发展提供新的机遇。同时，可以根据地质遗迹的特点，营造特色文化，发展旅游产业，促进地方经济发展。

（6）服务社会。改革地质工作管理体制，转变观念，扩大服务领域，开辟地质市场。建设国家地质公园计划的推出，为地质工作体制改革、服务社会提供了新的机遇。

7. 国家风景名胜区

根据中华人民共和国国务院于2006年9月19日公布并自2006年12月1日起施行的《风景名胜区条例》，风景名胜区（见图3-12）是指具有观赏、文化或者科学价值，自然景观、人文景观比较集中，环境优美，可供人们游览或者进行科学、文化活动的区域。

在我国，风景名胜区按其景物的观赏、文化、科学价值和环境质量、规模大小、游览条件等，划分为三级：市、县级风景名胜区，由市、县主管部门组织有关部门提出风景名胜资源调查评价报告，报市、县人民政府审定公布，并报省级主管部门备案；省级风景名胜区，由市、县人民政府提出风景名胜资源调查评价报告，报省、自治区、直辖市人民政府审定公布，并报城乡建设环境保护部备案；国家级风景名胜区，由省、自治区、直辖市人民政府提出风景名胜资源调查评价报告，并报国务院审定公布。

自1982年起，国务院共公布了包括黄山等在内的8批、225处国家级风景名胜区。其中，第1~6批原称国家重点风景名胜区，2007年起改称中国国家级风景名胜区。截至2019年，我国共有各级风景名胜区1000余处，其中国家级200多处（国务院批准的国家重点风景名胜区面

图3-11 中国国家地质公园标识

图3-12 国家级风景名胜区标识

图3-13 国家森林公园标识

图3-14 国家自然保护区标识

积大多在100～300平方公里）。

中国国家级风景名胜区的英文名称为"National Park of China"，根据中华人民共和国国家标准《风景名胜区规划规范》（GB50298-1999）中"术语"一章的定义，国家级风景名胜区（原称"国家重点风景名胜区"）在保护地体系归类中相当于"海外的国家公园"。鉴于此，中国国家级风景名胜区今后有可能被我国的"国家公园"所取代。

8. 国家森林公园

我国的森林公园分为三级：国家森林公园（National Forest Park，见图3-13）；省级森林公园；市、县级森林公园。其中，国家森林公园是指森林景观特别优美，人文景物比较集中，观赏、科学、文化价值高，地理位置特殊，具有一定的区域代表性，旅游服务设施齐全，有较高的知名度，可供人们游览、休息或进行科学、文化、教育活动的场所，由国家林业局作出准予设立的行政许可决定。我国第一个国家森林公园是1982年设立的张家界国家森林公园。目前森林公园已逐渐成为人们休闲度假、游览观光、回归自然的重要目的地。

9. 国家自然保护区

自然保护区，是指对有代表性的自然生态系统、珍稀濒危野生动植物物种的天然集中分布区、有特殊意义的自然遗迹等保护对象所在的陆地、陆地水体或者海域，依法划出一定面积予以特殊保护和管理的区域，主要供技术研究用，也可在不违反自然生态保护原则下局部开放为观光游览场所。

自然保护区通常分为核心区、缓冲区和实验区。核心区是指自然保护区内保存完好的天然状态的生态系统以及珍稀、濒危植物的集中分布地，除特别批准，核心区内禁止任何单位和个人进入，也不允许进入从事科学研究活动。缓冲区位于核心区外围，只准进入从事科学研究、观测活动。缓冲区外围则划为实验区，可以进入从事科学试验、教学实习、参观考察、旅游以及驯化、繁殖珍稀、濒危野生动植物等活动。

我国的自然保护区分为国家级自然保护区（National Nature Reserve，见图3-14）和地方各级自然保护区。《中华人民共和国自然保护区条例》第十一条规定，"其中在国内外有典型意义、在科学上有重大国际影响或者有特殊科学研究价值的自然保护区，列为国家级自然保护区"。国家级自然保护区的建立，由保护区所在的省、自治区、直辖市人民政府或国务院有关自然保护区行政主管部门提出申请，经国家级自然保护区评审委员会评审后，由国务院环境保护行政主管部门进行协调并提出审批建议，报国务院批准（见第Ⅳ页图22）。

我国于1956年在广东肇庆设立第一个自然保护区——鼎湖山自然保护区。

图3-15 国家级水利风景区标识

10. 国家水利风景区

国家级水利风景区（National Water Park，见图3-15），是指以水域（水体）或水利工程为依托，按照水利风景资源即水域（水体）及相关联的岸地、岛屿、林草、建筑等能对人产生吸引力的自然景观和人文景观的观赏、文化、科学价值和水资源生态环境保护质量及景区利用、管理条件分级，经水利部水利风景区评审委员会评定，由水利部公布的可以开展观光、娱乐、休闲、度假或科学、文化、教育活动的区域。

国家级水利风景区有水库型、湿地型、自然河湖型、城市河湖型、灌区型、水土保持型等类型。

图3-16 全国重点文物保护单位标识

11. 国家文物保护单位

具有重要历史文化艺术和科学价值，且在国内外具有重要影响和较高知名度的文物遗址和保护单位文物，一般都具有较高的旅游价值。作为人类共同的遗产，也可成为独立的旅游景区，或旅游景区的组成部分。例如，北京的天安门、故宫，西安的秦始皇兵马俑等，都是我国著名的国家文物保护单位旅游景区。

在中国，最高级别的文物保护单位是全国重点文物保护单位（见图3-16）。全国重点文物保护单位是中华人民共和国对不可移动文物所核定的最高保护级别——即中国国家级文物保护单位。根据2002年10月28日第九届全国人民代表大会常务委员会第三十次会议通过的《中华人民共和国文物保护法》第十三条的规定，中国国务院所属的文物行政部门（国家文物局）在省、市、县级文物保护单位中，选择具有重大历史、艺术、科学价值者确定为全国重点文物保护单位，或者直接确定，并报国务院核定公布。

12. 国家旅游度假区

旅游度假区是以满足游客休闲度假需求为主要功能的高档旅游景区。其主要特征是：对环境质量要求较高，区位条件好，服务档次及水平高，旅游活动项目的休闲、康体特征明显。

度假区的服务项目主要满足游客休闲、健身的需求，以丰富假期生活，使游客身心健康、精神愉快、感受深刻为目的。项目包括娱乐类（如划船、垂钓、歌舞、棋牌、观看文艺演出等），体育类（有游泳、高尔夫、网球、门球、保龄球、壁球、骑马、射箭、射击、潜水、滑板、冲浪、滑雪、滑冰等）和健身类（有健身房、桑拿、按摩、气功和医疗保健等）。其中，高尔夫球、网球、游泳和健身通常为主要项目。

1992年，国务院批准了大连金石滩、青岛石老人、苏州太湖、无锡太湖、上海横沙岛、杭州之江、福建武夷山、福建湄洲岛、广州南湖、北海银滩、昆明滇池、三亚亚龙湾等12家国家旅游度假区。

为认真贯彻落实《国民旅游休闲纲要（2013—2020）》，适应我国居民休闲度假旅游需求快速发展的需要，为人民群众积极营造有效的休闲度假空间，提供多样化、高质量的休闲度假旅游产品，同时，为落实职工带薪休假制度创造更为有利的条件，2015年，国家旅游局再次启动"国家级旅游度假区"建设项目。2015年10月9日，国家旅游局在北京召开新闻发布会，宣布17家度假区成为首批国家级旅游度假区。

截至2020年6月，我国度假旅游已形成了以30家国家级旅游度假区（见表3-3）为引领、456家省级旅游度假区为支撑、各地不同品类度假村为依托的金字塔式发展格局，成为美丽中国的一张亮丽名片。

13. 旅游主题公园

旅游主题公园（Tourism Theme Park）是为了满足旅游者多样化休闲娱乐需求而建造的一种具有创意性和丰富活动内容的人造旅游目的地形态。通过人为创造或移植一个当地不存在的自然或人文景观，或将反映一定主题的现代化游乐设施集中在公园里，再现特别的环境和

表3-3 30家中国国家级旅游度假区（截至2020年6月）

省市	数量	名单		
江苏	4	南京汤山温泉旅游度假区	天目湖旅游度假区	阳澄湖半岛旅游度假区
		无锡市宜兴阳羡生态旅游度假区		
浙江	4	东钱湖旅游度假区	湘湖旅游度假区	湖州市太湖旅游度假区
		湖州市安吉灵峰旅游度假区		
吉林	1	长白山旅游度假区		
山东	3	凤凰岛旅游度假区	海阳旅游度假区	烟台市蓬莱旅游度假区
河南	1	尧山温泉旅游度假区		
湖北	1	武当太极湖旅游度假区		
湖南	1	灰汤温泉旅游度假区		
广东	2	东部华侨城旅游度假区	河源巴伐利亚庄园	
重庆	1	仙女山旅游度假区		
云南	3	阳宗海旅游度假区	西双版纳旅游度假区	玉溪抚仙湖旅游度假区
四川	2	邛海旅游度假区	成都天府青城康养休闲旅游度假区	
海南	1	三亚市亚龙湾旅游度假区		
福建	1	福州市鼓岭旅游度假区		
江西	1	宜春市明月山温汤旅游度假区		
安徽	1	合肥市巢湖半汤温泉养生度假区		
贵州	1	遵义市赤水河谷旅游度假区		
西藏	1	林芝市鲁朗小镇旅游度假区		
广西	1	广西桂林阳朔遇龙河旅游度假区		

气氛，让旅游者参观、感受和参与，达到增长见识和娱乐的目的。如我国深圳的"世界之窗""锦绣中华""欢乐谷"，西安的"大唐芙蓉园"以及美国迪斯尼乐园等，都属于旅游主题公园。

图3-17 文化和旅游部A级旅游景区申报系统（图片来源于网络）

主题公园按内容可以分为以下几种：

- 演绎生命发展史、展望未来、探索宇宙奥秘、科学幻想、表现童话世界和神话世界的主题公园；
- 以表现历史文化和民俗风情为主的写实性主题公园；
- 以表现世界各地名胜为主的主题公园；
- 以表现自然界生态环境、野生动植物、海洋生态为主的仿生性主题公园；
- 以文学影视为主题，再现作品情节和场景的示意性主题公园；
- 各类游乐园和游乐场。

14. A级旅游景区

"×A"级旅游景区是按照中华人民共和国国家质量监督检验检疫总局发布的《旅游景区质量等级的划分与评定》国家标准对国内旅游景区进行划分的（见图3-17）。

本标准由原国家旅游局提出，标准的制定旨在加强对旅游景区的管理，提高旅游景区服务质量，维护旅游景区和旅游者的合法权益，促进我国旅游资源开发、利用和环境保护。在国家标准中，旅游景区是指具有参观游览、休闲度假、康乐健身等功能，具备相应旅游服务设施并提供相应旅游服务的独立管理区，包括风景区、文博院馆、寺庙观堂、旅游度假区、自然保护区、主题公园、森林公园、地质公园、游乐园、动物园、植物园及工业、农业、经贸、科教、军事、体育、文化艺术等各类旅游景区，且应有统一的经营管理机构和明确的地域范围。

按照这一标准，旅游景区依其质量等级，划分为五级，从高到低依次为AAAAA、AAAA、AAA、AA、A级旅游景区。经评定合格的各质量等级旅游景区，由全国旅游景区质量等级评定机构向社会统一公告。

二、我国旅游景区开发中存在的问题

旅游景区之所以有这么多的"品牌"，一方面是管理体制所致，不同的牌子，反映了我国特有的景区部门所有制。另一方面，也是景区营销的手段，各景区为了提高知名度，招揽和吸引国内外游客，都积极地申报国内、国外各种牌子，但这种旅游景区开发和营销的模式存在很多问题。

1. 重"拿牌"，轻管理

景区积极申报各种"牌子"，其目的，就是拥有一个"世界"或者"国家"的名头，以便扩大影响，吸引游客。牌子拿得越多，景区的品牌价值就越高。一开始动机就不纯，那么拿到牌子后，不重视保护和管理，忘了这些牌子设置的初衷和牌子背后的要求，也就是自然而然的事了。以地质公园为例，很多地质公园缺乏对景区内标识的更新、科普教材的通俗化编印。解说的团队也是各个景区的薄弱环节。导游和讲解人员培训不足，缺乏地质公园的专业知识等，就无法尽到"向公众科普地球科学知识"之义务。由于专业讲解员比较稀缺，大多数只能由导游来负责讲解，而导游的解说角度往往失之于媚化、俗化、神化，例如导游会说一个山头形似猴子，却无法解释这是什么岩石，经过多长时间演变而成的。即使有专业的导游词，解说员也能顺利背出来，但一旦游客补充问上几个专业问题，很多就答不上来了。

2. 重创收，轻保护

长期以来，中国一些旅游景区走不出重创收、轻保护，创收第一、保护第二的怪圈，一旦拿到牌子，后面就不想再投入了。以自然保护区为例，通常分为核心区、缓冲区、实验区。根据自然保护区有关规定，只能在实验区搞建设，核心区和缓冲区是不允许游客进入的，但一些自然保护区却将核心区作为吸引游客的王牌加以开发利用，吸引游客前去参观、游览、休憩，使得自然保护区沦为"自然破坏区"。

以四川的九寨沟为例，相对于较为普通的山体来说，本来最应该保护的是那里的水。由于钙化，一些矿物元素在水体中形成非常漂亮的景观，一旦破坏，所有的景观便都没了。但为了发展旅游，有关部门就把核心区划在山上，水体反而划为实验区，允许修建栈道！

国内还有些4A级景区，在检查验收时原本设有游客中心，但拿到"牌"之后，游客中心渐渐就消失了——因为游客中心会增加开支。

3. 管理体制存在"先天不足"

在美国，国家公园的管理一般比较到位，不在经营上挣钱。国家公园归属于中央政府，土地、人员也都是中央政府的，因此，所有的规划建设都由政府拨款，公园的主要职能是教育和休闲。但在我国，虽然旅游景区大都属于国有事业单位，但国家和地方政府的财政拨款和建设经费远远不足，主要还得靠门票收入维持运营，而景区需要宣传建设，就只能靠引进企业和民间资本来投资建设和经营。这些民间资本投资的目的不是教育和保护，而是收回投资和获取更大收益，可想而知，景区的教育和保护职能自然就会慢慢淡化。

4. 主管部门对景区监管不够

如上所述，我国景区类型繁多，除了旅游局以外，还分属国家林业局、水利部、住房与城乡建设部、国土资源部、环境保护部、国家文物局等多个不同的行业主管部门管辖，一些部门只管发牌，而对景区的建设、经营和管理监督不够。

【本章小结】

● 旅游资源是指一切能够吸引旅游者前来参观、游览的自然和人文因素。旅游资源是发展旅游业的基础。

● 旅游资源分为自然旅游资源和人文旅游资源两大类，具有地域性、垄断性的特点，同时，旅游资源也是可以创造的，是不断发展变化的，具有一定的周期性。

● 旅游资源评价是指对旅游资源进行分析、比较和评判，其标准包括：知名度、观赏价值、历史文化价值、科学价值、可进入性、环境容量、环境质量、旅游地旅游资源的集聚程度、旅游季节性的大小以及旅游资源所在地或附近城镇经济社会发展情况等。

● 旅游资源评价的方法包括定性方法和定量方法。

● 旅游资源的开发需要具备一定的条件：基本的自然条件、交通条件、旅游地的基础设施条件等。

● 对旅游资源进行开发要遵循特色原则、效益原则、多样性原则、协调性原则、市场导向原则和避免过度开发原则。

● 我国很多景区属于民间资本投资，再加上我国旅游景区分属不同的行业主管部门管理，一些部门只管发牌，而对景区的建设、经营和管理监督管理不够，从而造成旅游景区重拿牌、轻管理，重创收、轻保护的现象。

【复习思考】

1. 什么是旅游资源？

2. 旅游资源评价的标准有哪些？

3. 旅游资源开发的基本条件有哪些？应遵循哪些原则？

4. 我国旅游景区开发存在哪些主要问题？

5. 在我国实施国家公园管理体制是否可行？为什么？

6. 浅谈我国的景区管理体制。

【案例分析】

如何对世界文化遗产进行旅游开发？
——以世界文化遗产"开平碉楼"为例

开平位于中国广东珠江三角洲西南部，是著名的华侨之乡、建筑之乡、艺术之乡和碉楼之乡。数百年来，尤其在19世纪初期，广大侨胞为了防洪防匪，保护侨眷安全，纷纷兴建居守兼备的碉楼，现存1833座。这些碉楼与周边的村落、稻田、小桥、流水、蓝天、白云相互映衬，构成一道奇特而美丽的景观。2007年6月，"开平碉楼与村落"被联合国教科文组织列入《世界遗产名录》后，开平已成为闻名遐迩的旅游热点。

开平碉楼成为世界遗产以后，当地旅游管理部门加大了对开平碉楼的保护和旅游开发的力度，对碉楼景区进行重新规划，投资2800万元（其中，向广东省政府申请到500万元的旅游扶贫资金），在碉楼群落的重要位置，修建了展示广东华侨文化以及碉楼历史，且集游客服务中心、文化展示中心、交通中转中心和旅游购物中心四大功能于一体的"开平碉楼与村落文化展示区"。

文化展示中心共有四个展厅，包括多媒体演播厅、碉楼文化展示厅、世界遗产展示厅和立园文化展示厅。多媒体演播厅采用了先进的弧形拼凑技术，用10米宽的大屏幕向游客展示开平碉楼建造历史、华侨发展史等；碉楼文化展示厅通过触摸互动终端、互动投影通道等方式展示了开平碉楼的分布、建造、类型与功能、建筑艺术等内容；世界遗产展示厅通过激光全数字投影和触摸互动终端等方式展示了世界各地遗产和开平碉楼申遗历程；立园文化展厅通过图文并茂的方式展示了家族的发展史和立园的建造过程。

旅游购物中心则规划建设成为碉楼旅游产品超市，全面提供各种各样的碉楼旅游产品；爱颖服饰，以牛仔为主题的服装及纪念品；小麦田美食中心，开平的西饼专家；"竹世界"，以竹子为主题的工艺品；励精服饰，专营高档羊绒服装。现已有多家开平本土特色的商家进驻。

景区的交通中转中心已开通立园、自力村、赤坎古镇、马降龙之间的景区接驳车，进一步整合散客旅游资源和规范散客旅游市场，满足游客个性化旅游需求。

开平碉楼与村落文化展示区自对外开放以来，市场反应良好，深受游客好评，大大提升了景区的现代化、规范化、科学化水平，成为对外展示碉楼形象的一大亮点。

尽管在旅游开发和文物保护方面已做了大量工作，但面对近2000座开平碉楼的开发和保护，当地政府深感资金不足，于是通过中国文物保护基金会开平碉楼与村落专项基金管理委员会和《广州日报》《羊城晚报》等主流媒体，向社会发出了"社会参与，认养碉楼"的号召，正式向社会招募开平碉楼的"认养人"，提出"住名人祖屋30万元起价，开平碉楼广州'求领养'"的口号。其具体方案为：30万～500万元认养一座开平碉楼，它们可能还是名人祖屋，可以入住，也可以挂自家牌匾，认养时限为10～30年不等。每位认养者还可获基金会颁发的荣誉证书。消息一出，立即引起国内媒体和社会公众的广泛关注和热烈讨论。

需要特别说明的是，所认养的碉楼不能用作商业用途。方案出台后，来咨询的人很多，但实际认养的人很少，"主要是现在大部分咨询的人都希望用作商业用途，比如做酒吧、旅店什么的。听说无法实施，都称回去考虑一下。目前要进行商业运作的话确实比较难实现，基本上是做不成的，比如消防就很难过关。"中国文物保护基金会开平碉楼与村落专项基金管理委员会秘书长江汉说。据他介绍，要进行商业运作的话，就必须要有工商、公安、特种行业许可证、消防、保险等手续都齐全，并且要与业主协商取得业主同意才行，"如果这么低的认养费用，却用作商业牟利，业主不会同意的"。他认为，有三类人士最适合认养碉楼。第一类是有一定事业基础的艺术家，可以认养碉楼后将碉楼作为创作基地，进行采风活动。第二类是企业，特别是文化企业，可以在碉楼内安排员工培训、小型会议，也可将之作为客户接待的场所。第三类是退休人士，可以在乡村休闲度假。

◎问题：

1. 对开平碉楼这一旅游资源的价值进行定量分析。

2. 在充分调研的基础上，对开平碉楼提出开发思路。

3. 对于开平碉楼通过媒体向社会公开进行"认养"的这一保护和开发模式进行评价。

【拓展阅读】

国家公园体制，离成熟还有多远？

日前，"国家公园建设思路研讨会"在北京大学举行。来自官产学研的100多名代表参加了会议，并展开了一场颇具价值的对话交锋。

立法时机是否成熟

清华大学景观学系主任杨锐认为，中国要建立国家公园体制，是因为它是全民福利的表现，是国家软实力的体现，是美丽中国的核心载体，是中国梦的华彩乐章。一个好的国家公园制度体现在全民利益优先和保护优先上，建立的难点在于如何在体制上保障权利和责任的清晰化和平衡关系。基于此，北京大学旅游研究与规划中心主任吴必虎强调了国家公园综合立法的必要性和紧迫性。"就像番茄蛋汤，我们目前的相关立法就是鸡蛋归鸡蛋、番茄归番茄。国家公园应该综合立法，所有的国家公园都应该保护，同时要向公民提供户外教育的机会，要细化法规内容，增强法规的可适用性。"

据了解，国外较为成熟的国家公园法律都对资源的约束和展示进行了双向度的呈现。例如1916年的《美国国家公园组织法》和1930年的《加拿大国家公园法》就明确了国家公园的地位、概念、建立目的、确立程序和管理的各项事宜等内容。

对于具体的立法过程，吴必虎建议，从立法理念上看，要以自然生态保护和资源的合理利用为目的，不能把国家公园等同于目标单一的自然保护区或旅游开发区；从立法内容上看，国家公园综合立法是关于资源、环境、发展、生态以及人与自然之间关系的复杂课题，综合运用民事、行政和刑事责任的制约作用，将国家公园的设立与管理、土地权属与当地居民与外来访客权利保障、资源利用与保护等做出制度规定和约束。

北京大学环境科学与工程学院李文军教授在比较中美异同的基础上，指出可以考虑国家公园大法与各类专业法并存。

中国社科院旅游研究中心学术顾问刘德谦认为，国家公园范畴体系的确立与立法滞后，是中国国家公园体制建设的两大制约因素。我国相关部委、局此前下属的各类型园区，若能依据国家公园体制建设的目标，进一步制定和完善相关规范，并据此努力探索，经过两三年试点后，再来共商中国国家公园的立法，一部包括国外经验和本国经验的《中华人民共和国国家公园法》及其相应配套法规的完成也就顺理成章了。

"九龙治水"局面怎么改变

国土资源部国家地质公园评委陈安泽认为，我国目前尚未完全树立国家公园理念，没有一部完善的国家公园管理法，多部门分散管理无法形成强力有效的国家公园体制，专职管理队伍能力建设滞后。

中国城市规划设计院风景园林所所长贾建中表示，对于国家公园的管理，需破解"九龙治水"局面。依托现有基础，探讨如何在风景名胜区的基础上建立国家公园，是非常有必要的。

水利部规划建设处处长詹卫华认为，目前的局面是"九龙管水"，而非"九龙治水"。治是一个行动、一种责任，如果大家都去治水，那么水的问题肯定能破解。如果大家都去管水，把管当作一个权力，这就管不好。

九寨沟管理局副局长王强介绍了九寨沟国家级自然保护区、风景名胜区、森林公园、地质公园和5A旅游景区一套班子五块牌子的现状。"在管理和开发过程中，'九龙治水'曾是九寨沟很突出的一个问题，我们不希望把将来的国家公园变成第6个婆婆。"

国家旅游局规划财务司副司长王润华提出，国家公园体制建设的两个关键分别在于统一管理和提升管理目标。在我国，现有体制不能一步到统一，必须分步走。采取分步走的时候，从"九龙治水"到"一统天下"，就达到了它的效果。如果"九龙治水"变成"十龙治水"，就没有达到预期效果。

国家文物局文物保护与考古司副司长唐炜则提醒，应该将文化遗产资源的保护管理积极纳入国家公园体制建设之中。目前各部门都参与的管理机制，可能并不一定不利于遗产保护，而高度集中的权力部门，有可能一旦做出错误抉择，就失去了一种平衡和制约的有效机制。当然，这并不意味着遗产地的保护管理机构就不能实行统一管理。

在梳理现有管理体制之后，北京林业大学生态旅游发展研究中心主任张玉钧认为，中国应该采用地方和中央相结合的模式，这可以被称作东亚型的保护区管理模式。

保护和利用的关系应如何处理？刘德谦认为，我国国家公园在推动保护和作为科学、教育基地时，也难以排斥它所应该具有的适度提供旅游休闲的功能。虽然我国旅游主管部门没有自己专属管理的园区，但其《旅游景区质量等级划分与评定》《国家生态旅游示范区建设与运营规范》等所提出的服务目的与规范，也是各个类型园区创建国家公园时值得参考的。

武夷山管委会世界遗产保护局局长黄贤格表示，要建立国家公园体制，必须解决土地和山林权属问题。武夷山为理顺景区与3乡镇7村以及周边15村的关系，2008年与各村签订协议强化保护与管理，让使用权和所有权分离，解决了村民利益分配的问题。从更宏观的角度而言，要建立国家公园体制，政府必须加大生态保护力度，如果国家投入不能跟进，估计随后的保护可能会遇到更大困难。

"国家公园的体制建设，需要处理好国家公园与当地政府、与有关部门的关系。各景区要把国家公园作为最高荣誉来对待。"泰山管委会副主任王爱华说。

中国公园协会秘书长李亮认为，建立国家公园体制属于上层设计范畴。美国的国家公园除了自身的经营收入，起码还有中央财政、慈善机构、企业赞助等三大块投资渠道，这些都值得借鉴。

（资料来源：《中国旅游报》2014年10月21日，沈仲亮）

第二部分
旅游业

  我对我要去旅游的地方会有三点期待：第一，就是这个地方得保持它独一无二的核心竞争力。现在好多景区变得越来越趋同，就像城市的打造。我到过好多城市，特别是那种中小城市，很喜欢介绍自己是小上海，小香港。我特别不喜欢这种定位，你都这样了，那你自己是谁？就像现在好多地方都说我们打造了什么什么，都是在仿效别人。所以我认为一个地方的核心竞争力，就是它的独一无二，不可复制性，以及能否持续化发展。现在太多地方由于过度开发失去持续性。坦率地说，10年前，我很喜欢去丽江，大概五六年前就不大去丽江了，再去云南，我会去腾冲这些地方，丽江的商业化速度让我惊讶。所以说任何发展旅游的地方都不能太过分商业化。

——于丹

第四章
认识旅游业

    从经济学的角度讲，旅游业是一个重要的经济行业，属于第三产业和现代服务业。作为一个独立的产业，有其自身的特点。旅游业的性质和特点，决定了旅游从业人员必须具备很高的素质。

本章学习目标 / Learning Objectives

- 了解旅游业的基本概念;
- 认识旅游业的性质和特点;
- 掌握旅游从业人员的素质要求。

本章关键概念 / Key Words

- 性质 / Nature
- 特点 / Features
- 素质 / Qualifications

第一节　旅游业的性质

　　旅游业是一种新兴的经济产业，它是人类社会经济发展到一定历史阶段的产物。旅行社的出现，标志着旅游作为一个行业的产生。

一、旅游业的定义

　　旅游业有广义和狭义之分。广义的旅游业是指以旅游资源为凭借，以旅游设施为条件，为人们的旅行游览提供服务，从中取得经济收益的所有行业和部门，包括旅馆业、旅行社业、交通运输业以及邮电通信、餐饮、轻工业和商业等为旅游者提供服务或与旅游者的旅游活动直接或间接相关的行业和部门（见表4-1）。而狭义的旅游业，传统上认为是由与旅游活动相关程度最为密切的三个部门所组成的行业，即旅行社业、旅游交通业和饭店业。因此这三个部门又被称为旅游业的三大支柱。

　　其实，仅就狭义的旅游业而言，旅游业不仅应包括旅行社、旅游交通和旅游饭店业，还应包括旅游商品（指除旅行社、旅游交通和旅游饭店等服务产品以外，旅游者在旅游活动

表4-1 旅游业态（广义旅游业）

类别	分类	业态
食	大众餐饮	大众酒店、快餐店、大排档、小吃店
	休闲餐饮	茶室、咖啡店、酒吧、奶茶铺、农家风味餐厅、休闲美食餐厅
	高端餐饮	高端酒店、星级饭店、私密酒庄、会所餐厅
住	大众住宿	大众旅馆、快捷酒店、青年旅馆、农家乐
	高端住宿	度假村、度假别墅、度假公寓、野奢酒店、高星级宾馆、精品酒店
	其他	郊野木屋、汽车营地
行	运输型	航空业、出租车、汽车租赁、轮船、火车、旅游巴士、房车
	娱乐型	景区巴士、邮轮、游艇、游船、马车、景区自行车、索道
	辅助行业	高速公路、加油站、维修站、公路救护、交通信息媒介、公路休息站
游	景区景点	名胜古迹、景区、景点、名人故居、文化遗产
	城市休闲游乐	主题公园、城市公园、特色建筑及广场、影视城、创意园区、艺术馆、博物馆、特色步行街、特色风情社区、商业休闲综合体、其他
	乡村休闲游乐	旅游村寨、田野风貌区、生态农庄、酒庄、生态果园、农业文化博物馆、农业观光园、农业采摘园、休闲河渠水库、养殖场
购	综合型	休闲步行街、风情老街、购物广场、创意市集、大型奥特莱斯
	单一型	旅游纪念品商店、各类超市、特色商铺、便利商店、免税折扣商店
娱	景区休闲	各类景区娱乐休闲配套
	都市娱乐	影院、KTV、酒吧、livehouse、舞厅、游乐场、剧院、音乐厅、游艺厅、温泉洗浴、桌游俱乐部、棋牌室
	乡村娱乐	传统节庆组织、乡村演出社团

中所采购的有形的实物产品，其中包括但不仅仅指旅游纪念品）的生产和销售行业，因为旅游购物是旅游者旅游活动的重要内容之一，在旅游活动的六大要素（食、住、行、游、购、娱）中，购物是一个重要的环节。不仅如此，购物还是诱发很多旅游者外出旅游的动机之一，是其旅游的直接目的。而且，购物在旅游者的旅游支出中占相当大的比例，是旅游业收入的重要组成部分，特别是对有"购物天堂"之称的香港等地区而言，更是如此。因此，旅游业不应把从事旅游商品的生产和销售的行业和部门排除在外，也就是说，支撑旅游业的不是三大支柱，而是四大支柱，即：旅行社业、旅游交通业、旅游住宿业和旅游商品业。

综上所述，狭义的旅游业是指为旅游者的旅行游览活动提供服务，且与旅游者的旅游活动最为密切相关的四大部门，即：旅行社业、旅游交通业、旅游住宿业和旅游商品业。

二、旅游业的性质

我们一向喜欢对事情先定位或定性，以此确立坐标、找到方向、获得依据，即所谓名正而言顺。对于一个行业、一个产业来说，定性和定位也很重要，一旦国家明确了该行业或产业是什么性质的、属于哪个序列、应扮演什么角色，就等于确立了它在国民经济和社会发展大盘子中的位置，就可以享受有关政策和发挥相应作用。一言以蔽之，定性和定位如何，也直接关乎一个行业或产业发展的方向和前景，可谓是兴衰攸关、生死攸关。

从当前旅游业发展所达到的产业规模、所释放的巨大社会功能，以及经贸发展、国际交往和社会需求对它提出的多元化希望看，旅游业又到了一个需要对自身性质和定位进行重新思考和认识的时候了。这既是推动旅游产业大发展的使命，也是行业管理生存的需要，也是全面提升旅游业地位和作用的重要机遇。

事实上，旅游业兼具经济产业和社会事业的双重属性。

（一）产业属性

1. 旅游业是一个重要的经济行业

旅游业首先是一个重要的经济行业，其经济性质表现在以下几个方面：

● 从其产生来看，旅游业是社会经济发展到一定阶段的产物，是建立在一定的经济发展水平之上的。没有一定的经济发展水平作保证，就不可能产生旅游需求和旅游供给。

● 旅游业作为一个产业，生产旅游商品，并通过出售这些商品而取得经济收益。

● 旅游业可促使和带动与其有关的其他经济行业的发展，进而带动地区经济的发展。

● 旅游业可以增加外汇收入和促使货币的回笼。

旅游业虽然涉及政治、经济、文化、教育、宗教以及社会等诸多方面，但从本质上讲，旅游业是一个经济行业，是一种产业。

2. 旅游业属于第三产业

旅游业是为旅游者完成旅游活动提供服务的行业，因此，它也属于第三产业。

3. 旅游业属于现代服务业

现代服务业是相对于传统服务业而言的，它初步发展于工业革命到第二次世界大战期间，确立于20世纪80年代。现代服务业具有以下特征：

- 新服务领域。适应现代城市和现代产业的发展需求，突破了消费性服务业领域，形成了新的生产性服务业、智力（知识）型服务业和公共服务业的新领域。
- 新服务模式。通过服务功能换代和服务模式创新，产生了新的服务业态。
- 高文化品位和高技术含量。
- 高增值服务。
- 高素质、高智力的人力资源结构。
- 高情感体验、高精神享受的消费服务质量。
- 资源消耗少、环境污染少。
- 创新增长性强。

世界贸易组织界定了现代服务业的九大分类，即：商业服务，电讯服务，建筑及有关工程服务，教育服务，环境服务，金融服务，健康与社会服务，与旅游有关的服务，娱乐、文化与体育服务。可见旅游业属于现代服务业。

（二）事业属性

旅游业不仅是重要的经济产业，同时，也具有显著的社会事业属性，因此，在新的历史时期，不仅要把旅游业当作重要的国民经济的支柱产业去发展，而且要十分重视旅游业的事业属性，重视其社会功能的发挥。这是因为：

1. 旅游业已大大超出了经济领域

旅游及旅游业已远远超出了经济领域的范畴，经济功能仅是其中的一个元素，其综合功能越来越突出，并与经济功能呈鼎足而立之势。

2. 旅游业的社会功能越来越突出

在旅游业参与经济建设的过程中，表现出了十分明显的社会功能。最为明显的是促进了地方经济发展，安置了大量就业人员，扩大了对外开放，提高了城市知名度，改善了老百姓的生活，更新了思想观念，推动了物质文明和精神文明建设。

第一，旅游成为精神文明建设的重要内容。旅游吸引物囊括了自然、人文、社会等各种资源，集物质文明与精神文明之大成。旅游的过程就是寓教于游、赏心增智的过程，通过广开见闻、亲身体验来增加阅历、学习知识。国内旅游的很多目的地，本身就是爱国主义、传统教育的基地，宣传、文化、精神文明建设等各部门都把它们作为推进精神文明建设、提高国民综合素质的重要课堂；近年来宣传、建设、旅游等部门联合开展的文明景区评比，宣传、旅游部门做出的开展红色旅游的部署，都表明旅游是开展精神文明建设的重要载体；在旅游资源的开发过程中，发掘、保存、利用、宣传了传统文化和民族文化，也是民族文化和精神文明建设的重要组成部分。这些都说明旅游业的文化教育功能在进一步提升。

第二，旅游业是与文化、体育、广电、出版相类似的部门或行业。在改革开放之初，服务业、社会事业被认为是非物质生产部门和行业，过多地强调其公益性而忽略了对其产业性的认识，给这些部门纳入国民经济体系带来很多困难，同样，目前过于强调其产业性而忽视其社会性、服务性，对这个产业的发展也是不利的。前些年，文化、体育、广电、出版等部门一般自称为事业单位，是社会事业职能；近年来，随着政企分开、行政体制改革和市场经济建设的推进，这些部门也开始明确强调自身具有的产业功能，即文化产业、体育产业、广电产业、出版产业，但并不因此而否定其原有的社会事业性质。也就是说，这些部门兼具了产业和事业双重的性质与功能。当然，我们这里所说的"事业"与以前常说的旅游部门是"事业接待单位""事业单位"有所区别，现在的"事业"是指服务于全民、全社会的社会事业，是相对于经济产业的一种职能范围，并不是说就不搞产业。

第三，旅游已成为人民群众小康生活的重要内容。黄金周旅游、假日旅游的崛起，使旅游消费大众化，旅游真正成为全面小康的重要内容。对于旅游部门和行业来说，应注意把工作重点向旅游服务倾斜，也就是要大力倡导"以人为本"，把更多的精力用于搞好公共服务上，包括旅游信息、旅游服务、旅游安全、旅游救援等，把提高人民群众享受旅游服务的满意度，作为检验工作的一项重要内容。现在一些发达地区已经把提高公众出游率列为小康生活的重要内容，有的地方还提出并实施"国民旅游计划"，这些都反映出旅游业已经远远超出了经济产业的范畴。

对于旅游行业来说，及时认识和把握旅游业属性的变化，进而适时地调整旅游发展战略和战术，是非常有必要的。

第二节　旅游业的特点

旅游业作为一个新兴产业，具有许多不同于其他产业的特点。

一、旅游业的社会性

在当今社会，旅游已不再是少数有钱人从事的活动，而是具有广泛群众基础的社会活动；不仅是一种社会时尚，而且像吃饭、穿衣一样，已经成为很多人必不可少的生活方式。越来越多的人从事旅游活动，越来越多的人加入旅游服务行业。人们通过旅游得到休息和放松，通过旅游结交朋友，通过旅游增长见识，通过旅游表现自我，通过旅游恢复活力和健康……因此，旅游已经成为一种社会现象，旅游业具有了社会性的特点。

二、旅游业的文化性

旅游业的文化性表现在以下几个方面：

第一，旅游资源的文化性。旅游资源是指能够吸引旅游者的一切自然和社会因素，是旅游活动的对象，也是旅游业赖以存在的基础。旅游资源包括自然旅游资源和人文旅游资源两个方面，两者密不可分。即使是前者，也大都有文化的因素隐含在内。以泰山为例，除了本身所拥有的自然景观魅力外，文化因素也为它增色不少——历代帝王的封禅、人文墨客的游览等都给泰山留下了宝贵的历史古迹，让旅游者慕名循踪而来。此外，在旅游资源的开发方面也离不开文明。如深圳的人造微缩景观"锦绣中华"，桂林溶洞里被灯光装饰得五彩斑斓的人间仙境，杭州西湖夜空中变幻无穷的激光表演，等等。至于人文旅游资源就更不必说了，举凡历史古迹、文物、民族风情、生活方式、建筑、美术、城市建设……无一不具有文化的性质。近年来，还出现了体育旅游、烹饪旅游、丝绸之路旅游等名目繁多的文化专题旅游，都说明文化旅游在旅游业中的地位日渐提高。去维也纳听听歌剧，摸摸古希腊的建筑，看看意大利文艺复兴时代的油画，走访一下莎士比亚的故乡，欣赏一下埃及的金字塔……都是旅游者梦寐以求的。

对外开放以来，我国旅游业之所以发展得如此之快，可以说主要是靠悠久而独特的文化取胜的。我国是一个多民族融合的大家庭，多样性的民族文化，不同的生活方式和风俗习惯，社会历史发展的差异，这一切都对旅游者构成强烈的吸引力。

第二，旅游设施的文化性。不同国家或地区的旅游设施代表了不同的文化。以旅游饭店为例：蒙古包式与哥特式建筑并存，摩天大厦与小巧竹楼共有。从墙壁的粉刷到室内装饰，从服务内容到服务方式，从餐食到饮品……无一不体现某种特定的文化品质。

第三，旅游者的文化性。旅游活动是一种高层次消费，一种精神享受，应能像欣赏音乐一样，使旅游者从中获得美的享受与精神的满足。尤其是在进行人文旅游资源类的旅游活动时，往往都需要旅游者掌握一定的知识，这就意味着旅游者是具有一定文化素养的人。

三、旅游业的综合性

旅游业的综合性是由旅游活动的综合性所决定的。旅游者的旅游活动包括食、住、行、游、购、娱等几个环节，因此，旅游业不仅包含旅馆、交通和旅行社几个方面，而且涉及为旅游者的旅游活动提供服务的建筑业、银行业、邮电业、商业、农业以及文物、卫生、教育、轻工、纺织等行业和部门，它的发展需要得到这些行业的协作、配合与支持。旅游业的综合性这一特点对旅游业乃至整个国民经济的发展具有重要意义。

四、旅游业的"双重性"

旅游业具有劳动密集型和资金密集型的双重特点。

对于旅游业到底是劳动密集型产业还是资金密集型产业，理论界有不同的看法。我们认为，回答这一问题，首先必须确定旅游业这一概念的外延。

对于广义的旅游业来说，它涉及第一、第二和第三产业中的很多行业，从而为旅游接待国或地区的居民提供了广泛的就业机会。根据国际旅游业的发展现状，旅游部门每增加一名服务人员，社会上就要增加五名间接服务人员与之相匹配。尤其是在生产力高度发达的当今社会，旅游已成为一种生活方式，世界各地需要越来越多的人从事旅游服务工作，从这个意义上讲，旅游业属于劳动密集型产业。

但是，如果从狭义的角度看，以旅游资源为基础，由旅行社、旅游交通和旅游饭店这三个行业组成的旅游业就属于资金密集型行业了。因为旅游资源的开发、饭店的建设、公路的修筑、汽车和飞机等交通工具的购买，无不需要大量的资金，相对而言，这几个部门为人们提供的就业机会是有限的，也就是说，人均资本占有量相当高。从这个意义上说，旅游业具有资金密集型的特点。以饭店为例，假定一座投资1亿美元的中档饭店拥有客房500间，雇用员工500人，则人均占有资本为20万美元，可见其资金占有比例是相当高的。

五、旅游业的季节性

由于气候、旅游资源的特点以及节假日等的影响，旅游业具有很强的季节性。

不同地区旅游淡、旺季到来的时间有所不同。炎热的夏日，蜂拥而至的旅游者可能令地处海滨的旅游地应接不暇，出现旅馆爆满、交通堵塞的现象。而到了严冬时节，那些最寒冷的地方就会散发出独特魅力，哈尔滨的冰灯、阿尔卑斯山上的滑雪会像磁石一样吸引着各地旅游者。

旅游业的季节性会给旅游企业的经营带来一定困难，使得它们在旺季的接待能力不足，淡季时却大量闲置，并因而蒙受经济损失。

六、旅游业的脆弱性

旅游业是一个很脆弱的行业，地震、瘟疫、战争、政治动乱以及经济危机等自然、社会的因素都会直接影响到旅游业的发展，甚至对其产生致命的打击。如2020年的新冠疫情，给中国以及世界旅游业所带来的灾难性的打击，直接导致绝大部分酒店关门停业，民航航线停飞，旅游景点关闭，数以百万计的从业人员和相关企业面临风险。据联合国世界旅游组织统计，受新冠肺炎疫情影响，世界多国采取关闭边界的封锁措施，2020年上半年国际游客人数同比下降65%，其中，6月份国际游客人数同比下降93%。世界旅游组织预测，要使游客人数恢复到2019年的水平，仍需2~4年时间。

每一次经济衰退、石油危机等，最先受波及的也是旅游业。另外，世界政治形势的变化，国家间外交关系的改善与恶化，国内局势的动荡，也理所当然地影响着国际旅游活动。

1989年春夏之交我国发生的风波对蓬勃发展着的我国旅游业产生极大影响，使其出现大滑坡。据统计，1989年来华旅游的外国人从1988年的184万人次跌到146万人次，下降了20%多，旅游外汇收入从1988年的22.47亿美元下跌到18亿美元，减少20%。

恐怖活动和战争也是影响旅游业发展的决定性因素。"9·11"恐怖事件不仅重创了美国旅游业，而且使全世界旅游业受到巨大影响，伊拉克战争则更是令伊拉克这一中东旅游大国的旅游业彻底停滞。

七、旅游业的"高弹性"

旅游业虽具有脆弱性，易受打击，但在一定的条件下，也易于建立、恢复和发展，具有弹性高的特点。例如，发生在2003年的"非典"使中国旅游业遭受重创，但此后的2004年，我国接待的入境过夜旅游者人数和所取得的旅游外汇收入分别跃升至4176万人次和257.4亿美元，比上一年度分别猛升了26.7%和48%。由此可见，旅游业既是易受影响，同时又是具有较强生长力的行业。

第三节 旅游从业人员的素质要求

"我女儿今年高考，问我报考什么专业。我毫不犹豫地对她说：报旅游专业！我并不要求我女儿将来成就多大的事业，但搞旅游的人会有与众不同的气质，我希望我女儿成为受人尊重的'淑女'！"一位从业多年的酒店经理这么说。

旅游业是直接与人打交道的现代服务业，因此对旅游从业人员的素质有较高的要求。

一、有良好的外部形象和高雅的气质

有良好的外部形象，并不是要求旅游从业人员一个个都如花似玉，或英俊潇洒，但一定要注意自己的衣着打扮和形象气质，展示自身良好的精神风貌（见图4-1）。

良好的外部形象和高雅的气质，主要由仪容仪表和仪态展现。旅游从业人员不仅应保持发型和衣着干净整洁（对于旅游管理人员来说，常常要求西装革履），而且要有良好的站、坐、走、蹲的姿态，遵循旅游交往中的礼仪规范。

图4-1 旅游从业人员要有良好的形象和高雅的气质（刘伟 供图）

二、懂得并具有良好的礼貌礼节

旅游从业人员要懂得礼貌礼节，并在实际工作中时刻运用。这是对旅游从业人员的基本要求，也是旅游业有别于其他行业的一大特点。

旅游接待中的礼貌礼节包括见面时的礼节和交谈时的礼节。

三、有较宽的知识面

旅游者来自五湖四海，世界各地，为了更好地为旅游者服务，旅游从业人员应有较宽的知识面，熟悉世界各地的风土人情、社会制度、人文地理、历史宗教等。旅游从业人员不一定要成为专家，但他（她）必须是个"杂家"。

四、有良好的服务意识

服务意识是指能够正确把握服务工作的内涵，时刻准备为客人提供主动、热情、周到、耐心、细致的服务的一系列思想和行为方式。有服务意识的员工一进入工作状态，便能自然地产生一种强烈的为客人提供优质服务的欲望，并能主动为客人提供各种恰到好处的服务。一旦踏入工作区域，就像走上了舞台，客人是主角，而自己则是配角，时刻关注客人的需求，以满足客人的需要为自己的神圣职责和最大快乐。

旅游从业人员要有服务意识，还必须树立正确的服务理念，即"客人总是对的"，并能在实际工作中积极贯彻这一思想，将其作为指导自己实际工作、处理与宾客关系的基本准则。

五、有较强的卫生意识

旅游从业人员是与旅游者打交道的人，旅游者的旅游活动由食、住、行、游、购、娱几个环节组成，其中，"食"和"住"与卫生密切相关，安全、卫生是旅游者外出旅游最为关切的问题。因此，旅游从业人员要有卫生意识。

六、有良好的职业道德

良好的职业道德是员工做好本职工作的必要条件。职业道德并非枯燥的说教，而是有血有肉、实实在在地贯穿于员工整个工作过程之中。

职业道德就是具有自身职业特征的道德准则和规范，它告诉人们在工作中应该做什么，不应该做什么；应该怎样做，不应该怎样做。也就是从道义上要求人们以一定的思想、态度、作风和行为去待人、接物、处事、完成本职工作。职业道德是旅游从业人员基本素质的重要组成部分，遵守职业道德是做好本职工作的基本保证，旅游从业人员要有职业道德意识，形成良好的职业道德规范。

旅游从业人员的职业道德主要包括：

1. 热爱本职工作

热爱本职工作是一切职业道德最基本的原则。旅游从业人员要正确认识旅游业，明确自己工作的目的和意义，忠实地履行自己的职责，乐于为旅游者服务，并以满足客人的需求为自己最大的快乐。

2. 全心全意为客人服务

旅游从业人员要全心全意为客人服务，关心和爱护每一位客人，最大限度地满足客人一切合理、合法的需求，不断改善服务态度，提高服务效率。

为客人提供优质服务，是旅游从业人员应尽的职责和义务。每一位旅游从业人员都应该有意识地做到对客人笑脸相迎，文明礼貌，热情周到，从每个动作和每句话中展现出高尚的道德魅力。在服务工作中时刻摆正自己与客人之间的主、客关系和服务与被服务的关系，贯彻"宾客至上，服务第一"的原则。

3. 自洁自律

无论是酒店服务员，还是旅行社导游人员，作为旅游从业人员，还应做到自洁自律。不利用工作之便贪小便宜，牟取私利，不向客人索要小费，不暗示客人赠送物品，不利用工作之便偷窃客人财物。

七、有较强的人际沟通能力

世界顶级酒店集团丽思卡尔顿（Ritz-Carlton）对员工提出20条服务准则，其中第14条是：告诫员工与客户以及同事沟通时注意措辞得体。例如：应该说"请接受我的道歉"而非"对不起"，"愿意为您效劳"而非"可以"。为此，前总裁舒尔策曾宣布过一条著名禁令，即禁止回答"行"或"可以"。由此可见，在旅游服务中，沟通是何等重要！

旅游业是与"人"打交道的行业，在国外又被称为"款待业"（Hospitality Industry），热情好客是对旅游从业人员的基本要求。旅游业的服务对象是国内外旅游者，服务的目的是使旅游者满意，因此，旅游从业人员必须掌握沟通的艺术和技巧。

【本章小结】

● 旅游业是指以旅游资源为凭借，以旅游设施为条件，为人们的旅行游览提供服务，从中取得经济收益的行业和部门。

● 旅游业有四大支柱，即旅游中介服务业、旅游交通服务业、旅游住宿服务业、旅游商品服务业。

● 从性质上讲，旅游业是一个重要的经济行业，属于第三产业，同时，旅游业具有事业属性，在新的历史时期，应该重视发挥其事业属性。

● 旅游业具有社会性、文化性、综合性、开放性、涉外性、季节性、脆弱性以及劳动与资金双密集性等特点。

● 旅游从业人员要具备较高的素质，包括：懂得并具有良好的礼貌礼节；有较宽的知识面；有良好的服务意识；有较强的卫生意识；有良好的职业道德；有较强的人际沟通能力等。

【复习思考】

1. 什么是旅游业？
2. 简述旅游业的性质和特点。
3. 旅游从业人员应具备哪些素质？

【案例分析】

是旅游产业，还是旅游事业？

在我国，对旅游业性质的认识，经历了一个曲折的发展过程。进入21世纪后，这个问题摆在了需要认真思考的桌面。

回顾我国旅游业发展的历史，在中华人民共和国成立后、改革开放以前的那段时间里，旅游业的性质基本上是民间外交的事业性接待；此后一段时间，国家的旅游管理机构被称作"中国旅行游览事业管理局"，在很多文件或论著中，这个"事业"的基本含义是不考虑接待成本、不按照经济规律经营的，与今天我们所说的旅游接待有着本质的差别。这种性质的旅游接待，在此后的较长时间里，也被认为是计划经济体制下政企不分的、低级发展阶段的产物。与此相对应，那个时期的旅游业被认为是"事业性质"、旅游管理部门被认为是"事业单位"。

改革开放以后，随着经济和行政体制的变革，旅游业成为一个经济产业。在改革开放的最初10年，旅游部门强调最多的是为国家创汇；后来随着国内旅游的迅速崛起，"创汇"与"创收"才开始并提。我国旅游业性质的变化，大致到20世纪80年代中期基本完成。我们在总结旅游业发展成就时，也将"从事业接待型向经济产业型转变"，作为改革开放以来旅游业的最重要变化之一。从现实情况看，这个变化对旅游业的发展确实起了巨大的促进作用，一是在按照经济规律办旅游，解放了思想，加快了对外开放，改革步伐明显走在了铁路、民航等行业的前头；二是在国民经济中争得了应有地位，国家在发展政策、资金投入、接待设施建设等方面给予支持，产业规模迅速扩张；三是实行简政放权、政企分开，推动企业改制改组改造，充分利用外资和市场融资，促进旅游企业成为市场竞争的主体。正因如此，我国旅游业在20来年的时间里取得了突飞猛进的发展，由旅游资源大国发展成为世界旅游大国。由于以经济产业对旅游进行定位、定性，以为国家创汇增收为己任，因此，十多年来，我国旅游业一直把"大力发展入境旅游，积极发展国内旅游，适度发展出境旅游"作为发展的总方针。

◎**问题：** 在新的历史时期，我们是否应该对旅游业的性质进行重新定位？应把旅游业定位为"旅游产业"，还是"旅游事业"？为什么？

【拓展阅读】

一个外国司机留给我的印象

春节我率50人团赴欧洲八国游览，法国的随团司机给我留下了深刻印象，至今不能忘怀。

欧洲旅游不同于国内，国内的司机顶多可以跨省，但不能出国。而欧洲的司机则要驰骋八国，从头跟到尾。试想如果对外国的国情不明、交通规则不懂、旅游线路不清，违一次规，迷两回路，停三次车，那就意味着浪费游客的时间，相当于"砸团"。

而给我们团开车的司机，比利时人，自诩二十多年的驾龄，横扫欧洲八国若干次无事故。作为领队的我和全体游客自然感到比较放心。即使这样，司机仍在旅游的间隙，在餐桌旁，在饭店里，随时与导游研究路线，拿着地图指指画画，圈圈点点。我明白，他们是在找最捷径的路线，第一不浪费客人的时间，尽可能地让游客多看一些景点；第二不要与另外的同旅游线路的团体冲突。一旦赶在同一时间，同一餐厅，两个团队同时用餐，那就意味着其中一个团体至少要等一顿饭的工夫，因为国外的中国餐馆规模并不都是很大。

他认真的工作态度赢得了良好的旅游效果。两个星期八个国家的旅程没跑过一点冤枉路，经常是我们团游览完一个景点了，另一个团才前来"报到"。吃饭也总是赶在其他团的前头，往往是我们团吃饱喝足迈着四方步出来的时候，司机却一个人默默地守在车里。据说欧洲的"交规"规定大型观赏车的司机是不准下车的，因为欧洲各国国土面积小，寸土寸金，停车场少，观赏车往往只能停在路边，这样又会影响交通，所以司机只好留在车里，以便随时听候"交警"的调遣。吃饭，就成了司机的大问题，只能是游客吃完饭后，导游给司机"打包"带到车上，然而司机没有时间吃，因为要继续赶路，一开就是几个小时，甚至十几个小时。最让我们不安的是，司机吃不惯"便餐级"的中华料理，买西餐又没有时间，经常是一天一天的不吃饭，除了赶路还是赶路。两个星期下来，司机的肚子已经从"D"形变成"H"形了，但是从未见到他发牢骚、抱怨、甩脸子、装可怜，而是滑稽地拍拍自己瘪下去的肚子和双腮，做一个鬼脸，逗得大家一笑，继续踩油门了。

到了比利时下榻的饭店，司机第一次通过导游告诉游客将车上所有行李统统拿到自己的房间里去，因为饭店离火车站很近，又是外国移民集聚地，很乱，以防不测而为之。果然不出他所料，夜里11点40分我接到了信息，我们团的观光车被小偷光顾了，我与导游前去视察，只见前门的大玻璃被砸得连渣都不剩了，满地碎玻璃，车内尽管已没有东西，但依然被翻得一片狼藉，汽油也被抽走了，司机正在清扫车内卫生。当时我的脑子一懵，完蛋了，第二天的行程肯定要耽误了。按照国内的思维一推就知道，就算现在报案，警察能来，但安玻璃的厂家和人员来不了啊，何况当时已是夜里12时了，肯定叫天天不应叫地地不灵了。第二天去安玻璃，加油，开回饭店拉客人，至少半天的时间没了，后边的日程都会受到影响，怎么办？火速与导游、司机在汽车上召开紧急会议，商讨解决办法。司机依然是一脸欧洲的幽默，用不容置疑的口吻说："你们二人先回去睡觉，我和比利时的厂家联系，让他们连夜赶来安玻璃，为防止再次遭劫，我今晚在车里坐一夜值班……""那怎么行呢？你是司机，你必须睡觉，由导游和领队来值班……""不行！你们不懂语言，也不懂汽车业务，只能我来，只有一个要求，明晨6点你们找一个人替我一下，我去洗个澡，喝口咖啡提神。"最后三人形成决议：由司机值班直到安上玻璃，再由我尽早替换司机，全力保证第二天的日程不受影响。临下车时，司机怕我们担心，又叽里咕噜地向导游说了些什么，只见导游突然伸手向司机腰间摸去，然后郑重地对我说："带着枪呢！"回到房间，我也睡不着啦，五点多钟起来准备去"值车"，尽管我的动作很轻但还是把同屋吵醒了，他也执意要和我一起去"值车"。我说："不行！危险性太大，司机能带枪，小偷也会有枪啊。万一出现情况，咱俩没有一个回去报信的。"按照"偷道"，黎明时间是盗窃抢劫的最佳时间，最危险的意想不到的事情及后果都很难预测。"你把我当什么啦？要死咱俩一块死，要伤一块伤，要没事就都没事！"我为国人同胞的语言打动了，跟他说："带上你的手电筒，关键时候可以当武器用，咱们早点去，好让司机能睡上一两个小时。"当我俩来到车上时，玻璃已于凌晨四点左右安上了，我用半生不熟的英语跟司机说："你洗个澡，睡一会儿，等到了出发时间我叫你。"司机下车走了，没过三四十分钟他又回来了，做了个手势，叫我们回去。我跟他"急"了，说："你是司机，必须睡觉！"并把司机推下汽车。司机说："我已经洗完澡，喝完咖啡了，你看我现在不是很精神吗？"他又把我拽出了车外，你推我让半天，司机也"急"了，说："这是我的车，我有责任有义务保护它。"我真的被感动了，眼睛也湿了。干旅游多年了，接触外国人也不计其数了，但被一位外国司机的职业道德所感动还是第一次。

米兰机场告别，我对司机说："我没有什么东西送给你，只送你两句话。一句是你是你们国家的骄傲；另一句是从你身上我知道了什么叫素质，什么叫职业道德。"司机说："由于你配合得力，这个团才会顺利结束，我也送你一瓶香水做纪念吧。"至今我还把那瓶香水放在家里最显著的位置，以便随时都能嗅到那位司机对工作一丝不苟、敬业尽责的芳馨。

第五章
旅游业的构成

　　旅游业是个综合性行业，也是当今世界最大的经济产业。

　　旅游业由旅游中介（旅行社）服务业、旅游交通服务业、旅游住宿业及旅游商品服务业等部门构成，这些部门互相依存，形成旅游产业链条。本章将对这四大部门一一加以介绍。

本章学习目标 / Learning Objectives

- 了解旅游业的构成；
- 对旅行社、旅游交通、旅游饭店及旅游
  商品等服务部门有基本的认识和了解。

本章关键概念 / Key Words

- 旅游业 / Tourism Industry
- 旅行社 / Travel Agent
- 旅游住宿业 / Tourist Accommodation
- 旅游饭店 / Hotel
- 旅游交通 / Transportation
- 旅游商品 / Tourist Commodity
- 导游 / Tour Guide

第一节 旅游中介服务

旅游中介服务主要指旅行社行业。旅游者外出旅游首先要接触到的旅游企业可能就是旅行社：他（她）要从旅行社那里了解旅游产品，请旅行社帮助其设计旅游线路，并最终从旅行社预订或购买旅游产品。

旅行社是生产和销售旅游产品，并通过为旅游者提供导游等项服务而取得收入的企业。它是旅游业的重要组成部分之一（见图5-1）。

旅行社从旅游饭店、航空公司等旅游供应商那里购买旅游服务，直接或间接地（通过将其加工组合成最终旅游产品）出售给旅游者，以满足其需求，因而扮演着旅游中间商的角色，因此，旅行社在国外又称为"旅游中介"（Travel Agent）。

图5-1 旅行社是旅游者可能最先接触到的旅游企业（刘伟 摄）

旅行社作为旅游中介联系着旅游交易双方，掌握着旅游市场的供求变化情况，因此可以向交易双方传递各种有效信息。一方面，可以引导旅游生产者按市场需求生产和提供旅游产品；另一方面，又可以引导旅游消费者对自己的购买行为做出正确选择，为旅游者设计出最理想的旅游线路，安排最恰当的旅游活动。此外，作为中间商，旅行社还可以为旅游者节省旅游费用，这是因为旅行社从旅游供应商处大批量采购可以获得非常优惠的价格，并将这些"实惠"部分地转让给旅游者。

一、旅行社的分类

（一）国外旅行社的分类

从旅行社业务经营的范围来看，目前国外旅行社主要有以下几种类型：

1. 旅游经营商（Tour Operator）

主要从事旅游产品的生产和销售活动。它从饭店和交通企业等旅游服务的生产者那里购买单项服务，然后把它们组合成包价旅游产品，出售给旅游批发商、零售商或直接销售给旅游者。由于经营商大批量购买旅游服务，所以能从生产者那里获得各种优惠和折扣，因此其包价商品的成本和售价较低，从而可以使购买这一商品的旅游者和生产这一商品的经营商都从中受益。

2. 旅游批发商（Tour Whole—saler）

以从事旅游产品的批发业务为主（有时也从事旅游产品的生产活动）的旅行社。它与旅游经营商的区别在于，旅游经营商除生产和销售旅游产品外，一般还要带团旅游，指导旅游者消费旅游产品，而批发商则不必如此。而且，有些批发商也不从事旅游产品的生产活动。不过，在美国，旅游批发商和经营商两个概念区别不大，经常混用。

3. 旅游零售商（Retail Travel Agency）

相当于旅游代理商。指专门代售旅游产品，提供各种旅游代办服务的旅行社。它的业务范围包括：代售旅游产品、代订饭店客房、代购交通票、代办保险、代办出租车服务以及代购各种文娱票等。有的还受其他旅行社委托，在目的地搞地面接待。

旅游零售商代售旅游产品时，一般是按旅游经营商（批发商）规定的价格出售。他们为客人提供各种代办服务时，不收取代办手续费，而以从代办额中领取一定比例的佣金作为其经济收入。

（二）我国旅行社的分类

我国旅行社的分类方法不同于欧美国家，并非按消费流程进行自然分工，而是出于国家对旅游业实行宏观管理、确保旅游接待质量的目的而划分，属于按经营范围进行的水平划分（见图5-2）。

1996年前，我国曾将旅行社分为三类：一类社招徕、接待海外旅游者；二类社接待海外旅游者；三类社只能经营国内旅游业务。

随着1996年《旅行社管理条例》的颁布，旅行社被分为国际旅行社（又可分为有权出境和无权出境两种）和国内旅行社。前者经营范围包括入境旅游业务、出境旅游业务和国内旅游业务，后者经营范围仅限于国内旅游业务。

2009年最新的《旅行社条例》取消了沿用22年之久的旅行社分类标准，统一了从事国内旅游业务和入境旅游业务的准入条件，规定只要取得旅行社业务经营许可证，即可同时经营国内和入境两类旅游业务。同时，《条例》还将经营入境旅游业务所需的注册资本最低限额由150万元降至30万元，大大降低了入境旅游市场的准入门槛。按照新《条例》，旅行社实际上有两种不同的种类：经营国内旅游业务和入境旅游业务的旅行社、经营出境旅游业务的旅行社。新《条例》规定，旅行社取得经营许可满两年，且未因侵害旅游者合法权益受到行政

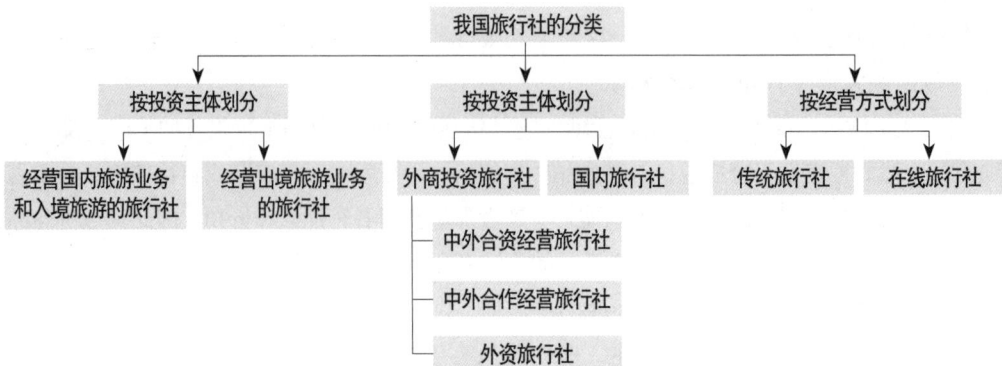

图5-2　我国旅行社的分类

机关罚款以上处罚的，可以申请经营出境旅游业务。

新《条例》还规定，外商投资旅行社不得经营中国内地居民出国旅游以及赴香港特别行政区、澳门特别行政区和中国台湾地区的业务（但国务院决定或我国签署的自由贸易协定和内地与香港、澳门关于建立更紧密经贸关系的安排另有规定的除外）。

（三）传统旅行社与在线旅行社

按照经营方式划分，旅行社还可以划分为"传统旅行社"和"在线旅行社"。

传统旅行社（也称为"线下旅行社"）是指有固定的经营场所，面对面为旅游者提供服务的旅行社。而在线旅行社（简称OTA）则是指没有门店、通过互联网等网络提供预订服务的旅行社。

近年来，随着互联网技术的发展和人们观念的转变，以携程为代表的在线旅行社发展很快。网络消费习惯的形成、服务商在产品和服务上进行的创

图5-3 "独角兽"广州携龙旅游集团以优质的创新服务登上了国家发展和改革委员会下属"中国发展网"（刘伟 供图）

新，是在线旅游服务取得市场认可的直接原因。广州携龙旅游集团（见图5-3）整合线上线下资源，推出商务会议、旅游定制、在线酒店及景区门票业务、旅游线路、积分商城等八大旅游业务板块，形成网络平台与旅行社服务相互融合为一体的新模式，从而获得了更大的资源整合和竞争优势，在短短的三年时间里实现了跨越式发展：营业额从2017年不足1000万元，增加到2018年的近1亿元，再到2019年的近10亿元。

从旅游行业发展趋势看，互联网和信息技术会改变消费者的消费方式、经营者的经营方式，进而改变产业形态。关于后者，如需进一步了解，可扫描二维码，观看《优服展播》视频之"携龙服务"。

二、旅行社的主要业务

旅行社的业务主要有：

- 向旅游者提供导游服务；
- 代客订购车、船、飞机票；
- 代客预订旅馆；
- 推销旅游产品、组织旅行团；
- 接送旅客，办理行李包装、托运手续；
- 指导或代办出入境、过境、居留和旅行的必需证件，如护照、签证、介绍医生办理免疫注射，预防接种和签发健康证明等；
- 代办旅客旅行意外保险、行李保险等有关保险手续；

- 代办兑换外币、旅行支票等；
- 制定旅游路线、旅游节目和旅游日程等；
- 编印旅游指南、旅游地图、名胜介绍等明信片、小册子；
- 根据旅游者的要求，联系有关部门，组织对口专业旅游，安排座谈会、学术报告、技术交流和文艺表演等；
- 发售旅行支票；
- 旅游业务咨询。

三、旅行社组织架构

（一）旅行社的组织架构

旅行社主要由以下几个部门组成（见图5-4）：

- 销售部。又叫"外联部""市场部"或"市场营销部"，主要业务是销售旅行社产品。
- 计调部。全称为计划调度部，是旅行社的产品设计部门和接待业务的调度中心，主要负责接待服务的计划工作和一切关系的调度工作。由于旅行社提供的是综合性服务，各方面、各环节之间的协调与配合就显得尤为重要，而计调工作是旅行社接待工作的保障。
- 接待部。这个部门以不同语种的导游人员为主体组成，主要负责具体接待计划的制定与落实，为旅游者（团）提供导游和陪同服务。
- 综合业务部。是旅行社多功能的、带有拓展业务性质的综合部门，它同时具有某些职能部门的特征。

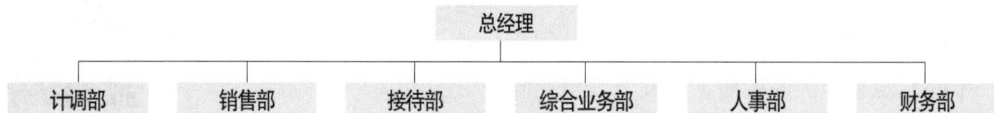

图5-4 旅行社的组织架构

（二）旅行社计调

计调岗位是旅行社经营管理的核心岗位。从广义上讲，旅行社的计调包含两层含义：一是指在旅行社工作中从事旅游产品的开发设计与采购，制定并实施团队或者散客接待计划，监督旅游活动全过程，旅游活动结束后完成其他相关收尾工作的岗位类别；二是指计调员。在实际工作称谓中，有时"计调"就是计调员的简称。

在旅行社内部，计调负责旅行社产品的设计完善、产品制作过程中的管理协调、产品使用过程中的监控和售后服务，可见计调是旅行社的核心。虽然旅游者的旅游活动是多个部门和企业共同完成的，但是，在旅行社，计调要将各旅游要素有效地串联和组合起来，选择采购并安排落实食、住、行、游、购、娱等旅游服务要素，统计汇总来自各要素的反馈信息，完成设计—采购—运作—协调—输出—统计的工作环节，是旅行社业务的重要部分，所以计调员的岗位角色十分重要。计调员对内统筹安排、组织落实、监督检查，对外业务签约、协调联络，其职业素养和工作水平直接影响着旅行社服务质量的高低。

旅行社计调工作的核心作用主要表现在以下几个方面：

1. 承担着旅行社产品开发设计工作

旅行社计调员能否顺应时代和市场发展的要求，组合出更具有吸引力和个性化的产品，能否有效地利用和组合各旅游要素，推出真正满足市场需求的产品，正日益成为旅行社生存和竞争的关键。计调员身处产品开发设计的前沿，必须认真广泛地进行信息收集、调查研究、统计分析，做好产品的规划设计。

2. 组织协调并保障旅行社业务正常运转

在旅行社的经营中，销售部、计调部、导游接待部构成旅行社具体操作的三大板块。其中，计调部起着联系各部的作用。通常是销售部接到任务后，计调人员开始操作，进行用车调配、行程安排、饭店和票务预订、景点确认等等，然后交给接待部门执行。通过计调部的居中组织协调，使得各部门形成完整的、互动的运作体系，完成产品的采购、制作加工和销售的全过程。

计调员是编制并督促计划执行的管理者，对服务过程中出现的一般问题和特殊情况提供作业指导和保障，提高履约能力，因而，计调工作直接关系到旅游服务的质量。

3. 确保旅行社的采购渠道，并实行成本控制

计调员要在采购过程中完成对酒店、餐厅、航空、铁路、车船公司、景点等供应商及各地接待社的筛选和签约工作。

计调员要在众多的采购对象中选择最合理的合作伙伴，进行优化组合，使资源达到合理配置，组成最佳的联合服务网络，以保证旅行社的服务质量和最具竞争力的价格。批量采购的质量与价格，是旅行社赖以生存的基础，也是提高服务质量的根本。

计调员在采购时要实事求是，严格把关，要有风险和法律意识，在确保质量供应标准、履约能力和可控性的前提下，实现合理有效的成本控制，同时保证旅行社采购渠道的通畅，维护合作关系的稳定，从而保证产品质量的稳定。

计调员根据团队的不同情况调整成本的构成，运用经验和技巧争取最优惠的价格，从而降低旅行社的经营成本，使团队利润最大化。

4. 监控旅游活动全过程

旅游活动过程即旅游产品被使用的过程，涉及面广、问题多。导游员在外带团，与旅行社的主要联系途径就是计调员。计调员对整个旅游活动实行24小时跟踪监控，妥善解决各种重大问题，处理旅游过程中的突发事件，使采购的旅游服务保证供应，并做好衔接工作，从而保证游览过程的服务质量，避免给游客和旅行社造成损失，减少或杜绝投诉事件的发生。

计调员丰富的操作经验、灵活的调配能力、细心周到的人性化服务理念及超强的责任心都是决定旅游服务质量的关键。

5. 完成旅游活动结束后的收尾工作

旅游活动结束后，计调员仍有许多工作需要处理。要提醒催促导游员报账、撰写团队总结、办理收尾事宜；要督促有关合作单位结账，核算利润；要处理好旅游者的表扬与投诉；要建立合作单位档案，为日后更好地合作提供依据；要维护客户关系，做好售后服务，等等。

团队行程结束后，计调员要注意收集来自导游、客人、销售人员和供应商的意见反馈，对旅游过程中的服务质量做出正确、细致的评价。计调员的售后服务工作是维护客户和拓展市场的好措施，旅行社只有搞好售后服务，才能巩固与扩大客源，从而实现可持续发展。

6. 计调岗位的实践经历是旅行社管理者的必备条件

许多旅行社的部门经理、副总经理甚至总经理，都曾经从事过计调员的工作。一个有志于长期从事旅行社工作的人，应寻找机会在计调岗位上锻炼自己。

总之，旅行社运营是否成功，旅行社服务质量是否过硬，很大程度上取决于计调工作的水平。计调员是旅行社整体运作的灵魂，是旅行社总经理的智囊，是旅行社开展业务的命脉。

四、旅行社经营的特点

1. 资金投入较少

旅行社是旅游中间商，是通过提供旅游中介服务获取收益的企业。作为一个企业，旅行社出售的产品，无论是单项的还是综合的，都是一种服务产品，它无须借助于投资巨额的机器、厂房等设备来完成。事实上，除了必要的营业场所、办公设施和通信设备外，旅行社的经营几乎不需要有更多的固定资产占用。与一般的商贸企业相比，旅行社对流动资金的需要量也是有限的，尤其是作为组团社的旅行社，在经营中它依照"先付款后接待"的惯例，在招徕客源时可以暂时拥有一笔数量可观的流动资金为己所用，这就可以使旅行社的自筹资金大为减少。即便旅行社业务以接待为主，其经营资金也多为垫付资金。因此，从总体上看，旅行社经营所需投资较少。正是在此意义上，旅行社常被人们视作较为典型的劳动力密集型企业。

2. 竞争激烈，利润率低

旅行社经营门槛低，技术含量不高，也不需要太多的投资，因此，竞争激烈，经营利润率低。

3. 依附性较强

旅游产品具有较强的综合性，作为旅游产品的流通中介，旅行社的存在与发展总是离不开其他相关企业的协作。

首先，旅行社，特别是国际旅行社必须依靠客源地的旅行社为其提供客源。没有一个由一批分布合理、数量充足、关系稳固的异地旅行社组成的旅游产品销售网络，旅行社的生存是难以想象的。

其次，旅行社必须依靠当地众多的其他旅游企业为其提供各种相关服务。为此，旅行社就不得不与各旅游企业进行广泛联络，以建立起一个完善的旅游服务供给网络，从而获得经营所需的各项服务。这些都说明旅行社经营具有较强的依附性。

旅行社对客源市场与服务市场的严重依赖，决定了其经营活动的重心之一就是要积极主动、千方百计地与相关企业建立长期可靠的相互协作与信任关系。

4. 季节性强

由于旅游业具有季节性的特点，因此，旅行社经营也表现出很强的季节性，易受气候、节假日等因素的影响。一般而言，春、秋季节天气晴朗，温度适宜，游客最多，而冬季寒冷多风，游客最少；另外，每逢劳动节、国庆节、元旦、春节以及国外的圣诞节，出游人数最多。

旅游业的季节性对旅行社的经营十分不利，旅行社应该针对这一特点，适时地调整其经营策略，如在旺季时，全力以赴，充分利用旅行社的人、财、物，挖掘一切可以挖掘的潜力，尽可能多地接待国内外旅游者，提高经济效益，而在淡季来临时，则多安排推销、培训及总结等工作。另外，在淡季时，还可以努力生产一些适合淡季的特有旅游产品（如在哈尔滨开展冬季冰雪节等旅游活动），或利用价格杠杆与有关旅游供应单位合作，用低价吸引游客，提高旅游需求量，以缓解旅游业的季节性对旅行社经营带来的不利影响。

5. 经营风险大

旅行社业务的另一个显著特点是客源与效益的不稳定，这无疑平添了旅行社经营的难度，增加了经营的风险，而这种经营风险又是由旅游市场特殊的供求关系决定的。

从供给方面看，由于旅行社自己几乎不生产什么，故旅行社的供给能力受制于各旅游生产者的生产能力，而这种生产能力在一定时期内呈刚性。而从需求方面看，与供给恰好相反，整个旅游市场的需求波动较大，其中既有颇具规律的周期性淡旺季变化，又有随机性较强的个别旅游者需求的变化。除此之外，国际局势的稳定与动荡、各国经济的繁荣与萧条、汇率的上升与下降等，对旅游需求也都会造成突发性的影响。这些变化使得每家旅行社总处于旅游服务供求不平衡的状态之中。如何在这种状态中保持企业经营的相对稳定并做到处变不惊，这的的确确是每个旅行社经营者所面临的巨大挑战。

五、旅行社产品的类型

按照包价项目的多少划分，旅行社的产品可分为以下几种类型：

1. 全包价旅游

多为10人以上的旅游团所采用。即参加旅游团的旅游者采取一次性预付旅游费用的方式将各种相关旅游服务全部委托给一家旅行社办理。包价的项目通常包括：

来往旅游目的地的长途交通费用；依照规定等级提供饭店客房费用；游客一日三餐的餐费及饮料费；市内游览用车费；翻译导游服务费；交通集散地的接送服务费；行李服务费；游览场所门票和文娱活动入场券费用。

2. 半包价旅游

指在全包价旅游的基础上，扣除中、晚餐费用的一种包价形式，其目的在于降低产品的直观价格，提高产品的竞争能力，同时也是为了更好地满足旅游者在用餐方面的不同要求。

3. 小包价旅游

又称为可选择性旅游，由非选择部分和可选择部分组成。非选择部分包括接送、住房和早餐，旅游费用由旅游者在旅游前预付；可选择部分包括导游、风味餐、节目欣赏和参观游览等，旅游者可根据时间、兴趣和经济情况自由选择，费用既可预付，也可现付。

4. 零包价旅游

是一种独特的产品形态。参加这种旅游的游客必须随团前往和离开旅游目的地，但在旅游目的地的活动是完全自由的，形同散客。旅游者参加零包价旅游的好处在于可以获得团体机票价格的优惠，并可由旅行社统一代办旅游签证。

5. 单项服务委托

又称委托代办业务，它是旅行社根据旅游者的具体要求而提供的各种有偿服务，旅游者需求的多样性决定了旅行社单项服务内容的广泛性，其中常规性的服务项目主要包括：

导游服务；交通集散地的接送服务；代办交通票据和文娱票据；代订酒店客房；代客联系参观游览项目；代办护照、签证等旅行证件；代办旅游保险。

六、旅行社产品的销售渠道

旅行社产品的销售渠道很多，大致可分为直接销售、间接销售和"宽渠道"销售三种。

直接销售又称无渠道销售，是指旅游企业将其商品直接推销给旅游者。以入境旅游产品为例，直接销售虽然可以节约销售成本，旅游产品的价格也相对低廉，但由于信息不畅，旅游者对我国缺乏了解，再加上地理位置遥远等原因，外国旅游者一般都更倾向于通过国外旅游中间商购买我国旅游产品。

间接销售是指通过某些中间环节的销售渠道。一般有二级销售渠道（旅游企业—零售商—旅游者），三级销售渠道（旅游企业—旅游批发商—旅游零售商—旅游者）和四级销售渠道（旅游企业—旅游总代理—旅游批发商—旅游零售商—旅游者）。按照销售环节的多少，它们又相对地被称作长渠道销售和短渠道销售。如果说直接销售被称为无渠道销售，那么四级销售渠道则无疑当属长渠道销售。

除此之外，还有一种销售渠道，是把各种不同"级"的间接销售渠道甚至连同直接销售渠道一起综合使用的一种销售渠道，即"宽渠道"销售。其销售网点很多，可同时与很多客户联系。采取这种销售渠道，可以增加旅游产品的销售量，同时可以减少经营亏损的风险。

另外，随着互联网的发展，网络营销也成为旅行社产品销售的主要渠道之一。

七、导游人员及其管理

导游服务是旅行社业务的主要组成部分。旅游者初到异地，语言不通，交通不明，对当地的风土人情、旅游资源等不甚了解，因此，需要有人为他们做向导，给他们讲解，以增加他们的游乐兴趣，帮助他们完成旅游活动。从事这种活动的人就是导游人员，而这种活动本身就叫导游活动。人们习惯上把他们都称为导游。

在旅游活动中，导游人员不仅仅起着讲解的作用，还负责安排旅游者的食宿、交通，处理各种随时可能发生的问题等，因此，导游人员一身兼多职，同时充当着讲解员、翻译员、宣传员、服务员、计划员等多种角色。

（一）导游人员的分类

按照分工范围的不同，我国对导游人员有下列不同的称谓：

● 导游。是担任导游工作者的总称，包括国际导游（必须懂外语）和国内导游（不必懂外语）。

● 翻译导游。是接待外国旅游者的导游人员。他们必须至少懂得一门外语。

● 全陪。即全程陪同人员，是组团社派出的，负责整个旅行团旅游活动的陪同。他/她从旅行团抵达开始，到结束旅行，自始至终陪伴着旅行团，为他们当翻译导游、联系旅馆、交通、安排旅游项目，处理旅途可能发生的各种问题以及账目结算等。总之，他/她为整个旅行团的旅游活动负责。

● 地陪。即地方陪同人员，是负责旅行团在本地区旅行活动的工作人员，留在本地工作，不随团到其他地方。

● 讲解员。指具有某一方面的专业知识，固定地在某一旅游景点对旅游者进行讲解和导游的人员。

（二）导游人员的素质要求

导游工作是一项特殊的服务工作，要求导游人员必须具有较高的素质：

1. 良好的职业道德

导游人员首先要有良好的职业道德修养。要有全心全意为游客服务的思想。要想游客之所想，急游客之所急，将游客的满意作为自己的最高工作目标。

2. 文明礼貌

礼貌待客是导游人员的职业内功。"不学礼，无以立"，礼貌待客是对导游员文化知识和技术能力的要求，更是对导游思想品质和职业道德的要求。

3. 健康的体魄

导游工作十分辛苦，除了导游以外，游客的吃、喝、拉、撒、睡都要管，工作不分白天黑夜，加班加点，跋山涉水是家常便饭，一个月接四个团，就可能要爬四次华山。这种高强度的工作，没有健康的体魄是吃不消的。

4. 知识面要宽

导游人员不一定非得是"专家"，但必须是"杂家"。应知古今中外，应上知天文、下知地理，应尽量做到无所不通、无所不知，这是由他们的工作性质决定的。他们所面对的旅游者来自世界各地、社会各阶层，这些人可能提出各种问题，导游人员必须对答如流。有人说旅游地的每一块石头都有一段动人的故事，导游人员也应当讲得出来，要做到这一点，就必须具有广博的知识。

5. 语言表达能力强

这也是对导游的一般要求。有人"肚里有货"，但表达不出来，是不适合做导游工作的。

导游工作并非人们想象的那样，是吃、喝、玩、乐，是一种简单劳动。事实上，它有很强的艺术性，同一旅游点，有人讲得平淡生硬，令旅游者感到索然无味；而有的人讲得栩栩如生，使旅游者游兴倍增，疲劳顿消。国际旅行社的导游还必须掌握熟练的外语，这是为国际旅游者提供导游服务的基本要求。

6. 要有及时、妥善处理各种问题的本领

旅途中，可能出现各种难以预料的事，小的如旅游者丢失钱包、突然发病、发生争执，大的如飞机误点、住不进饭店以及出现交通事故等，导游应当有经验，有能力，灵活、及时、妥善地在自己职权范围内解决这些问题。

（三）导游的艺术

1. 导游人员要善于维护旅游目的地形象

导游人员被称为"祖国的镜子""理解和友谊的桥梁"。旅游者是通过导游人员来了解一个国家、地区和其人民的，导游人员的工作不仅是旅行社服务质量的重要组成部分，而且代表着一个国家、城市和地区。因此，导游人员不仅要通过自己的努力，为游客提供高质量的导游服务，使游客获得优质、难忘的旅游体验，还要善于维护所在国家和城市的形象。

2. 导游人员应学会危机公关

从某种意义上讲，导游服务也是一种公关工作。导游服务中时常会产生一些危机，这种危机往往是导游可以通过某些途径便能化解的，这就需要导游导入公关意识，及时妥善地处理问题，赢得游客的谅解、信任和好感。

（1）提前防患。导游服务中要防止危机产生，必须履行"有言在先"原则（行话中称之为"打预防针"）。有很多事项需要提前作真实说明和明确警示，诸如人身安全和财产安全问题等等，其中心理安全也相当重要。由于游客遇到事情后花冤枉钱而造成心里不舒服，那么导游就需要提前详细介绍旅游过程中哪些事项容易导致危机出现。防患于未然的导游语言，不能含糊其辞，一定要交代得清清楚楚，明明白白，有时要重点强调，反复叙述，直至游客记在心里为止。比如，游客乘坐长江三峡邮轮到达重庆丰都"鬼城"时，导游人员就要提醒游客，"鬼城"里有诱骗游客烧香、诈骗客人钱财的现象，告诫客人谨防上当受骗！

（2）及时介入。导游服务工作中一旦产生危机，出现了问题，导游不能不管不问，甚至推卸责任，而应当立即行动，投入到事件的控制和处理当中。导游是直接面对游客的旅游服务的提供者，主要任务是让游客旅游顺利、愉快，同时也是沟通组团社、游客和地接社等关系的一道桥梁。例如，某游客对第一晚的住宿不太满意，但他没有投诉到组团社。此时，

导游便可以认定这是一个小小的危机出现，虽然该游客意见不大，但应该及时主动地向其了解情况，采取措施进行弥补。假如搁置不理，认为客房是旅行社预订的，导游只是执行者而已，就有可能酿成大危机产生。

（3）耐心倾听。经常有游客向导游反映一些旅游过程中的不顺心和不满意，从某种意义上讲这是一种投诉，也是一种危机的产生。游客有时由于积怨，导致话语比较多，言辞比较激烈，属于正常情况。此时，导游要耐心倾听，不能打断游客的叙述，让其充分诉说，也不要急于解释和辩解。否则，可能会激怒游客，使危机扩大化。这样做的目的也是为了弄清真相和如何处理问题寻找依据。

（4）有效解决。针对游客的一些小投诉（例如对第一次团队餐不满意），导游完全可以通过有效途径解决，将其控制在一定范围之内，也就是说不能让小危机事件扩展到须由组团社、地接社和相关管理部门之间协调处理的境地。这就要求导游迅速采取补救措施，做出相应承诺，赢得游客谅解。控制的方法要灵活有效，导游应对游客表示同情和理解，设法让其情绪放松或平静，以利于问题的解决。另外，可以适当给予精神和物质方面的补偿。同时，要遵循"合理而可能"原则，要有不卑不亢的态度，而不是恳求游客不要将事情闹大。

（5）仔细解释。当团队中有一些小的危机出现，导游在听完游客叙述后，一定要有详细的说明，仔细的解释。解释工作要言之以信，动之以情，晓之以理。有时，由于游客的误解而引发的问题，导游必须向其解释清楚，消除误解，不能因为发现自己没有错误而趾高气扬地指责游客。有时，游客与导游在某个问题上有不同观点，也往往会产生潜在危机。针对这

【链接】

"这里是武则天办公的地方……"

我今年65岁，带团已经有30多年。30多年的从业经历，给我感受最深的是：导游要懂得维护尊严。在游客面前，导游代表的不仅是你自己，还有你所在的城市。游客通过导游认识西安，外国人通过导游认识了中国。在维护尊严这件事情上，我一直很认真，而且采取的办法也不同，有间接回应法，也有直接面对法，举例来说：

在众多游客中，有些是戴着"有色眼镜"的。他们从一下飞机就开始挑毛病："我们的城市很现代化，楼比这里高很多，经济比这里发达多了。你们这里不行，太土了，到处是灰色基调……"面对这些人，我首先会给他们讲述西安的历史："这里是古都，是周文王、周武王、秦始皇、刘邦、李世民、武则天'办公'的地方，历史积淀深厚。各个城市的韵味不一样，如果大家抱着欣赏的态度来旅游，感受会非常好！"这样，既帮助游客端正了游览态度，更好地享受旅游的快乐，也为我所在的城市赢得了尊严。

（全国优秀导游　陈严）

种情况，导游不要和游客比高低、争输赢，不要满足于一时的虚荣心而作"嘴上胜利者"，而要在导游服务中贯彻双赢原则。反驳式的"争输赢"和善意的"明辨是非"是两码事。

（6）灵活处理。导游处理危机公关事件，首先要了解事情真相，该道歉的一定要道歉。其次，导游在权限范围内，应征求游客的意见，并做出补偿性的处理。例如，给游客赠送矿泉水、加菜、派发小纪念品等。另外，如果超越了自己的权限，不能马上解决的话，应立即报告委派导游出团的旅行社。最后，不管怎样解决问题，都要给游客一个明确的答复、可信的承诺，以及实施措施的时间和地点，最终让游客满意。

3. 意志坚定，沉着冷静

导游人员在旅游者面前应时时处处表现出充分的自信心和抗干扰能力，坚定不移地维护旅行社的信誉和旅游者的正当权益，坚决要求相关服务方面不折不扣地按事先达成的合同或合作协议提供各项服务。在遇到突发事件时，导游人员应沉着、冷静地分析问题，果断、坚定地采取适当措施处理问题，使事件的影响或损失减少到最低限度。

4. 导游要有幽默感

导游过程中，幽默的语言往往会起到意想不到的效果，活跃气氛，消除旅游者的寂寞和疲劳，激发他们的兴趣，增强他们的满意程度，融洽他们和导游人员的关系。

例如，有一位导游带了一个美国旅行团，正在车上做沿途讲解时，迎面驶来一辆农用车，车顶上堆放着几十只活鸭子。客人都感到很好奇，纷纷要求司机减速以便拍照。他马上中断了原来的话题，告诉客人这些鸭子应该是运送往城里的肉菜市场的。说完，他灵机一动，问了一个问题："Do you know why they sit on the top of the bus？"（你们知道鸭子为什么坐在车顶上吗？）客人都说不知道，然后导游给出了答案："Because they didn't buy tickets."（因为它们没买车票。）客人哄堂大笑。

（四）导游人员的职业道德

旅游职业道德不仅是每个导游人员在工作中必须遵循的行为准则，而且也是人们衡量导游人员服务质量的标准。

1. 敬业爱岗，责任心强

敬业，就是敬重自己所从事的旅游服务业；爱岗，就是热爱自己的本职工作。这是对导游人员的基本要求。导游人员只有热爱自己的本职工作，具有强烈的责任心，才能长期保持其工作热情，以温和而有礼貌的态度待客。

2. 热情友好，宾客至上

这是旅游工作最显著的一个职业特征，也是旅游工作者必须遵循的行为准则。

3. 不卑不亢，光明磊落

不卑不亢就是导游人员要正确对待自己和自己的职业。导游人员的工作虽然是服务性工作，但是是高尚的，其人格、地位与旅游者是平等的，切不可表现出自卑情绪。在对外导游活动中，不低三下四，盲目崇洋；另一方面，也不妄自尊大，贬低别人。当对方的言行有损于我们的国格时，导游人员应理直气壮，坚持有理、有礼、有节的原则，维护祖国的尊严。

光明磊落有两层含义：一是对待旅游者要一视同仁，不因其国籍不同，地位不同，贫富不同，肤色各异等而厚此薄彼；二是不搞小动作，行事要落落大方，要给旅游者以"信任感"。

4. 真诚公道，信誉第一

真诚公道，信誉第一是正确处理旅游企业与旅游者之间实际利益关系的一项行为准则。导游人员在旅游活动中，必须严格遵守旅行社与游客之间签订的旅游合同，不强迫购物（或变相强迫购物），不私自增加购物点和自费旅游项目，严格按照旅游行程安排旅游活动，确保游客有充足的时间参观、游览旅游景点和在旅游景点休闲、度假。

5. 遵纪守法，廉洁奉公

遵纪守法，廉洁奉公，既是行政和法律的要求，又是道德规范的要求。所谓廉洁奉公，即不贪，不占，不损公肥私，不化公为私，一心为公，秉公办事。导游人员应时刻谨记抵制不正之风，维护旅游企业的声誉。

导游人员应自觉遵守下列禁止性规定：

- 严禁嫖娼，赌博，吸毒；也不得索要，接受反动、黄色书刊画报及音像制品。
- 不得套汇、炒汇，也不得以任何形式向海外游客兑换、索取外汇。
- 不得向游客兜售物品或者购买游客的物品；不偷盗游客的财物。
- 不能欺骗、胁迫游客消费或者与经营者串通，欺骗、胁迫游客消费。
- 不得以明示或暗示的方式向游客索要小费，不准因游客不给小费而拒绝提供服务。
- 不得收受向游客销售商品或提供服务的经营者的财物。
- 不得营私舞弊，假公济私。

6. 团结协作，顾全大局

旅游服务是关联性强的综合性服务，导游服务虽是旅游接待服务的重要环节，但靠导游人员单方面难以完成旅游计划，必须与许多部门、单位、企业或个人进行合作。在合作过程中一旦发生矛盾和冲突，导游人员应以大局为重；要个人利益服从集体利益，局部利益服从整体利益，眼前利益服从长远利益。在一些非原则性问题上，导游人员要能委曲求全，尽量做好耐心解释工作，力争各方的谅解和合作，这样才能确保旅游服务的质量。

7. 身心健康，积极向上

导游工作是一项脑力劳动和体力劳动高度结合的工作，工作纷繁，流动性强，体力消耗大，且工作对象复杂，诱惑性大。因此，导游人员必须是一个身心健康的人，否则很难胜任工作。这里所说的"身心健康"包括身体健康、心理平衡、头脑冷静和思想健康四个方面。

总之，一名合格的导游人员应精干，老练，沉着，果断，坚定，应时时处处显示出有能力领导旅游团，而且工作积极、耐心，会关心人，体谅人，富于幽默感，导游技能高超。

8. 耐心细致，优质服务

耐心细致是衡量服务人员工作态度和工作责任心的一项重要标准。俗话说"细微之处见真情"，导游人员待客要虚心、耐心、关心，要细致入微。

第二节　旅游交通服务

　　旅游交通是指与旅游者旅游活动相关的，使旅游者实现空间移动的交通运输中的那一部分。

　　旅游交通作为整个交通运输的一部分，是与整个交通运输体系紧密联系在一起的。如在同一架民用飞机中或同一列火车中，既有旅游者，也有非旅游者，那么这架飞机和这列火车就既可视作交通运输，也可看成是旅游交通。

　　作为整个国民经济中交通运输业的组成部分，旅游交通与整个交通运输业既存在交集，也有其独立存在的部分，例如房车旅游、自驾车旅游、徒步旅游等。

一、旅游交通在旅游业中的地位和作用

　　作为旅游业的四大支柱之一，旅游交通在旅游业中占据十分重要的地位。

1. 没有现代旅游交通就没有现代旅游业

　　旅游是旅行和游览的结合，旅游者要达到旅游的目的，就要从常住地借助旅游交通抵达目的地，从而实现自己的游览需求。没有旅游交通，旅游者就不能实现或难以实现这一需求。现代旅游中，许多旅游者往往集中在一段时间内，相继游览若干个旅游城市和旅游区、点，为此往往要跨越较大距离，甚至是国界和洲际，在这种情况下，没有现代化旅游交通，何来现代旅游业？因此，从一定意义上说，旅游者活动的半径有多大，旅游业发展的规模有多大，都要取决于旅游交通发展的现代化程度和规模。

2. 旅游交通直接影响旅游地旅游业的发展水平

　　旅游地的发展，必须有对旅游者具有极大吸引力的旅游资源，否则旅游者就不会涉足，这个道理是无须赘言的。但是，旅游地的发展，还必须通过旅游交通才能实现。不少地方拥有十分丰富而宝贵的旅游资源，但由于旅游航线没有开通，缺乏高速公路、高速铁路等便利的现代旅游交通条件，导致其旅游业长期停留在较低的发展水平。以位于新疆帕米尔高原上的卡拉库里湖为例，该湖位于海拔7546米的"冰山之父"慕士塔格峰下。夏季湖中水光潋滟，矗立的冰山清晰地倒映在湖面上，湖畔草原碧绿，时有羊群活动，像是缓动的白云……这是一处使旅游者陶醉、流连忘返的旅游胜地。但是，由于交通十分不便（距我国西南边陲城市喀什市还有200多公里，虽有中巴公路在此通过，但距我国大部分地区来说，还是太遥远了），这个旅游地虽然有很强的吸引力，但至今还很难大规模地开发和利用。与此相对照的是，位于山东中部的泰山，交通十分发达，旅游者可进入性很大，还修建了中天门至南天门的缆车，使部分有意登顶而又不愿耗费更多体力的旅游者可实现其愿望，正因如此，近年来，泰山及泰山所在地的泰安市发展迅猛，在旅游旺季，日游客接待量达数十万人。

3. 旅游交通本身就是旅游活动的组成部分

旅游者的旅游活动包括食、住、行、游、购、娱等六个方面，其中，"行"和"游"都涉及旅游交通的问题，可见旅游交通本身也是旅游活动的组成部分。旅游交通不仅可以使旅游者实现空间的位移，而且可以与其游览活动有机地结合在一起，在实现其空间位移的同时，完成其游览活动。如长江三峡游，游客坐船从湖北的宜昌到达重庆的白帝城，全长198公里，其间不仅实现了空间位移，解决了旅游交通问题，而且同时也完成了游览三峡的全过程。

4. 旅游交通运载能力是旅游生产力的重要组成部分

旅游生产力，一般可理解为旅游综合接待能力，它由许多因素组成，如旅行社的接待能力、饭店的接待能力、旅游交通的运送能力等。上述几方面的接待能力要构成综合接待能力，还必须保持一定的比例，彼此相互协调和相互配合，如果出现比例失调，则无法发挥综合效力。旅游交通作为旅游综合接待能力的一个有机组成部分，其发展和一定时期的运送能力，要与旅行社、饭店等接待能力相协调。只有这样，旅游业才能较为顺利地发展，否则，哪怕旅行社和饭店接待能力再强，也会因旅游交通的发展滞后、无法提供相适应的运送能力，而使整个旅游业的发展出现困难和问题。

5. 旅游交通收入是旅游业收入的重要来源

在旅游交通方面的花费，是旅游活动花费的重要组成部分。旅游交通收入与来自住宿业、餐饮业、旅行社业、旅游商品业的收入一样，是旅游业收入的重要源泉之一。

旅游交通费的多少，与旅游者旅行距离的长短，以及所选择的交通工具类型有直接关系，一般说来，旅行距离越长，所选择的交通工具越现代化，旅游交通费用的支出就越多；反之，旅行距离越短，所选择的交通工具不甚现代化，旅游交通费用的支出就越少。这是一种静态的分析方法。如果从动态的角度，从旅游业的发展趋势来分析，则整个旅游交通费用是呈增长趋势的。这是因为：

（1）旅游者的人次数是呈增长趋势的。即使旅游者的人均交通费用不变，旅游交通费的总额也将不断增加。

（2）随着旅游者可自由支配的收入和时间的增加，选择较长距离的旅游活动的可能性也增大，从而使旅游交通费增多。

（3）旅游者可自由支配收入的增多，使之选择更为先进的交通工具的可能性增大，如某旅游者从北京至桂林，原乘坐直达火车前往，现可改乘飞机，一般来说，乘飞机的费用要高于乘火车的费用。这样一来，旅游交通费用也会不断增加。

（4）旅游交通本身也在不断地发展和完善，为旅游者提供服务的范围和方式也在不断变化，以各种车船等交通工具代替旅游者步行的情况增多，这样也会增加旅游交通费用。

二、现代旅游交通体系

现代旅游交通体系如图5-5所示：

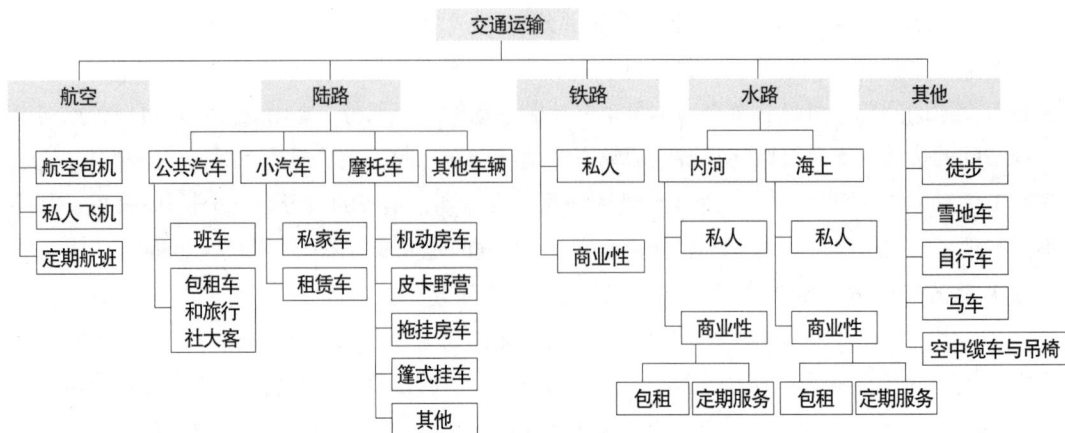

图5-5 现代旅游交通运输体系

（一）现代旅游交通方式

现代旅游交通方式通常包括航空、公路、铁路、水路等形式。

1. 航空

与其他交通运输方式相比，航空运输的起步较迟，但发展速度却十分快。在我国，过去只有有一定级别的官员和少数公务旅行者才会选择航空旅行交通方式，但现在，它已经成为一种大众化的交通方式，每逢节假日，国内很多机场就如同昔日的火车站一样，人潮汹涌。

当前，在国际旅游以及远距离旅游中，航空以其无可替代的快捷扮演着主导作用，是人们出行的主要交通方式。目前，我国较大的航空公司主要有三家，分别是中国国际航空股份有限公司、中国南方航空股份有限公司和中国东方航空集团公司。

2. 铁路

在现代交通运输体系中，铁路交通是发展较早的一种交通运输，至今已有近200年的历史（1825年9月27号，世界上第一辆机车首次运行于英国的史达克顿和达灵顿之间），它对全球经济、社会的发展曾经发挥过巨大作用，并且是古代旅游演进到近代旅游的关键性因素之一。

铁路运输具有低污染、低噪声的优势。按人/公里计算，与铁路相比，公路有害气体的排放量多10~20倍，飞机多100倍。此外，铁路运输产生的噪声对城市的影响也小于汽车和飞机。

近年来，为了提高竞争力，铁路部门根据市场需要，不断提高列车运行速度，调整列车运行时间，增设了许多朝发夕至或夕发朝至的列车，并不断提高服务质量，促进了我国国内旅游业的发展，特别是高铁的相继开通，必将对我国旅游业的发展起到极大的推动作用。

3. 公路

公路交通以汽车为主，距今已有100多年的历史，其主要特点是便捷，无论是旅游大巴、长途汽车还是私家小汽车，旅游者都可以直接抵达。

随着汽车工业以及高速公路的快速发展，特别是私家车的普及，以公路为载体的汽车旅游成为人们出行的主要交通方式之一，是对航空旅行和铁路旅行的重要补充。

【链接】

中国的公路体系

我国公路交通发展十分迅速，从20世纪80年代开始修建高速公路，以沈（阳）、大（连）公路为代表的高速公路的建成，结束了我国大陆没有高速公路的历史。

根据其在公路路网中的地位，我国的公路可分为国道、省道、县道和乡道，分别用国、省、县三字的汉语拼音首字母G、S、X作为其对应的标识符。标识符加上数字，即组成该公路的编号。

国道是指具有全国性政治、经济意义的主要干线公路，包括重要的国际公路，国防公路，连接首都与各省、自治区、直辖市首府的公路，连接各大经济中心、港站枢纽、商品生产基地和战略要地的公路。国道中跨省的高速公路由交通部批准的专门机构负责修建、养护和管理。国道的编号以1、2、3开头，以1开头的是连接首都和重要城市的国道，以2开头的为南北走向，以3开头的则为东西走向。

省道又称省级干线公路。在省公路网中，具有全省性的政治、经济、国防意义，并经省、市、自治区统一规划确定为省级干线公路。

县道又称乡村公路，主要是为乡村经济、文化、生产、生活服务以及乡村与外部联系的公路，由县统一规划，并组织修建、养护和使用。

按技术等级，我国公路分为高速公路、一级公路、二级公路、三级公路和四级公路，具体划分标准由交通运输部规定。根据2005年公布的《国家高速公路网规划》，我国将用30年时间，形成8.5万公里国家高速公路网，新路网由7条首都放射线、9条南北纵向线和18条东西横向线组成，简称"7918网"。

4. 水道

水路交通通道包括内河航运通道和海洋航运通道。水路交通通道在旅游发展中起到了重要作用。世界内河旅游发展较具代表性的有德国的莱茵河、俄罗斯的伏尔加河、埃及的尼罗河、美国的密西西比河和中国的长江等。

水路交通是最古老的一种交通，船也是最古老的交通运输工具之一。随着蒸汽机被装置在船上作为动力，轮船已出现近200年。它开辟了人们到海外旅行的新时期，直到20世纪50年代，轮船仍然是旅行者漂洋过海的主要运输工具。

20世纪50年代以后，随着航空交通的发展，特别是大型喷气式客机出现以后，轮船的运营受到很大冲击，乘坐轮船的旅客，特别是乘坐长距离轮船的旅客大量减少。但是轮船的运输和旅游的功能，不会被航空运输所替代。为了适应旅游者在江海湖泊游览的需要，人们建造了大型邮轮和豪华游艇，航行在世界著名的海滨城市之间和大江大湖之中。

事实上，乘坐水上交通工具旅行不仅是一种运输移动方式，还具有重要的审美体验。从旅游体验的角度说，水体是非常重要的一种旅游资源，水上航行使人犹如置身画面之中，这种舒适而充满诗情画意的良好旅游条件是其他旅游交通方式所难以提供的。

（二）现代旅游交通工具

1. 飞机

由于航空交通具有快捷、舒适、安全的特点（据统计，飞机是世界上安全系数最高的交通工具），乘坐飞机旅行的人数在不断增加（见图5-6）。在经济许可的前提下，距离超过500公里的中远途旅行，大多数旅行者都宁愿选择乘坐飞机。不过，随着高速铁路的发展，选择高铁旅游的人在不断增多，高铁已经成为航空公司的最大竞争对手。

2. 火车

火车是一种既古老又现代的交通工具，自诞生至今已有近200年的历史。从早期的蒸汽火车到现在时速可达400多公里的高速火车，穿越了近两个世纪。

铁路交通的特点是运载量大，如果需要，一列火车可以挂十几节甚至二十几节车厢，载客可多达2000多人。同时还可根据旅客的流量、流向的变化和需要，增减列车次数。另外，火车车厢较为宽大，乘客活动的空间比较大，对长距离旅行的旅客来说，还能解决食宿问题，因此，乘坐火车还是比较舒适和方便的，特别是高铁，其舒适度甚至已经超过飞机。

在我国，火车依据其行驶速度、停靠站数、牵引方式、铁路类型分为普快（普慢）、快速、特快、动车和高速火车（俗称"高铁"）几种类型。其中，普快、快速、特快属于传统的火车，是由牵引机车牵引的，而动车和高速火车则每节车厢都自带动力。

（1）普快（普慢）。即普通绿皮火车，车次编号直接以数字开头。普通快车限速120公里（平均旅速在50～80公里之间），普通慢车限速100公里。

（2）快速。全称快速旅客列车，车次现以K字冠头。快速列车速度适中，停站适中。

（3）特快。全称特别快速旅客列车。特快列车速度较快，停站较少，车体也比较高级。特快列车又分为普通特快列车（车次现以T字冠头，限速140公里/小时）和直达特快列车（车次现以Z字冠头，限速160公里/小时）。

（4）动车。被誉为"像风一样快"的动车一般指承载运营载荷并自带动力的轨道车辆；但我国的动车组列车的车厢编组，采取动力车厢与非动力车厢混编的形式。在中国，动车的时速高达200公里或以上，并使用CRH（China Railways High—speed）"和谐号"列车，称为"动车组"。动车车次通常以"D"字开头。

（5）高铁。高速铁路是指通过改造原有线路（直

图5-6 全球最大的民航飞机：由欧洲空中客车公司生产的A380客机（图片来源于网络）

线化、轨距标准化），使营运速率达到每小时200公里以上，或者专门修建新的"高速新线"，使营运速率达到每小时250公里以上的铁路系统。

3. 旅游大巴

旅游大巴（见图5-7）是公路旅游交通的主要形式之一，适合中短途旅游。其特点是较为机动、灵活，运输量较大，通常为旅行社组织的团队旅游所采用。旅行社组织的中远途旅游者乘坐飞机、火车、轮船等到达旅游目的地后，通常改乘旅游大巴参观游览。

图5-7 美国的旅游大巴——据说这种设计有助于保障游客的安全（刘伟摄）

4. 私家小汽车

小汽车是家庭中、短途旅游理想的交通工具。20世纪60年代以前，小汽车还是少数有钱人的奢侈品，人们外出旅游多乘坐大型客车。但是，60年代以后，汽车逐渐进入更多家庭，成为人们的主要交通工具。在美国、西欧和日本，80%以上的假日旅游者是乘坐家用小汽车的。如今越来越多的中国人也开始成为私家车自驾游一族。

5. 旅游房车

在欧美国家，很多家庭假日出游时，会在小汽车后面挂上拖车，到达宿营地后，这些拖车既可作"餐车"，又可作"卧室"（内部不仅有卧室，还有厨房、卫生间、电视等），这就是旅游房车（见图5-8）。

图5-8 美国的旅游房车（刘伟摄）

房车（Recreational Vehicle，简称RV）的雏形源于吉卜赛人的大篷车，有拖挂式和自行式两种类型，兼具"房"与"车"两大功能，是一种可移动、具有居家必备设施的车种，其特点是机动、灵活、方便、实用。近年来，旅游房车已进入我国旅游市场，受到消费者的青睐，出现了"中天行房车"（参考网站http://www.crvc.com/）等知名房车旅游制造厂商和开展房车旅游租赁业务的旅游公司等。

图5-9 城市旅游观光车兼具交通与观光两种功能。图为美国旧金山市城市旅游观光车（刘伟摄）

6. 城市旅游观光车

城市旅游观光车是市内旅游交通工具，以其独特的造型和观光功能受到一日游游客的欢迎（见图5-9）。

7. 邮轮

邮轮在国外已有100多年历史。19世纪末20世纪初，由于飞机长途旅行还不盛行，一些人登上邮轮漂洋过海，邮轮旅游开始发展。其后飞机旅游盛行，但有些有钱有闲

图5-10 现代邮轮被誉为"移动的海上度假村"（图片来源于网络）

的贵族仍钟爱这种休闲的邮轮旅行方式。因此，邮轮越造越豪华，并逐步成为专业的旅游方式。

现代邮轮被誉为"移动的海上度假村"（见图5-10），它既是一种豪华的旅游交通工具，也是一种具有娱乐功能的豪华旅游住宿设施，同时，本身也是一种对游客具有强大吸引力的旅游景观。参加邮轮旅游的游客不仅可以享用邮轮上豪华的游乐设施，还可以在邮轮航行沿途停靠港下船，在邮轮所经国家的沿海城市观光、购物，从而丰富游客的旅游生活。邮轮旅游作为一种豪华的休闲度假旅游形式，以其豪华性、娱乐性、休闲性和新颖性，受到世界各国高端旅游消费者的青睐。

邮轮的游客输送量巨大，每艘邮轮每次可运载相当于6架波音747飞机总容客量的旅客（皇家加勒比公司的"海上绿洲号"豪华邮轮甚至可载客5400名，有20层楼高，大小如4个足球场）。

8. 游艇

除了邮轮以外，为了适应旅游者在江海湖泊游览的需要，各类游艇（见图5-11）也可航行在世界著名的海滨城市之间和大江大湖之中。游艇旅游是指人们乘坐各类游艇从事休闲、度假等活动的旅游。游艇可以是私家的，也可以是旅游公司经营的。如悉尼港，每逢周末，游船载客出海，在蔚蓝色大海之中抛锚漂浮，客人可以晒太阳、垂钓、跳舞、唱歌、打网球等，各择所好，尽欢尽乐。

9. 其他旅游交通工具

除了上述大众化、高容量、现代化搭乘工具，人们在旅行过程中还可根据自身偏好和所处环境采用其他多种个性化旅游交通工具。从休闲运动性的自行车、各种畜力拉动的骑乘工具、人工服务的轿子、轻易登高的索道，到水上承载的竹筏、独木舟等，不一而足，各有情趣。

图5-11　水陆两栖游艇（图片来源于网络）

自行车是一种依靠自身体力和机械功能运行的承载工具，便宜、方便、环保。根据环境的不同，旅游者可以选择使用不同类型的自行车。在一些西欧国家，自行车旅游占有重要的一席之地。瑞士建立了自行车公路网，并对自行车路线难易程度进行分级。素有"千湖之国"美称的芬兰，由于地形限制和环境保护的要求，也建成了全国性的自行车线路网络。在英国、欧洲大陆和新西兰等国家和地区，自行车旅游都有较大发展，在那里，专门为自行车旅游者开辟了自行车

图5-12　加拿大蒙特利尔市街头的旅游马车（刘伟摄）

游憩道和配套设施等。而在中国，自行车旅游刚刚兴起，正逐步由代步工具变成休闲运动器具，成为新旅游方式的承载者。

马车（见图5-12）是古代主要的交通工具，现代旅游中使用马车作为交通工具主要是体现其乡土气息和复古风情，满足旅游者求新、求异的心理。马车多用于景区内，一般会在外观上采用较华丽的装饰，内部则布置豪华舒适的座椅，除了作为交通工具，更重要的是一种新奇的旅游体验。

索道是一种用驱动机带动钢丝绳牵引客厢，在距离地面一定高度的空间运行的搭乘工具。它主要应用于具有一定的高差、旅游者攀登难度较大、费时费力较多的地方，通常只建设于山地旅游区。另外一种特殊情况是跨越河道或湖泊水面。

索道对自然地形适应性强，爬坡能力大，能缩短运输距离，受气候条件的影响也较小。此外，索道的基建费用省、能耗低，采用电力驱动，无"三废"排放以及噪声污染，且旅游者乘坐索道能够在空中一览景区风光，因而受到旅游者的青睐。自1983年我国第一条客运索道在泰山开通以来，各地旅游区相继建设了客运索道400多条。与世界其他国家相比（日本有4000多条索道，法国有5000多条），中国的索道建设还相对比较落后。

当然，对于在风景名胜区建设索道，也存在不同观点。有人认为索道对景观带来破坏，对环境有较大污染，对植被和动植物生态种群也有较大的影响，不利于保护自然景观的完整性，特别是在古建筑比较多的风景名胜区，更不适宜修建索道；也有人认为索道是一种环保交通工具，修建索道同修建公路相比，在植被破坏、环境污染、能源消耗方面的程度都要小得多，只要在索道建设中做到不夺景、不抢景，完全可以最大限度地消除索道建设对景区视觉景观和生态环境的负面影响。因此，在索道建设决策时不仅要考虑索道建设的必要性，也要考虑索道选址的科学性，尽量避开核心景观地段和保护区域。

除了上述交通工具，还有一些特色旅行工具，如轿子、竹筏、电瓶车、三轮车、滑竿、溜索、马、骆驼、牦牛等。这些交通工具的活动范围较小，但与景区自然条件及当地民俗风情紧密结合，形成了具有地方特色的旅游项目。

第三节　旅游住宿服务

为旅游者提供住宿服务的旅游企业主要指旅游饭店。

旅游饭店是为旅游者提供食、宿和各种服务，并据此获取收入的旅游企业。除了食宿服务以外，现代旅游饭店一般还为旅游者提供商务、购物、会议、娱乐、健身等服务。旅游饭店是旅游业的重要支柱之一，其收入构成旅游业收入的重要组成部分。

一、旅游饭店的地位和作用

1. 构成旅游业综合接待能力

影响旅游业综合接待能力的因素很多，如交通运力、游览点的容量等，但饭店床位数是其中的主要因素。床位数不足，旅游者无处投宿，也就无法完成其旅游活动。因此，旅游饭店的数量和质量直接影响旅游业的发展。

2. 取得旅游收入的重要基地

据统计，在世界旅游收入中，饭店收入通常占50%左右。旅游饭店取得收入不仅依靠客房和餐厅，还依靠向旅客提供各种其他服务，如洗衣、按摩、理发以及出售商品等。

3. 旅游饭店体现旅游业服务质量

在构成旅游活动的食、住、行、游、购、娱中，至少有两项发生在饭店。从时间上看，旅游者有近一半的时间是在饭店度过的。因此，旅游饭店服务质量的高低在很大程度上代表着东道国旅游业服务质量的高低。

4. 旅游饭店为社会提供广泛的就业机会

据调查，旅游饭店每增加一间客房，就可为社会提供1～3个直接就业机会和3～5个间接就业机会。也就是说，一家拥有1000间客房的饭店可为社会提供1000～3000个直接就业机会和3000～5000个间接就业机会。

此外，旅游饭店还是工业产品的消费者。饭店的建筑、家具、装饰、设备以及每天所消费的食品、饮料和煤气、水电等，为各行业提供了广泛的市场。

二、旅游饭店的发展历史

从历史上看，饭店业的发展经历了以下4个阶段：

1. 小客栈时期

人们习惯上把19世纪中叶以前旅馆业这一漫长的发展时期称为小客栈时期。在古代，有许多人出于政治、经济、军事、宗教等目的而从事旅行活动，为了满足这些人的食、宿需要，各国都出现了很多小客栈，遍布主要的交通要道和大中城市。

这种客栈的特点是规模小、设施设备简陋，服务项目少，一般只提供简单的食、宿服务。

2. 大饭店时期

大饭店时期是指从19世纪50年代到20世纪初这一历史时期。

1760年，英国首先发生了工业革命，并很快波及整个欧洲。工业革命摧毁了封建王朝，却丝毫没有影响上流社会高雅奢侈的生活方式，只是让这种豪华的服务方式和内容从宫廷转移到了社会，"大饭店"正是在这种背景下应运而生的。它取代了宫殿，成为新富裕阶级的社交场合（见图5-13）。

大饭店时期的代表人物是恺撒·里兹（1850—1918），是他建立了大饭店建设和经营的模式。这一时期的经营特色是追求豪华，饭店的主要接待对象是享有特权的上流人物和富裕阶级。

里兹是瑞士人，自他之后，瑞士人经营的饭店得到了高度评价，时至今日，全球不少高级饭店仍由瑞士人管理。

3. 商业旅馆时期

工业革命带来了经济的繁荣。进入20世纪后，商业旅行急剧增加，对廉价舒适的食宿设施的需求随之增加。原有的食宿设施，无论是豪华的大饭店，还是设施简陋的小客栈，都无法满足这种需求，前者对一般大众来说价格昂贵，高不可攀，后者则过于简陋，既不卫生，又不舒适。商业旅馆应运而生。

图5-13 始建于1893年的美国纽约曼哈顿华尔道夫饭店（Waldorf Astoria Hotel）是当时美国最豪华的饭店，也是大饭店时期的代表饭店之一，现已为希尔顿酒店集团旗下的著名豪华品牌（图片来源于网络）

首先发现这一市场并着力开发的是美国人斯塔特勒（Statler）（1863—1928）（见图5-14）。与里兹不同的是，斯塔特勒把"提供普通民众能付得起费用的世界第一流的服务"作为经营目标。当今世界广泛流传于服务业乃至所有行业的至理名言"顾客永远是正确的"，就是由他首先提出来的。

商业旅馆时期的经营特点是：

● 与大饭店时期相比，接待对象发生变化。这一时期饭店业面向普通大众，主要是商务旅行者。

● 与接待对象相适应，这一时期饭店经营方针的本质特征是实现低价格。为此，饭店业注意削减投资额，节约管理费用。在管理中采用泰勒（美国著名管理学家、经济学家）的管理思想和方法，以便在低价格的情况下，仍然能够取得利润。

● 追求"世界第一流"的高质量服务。低价格并不意味着降低服务标准，相反，这一时期，饭店业把提供"方便、舒适"的高质量服务作为它所追求的目标。

图5-14 商业旅馆时期的代表人物斯塔特勒，被誉为"美国饭店业标准化之父"（资料图片）

斯塔特勒的旅馆公司成功地经受住了1929—1933年美国大危机的考验，于1954年10月27日被希尔顿旅馆公司所收购。

4. 新型旅馆时期

主要是指20世纪50年代以后的这一历史时期。这一时期，饭店业的主要特点是：

● 大众化。二战后，各国都致力于发展本国经济，随着经济的发展，交通业的不断革命，旅游业开始蓬勃发展，饭店业的接待对象已不再局限于商务旅行者。日益增多的观光旅游者成为饭店业一大客源市场。

● 多功能化。为了适应现代旅游者的要求，旅馆经营朝多功能化发展。除了基本的食、宿功能以外，饭店还为客人提供问讯服务、外币兑换服务、洗衣服务、房餐服务、电话服务、托婴服务、缝纫服务、医疗服务、按摩服务、健身服务、邮电服务、交通服务、导游服务、保安服务等。此外，还为客人提供游泳池、高尔夫球场、会议室、电影院、展览厅等设施，故现代饭店又被称为"城中之城""国中之国"。

● 多元化。为了满足不同客源市场的需要，这一时期的饭店业开始朝多样化发展：会议旅馆、商业旅馆、长住式饭店、度假性旅馆以及各种特色旅馆等，五花八门。尤其是随着小汽车的普及，汽车旅馆应运而生，并已在饭店业中独占鳌头。

● 集团化。随着酒店业竞争的不断加剧，饭店日益走上联营化的道路。当今世界上的大饭店几乎全被一些大集团所控制，像希尔顿（Hilton）、假日（Holiday Inn）、喜来登（Sheraton）、凯悦（Hyatt）、万豪（Mariott）以及雅高（Accor）等，几乎无人不晓（见图5-15）。

图5-15 全球最大的酒店集团：万豪酒店集团旗下酒店品牌

三、饭店的种类

随着国际旅游业的发展，饭店业也得到了迅速发展。具有不同客源市场的各种类型的旅馆层出不穷，按照不同的划分标准，饭店的种类也有所不同，如按等级划分，饭店有一级、二级、三级和四级，或一星、二星、三星、四星、五星，或高档、中档、低档；按地理位置，可以分为城市酒店、乡村旅馆、机场饭店等；按饭店的主要接待对象，可分为会议旅馆、度假酒店、青年旅舍以及接待国内顾客的饭店和接待国外顾客的饭店等；按饭店设施的优良程度和服务项目的多少，可分为豪华饭店和简易旅馆；按饭店的不同特色，有竹楼旅馆、蒙古包旅馆、窑洞旅馆、树上旅馆等；按所有制形式的不同，可分为国有酒店、民营酒店、合资饭店等；按饭店的规模，可划分为大饭店、小饭店和中等饭店……

以下是几种较为常见的饭店类型：

1. 汽车旅馆（Motel）

"Motel"一词是由美国加利福尼亚州圣路易斯奥比斯波的一位老板于1925年创造的。随着交通业的发展，小汽车在发达国家已非常普遍，如美国，平均1～2人就拥有一辆小汽车。自己驾车外出旅游也就慢慢普及起来。他们对旅馆的要求不高，只需具备基本的食宿条件和停车场就行。这样，大量的汽车旅馆便应运而生。它们主要分布在公路沿线、汽车出行率较高的地方或交通中心，其设计多采用规范标准，除接待汽车游客以外，还接待大量的货运卡车司机和消费水平较低的普通旅游者（见图5-16）。

在美国，汽车旅馆代表着廉价与便捷。汽车旅馆引进中国台湾后，由于竞争激烈，汽车旅馆的经营逐渐走向休闲的方式，有些装潢设计达到甚至超越高级饭店的水准。中国台湾和韩国的汽车旅馆的目标客户很明确，即年轻情侣，所以许多设计更加大胆，而在服务上，"私密"就是关键词。很多汽车旅馆有专门的出入通道，在通道口就能办理住宿手续，不需要经过酒店大堂。"当我们在房内环顾之时，电视机上的送餐提示灯亮起，打开取餐小窗，即见热饭热菜，全程不见服务员身影。无论是送餐还是保洁，服务员都会等待客人电话，走专门的通道，想被'打扰'都很难，完全体现汽车旅馆的私密性。"

在台湾，由于汽车旅馆主要接待年轻情侣，故其推广上围绕"爱"字做足文章，提供按节出售的服务，一节为2.5小时。而在祖国大陆，汽车旅馆的设计和经营模式仍处于模仿阶段，主要模仿美国和宝岛台湾。台湾汽车旅馆的钟点客和过夜客的比例大约为9:1，大陆则约为1:9。

2. 度假酒店（Resort Hotel）

又称旅游度假村，一般位于自然风景优美或具有人文特色的旅游区，接待为了度假、娱乐而外出旅行者（见第V页图23）。

3. 商务酒店（Business Hotel）

设在经济发达的大城市，为商务旅客、会议游客往来提供方便。其功能、规模、特色、等级各不相同，既有接待国家元首的每夜房费在上千至上万美元的豪华饭店，也有接待普通旅游者的一星旅馆。

4. 青年旅舍（Youth Hotel / Backpackers'）

一种设备简单，收费低廉，服务自助，旅游信息丰富，以青年学生为主要接待对象（但不排除其他客人），适合青年人旅游、住宿和交友的小型旅馆（见图5-17）。

1912年，世界上第一个青年旅舍在德国南部阿尔特那的一个废弃古堡中诞生。1932年，国际青年旅舍联盟在阿姆斯特丹成立，目前该组织的总部设在英国。会员有资格享受该协会遍布全球5000多家青年旅舍的服务与设施，并可享受在各国机场换汇免手续费及购买折扣车票等多种优惠。国际青年旅舍联盟是联合国教科文组织成员，也是世界旅游组织成员。

许多青年旅舍协会在其所属国均有一定的社会地位，诸如英国女王及王夫、荷兰女王、日本皇叔及德国总理等都是青年旅舍协会的赞助人。

青年旅舍的国际性注册商标是一枚蓝三角标志，三角内的冷杉和小屋是联合国欧洲经济公署道路工作委员会于1961年制定的青年旅舍专用标志。

图5-16　韩国汽车旅馆（刘伟 摄）　　图5-17　中国国际青年旅舍官方网站（图片来源于网络）

青年旅舍的特点是"安全、经济、卫生、隐私、环保"。由于收费低廉、方便，极受青年学生及背包客的欢迎，一般也位于交通便利的风景旅游城市。我国首批青年旅舍兴建于广东省的广州、珠海和肇庆市，并于1998年投入运营，很受旅游者的欢迎。其中，位于广东清新温矿泉度假村内的广东国际体育青年旅舍是世界上最大的青年旅舍。2006年，在瑞士达沃斯举行的第46届国际青年旅舍大会上，中国被接受为该组织正式会员，中国国际青年旅舍总部设在广州，目前在全国已有近200家会员青年旅舍。

2010年5月24～27日，第48届国际青年旅舍联盟大会在深圳举行，这是这个具有百年历史的全球最大青年旅游组织第一次在中国召开大会。

5. 会议旅馆（Convention Hotel）

会议旅馆是以接待各种国际、国内会议为主的旅馆，通常设有会议厅、宴会大厅，备有同声翻译装置等会议所需的各种其他设备。近年来，会议旅馆发展很快，主要有两方面的原因，一是随着各国社会经济的发展，各种会议层出不穷，因而对会议旅馆的需求不断增加；其次，从旅游供给这一方面讲，由于会议旅游消费水平高，停留时间长，而且常常带有家属，接待会议旅游者能够获得较多的收入。因此，旅游经营者一般都很重视对这一市场的开发。

6. 旅游饭店（Tourist Hotel）

旅游饭店是以团队或散客旅游者为主要接待对象的普通饭店，价格较商务饭店便宜。

7. 主题酒店（Theme Hotel）

通常为度假型酒店，有鲜明的主题和文化特色（见第V页图24）。

8. 精品酒店（Boutique Hotel）

"精品酒店"是20世纪末在美国等西方国家出现的一种专业酒店类型，其主要特征是，酒店规模不大，功能不一定很完备，但档次很高，很有特色，服务非常到位。

如果将鳞次栉比的隶属于饭店集团的饭店比作百货商店的话，那么精品饭店就是专门出售某类精品的小型专业商店。精品酒店的经营理念是为客人营造一种具有私密性的家的感觉，吸引那些追求高品位和文化享受的高端客户。

精品酒店的规模往往较小，客房资源比较有限，但装饰却极其豪华，服务堪称一流。其服务理念要求为客人提供全方位全过程服务，起源于英国王室的"管家式服务"是目前精品酒店通常采用的一种服务方式。这些专职管家亲切、殷勤、真诚、专属的服务能最大限度地满足客人的个性化需求（见图5-18）。

图5-18 精品酒店具有较强的私密性（资料图片）

9. 特色旅馆（Specialty Hotel）

包括有各种地方和民俗特色的旅馆，如肯尼亚的树上旅馆、我国黄土高原的窑洞旅馆以及广东清远九洲驿站度假村的"树屋"等。

10. 产权式酒店（Property Right Hotel）

产权式酒店是指投资者买断酒店设施的所有权，除部分时间自己使用外，统一将其他时间的住宿权委托酒店管理方经营，自己获取红利的一种酒店业态。目前，国际通用的产权式酒店有时权酒店、住宅型酒店、投资型酒店三种类型。

11. 胶囊旅馆（Capsule Hotels）

胶囊旅馆源于日本，它"看起来既像太空舱，又像火车卧铺"，洗漱、淋浴等设施一应俱全。胶囊旅馆以其低价、环保、便捷、时尚，深受年轻游客和经济型差旅一族的欢迎，可谓经济型酒店终极版。目前，我国的上海、西安、济南等地已先后出现"胶囊旅馆"。

12. 旅游民宿（Minshuku）

民宿是近年来大量出现的一种新的旅游住宿业态。指旅游目的地居民利用自家的房屋接待旅游客人，或旅游投资商依照旅游目的地建筑风格和特色对当地民宅进行重新装修后用以接待游客的住宿设施。旅游民宿以在全球影响广泛的airbnb为代表（见图5-19）。

图5-19 全球最大的民宿运营商：airbnb（资料图片）

随着全域旅游在中国大地如火如荼地开展，作为乡村振兴战略的一部分，我国旅游民宿也得到了爆发式发展。为了规范旅游民宿的发展，2017年，原国家旅游局制定发布了《旅游民宿基本要求与评价》，并组织开展了相关试评工作，在充分调研和试点基础上，评出一批"金宿"和"银宿"级旅游民宿。

2019年7月3日，文化和旅游部正式发布了旅游行业标准《旅游民宿基本要求与评价》（LB/T 065—2019）。依照该标准，旅游民宿将建立评星机制，等级将由低到高分为三星级、四星级和五星级。如有私设摄像头侵犯游客隐私等行为，则将取消该旅游民宿的评定星级。

根据《旅游民宿基本要求与评价》，旅游民宿开业一年后可自愿申报星级评定，近一年应未发生相关违法违规事件。经评定合格可使用星级标志，有效期为3年，期满后应进行复核。旅游民宿服务项目应通过文字、图文方式公示，并标明营业时间，收费项目应明码标价。

五星级旅游民宿的标准中，除了对环境卫生、服务的要求之外，还有"宜参与地方优秀文化传承、保护和推广活动，定期为游客组织相关活动，有引导游客体验地方文化活动的措施"。

《旅游民宿基本要求与评价》还明确，旅游民宿是由主人参与接待，为游客提供体验当地自然、文化与生产生活方式的小型住宿设施，经营用的客房不超过4层、建筑面积不超过800平方米。

我国台湾的民宿起步较早，发展较成熟，是我国民宿的代表（见图5-20）。

扫描二维码，可观看台湾莫内花园民宿主人张新舟先生及夫人潘金凤女士于2019年10月1日为本书作者庆祝56岁生日视频。

图5-20 具有法国"莫奈花园"风格和玛雅文化特色的台湾最受欢迎的民宿之一：花莲"莫内花园民宿"（刘伟摄）

四、饭店的等级

国际上对饭店的等级一般以"星"来划分，即一星、二星、三星、四星和五星饭店，其中以五星饭店为最高级。也有的按豪华级、舒适级、经济级和低廉级等各种"级"来划分。

对饭店等级的划分一般是按其设施的好坏和服务质量的高低两项指标进行的，它反映了饭店的价值和使用价值。但在实际划分过程中，各国对同一星级的饭店所要达到的具体要求、标准有所不同。

1. 中国酒店的分级体系

为了提高我国涉外饭店的经营管理水平和服务水平，保护旅游者的合法权益，适应国际旅游业发展的需要，我国国家旅游局于20世纪80年代后半期已着手饭店星级评定的准备工作，并先后邀请了一些著名国际旅游专家对我国旅游饭店进行了实地考察，提出了不少建设性意见和建议。1988年，有关部门正式颁发了《中华人民共和国旅游涉外饭店星级标准》，它从饭店的环境、设施设备、维修保养、清洁卫生、服务质量及宾客的满意程度等几个方面对不同星级的饭店做出了不同的规定。

这一标准自颁布以来，对于指导与规范旅游饭店的建设与管理，促进我国旅游饭店业与国际接轨，发挥了巨大的作用。但是，随着我国旅游饭店业的发展，也出现了一些值得注意的新情况，如不同饭店已形成了不同的客源对象和消费层次，社会提供的可替代项目不断增加，这就要求旅游涉外饭店应当根据自身客源需求和功能类别，更加自主地选择服务项目。为了避免旅游饭店企业的资源闲置和浪费，促进我国旅游饭店建设和经营的健康发展，需要对其进行修订。在这一原则指导下，国家旅游局于1993年、1998年、2003年、2010年先后四次对旅游饭店星级的划分及评定标准进行了修订，使其更加符合饭店经营管理以及旅游业发展的实际需要。目前，我国实施的《旅游饭店星级的划分与评定》标准已上升为国家标准。

与2003版星级标准相比，2010版星级标准更加强调酒店的必备项目、核心产品、绿色环保理念、应急管理、服务质量和特色经营几个方面。

2. 美国酒店的分级体系

美国的住宿业市场发展一直较为成熟，各种类型的住宿业主体有序运行，成为其他经济区域模仿和发展的目标。美国国内没有政府统一颁布的酒店分类标准，事实存在和发挥作用的多是不同社会组织，如加勒比旅游组织、美国酒店业协会、美国汽车协会、史密斯旅行和住宿业报告等，其中有影响的主要有两个标准体系：一是由美国汽车协会颁布的"钻石评级体系"；二是美国Mobil协会颁发的"星级标准"。其中，由美国汽车协会颁布的"钻石评级体系"最具权威性。

3. 欧洲酒店的星级标准

欧洲通用的酒店分类标准为Michelin星级标准，非官方组织。这些组织通过秘密访客对酒店的硬件和软件（服务）进行客观评价，评定出级别。

第四节　旅游商品服务

购物需求是旅游者的基本需求之一。在旅游业收入中，旅游商品收入占较大的比重。就世界平均水平而言，旅游购物收入约占旅游业收入的30%，欧美发达国家达到40%，而在新加坡和中国香港，购物比重更是约占国际旅游收入的60%，令其有购物天堂的美称。因此，旅游业不仅包括旅行社、旅游交通和旅游饭店，还应包括旅游商品（旅游者在旅游活动中购买的旅游纪念品、地方特产等）的生产和销售部门。

事实上，中国游客在国外旅游时的购物需求是十分旺盛的。据统计，我国居民出境旅游花费中，50%用于旅游购物。近年来，中国游客在境外的高消费已经成为媒体关注的热点，甚至被国外称之为"中国特色"——"为购而游"，至于玩得如何、住得如何、吃得如何，相形之下似乎都没有那么重要了。中国游客的购买能力让欧美市场刮目相看。为方便中国游客购物，国外许多奢侈品牌店专门制定了针对中国游客的营销策略，柜台上配备中文销售员。对于这一现象人们褒贬不一，有人认为是国力提升，国家经济水平的展示；也有人认为这是旅游者盲目不成熟的表现；也有人上升到更高的层面，从高端消费流失、国内外贸易平衡、政治和文化影响等方面表示担忧。

但是，在中国，就像图5-21所展示的那样，很多人都有这样的体验：外出旅游很难买到值得给亲戚朋友带回去的旅游纪念品，不是粗制滥造，就是毫无特色，还得防着导游"下套"。可见目前我国一些地区的旅游商品的开发的确存在一些问题，比如旅游商品缺乏特色，花色单一，品种单调，制作粗糙，缺乏精加工，跟不上旅游业发展的需要。有资料表明，目前来华旅游的外国游客中，有30%不能在旅游过程中买到满意的商品。

图5-21　旅游商品要有地方性（图片来源于网络）

一、旅游商品

从广义上来看，凡是旅游者在旅游途中所购买的商品，皆可称为旅游商品。而狭义的旅游商品则是指专为满足旅游者的需求而生产的各类旅游购物品。

旅游商品大致可以分为以下几大类：

1. 工艺美术品

可细分为以下几类：雕塑工艺品、陶瓷艺术品、编织艺术品、漆器工艺品、金属工艺品、绘画工艺品、刺绣工艺品、民间工艺品等。

2. 文物及仿制品

主要指国家法律允许进行流通的古玩、文房四宝、仿制古字画、出土文物复制品、仿古模型等。这类商品不多，但价格昂贵，适宜于豪华型高消费的游客。例如湖笔、徽墨、宣纸、端砚等。但价格适宜的仿制品也受到广大旅游者的欢迎，例如洛阳的仿唐三彩马（见图5-22）、西安的仿制秦兵马俑等。

图5-22 文物仿制品：唐三彩
（图片来源于网络）

3. 风味土特产

包括各种有地方特色的名酒、名茶、药材、风味小吃和其他农副产品。例如，绍兴的花雕、杭州的龙井、宁夏的"西枸杞"、云南的过桥米线等。

4. 旅游纪念品

主要指以旅游景点的文化古迹或自然风光为题材，利用当地特有的原料制作的带有纪念性的工艺品，如旅游纪念章，旅游纪念图片，带有地方特色的各种器皿、玩具、雕塑、编织物以及各种印刷品等（见第V页图25）。这类商品品种最多、数量最大、题材最广泛、销路最广、纪念性最鲜明，也最受广大旅游者的喜爱。

5. 旅游日用品

主要指旅游者在旅游活动中购买的具有实用价值的生活日用品，如毛巾、牙刷、香皂、旅游鞋、旅行包、地图指南、防寒防暑用品、急救药品等。

6. 有地方特色的轻工产品

一些轻工业产品，或由于有地方特色，或由于价格低廉，或由于质量好，都会成为旅游者喜欢的旅游商品（见第V页图26）。如瑞士的"军刀"，比利时的巧克力。有些轻工产品价格并不便宜，但是在全世界的知名度非常高，也会受到旅游者的青睐，成为重要的旅游商品，如瑞士的手表等。

7. 其他旅游商品

旅游商品的种类很多，凡是旅游者喜欢购买的商品，都可以成为旅游商品。经常会有一些莫名其妙的东西突然成了外国旅游团队里的香饽饽，例如章光101、减肥皂、防烫伤的药……都曾让日本游客情有独钟，当然，他们现在的最爱是中国的茶叶；而韩国游客现在最爱购买的则是中国的黑芝麻、被套！

所以，旅游商品不只包括外国游客喜欢购买的传统手工艺品、纪念品等为代表的"小商品"，还应包括国内游客喜欢购买的以服装、家电、鞋类、皮具、音像制品等为代表的"大商品"。总之，凡是游客在旅游途中喜欢购买的所有商品，都可以称之为"旅游商品"。2014年，在中国国际旅游商品博览会上，重庆选送的菜刀获得了"中国旅游商品大赛"金奖!

二、旅游商品的特点

旅游商品既具有一般商品的特点，但又不同于一般商品，其特点主要表现在：

1. 纪念性

纪念性是指旅游商品所具有的能够显示旅游目的地国家或地区的某种特点，而在时过境迁之后又能够引起游客美好回忆的属性。纪念性是旅游商品的一个最基本的特征。旅游者在旅游过程中购买旅游商品，一个重要的动机就是为了让自己的旅游经历能够通过旅游商品进行物化。通常旅游者所选择的商品大多是与特定文化环境氛围相一致、具有明显的纪念性的商品。例如，到北京的旅游者，一般喜欢买以长城为内容的文化衫、微缩模型等；到苏州的旅游者，则多会购买苏绣的代表作双面绣、手帕、丝巾等。

2. 艺术性

艺术性是指旅游商品所具有的独特创意和典型美观的特性。旅游者旅游的目的之一，是为了获得美的感受，具有美感的商品自然成为旅游者购买的首选对象。旅游商品越具有艺术性，感染力就越强，旅游者就越喜爱。例如，我国的砚台本是研墨用的，但有些高级砚台上经常雕刻些麟凤龟龙、梅兰竹菊等精美图案，所以这些砚台已不只是实用的文具，更是可供陈列观赏的艺术珍品。

3. 地方性

地方性是指旅游者在购买旅游商品时一般会选择具有突出反映地方文化特点的商品。例如，北京的绢花、常州的梳篦、安顺的蜡染、杭州王星记的扇子、潍坊的风筝、广东的白云猪手、四川的麻婆豆腐等。

4. 民族性

民族性是与地方性有区别而又十分相近的一种特征。旅游者在异地他乡旅游购物时，总想买些该国该地富有民族性的商品（见第V页图27）。例如，去韩国的旅游者，会选择购买高丽参、青瓷、白瓷、泡菜；去我国西藏的旅游者，会选择购买藏族的饰品、唐卡、佩刀等。

三、旅游商品在旅游业中的地位和作用

随着人们收入水平的提高，在旅游消费结构中购物所占的比重越来越大，旅游商品在旅游业中的地位和作用也越来越重要。

首先，旅游商品满足了旅游者的购物需求，是旅游业的重要组成部分。旅游者的旅游活动涉及食、住、行、游、购、娱等多个方面，购物是其中的重要环节，它影响到整体旅游产品的质量。在某些旅游地（例如被称为"购物天堂"的香港），购物成为旅游者最主要的旅游动机。

其次，有助于旅游业经济效益的提高。如前所述，在旅游业收入构成中，购物收入所占比重比较大。此外，购物消费属于非基本旅游消费，因此，在旅游者的消费结构中弹性较大。随着旅游者消费水平的提高，用于购物的消费在消费结构中所占的比重就会越来越大，从而有助于旅游业经济效益的提高。

最后，有助于弘扬一个国家或地区的文化艺术。旅游商品往往是一个国家或地区的文

化艺术和物质资源相结合的产物，因此它可以成为树立旅游地形象的手段，成为活生生的广告。许多旅游地借助优质的旅游商品来推销自己，反过来，旅游者则可以通过各具特色的旅游商品来了解旅游地。

四、旅游商品的开发

开发旅游商品对于满足旅游者的需求，提高旅游业经济效益，都具有十分重要的意义。

在开发旅游商品的过程中，应当注意以下几点：

1. 要充分反映一个国家或地区的民族文化特色

这是旅游商品生命力之所在。旅游商品的文化特征越鲜明，文化品格越高，地域特征越明显，它的价值就越高，就越受旅游者的欢迎。

日本北海道有一家温泉酒店的老板是位老太太，她开发出一种护肤品，美名远播，人们建议她扩大营销区域，她却不以为然，她说："我希望人们只有来到我的家乡旅游时才能买到它。"这种做法感动了当地政府，帮助她加大开发力度。

2. 要做到多元化、多品种、多规格，切忌单一、粗糙

旅游购物品要走多元化、多品种、多规格的道路，要小巧精细，便于旅游者携带，同时要有文化内涵，才能获得旅游者的喜爱，满足各种层次旅游者的需要。

3. 要树立品牌

品牌效应在今天越来越明显，一个知名品牌可以带来不可估量的经济效益，所以树立品牌对旅游商品来说也是至关重要的。旅游商品既要树立自己的品牌，又要努力让这种品牌和当地的风景名胜紧密相连，以使旅游商品和旅游地结合成一个整体，相互促进。

五、旅游商品的销售

旅游商品生产的目的是为了销售，但销售环节也是很容易出现问题的：世界上很多国家，特别是在中国等发展中国家，一些旅游商品经营者为了吸引游客，牟取暴利，往往给导游和司机高额回扣（有些甚至在商品售出价格中包含了30%～40%的导游回扣费用），而导游为了吃回扣，便不顾旅游者反对，私自增加旅游团的购物次数，强行将旅游者拉去购物点购物，而旅游商品销售者为了挽回损失，只好"宰客"，大幅度提高旅游商品的售价（其价格通常高于其他商店一倍，甚至数倍），甚至以假冒伪劣商品坑蒙拐骗旅游消费者……如此恶性循环，其结果是使消费者蒙受双重损失：一方面，被压缩了在旅游景点的游览时间，甚至一些游览项目被迫取消；另一方面，又被迫购买了价高质次的旅游商品。对此，虽然很多消费者心知肚明，但敢怒而不敢言，只好忍气吞声，哪怕掏钱买东西，也仅仅是为了卖导游一个面子。

旅游商品经营行业的这种情况已相当严重。为了确保导游把客人引来，一些商场只要导游和司机能把旅游团队带过来，不管客人是否实现消费，商店都会给导游和司机一笔数额不小的"停车费"（实为"人头费"）。这种情况不仅损害了旅游者的利益，而且也损害了其他合法经营的"正规商店"的利益。"我们这样的正规店给导游的回扣很少，所以他们不爱把消费能力高的团队带过来"，北京一位面向海外游客的著名大商场的员工曾向记者这样说道。

旅游商品销售环节的这种不正之风，不仅损害了消费者和正规旅游商品经营者的利益，还直接影响了旅游商品的生产质量。因为在正常情况下，商家是最具创新冲动的，因为他们直接面对旅游者，最能了解游客喜欢什么，并把这些信息反馈给生产厂家，促其改进。但目前的情况是，这个反馈机制已被扭曲：商家经营得好坏并不主要取决于商品的优劣，"关系"才是最主要的。

针对这种情况，旅游行政主管部门应要求旅行社与旅游者签订旅游合同，并在合同中严格规定旅游日程及购物次数和购物点。对于导游安排的超过合同规定的购物次数以及临时增加的、合同中未提及的购物点，旅游者可以向市场监管部门投诉，或依法起诉旅行社，这才是解决问题的最根本的办法。

【本章小结】

● 旅行社是生产和销售旅游商品，并通过为旅游者提供导游等项服务而取得收入的企业。它是旅游业的重要组成部分之一。国外旅行社一般分为旅游经营商、旅游批发商和旅游零售商。根据国务院新颁布的《旅行社条例》，我国旅行社可分为两种，即：经营国内旅游业务和入境旅游业务的旅行社；经营出境旅游业务的旅行社。前者取得经营许可满两年，且未因侵害旅游者合法权益受到行政机关罚款以上处罚的，可以申请经营出境旅游业务。

● 导游，是为旅游者提供翻译、讲解工作，并为旅游者安排食宿、交通，处理旅途所发生的各种问题的旅行社工作人员。导游服务是旅行社工作的灵魂，导游人员必须具有较高的素质和职业道德。

● 饭店是为旅游者提供食、宿场所和各种服务，借以取得收入的旅游企业。按照接待对象的不同，饭店可分为汽车旅馆、度假酒店、商务酒店、青年旅舍、会议旅馆、旅游饭店、主题酒店和精品酒店等。按照酒店的档次，一般分为一星、二星、三星、四星和五星级酒店。

● 旅游购物是旅游业的重要组成部分。

● 旅游商品是指旅游者在旅游途中购买的所有商品的总和，主要包括：工艺美术品、文物及仿制品、风味土特产、旅游纪念品、旅游日用品、有地方特色的轻工产品等。旅游商品应该具有纪念性、艺术性、地方性、民族性的特点。

【复习思考】

1. 简述旅游饭店发展的几个历史时期及各时期的经营特点。
2. 旅游饭店有哪些类型？
3. 国外旅行社分为哪几种类型？
4. 导游人员分为哪几种类型？
5. 导游人员应具备哪些素质？
6. 试述旅行社经营的特点。
7. 什么是"宽渠道"销售？
8. 试述旅游商品的种类和特点。

【案例分析】

中国公民出境旅游的"五大陷阱"

——山东公布泰新马旅游线路暗访情况

近年来，泰新马旅游市场频频发生游客投诉事件。山东省旅游质量监督管理部门组织部分旅游质监人员对泰新马线路进行了随团暗访。暗访中发现，该旅游线路存在诸多消费"陷阱"。

据山东省旅游质监部门人员介绍，目前市场普遍存在低价"陷阱"。例如，从济南发团的"泰新马十日游"全程要乘坐5趟航班，全额机票款为9000余元，而联程机票一般在三折左右，仅机票款一项就需要2800元，加上三国正常的签证、食宿、交通、游览、娱乐等，整个行程费用远远超过大部分旅行社2000～5000元的报价。实际上，低价团游客被迫在购物、司机小费及新增自费项目上的花费少则三五千元，多则两三万元，是所交团费的数倍。

暗访发现，泰新马三国旅游市场存在的"陷阱"，多数为国外地接"陷阱"，且具有一定的规律性。

陷阱一：偷换产品概念，品质难以保证

泰国旅游局认可并推荐的品质游"215"，在国内市场却被并不被认可的"315"替换。当然，两者的内容大不相同。例如，"215"品质游全程共有5条船，其中4条夜游船，1条探险船。"315"全程也安排了5条船，但船档次较低，且将夜游改为日游，留出时间购物。"215"品质游中有自费不超过600元的规定，而"315"不仅没有这项规定，多数还带有半强迫购物消费项目，且费用上不封顶，食宿标准也较"215"低。

陷阱二：地接导游兑换货币缩水

在泰国行程中，地接导游接团后的第一件事就是为游客兑换泰铢。导游一般会宣称游客自己兑换货币十分麻烦，而且导游兑换比较划算，然后要求每名游客拿出1000元从导游处兑换到4000元泰铢——然而，按照实际汇率，导游少付了游客430元。

陷阱三：行程任意改变

一般泰新马旅游行程表会注明"行程仅供参考，具体安排及景点顺序以当地接待为准，在不减少景点的情况下可调整行程"。实际上，泰国地接导游会在第一天就打乱行程，目的就是尽可能多地"挤"出时间安排游客去购物，并会提前向游客大力推荐旅游纪念品，引导游客购买。

陷阱四：诱导游客给司机付小费

游客拿到的行程表中都会注明"报价不含境外司机导游小费300元/人"，因此出发前游客需另付300元给领队，出境后再由领队将这部分费用分别交给泰、新、马三国的地接导游。而泰国段的地接导游会在即将结束行程前向游客诉说司机的辛苦，进而要求每人给予司机40～50铢小费。

陷阱五：煽动、强迫游客消费

参加"泰新马十日游"的游客在新加坡停留的时间只有24小时，地接导游为确保从游客身上赚取购物回扣，只能靠煽动、强迫游客消费。接到团队后，导游首先告诉游客新加坡政府规定不允许导游接触游客的钱币，游客不可以和导游兑换新币，而新加坡的超市、小型商场一般不接受人民币也没有刷卡机，游客若想自行购买当地特产，必须去银行兑换新币，十分麻烦。因此，游客不得不去行程中的购物店购买特产，这些店铺所售商品价格大大高于普通超市的价位，且质量堪忧。

据相关人士分析，国内旅行社低于成本价销售旅游产品，直接导致游客在国外被地接导游强迫参加自费项目和强迫进店购物，并间接导致游客没有足够的游览时间以及所购商品存在质量问题。

◎**问题：**阅读下面暗访报告，并根据中国公民出境旅游的"五大陷阱"，提出相应的治理办法。

【拓展阅读】
导游自由执业的困难和对策

国家旅游局曾发布通知，在全国9省市进行导游自由执业试点，并随文发布了《导游自由执业试点管理办法（试行）》（以下简称《管理办法》）。业内人士对这一重大创新给予了高度评价，但对试点区导游能否顺利实现自由执业表示担忧。因此，认真分析导游自由执业面临的困难和问题，找出相应的解决办法，对试点工作有很强的指导意义。

导游自由执业的主要困难有：

1. 导游层面

一是如何得到业务。《管理办法》规定：导游自由执业分线上和线下两种方式。线上方式是在旅游管理部门认可的网络平台与客人直接预约，线下方式是在自由执业业务机构（指旅游集散中心、旅游咨询中心、A级旅游景区游客中心等）与客人预约。大家知道，国内成熟的旅游目的地，执业导游少则几百，多则几千，导游的执业推介相似度很高。在海量、类似的导游推介信息中，除非导游供不应求，否则，要被客人迅速挑中，绝非易事。

二是如何保证薪酬。《管理办法》规定：导游"通过第三方支付等电子支付方式收取合理报酬"，这涉及三个问题：第一是如何定价。因为自由执业导游"不得从事讲解、向导以外的其他业务"，因此其收费标准肯定比传统旅行社带团导游要高。但高多少，由谁定，客人是否接受？第二是如何顺利得到报酬。导游服务结束后，第三方平台电子支付报酬时必定要得到客人的确认，但若是客人不确认怎么办？若导游和游客因导服费而频繁诉诸法律，导游和客人的时间成本、政府的行政成本就太大了。第三是如何保证导游自由执业后收入水平与原来旅行社委派基本相当。导游自由执业并没有解决"无工资底薪、无劳动保障"的现状，只是不再承担"零负团款"的压力，由于只能从事讲解和向导业务，挣钱的机会相应减少。要想达到旅行社委派导游的收入水平，难度很大。

2. 企业层面

在《管理办法》中，为导游自由执业提供支持的企业有线上、线下两大类，它们都要与自由执业导游签订服务协议，明确双方权利义务。企业和导游是平等合作的关系。企业会面临两个问题：一是利润薄。对导游提供了平台服务，肯定要对导游收费，但费用标准应当处于低价位，否则，就与传统旅行社对导游的收费无异了。二是责任大。企业对执业导游负有资格审查、业务推荐的义务。若出现导游被投诉，企业还有"先行赔付"的责任。因为风险大利润小，线上线下企业的积极性不会很高。

3. 政府层面

导游自由执业后，剔除了"必须经旅行社委派"的环节，也相应没有了旅行社对导游执业活动实施监管和承担责任的环节。旅游目的地政府各职能部门对导游执业活动的管理由

"相对集中的旅行社管理"变成"分散的导游个人管理",因此,工作量会大幅增加。同时,由于"导游个人"与"旅行社企业法人"在承担风险上的实力差距,一旦出现急、难、险、重等突发事件,旅游目的地政府承担的责任也会大幅增加。

解决困难的对策为:

要解决导游自由执业存在的困难,需要试点地区政府、为导游自由执业提供支持的企业以及导游个人三方面共同努力,形成合力。

1. 政府层面

一是要明确自由执业导游的地位和作用。《管理办法》规定:"导游在开展自由执业试点的地区,可以自主选择从事自由执业或者接受旅行社聘用委派执业。"也就是说,导游若从事自由执业,需通过线上平台预约或线下机构预约,导游与线上平台和线下机构是平等合作的关系;导游若不从事自由执业,则需通过旅行社委派,导游和旅行社是雇佣与被雇佣的关系。导游可以在不同的时段,分别从事自由执业或旅行社委派业务。因此,导游自由执业只是新开辟了一条导游从业的渠道,减轻了导游的负担,提高和丰富了旅游服务市场的供给水平。自由执业导游并不是传统所指的"个体户"。

二是要为导游自由执业创造成长的环境。导游自由执业颠覆了传统的导游执业模式和赢利模式,在短时间内还不能得到导游、游客、涉旅企业和社会的理解,因此需要试点地区政府强有力地推行。一要支持建立便捷、权威的线上线下预约平台。线上平台应当全国统一,建议由国家旅游局与大型电商集团合作开发,各省市对接使用。鉴于线下平台涉及的三大中心(旅游集散中心、旅游咨询中心、A级旅游景区游客服务中心等)有较多的公共服务职能,建议由试点区政府统一开发线下导游预约智能系统,交三大中心对接使用。不论是线上还是线下,都要对"入驻"导游进行分类管理,便于客人按个人喜好进行筛选。同时,可派公职人员进驻线下企业办公,提高平台的公信力。还要动员符合条件的导游积极"入驻"平台,不断提高平台的业务量和赢利能力。二要指导建立科学合理的导服费定价和收取机制。要指导当地导游协会结合地区特点制定合理的导服费标准,并广泛宣传,得到广大游客的理解和支持。三要建立完善"调解+行政执法+仲裁+司法诉讼四位一体的联合处理机制",及时处理导服纠纷。严厉打击削价竞争行为。

三是要鼓励保险企业积极与新的市场需求对接,开发适当的险种。导游自由执业是对传统旅游接待的变革,必将形成新市场,产生新需求。建议由试点区政府牵头,支持一家保险公司和辖区内所有线上、线下企业及自由执业导游对接,开发新的险种,满足市场需求。在这一方面,张家界有成功的范例。从2012年开始,张家界市旅行社协会和中国平安产险张家界公司合作,共同研发了旅行社团队意外保险,该险种投保额低(5元/人/团),赔付面宽(覆盖湖南全省和武汉市、铜仁市)、赔付额高(最高可达30万元/人),很大程度化解了旅行社的经营和导游带团风险,达到了旅行社、保险公司双赢的结果。

四是要建立健全快捷高效的游客投诉处理和应急反应队伍。针对导游自由执业带来的市场监管和应急处突业务骤增的实际,试点区政府要加大投入,建立快捷高效的投诉处理和应急处突队伍。张家界在这方面进行了有益的探索：为适应全国旅游综合体制改革试点和导游自由执业试点的需要，张家界市在成立旅游巡回法庭的基础上，今年5月成立了旅游警察支队，旅游工商分局、检察院旅游检察室将在年内成立。

2. 企业层面

为导游自由执业提供支持的线上、线下企业，首先，要提高认识，增强试点的主动性。散客游、自由行是当前旅游市场的两大趋势，为游客提供可选择的导游服务，将会直接增加游客的体验度和满意度，从而提高游客对企业的信任度。而大量导游"入驻"企业，必将带来大量商机。因此，支持导游自由执业，既是企业适应市场的需要，更是企业自身发展的需要。其次，要主动为导游服务。线上、线下企业与导游虽然是平等合作关系，但企业法人与导游个人相比，居优势地位。因此，企业要放下身段，主动搞好导游自由执业的相关配套服务，用细致、周到、热情的服务，吸引导游"入驻"平台。张家界宝峰湖景区的实践值得借鉴：该景区从2010年开始，连续三年为在张家界执业的导游购买意外伤害保险，每人每年10万元，每年总保额超过3亿元，景区取得了良好的经济和社会效益。

3. 导游层面

一是要明确自由执业的重要意义，增强自觉性。自由执业，既拓宽了执业平台，又增加了展示自我的机会，更丢掉了压在身上的经济包袱，有利于导游个人全面发展。二是要善于提炼自己的优势和特点，增强主动性。特别是线上线下的导游情况介绍，一定要主动参与，字斟句酌，用煽情的图片和文字迅速抓住游客的心。三是要热情周到地为游客服务，增强感染性。由于导游是游客自己挑的，加之没有加点、购物等另行收费项目，游客对导游没有防范抵触情绪。导游要苦练内功，提高讲解、向导技巧，用周到细心的服务，感染游客，得到好评。四是要自觉接受管理部门和游客的监督，增强纪律性。线上、线下平台拓宽了导游执业渠道，但由于与国家旅游局"全国导游公共服务监管平台"对接，也扩大了导游违规行为的负面影响。因此，自由执业导游一定要严格遵守《管理办法》的相关规定，自觉接受管理部门和游客的监督。

（资料来源：《中国旅游报》2016年7月15日，周泽猛）

第六章
旅游业的影响

　　旅游业是社会、经济发展到一定历史阶段的产物，同时，发展旅游业反过来又会对社会、经济以及文化与环境产生较大的影响，这些影响既有积极的一面，又有消极的一面，但从总体上讲，积极的一面要远大于消极的一面。正确认识旅游业对于发展国民经济和社会、文化、环境所能产生的积极影响，努力抑制旅游业可能带来的消极影响，对于实现旅游业的可持续发展，具有重要意义。

本章学习目标 / Learning Objectives

- 了解旅游业在国民经济中的地位和作用;
- 了解旅游对社会、文化和环境的影响。

本章关键概念 / Key Words

- 旅游 / Tourism
- 经济 / Economy
- 社会 / Society
- 文化 / Culture
- 环境 / Environment
- 影响 / Impact

第一节　旅游业的经济影响

一、旅游业可以成为一个国家或地区的支柱产业

所谓支柱产业就是能支撑国民经济发展的产业。一般认为，一个产业的产值超过社会全部产值的5%，就可视为支柱产业（世界旅游组织也有类似标准）。目前我国很多省市的旅游产值都已达到社会全部产值5%以上，而海南、浙江、山东青岛等省市，旅游产值已超过当地GDP的10%以上，旅游业在这些地区即可视为当地的支柱产业之一。另外，我国还有20多个省、自治区、直辖市已明确将旅游业列为本地区的支柱产业。

世界上很多国家，如卢森堡、法国、西班牙、新加坡等，其旅游收入在国民收入中占相当大的比例，旅游业是其当之无愧的支柱产业。日本政府于2003年首次将"旅游立国"列入其社会与经济发展的战略性国策。

就中国而言，继1998年中央经济工作会议正式确定将旅游业列为国民经济新的增长点以后，2009年，国务院在《关于加快发展旅游业的意见》中，首次提出要把旅游业培育成"国民经济的战略性支柱产业和人民群众更加满意的现代服务业"，充分体现了旅游业在我国经济和社会发展中的重要地位和作用。

二、旅游业可以带动其他产业的发展

旅游业是一个关联性很强的产业。旅游业的建立和发展，要以许多部门和产业为依托，同时，旅游产业的发展又能拓展许多部门和产业的业务内容，从而促进和带动相关部门和产业的发展，如金融业、建筑业、轻工业、农业、交通业、房地产业等。

根据国家统计局发布的旅游卫星账户资料表明，与旅游业相关的行业超过110个，旅游对住宿业的贡献率超过90%，对民航、铁路客运业的贡献率超过80%，对文化娱乐业的贡献率超过50%，对餐饮业和商品零售业的贡献率超过40%。见表6-1。

表6-1 旅游业对各行业的贡献

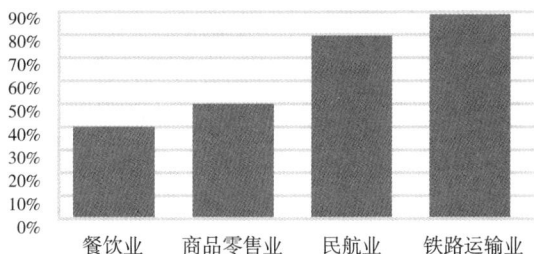

三、旅游业可以增加外汇收入，平衡国际收支

一般说来，一个国家获取外汇有两条途径，一条是通过对外贸易的途径，另一条是通过非贸易的途径。前者称为贸易外汇，后者则称为非贸易外汇，而通过旅游业所收取的外汇属于非贸易外汇。旅游外汇收入，是异国旅游者在旅游活动中用于食、宿、行、游、购、娱等方面支出构成的，从某种意义上讲，这种由旅游者到旅游目的地国来消费各种产品和服务的方式，也可看作是一种就地的"出口贸易"。

相对于出口商品的贸易换汇而言，旅游换汇具有较大的优越性，这种优势主要是由以下四方面的因素造成的：

• 较少受到技术装备水平等的限制。旅游产品是一种特殊的产品，能够比较充分地发挥一国旅游资源的垄断性和独特性优势，较少受到技术装备水平等的限制，旅游接待国能以有利的价格水平，向国外旅游者提供产品和劳务，换取旅游外汇。

• 旅游换汇可避免对外贸易中常见的贸易壁垒的损害。在对外贸易中，商品输入国对进口商品都要征收一定的、有时是很高的关税。此外，商品输入国有时还会树立非贸易壁垒，提出各种限制商品进口的规定。因此，对外商品贸易获取外汇要受到许多方面的限制。

• 国际旅游产品的出口，实际上是一种旅游劳务的就地出口。在人力资源比较丰富的国家，如中国，这种就地的劳务出口，一方面可以充分发挥人力资源丰富的优势，另一方面又节省了大量物质资料的消耗。

• 旅游目的地国所出售的旅游产品和服务，在价格上具有很大的优势。除了我们前面所说的，输入别国的商品要向该国交纳关税这一因素外，还由于旅游产品和服务是就地消费，相应地也就节省了对外贸易出口中所存在的国际运输费、储存费、包装费等等。这样，销售同样的商品，旅游"就地出口"的成本费用，无疑就大大低于对外贸易出口的成本费用。

改革开放以来，旅游业为我国创造了大量外汇收入，从1978年的2.63亿美元，增加到2019年的1313亿美元，增长了近500倍（见表6-2），对于平衡我国的国际收支，支持国家建设和经济的发展，起到了巨大的作用。

随着我国经济的高速发展，我国的国际贸易已出现巨额顺差，成为全球外汇储备最多的

表6-2 1980~2019年中国旅游外汇收入增长情况（文化和旅游部资料）

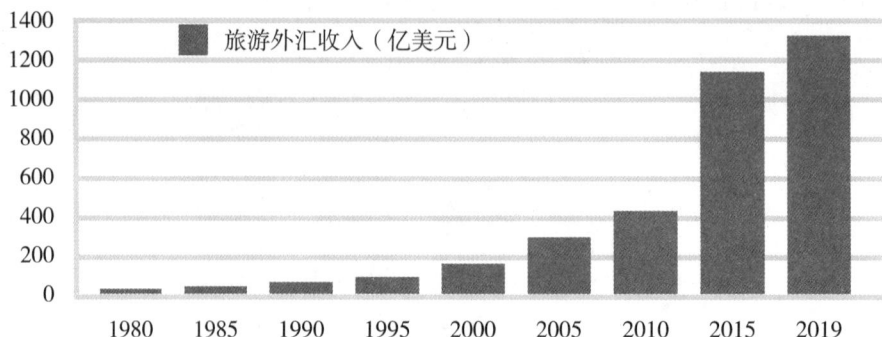

国家之一，人民币面临升值的巨大压力。但与此同时，随着我国对外开放的加大，出境旅游的爆炸式发展，我国国际旅游中出境旅游的外汇支出远远高于入境旅游的外汇收入，已经出现了巨额逆差，这对新时期平衡我国国际收支，缓解人民币升值压力，起到了积极的作用。

四、旅游业可以增加国家财政收入

旅游企业通过为旅游者提供服务而取得收入，进而将其中的一部分以营业税和所得税的形式上缴国家和地方政府，形成国家财政收入。因此，旅游业发展规模越大，旅游收入越高，国家财政收入水平也就越高。

旅游业对国家财政收入的贡献，不仅来自于直接从事旅游产品生产的旅游企业，还应包括非旅游产业中间接从事旅游业务的或为旅游者提供服务的企业，如果加上这部分企业的应上缴税额，旅游业为国家提供的财政收入就更高了。

五、旅游业可以促进地方经济发展

通过发展旅游业来促进地方经济发展，在国内外是屡见不鲜的。旅游业的发展，要凭借旅游资源，而旅游资源分布一般都是较为广泛的。有些地方，就其经济发展来说，较为落后，交通不便，人民生活水平不高，但却有着某些独具特色的旅游资源。在旅游业没有得到发展之前，这些旅游资源闲置在那里，无法显示出它自身的价值。但是，一旦旅游业有了发展，这些旅游资源就会对该地的经济发展发挥出巨大作用。

对那些经济较为落后、交通较为不便、信息较为闭塞的地方，一些国家会有意识、有计划地帮助其发展旅游业，从而全面促进这些地方的经济社会的发展。在我国，改革开放以来，通过发展旅游来促进地方经济发展的例子越来越多，不仅各级政府大力支持，就是当地的老百姓，随着认识的提高和旅游意识的增强，也都纷纷行动起来，利用本地可资利用的旅游资源发展旅游业，以此作为致富的重要途径。

目前，我国还有不少地区尚未摆脱贫困，根据国家所制订的扶贫的重大措施，各行各业都应尽一定的责任和义务来帮助它们早日摆脱贫困，走上富裕之路。旅游部门也积极地开展和落实这方面的工作，通过旅游规划扶贫、旅游信息扶贫、旅游教育扶贫、旅游人才扶贫以及媒体宣传扶贫等多种方式，使扶贫工作取得成效，越来越多的地方已经通过发展旅游而脱离贫困。

六、旅游业可以推进对外开放和扩大经济交流

实行对外开放，可以促进旅游业的发展，而旅游业的发展反过来又可以推动对外开放，二者是相互促进，相辅相成的。

　　20世纪80年代初，我国旅游业发展的重要标志就是在一些重点旅游城市兴建一大批旅游涉外饭店。1982年后，我国第一批较大型的旅游饭店相继在全国重点旅游城市建成并投入使用，自此，我国对入境客人的接待能力迅速扩大，为对外开放奠定了初步基础。

　　在我国兴建旅游饭店的过程中，最早利用了外资，也就是说，旅游业是外商来我国进行投资的最早的行业之一，也是我国实行对外开放后取得的重要成果之一。由于旅游业对外接待能力的提高，我国也有了举办大型的对外经济交流活动的条件。在每年两届的"广交会"期间，广州各大小旅游饭店爆满，各大公园、旅游地游人络绎不绝。每届交易会的成功，都包含着广州旅游业的一份功劳。此后，随着对外开放的深入及与世界的交往日益增多，除广州之外，全国许多城市和地区都在接连不断地举行各种各样的经济洽谈会、招商会、经贸促销会等等。经济交往名目繁多，节庆活动连绵不断。只要关注新闻媒体，就会发现我国真是三日一会、五日一节，诸如服装节、风筝节、武术节、古文艺术节、葡萄节、石榴节、熊猫节、冰灯节、啤酒节、戏剧节、电影节、无伴奏合唱节、民族歌舞节等等。大凡举行这些节庆之日，也就是举行大规模经贸洽谈会之时。有不少地方还流行着一个提法，"旅游搭台、经贸唱戏"，充分、形象地说明了旅游业在扩大对外开放、促进经济交流中的重要作用。

七、旅游业有助于消除发达国家和发展中国家之间日益扩大的经济差距

　　如前所述，旅游者的流动规律是从发达国家或地区流向不发达国家或地区。发达国家由于其经济发展水平比较高，因而在国际旅游业中扮演着旅游输出国的角色，而发展中国家则在国际旅游分工中，主要扮演着旅游接待国的角色，通过为来自发达国家和地区的旅游者提供旅游服务而获取大量外汇收入，从而有助于消除发达国家和发展中国家之间日益扩大的经济差距，并确保逐步加快发展中国家经济、社会发展和进步的速度。

第二节　旅游业的社会影响

　　我们可以以威尼斯为例，看看旅游业所造成的社会影响。

　　每逢旅游旺季，海内外大量游客蜂拥而至这个小城，每年约2000万的游客令不少威尼斯居民不得不离城退避。有统计数据显示，自从20世纪50年代中期以来，威尼斯的常住人口持续下降，至今只剩约6万人。选择留下来的居民必须忍受各种生活不便，其中包括街头杂货铺消失、学校关闭、日常生活必需的商铺和服务机构被比萨店和专门接待游客的劣质餐馆所取代。此外，物价也迅速上涨，连运河上载客的交通汽艇，也变得拥挤不堪。

由此可见，发展旅游业不仅会对一个国家和地区的经济产生重大影响，还会对社会和文化产生多方面的影响。旅游对社会的影响主要表现在以下几个方面。

一、旅游业对社会的积极影响

（一）旅游业可以扩大社会就业

在世界范围内，旅游业已成为全球规模最大、就业人数最多的行业。世界旅游理事会（WTTC）调查表明，旅游业为全球近3亿人提供了就业机会，约占世界就业人口总数的10%。另据调查，英国旅游从业人员占全部就业岗位的7%，而西班牙旅游业提供的就业机会占总就业数的11%。旅游业也为美国公民创造了大量的就业机会。美国旅游协会主席威廉·诺曼说，如果没有旅游业的成长，美国的失业率会超出5.6%～11.2%。牙买加是一个小国，发达的旅游业为它直接创造了7.2万个就业机会，如果把旅游相关企业包括在内的话，就业者甚至达到21.7万个，几乎占全国就业总人数的1/4。

就中国而言，根据《2018全国旅游工作报告》的统计，全国旅游业直接和间接就业已达8000万人，对社会就业综合贡献达10.28%。

旅游业的就业范围，可以分为三个层次：一是旅游核心产业（旅游住宿、旅行社、景区、旅游车船公司等）（见图6-1）；二是旅游特征产业（直接或和旅游密切相关的餐饮、娱乐、交通等）；三是旅游相关产业（旅游拉动的直接、间接就业）。

旅游业就业一般可以表现为以下特征：

● 容量大。旅游业作为全世界最大的产业，又是劳动密集型产业，可以为一个国家和地区的居民提供广泛就业机会。

● 关联度高。旅游业发展必然会带动相关产业从业人员的增加。旅游业产业链条长、关联面广，旅游就业乘数效应较大，旅游业直接就业能够带动大量间接就业和相关就业。世界旅游组织的研究表明，旅游行业每增加1个直接就业岗位，社会就能增加5～7个就业机会。

● 增长潜力大。旅游业作为一个朝阳产业，具有巨大的就业增长潜力。

● 就业成本低。旅游业不属于高科技产业，除少数特殊工作岗位外，很多工作岗位只要上岗前进行一定的培训和实践，就可胜任工作。因此，旅游业的就业成本相对低。

● 有利于旅游扶贫。可以使大量的农业劳动力转移到旅游产业，实现离土不离乡的过剩农业劳动力的顺利转移，实现旅游扶贫。

图6-1 旅游业可以提供广泛的就业机会（资料图片）

（二）旅游业可以改善城市和社会环境

旅游发展推动了宜居宜游环境的建设。现代旅游活动已经深入到目的地的每个角落，对城乡建设和管理水平提出了较高要求。为了发展旅游业，吸引旅游者，许多地方政府会下大决心，花大力气，整治城市环境，改善城市面貌，完善城市基础设施，提升城市公共服务水平，使城市形象焕然一新（见第Ⅵ页图28）。

（三）旅游业有利于和谐社会的形成

发展旅游业有益于社会公民的身心健康，有利于构建和谐社会。正如《马尼拉世界旅游宣言》所指出的：现代旅游已经成为一个有利于社会稳定、人与人之间和各国人民之间相互了解及自我完善的因素。

发展旅游业对于构建和谐社会的积极作用主要体现在以下几个方面：

● 修身养性，陶冶公民情操。旅游活动有利于旅游者的身心健康，是现代社会人们实现自我完善和自身可持续发展的一种很好的方式。

● 促进人与自然的和谐。通过旅游活动，可以增加人与自然的亲和力，增强人们的环保意识，从而促进人与自然的和谐发展。

● 提高公民的文化水平和文明意识。

● 增进旅游者对社会的了解（特别是对不发达地区的了解），增强公民的社会责任感。

● 增加不发达地区的旅游收入，缩小贫富差距。

● 扩大就业，促进社会和谐。

（四）旅游业有利于缩小城乡差距

城乡差距的扩大，是社会不公的表现，也是影响社会和谐、稳定的重要因素。发展旅游业，可以充分利用乡村独特的人文、生态、清新的空气、无公害食品等吸引城市居民到乡村休闲、度假，从而增加农民收入，缩小城乡差距，构建和谐社会。

（五）旅游业可以促进世界和平

《马尼拉世界旅游宣言》里提到："旅游不仅是一个促进相互了解和理解的积极的、永久的因素，而且是实现各国人民之间较大程度的尊重和信任的基础。"可见旅游是民间外交的一种好形式，它可以增进世界各国人民的友谊、相互理解和相互尊重，促进世界和平。

主、客之间的直接互动能够打破偏见，打破基于单一维度划分人群的传统。给人群"贴上标签"——通常是错误的标签——之后，人的个性就会丧失。当旅游者对目的地居民有了亲身的了解，得知了他们的问题、希望及其借以改善生活的方式时，就会容易注意到人类的共性。其原因在于，对于自己所认识的某一个人，人们不大容易对其产生不信任和反感。相比之下，对于难以做出区分的某个笼统人群，对其产生不信任和反感的情况就比较普遍了。

另一方面，任何社会中的主、客双方都可以互相学习。为了观察目的地居民的生活及文化而进行的有益的社会接触和有计划的旅游活动，能够极大地增进旅游者对目的地文化的了解。与此同时，旅游者对目的地居民生活方式的兴趣在使当地居民对自身所取得的成就产生自豪感的同时，也会增加他们对旅游者的尊重。

最后，旅游的存在和发展完全取决于是否存在持久的和平，各国政府充分理解旅游业在经济和社会等方面的重要性，为了发展旅游业，就必须努力维护世界和平，因此，旅游会间接地对实现永久的和平做出贡献。

（六）旅游可以舒缓压力，放松心情

现代社会竞争激烈、节奏快、压力大，生活的压力、工作的压力，使人们喘不过气来，长此以往，会患上各种心理疾病，通过外出旅游（可以花很多钱，也可以花很少的钱，钱多有钱多的游法，没钱有没钱的玩法），可以放松心情，缓解压力，实现自身的可持续发展，从而以更好的精神状态，投入工作和学习之中。

（七）旅游业可以提高人类的幸福指数

幸福指数反映人们的幸福感，是构建和谐社会的重要指标。发展旅游业有助于提高人们的幸福指数。

旅游可以成为人们愉悦心情的催化剂。由于旅游走的是名山秀水，看的是秀丽风光，听的是新奇故事，吃的是当地美食，住的是宾馆酒店，找到的都是和居家不一样的感觉。因此，参加旅游活动，不但能够锻炼人的体质，而且能够愉悦人的心情。

旅游还可以成为人们美好生活的添加剂。随着经济的发展，人们的物质生活得到了较大的满足，但人的需求是多方面的，仅有物质上的满足是不够的。特别是休假制度的落实，使人们有了更多的闲暇时间。怎样科学利用这些时间来追寻物质生活之外的东西？旅游是一条重要途径，它让人们的生活更充实，更美好，更丰富多彩。

二、旅游对社会的不良影响

旅游在对社会产生多方面积极影响的同时，也会带来一些消极影响，从而导致目的地居民对旅游者产生怨恨和排斥。

这种怨恨和排斥的产生，主要源于两者的经济情况、行为模式、衣着打扮等方面存在着显著差异。在一些因旅游者来访而产生利益冲突的地区，当地居民对旅游者的怨恨十分常见。例如，在北美地区，当地居民会对到访的户外活动爱好者产生怨恨，因为在他们看来，这些来访者正在"射杀我们的野鹿""捕捞我们的鱼"。此外，旅游者对商品的需求很容易抬高目的地的物价，这也会使当地居民产生排斥感。

另一种形式的怨恨可能会导致目的地居民产生自卑情绪，因为与外来旅游者相比，他们处于不利地位。那些在服务于旅游者的相关行业中工作的目的地居民会得到较高的报酬，并因而在那些不如自己幸运的同伴面前展示出一种优越感。这对旅游业来说，是很不利的。

旅游还可能给当地居民带来不公平的感觉。一个年轻的旅馆侍者可能仅仅由于提供行李递送服务而从旅游者那里得到1美元小费，而与此同时，这个侍者的父亲可能正作为农场劳动力在田里干活，一整天劳动所得到的报酬也仅有1美元！

综合来看，旅游业的发展对目的地社会的负面影响主要包括以下几个方面：

- 引发一些不良活动，如赌博、卖淫、酗酒及其他暴力行为；
- 产生所谓的示范效应，即目的地居民想要得到与旅游者同样的享受和进口商品；
- 造成种族间的紧张，尤其是在那些对旅游者和当地居民明显区别对待的地区；
- 促使部分旅游企业员工形成奴性态度；
- 为增加旅游纪念品销售额，当地手工艺品"庸俗化"；
- 员工角色的标准化，如所有国家都千篇一律的"国际化"的餐厅服务员；
- 如果目的地文化仅被游客视为猎奇性的风俗或娱乐表演，当地居民会丧失文化自豪感；
- 由于旅游者过多而导致当地居民的生活方式出现过快变化；
- 多数人都从事低收入、不体面的工作，成为许多饭店和餐馆的就业特点；
- 旅游者通过旅游活动，会将其价值观、人生观和道德观，有意无意地带进旅游目的地，从而对当地居民产生潜移默化的影响，这种影响既可能是积极的，也可能是消极的、负面的。当然，旅游者同样也可能从旅游目的地将当地一些不健康的、丑恶的东西和价值观带回本国或居住地，从而产生一些不良的社会影响。

其实，有许多负面影响都可以通过巧妙的规划和先进的管理方法加以缓解或消除，从而使旅游业能够以一种不必付出如此沉重社会代价的方式得到发展。需采取的措施包括：对于旅游者带来的不良价值观、道德观和人生观，旅游目的地国家和地区的政府和居民应保持清醒的头脑，并采取必要的措施予以抵制；通过制定区划和建筑物规范，严格控制土地使用；旅游部门或同类官方组织应制定开明的政策；对诸如基础设施和上层建筑等旅游供给实行恰当的分阶段提供，以便能与旅游需求相匹配。当然，除此之外，教育以及得力的公关工作也能够发挥巨大作用。

第三节　旅游业的文化影响

如前所述，旅游具有文化性质，这不仅表现在旅游的主体——旅游者及其旅游需求的文化性，旅游的客体——旅游资源的文化性（无论是埃及的金字塔还是中国的长城，无论是巴黎的埃菲尔铁塔还是纽约的自由女神像，都具有丰富的文化内涵），以及旅游的媒体——旅游业的文化性，还表现在旅游活动本身就是一种文化生活。旅游者不单纯是文化的旁观者，而且是不同文化的传播者和参与者。因此，旅游活动是一种文化交流过程，对于旅游目的地及旅游客源地的文化均能够产生多方面的重要影响。

旅游对文化的影响是多方面的，既有积极的一面，又有消极的一面。

一、旅游对文化的积极影响

1. 旅游对文化具有传播作用

不同地区文化的差异，是旅游活动产生的动因之一。旅游者到异国他乡旅游，目的之一就是学习和了解当地文化，如民俗风情、生活习惯、饮食文化、住宿文化、服饰文化、民间艺术、景观文化、文学艺术、历史文化及社会文化等，与此同时，旅游者又将自己本国、本地区或本民族的文化带到旅游目的地，并通过自己的言行举止有意无意地传播给旅游目的地居民，因此，旅游能够促进不同文化间的传播和交流（见第Ⅵ页图29）。

旅游对文化的传播作用，比官方的宣传效果更好。我国前任驻法大使吴建民先生曾经谈到：中国和平发展需要和谐的外部环境，需要用"世界语言"向全球讲解中国和平发展的历史和文化，而旅游是最有效的"全球流通语言"，是诠释"求同存异""和而不同"的中国核心文化价值观的最佳载体。而通过旅游来传播中华文化，可以起到很多作用。他举例说："记得我担任中国驻法大使期间，国内一个代表团到法国进行宣传，带来了大批印刷精美的宣传册，与会者人手一只宣传袋，但真正阅读的人并不多，甚至有人一出门就扔掉了，因为他们认为这是政治宣传。今天越来越多的外国朋友来中国旅游，没有任何官方安排，他们接触的都是中国百姓，看到的都是现实，这比任何宣传都有说服力。来中国旅游，他们是竖起耳朵来听中国故事的，这时，你用他们的视角和语言来介绍中国文化、讲解中国历史，效果就非常好。"

扫描二维码，认识因为接待旅游者而学会8种语言的柬埔寨小男孩。

2. 旅游的发展可以促使优秀民族文化得到发掘、振兴和弘扬光大

发展旅游业是历史文化保护和利用的重要途径。通过发展旅游业，能够使很多"地下的东西走上来、书本的东西走出来、死的东西活起来、静的东西动起来"。以北京故宫、曲阜孔庙、西安兵马俑、杭州灵隐寺等为代表的文物建筑，以云南丽江、山西平遥、江西婺源、安徽西递宏村等为代表的古城镇、古村落，和以潍坊风筝、景德镇陶瓷、杨柳青年画、华阴老腔等为代表的非物质文化遗产，都依托旅游业的发展得到了很好的保护和利用，焕发了新的生命力（见图6-2）。

3. 旅游可以促使民族文化的个性更加突出

欣赏和了解异族文化是旅游者外出旅游的动机之一。越是有特色的文化，越能吸引旅游者。为了发展旅游业，吸引更多的旅游者，旅游目的地国家和地区总是想方设法突出自己的民族文化特色，从而使民族文化的个性得到加强（见第Ⅵ页图30）。

4. 旅游对文化具有保护作用

文化是一种旅游资源，是旅游者参观、游览的对象，因此，一个国家、地区、社会以及当地居民为了发展旅游业，

图6-2　发展旅游业可使民俗文化得到发扬光大。图为民间艺人在延安街头为游客表演安塞腰鼓（刘伟 供图）

为其经济和社会服务，就必然十分重视对其民族文化和当地文化的发掘和保护工作。

首先，无论是历史文物古迹，还是现实的民俗艺术，都得到政府等有关部门有组织、多学科、多角度的综合评价论证。这种全面、科学的研究和分析给予当地民族和历史的文化价值以更深刻、更有力的肯定，从而为当地文化的保护奠定了思想认识基础。

其次，政府为了发展旅游业，对民族和历史等文化资源会采取更实际的保护措施。比如，从一般性的宣传号召转向通过立法保护文物、古迹等民族文化；将民族和历史文化保护纳入城乡总体建设和系统规划之中——这就意味着对人类文化遗产的保护给予了战略性的重视和长期安排；从财政上支持民间工艺品的生产；褒奖有特殊技艺、对文化的发展做出重大贡献的民间艺人；组织社会各界力量维护、修复重要的文化遗址；资助传统艺术团体举办艺术节等。这些措施令历史和民族文化精粹在万象更新的现代生活中，能够得以生存和发展。

再次，对民族和历史文化的保护愈来愈具有群众性。一个地区的旅游业越是发达，当地经济以及城乡居民的收入水平对其依赖性就越强，他们对当地的文化精粹和自然环境就越是视为"衣食父母""风水宝地"，自然也就会自愿和竭尽全力地加以保护。事实上，不少已濒临绝迹的民间工艺品、传统食品、戏剧曲艺、民风民俗等就是在这种背景下才得到重新挖掘、整理、更新和提高的。如果这种源于经济原因的文化保护意识能够同提高人民的文化教育水平相联系，民族和历史文化的保护就能获得更为有力的保证。

最后，旅游业的发展使得对文化的保护有了更充足的资金保证。以我国为例，过去对历史文物古迹、博物馆等文化资源的保护都是靠国家或地方政府十分有限的财政拨款，旱涝不保，难以起到有效的保护作用，而通过发展旅游业，则可以将历史文物古迹等参观游览点的门票等旅游收入全部或部分地用于这些历史文物古迹的保护工作，从而获得更充足的资金保证。

二、旅游对文化的消极作用

旅游在对文化的发展产生积极的影响和推动作用的同时，也会对其产生一定的消极影响。对此，我们必须有清醒的认识。

旅游对文化发展的消极作用主要表现在：旅游在某些方面和某种程度上，会使民族文化产生异化。

旅游对文化的影响具有两重性，一方面，旅游目的地政府、居民和企业会强化当地文化的独特性，以吸引具有不同文化背景的异国、异地旅游者，从而使当地文化的特色更为浓厚、特点更为突出。但另一方面，旅游者将本国或本民族的文化带进来，对旅游目的地的传统文化产生冲击，一些当地居民盲目认为，外来的就是"好的"，从而不加区分地予以接受，盲目模仿旅游者的生活方式，接受其价值观、人生观和道德观，结果使本民族文化逐渐被外来文化所同化，最后仅存于专为旅游者开发的各种"民俗村""文化村""保护村"内。这是十分可悲的现象。

第四节 旅游业的环境影响

我们先来看一个案例。根据报道，中国台湾游客已超过日本人，成为位于南太平洋的帕劳的第一大客源，但是，帕劳人对此并不"领情"，他们抱怨说，"从台湾游客那里赚取的美元，还抵不上他们给帕劳生态环境造成的损失。台湾的野餐者乱丢垃圾，潜水者乱采海中的珊瑚，向栖息的动物丢掷空瓶罐……台湾游客缺乏环境保护意识，他们到帕劳来似乎就是为了吃……就算是濒危动物，哪怕是那些躲藏在小珊瑚中的非常小的鱼也不例外……""现在需要考虑的是要不要禁止台湾游客入境或对他们进行教育。"

可见任何产业的发展都会给当地的自然环境带来影响。由于旅游者必须到目的地去消费产品，所以旅游活动不可避免地会和环境发生关系。20世纪70年代末期，经济合作与发展组织制定了一个框架去研究旅游活动给当地带来的环境压力。这个框架强调了四种对环境有刺激性的活动，包括：永久性改变环境结构的建设项目（如建设高速公路、机场和度假区）；废弃物（生物和非生物的垃圾对渔业生产的破坏、对健康的损害、对目的地吸引力的降低等）；旅游活动所造成的直接环境压力（旅游者的到来和活动破坏了珊瑚、植被与沙丘等）；旅游对人口流动的影响（移民、城市人口密度增加而农村人口减少）。

一、旅游对环境的正面影响

无论是自然环境还是人造环境，都是旅游产品中最根本的组成部分。但随着旅游活动的产生，在旅游发展过程中，环境都不可避免地要受到影响和改变。与旅游相关的环境影响可分为直接影响、间接影响和诱发影响，也可分为正面影响和负面影响。发展旅游而不影响环境是不可能的，但通过正确的旅游发展规划和管理，有可能减少负面影响并扩大正面影响。

旅游活动对环境产生的直接正面影响有：

- 保护和恢复名胜古迹。
- 建立国家公园和野生动物园。
- 保护珊瑚和海岸。
- 保护森林。
- 改善城市和乡镇环境。

二、旅游对环境的负面影响

从负面影响来看，旅游可以直接影响水和空气的质量并增加噪声。例如：向水中排污，在内陆水系和海上使用机动船而造成污染；在旅游交通中内燃机使用的不断增多，在酒店的空调和制冷设备中使用燃油，都会降低空气质量；城市中夜总会和其他娱乐活动以及越来越多的铁路、公路、航空交通都会大大增加城市的噪声以及二氧化碳的排放。

旅游对环境的其他负面影响还包括：

● 打猎和钓鱼对野生动物的生存环境有明显影响。

● 过度使用会破坏或侵蚀沙丘。

● 植被层被行人随意践踏。

● 野营篝火会破坏森林。

● 一些古迹由于受到侵蚀、乱涂乱画和游客偷窃而变形或被破坏，如世界闻名的文化遗产——塞浦路斯的帕福斯拜占庭古堡就曾遭到偷窃。

● 利用房地产开发的手段建设旅游设施，破坏了景点的整体美观。

● 对垃圾处理的不当，破坏环境景观的质量并危及野生动物。如旅游者在喜马拉雅山留下的垃圾对环境造成的破坏。

● 在旅游风景区随意修建道路、缆车等，对山体和周围环境造成破坏。

● 开发旅游资源不当，对周围自然环境造成破坏。如为了提供游人使用的海滩而炸毁了毛里求斯的巴拉克拉瓦海湾。

此外，在海边修建大煞风景的高层酒店也是对旅游环境的破坏。在20世纪六七十年代旅游快速发展的时期内，这种明显的掠夺环境的方式曾一度十分普遍，现已逐渐减少。在许多国家，尤其是岛屿经济国家，土地利用这一议题经常出现在规划议程中，并采用了一些行之有效的办法，如毛里求斯用法规来限制海边建筑物的高度不得高于棕榈树，印度的一些地区则规定开发项目要限制在距海滩一定范围之外，等等。

需要特别注意的是，由于许多环境因素是相互依存的，造成环境问题常常无法得到全面的考虑。例如我们可能看到对珊瑚的破坏会减少当地环境的独特性和那些靠珊瑚生存的鱼类和海洋生物，但可能无法意识到这也同样会导致以这些鱼类为食物的鸟类的减少。所以为了正确测定环境影响的整体变化，必须要了解生态系统及其对环境压力的反应。

【本章小结】

- 发展旅游业会对一个国家、地区的社会、文化、经济、环境等产生重要影响。
- 旅游业的经济作用表现在：①旅游业可以成为一个国家或地区的支柱产业；②可以带动其他产业的发展；③可以增加外汇收入，平衡国际收支；④可以成为国民经济新的增长点；⑤可以促进地方经济的发展，推进对外开放和扩大经济交流；⑥可以缩小国家或地区之间的贫富差距。
- 旅游业对社会的影响主要表现在：发展旅游业可以扩大社会就业，改善社会环境，促进和谐社会的形成。
- 旅游业对文化的影响主要表现在旅游业对文化的传播、挖掘、弘扬和保护上。同时，旅游业对文化也会产生消极的影响，游客可能将一些落后的、不健康的文化带入旅游目的地，也可能会使旅游目的地文化发生异化。
- 旅游业对环境的影响也表现在两个方面：一方面可以促进旅游目的地居民和当地政府加强对旅游资源和环境的保护；另一方面，随着游客的大量涌入，也会对环境造成一定的负面影响。

【复习思考】

1. 简述旅游业在国民经济中的作用。
2. "旅游对文化发展只有积极的作用，而没有消极的影响"，这句话对吗？为什么？
3. 怎样理解旅游对文化的保护作用？
4. 旅游对环境会产生哪些影响？
5. 近年来，我国很多自然、人文风景胜地纷纷被列入联合国自然和文化遗产，其门票价格随即纷纷上涨，你认为这样做对吗？请就其合理性进行讨论。

【案例分析】

旅游让古老的藏文化焕发新活力

"火车进藏'火'了西藏旅游业，也带动古老藏文化焕发出新的活力。"拉萨市娘热民俗风情园负责人多布杰兴奋地对记者说。

多布杰介绍说："拉萨市北6公里处的娘热民俗风情园是国家级AAA旅游景点，是西藏目前唯一的全国农业旅游景点。作为著名的拉鲁湿地水源区的娘热沟，早在4500年前，就有藏族先民在此繁衍生息。公元7世纪，松赞干布在这里建造了9层高的玛如堡，吞米·桑布扎在此创造了藏文字，藏传佛教第一篇石刻玛尼经，就是六字真言，就矗立在园内。"

多布杰告诉记者，几年前他们只是试探性地模仿东南亚一些国家来搞文化旅游，"没想到会有这么大的魅力。特别是近两年随着火车进藏，西藏传统文化彰显出极强的卖点，公司组织当地60名农民成立的娘热藏戏团，每年为游客演出数百场。一位德国游客看罢藏戏后称赞道：赴百次高档宴会都不如来此一趟。如今，公司正打算兴建藏医藏药展览馆。"

　　他说："因为西藏古老的民间文艺少有文字记载，大多以群众口头传唱方式流传，'人走艺亡'情况比较严重。这几年，在组织排练传统藏戏曲目的过程中，搜集整理了不少濒临失传的优秀作品。"

　　近年来国家投入大量资金对西藏优秀传统文化进行挖掘、整理。目前已收集各种音乐、歌曲、曲艺上万首，形成各种录像、录音带近1000盘，整理文字资料1000多万字。在2006年公布的首批501项国家级非物质文化遗产保护名录中，藏族非物质文化遗产有21项，其中包括《格萨尔史诗》、藏戏、锅庄舞、藏族唐卡、拉萨风筝、藏族造纸技艺等。

　　"西藏传统文化已经开始流行起来。"多布杰说，"城市居民可以浏览藏文网站，藏语歌曲开始在内地流行，藏药产品走下雪域高原，藏族民间精美手工艺品深受海内外游客欢迎。这些都说明，藏民族文化正散发出前所未有的独特魅力。"

（新华社记者：贾立君，姜琳）

　　◎问题：你认为发展旅游业会对藏族文化产生哪些影响？

【拓展阅读】

如果出山时重量轻了，就要接受罚款的惩处

　　"宿营地木屋的一侧是一座独立的小房子，根据大小可以猜到是厕所。厕所是特殊设计，盛装排泄物的铁桶可以移动，以便直升机可以定期将铁桶吊运到垃圾处理场。新西兰人的环保意识让人大开眼界，环保手段亦表现出国际水准。这几年我在全球登山探险，之前见到用直升机吊运人粪的，唯有南美最高峰——阿根廷的阿空加瓜。做得最绝的是北美最高峰——阿拉斯加的麦金利峰。进山前，国家公园的管理人员要对登山者的身体和携带的装备称重量，每人还发一个冲顶时用的大便器，要求撤出时大便也要随身带走。按能量守恒定律，如果出山时称的重量轻了，就要接受罚款的惩处。"

（摘自：《人与生物圈》2009年10月总第71期，《新西兰冰川攀登记》，王石）

第七章
当代旅游新业态

旅游业发展到今天，出现了一些新的业态，包括生态旅游、旅游分时度假、租赁度假与换房度假、旅游综合体、旅游金融、旅游电子商务等，本章将逐一加以介绍。

本章学习目标 / Learning Objectives

- 了解生态旅游，认识生态旅游的真谛；
- 了解旅游分时度假，包括分时度假的发展历史及分时度假交换系统；
- 了解旅游综合体的类型；
- 了解旅游金融，包括旅游金融衍生品、旅游金融体等概念；
- 了解旅游电子商务及其类型。

本章关键概念 / Key Words

- 生态旅游 / Bio-tourism
- 旅游综合体 / Tourism Complex
- 旅游金融 / Tourism Finance
- 旅游电子商务 / Tourism E-Commerce

第一节 生态旅游

一、什么是生态旅游

"生态游"如今成了旅游业最时髦的名词。各旅行社纷纷打出生态游的招牌，划出一条又一条生态旅游线路，似乎除了人文景观，其他的都叫生态游。然而现实情况却使"生态游"有变成"生态破坏游"之虞：有的在生态保护区内大建各种服务设施甚至是游乐场所，破坏原有自然环境；有的生态保护区由于过度开放，游人太多，影响动植物生长；有的游人环保意识薄弱，垃圾随处乱扔，却无人加以管理……

这些情况绝无夸张之嫌。事实上，很多人并不真正理解生态旅游的本质含义，仅从字面上理解为以生态等自然资源为游览对象的旅游活动，这就可能导致生态旅游破坏生态环境的恶果，将生态旅游衍化为生态破坏旅游。

那么，到底什么是生态旅游呢？

"生态旅游"一词是由世界自然保护联盟生态旅游特别顾问、墨西哥人塞巴洛斯·拉斯奎林（H. Ceballos Lascurain）于1983年首先在文献中使用的。生态旅游应该是旅游者在旅游时真正感受到大自然的真实与美丽，并尽量不破坏这种美好的环境；同时，通过这种形式的旅游提高人们的环保意识，增加环保知识，加强对生态环境的保护，使之在生态上可持续。因此，确切地说，生态旅游就是以自然、生态资源为依托，以生态保护为核心的旅游活动。它的组织者不但要严格地管理好游客，使之不因游览而破坏生态，更应该用丰富的生态和环保知识感染游客，教育游客，让游客不但"游"出快乐，也"游"出知识和责任。可见将"生态旅游"仅仅理解为以森林、山川、河流、海洋等自然景观为参观游览对象的旅游活动，是极其错误的，它涉及自然环境的教育、解说和管理，是实现旅游业可持续发展的途径之一（见图7-1）。

图7-1 生态旅游是以认识自然环境、保护生态为目的的旅游。图为香格里拉普达措国家公园（刘伟 摄）

二、生态旅游与传统旅游的区别

如表7-1所示，生态旅游与传统旅游在追求目标、受益者、管理方式和影响方式等方面具有不同的特征。

从表中可看出，在传统旅游中，利益最大化是开发商追求的目标，而享乐则是旅游者的主要追求；价格是调节供需的杠杆和游客与旅游点建立联系的纽带，其最大的受益者是开发

表7-1 传统旅游与生态旅游的比较

	传统旅游	生态旅游
目标	利润最大化；价格导向；享乐为基础；文化与景观资源的展览。	适宜的利润与持续维护环境资源的价值；价值导向；以自然为基础的享受；环境资源和文化完整性的展示与保护。
受益者	开发商和游客为净受益者；当地社区和居民的受益与环境代价相抵、所剩无几或入不敷出。	开发商、游客、当地社区和居民分享利益。
管理方式	游客第一，有求必应；渲染性的广告；无计划的空间拓展；分片分散的项目；不加限制的交通方式。	自然景观第一，有选择地满足游客要求；温和适中的宣传；有计划的空间安排；功能导向的景观生态调控；有选择的交通方式。
正面影响	创造就业机会；刺激区域经济增长，但注重短期利益；获取外汇收入；促进交通、娱乐和基础设施的改善。	创造持续就业的机会；促进经济发展；获取长期外汇收入；交通、娱乐和基础设施的改善与环境资源保护相协调；经济、社会和生态效益的融合。
负面影响	高密度的基础设施和土地利用问题；机动车拥挤、停车场占用空间和机动车产生的大气污染问题；水边开发导致水污染问题；乱扔垃圾引起地面污染；旅游活动打扰居民和生物的生活规律。	短期内，旅游数量较少，但趋于增加；交通受到管制（多数情况下，不允许使用机动车）；水边景观建设阻碍了水体的进一步开发；要求游客将垃圾分类收集，游客行为受到约束；游客的活动必须以不打扰当地居民和生物的生活为前提。

商和游客，而由旅游活动所带来的环境代价则主要由当地居民承担。因此，传统旅游是以牺牲环境资源的持续价值来获取短期经济效益的，这种旅游不可能持续发展。

生态旅游则旨在实现经济、社会和美学价值的同时，寻求适宜的利润和环境资源价值的维护。

生态旅游者的目的是享受自然赐予的景观和文化。通过约束旅游者和开发商的行为，使之共同分担维护景观资源价值的成本，从而使当地居民也成为生态旅游的直接受益者。生态旅游的发展需要在详细分析旅游点环境资源与文化特色以及地区发展目标的前提下，制定详尽的可持续发展规划。

三、生态旅游的发展规划

（一）生态旅游规划的主要原则

生态旅游规划是涉及旅游者的旅游活动与其环境间相互关系的规划，它是应用生态学的原理和方法将旅游者的旅游活动和环境特性有机地结合起来，进行旅游活动在空间环境上的合理布局。

生态旅游规划必须考虑的主要因素包括：

- 旅游资源的状况、特性及其空间分布；
- 旅游者的类别、兴趣及其需求；
- 旅游地居民的经济、文化背景及其对旅游活动的容纳能力；

● 旅游者的旅游活动以及当地居民的生产和生活活动与旅游环境相融合。

在制订生态旅游规划时，必须分析生态旅游地的重要性，合理划分功能区，拟定适合动物栖息、植物生长、旅游者观光游览和居民居住的各种规划方案。充分利用河、湖、山、绿地和气候条件，为游客创造优美的景观，为当地居民创造卫生、舒服和安谧的居住环境。生态旅游规划应与当地的社会经济持续发展目标相一致。科学的规划不仅应该提出当前旅游活动的场地安排，而且应为未来的旅游发展指出方向，留出空间。

（二）生态旅游产业结构

生态旅游产业由两大部分组成，一是生态旅游项目的建设与维持，二是为生态旅游提供服务的生态服务业。

生态旅游不仅包括旅游活动的生态化，也应包含旅游服务的生态化。旅游者在开展旅游活动时，需要旅游地提供方便舒适的衣、食、住、行以及购物等服务，在生态旅游区内，应设法使其服务产业生态化。

1. 生态服装

生态服装是为了避免一些服装面料对人体及大自然的危害，并在服装设计方面加强生态意识。衣服的图案取材于大自然，还要选用植物作染料且未经过化学加工的布料。在制衣过程中，应减少使用有毒的化学物质，衣服应能进行生物分解。

2. 生态餐馆

生态餐馆供应旅游地植物园自己生产、加工的植物类食品。植物园内的菜园，除了种植各种可食用植物，还种植调味用的芳香类植物和食用菌。饭店提供的植物食品能够满足人体所需的各种营养，对人体健康十分有利。饭店的废弃物可直接作为动物园的饲料或植物园的肥料。

3. 生态旅馆

生态旅馆的建筑材料可部分地利用再生原料。

旅游提供的用品应尽量不含化学物质，如不含酸的信纸；床单、毛巾等由在种植过程中未曾使用过化肥和化学杀虫剂的棉花或亚麻制成；肥皂可用植物油炼制；电子过滤系统清除自来水中的氯化物和有毒微生物；客房内装配香味发生器，根据客人的要求，随时释放出果香味或花香；旅馆的废水可直接用于浇灌植物园，粪便可集中收集制作沼气，沼气可再用于照明，沼气渣则用作植物园的肥料，等等。

4. 生态商店

生态商店专营各种天然食品、饮料、化妆品、纯棉服装、手工艺品及有关生态环境保护的书籍和小型技术设备。店内所有商品都应由天然原料制成，不含任何化学成分。

5. 生态交通

在旅游地及其附近要求使用太阳能驱动或电能驱动的小车和自行车作为交通工具，或者要求旅行者以步代车。禁止使用有害环境和干扰生物栖息的其他交通工具。

第二节　旅游分时度假

　　度假旅游已成为很多发达国家旅游者外出旅游的主要形式和目的。在欧洲，特别是在7、8月份，每年约有3/4的人涌向地中海沿岸的海滩胜地度假。在美国，度假旅游也极为盛行——在每年3000多万的出国旅游者中，度假旅游者约占60%以上。

　　人们外出度假，除了选择住在旅游景区的度假村以外，还可以选择分时度假、租赁度假、换房度假等多种模式，由此催生了旅游新业态的产生和发展。

一、分时度假的概念

　　根据国际上一度通行的惯例，所谓"分时度假"，就是有关机构或个人先与酒店或度假村签订协议，将客房使用权每年按周划分成52份，用锁定且优惠的价格按份销售给顾客，顾客享有在一定的期限内（一般为20~40年）在这一住所每年在同一时间住宿一周的权利（该客房的其余时间交给度假村维护和管理），同时还享有转让、馈赠、继承等系列权益以及对酒店其他服务设施的优惠使用权。当消费者购买了某一处住所后，通过交换系统可以交换到参加这一系统的世界其他地方同等酒店的使用权。

　　可见，分时度假概念具有两重含义：一个是分时使用权，一个是度假时段的交换。这是一种将房地产业、酒店业、旅游业完美结合在一起的商业新概念，它引入时空经济学原理，对旅游业、房地产业、金融资源进行整合，扩大了资源边际效用，实现了资源共享。

二、分时度假产业发展的历史

　　分时度假的休闲方式起源于20世纪60年代的欧洲。当时欧洲度假风气兴盛，法国地中海沿岸开发了大量海滨别墅。由于房产价格高昂，多数家庭无力单独购买度假别墅，而部分有能力购买别墅的用户，每年的使用时间又非常有限，最多只有几周，空置率很高，所以出现了亲朋好友联合购买一幢度假别墅供大家不同时间分别使用的现象，最早的分时度假概念即由此产生。据此，聪明的开发商发明了以分时销售客房使用权的模式来招揽客户，取得了很好的效果，分时度假市场由此形成。

　　20世纪60年代，法国阿尔卑斯山地区的滑雪度假地首先推出了分时销售的方式招揽客户，标志着分时度假产品的开始。20世纪70年代，美国本土引入分时度假概念。

　　1974年，最早的交换系统出现。同年，RCI公司成立，这是世界上第一个分时度假交换公司。1976年，II公司组建。RCI和II是目前为止世界上实力最雄厚的分时度假交换公司。

　　20世纪80年代初期，分时交换的概念从美国佛罗里达传播到英国和西班牙，分时度假交换系统的概念又回传到欧洲，标志着这一产品进入到一个新的发展阶段。80年代中期，90%以上的分时度假地都是专门为适应分时度假需求而新开发的，其发展规模也迅速扩大。

　　1984年之后，一批世界著名的饭店连锁集团和发展商进入这一领域，分时度假地房产的质量有了大幅度的提高。

　　1990年，迪斯尼公司率先推出了点数制（又称分数制）；1992年，全球范围内，开发分时度假产品的度假村已达3000处以上，拥有分时度假房产的家庭也达到近240万个；1999年5月，RCI欧洲分公司完成了对点数制网络的检测，并于2001年前后将点数制网络推向全球。

　　目前在欧美国家，分时度假已有着完善的立法体系和成熟的运营模式，已成长为旅游业增长最快的部分。据统计，美国已有上千万家庭拥有分时度假所有权。

三、分时度假产业的构成

　　分时度假产业主要由三部分构成。

1. 分时度假交换公司

RCI（Resorts Condominiums International）、DAE（Dialan Exchange）和II（Interval International）是全球最大的三大度假交换系统。分时度假交换公司本身并不拥有度假村或酒店，它们致力于构建一套基于会员的度假权益交换网络和运营体系，采用"按服务收费"的盈利模式，主要收取会员费、撮合交易的中介费用和提供附属设施的服务费用。

　　国际分时度假交换公司（Resort Condominiums International）简称RCI，是世界最大的分时度假产品和服务供应商。该公司于1974年在美国印第安纳州的印第安纳波利斯市创立，目前在全世界拥有300多万会员，在100多个国家和地区拥有3800多个会员酒店，亚太地区总部在新加坡，中国设有分公司（见图7-2）。

　　RCI主要通过其点数体系、全球共享的交换资源、RCI权益周和传统的以周为单位的交换原则提供分时度假的交换服务。它除了帮助分时度假拥有权者以他们的单位交换RCI会员在世界各地的另一个相应等级的类似单位外，还提供富有创意的度假计划，如RCI游轮假日交换及RCI点数。RCI点数是一项民办性的点数制度，它除了允许分时度假单位交换其他单位之外，还可以交换其他旅游及休闲产品，包括机票、租车服务、游轮假日、豪华酒店等。换而言之，凡是向RCI联盟度假村购买住宿单位的分时度假拥有权者（也是RCI的会员），只需告知RCI想去度假的时间、地点以及方式要求，RCI将为会员做好所有相应安排和服务。

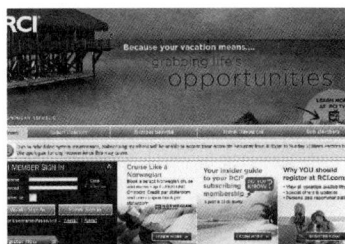

图7-2 全球最大的分时度假公司RCI在全世界拥有300多万会员，在100多个国家和地区拥有3800多个会员酒店（图片来源于网络）

　　2011年RCI实现净收入14.44亿美元。公司已于2001年正式进入中国，但业务进展缓慢。

II公司（Interval International）为度假者提供会员计划，并为全球开发商客户提供增值服务。自从1976年以来，这家总部位于佛罗里达州迈阿密市的公司一直是度假所有权市场的先驱和创新者。今天，Interval拥有遍布超过75个国家和约2700家度假村的交换网络。通过设立在15个国家的办公地点，Interval为度假村客户和参与各类会员计划的200万家庭提供高质量的产品和福利。Interval是Interval Leisure Group, Inc.（纳斯达克代码为IILG）的营运事业部，后者是一家提供度假行业会员资格和休闲服务的全球领先供应商。

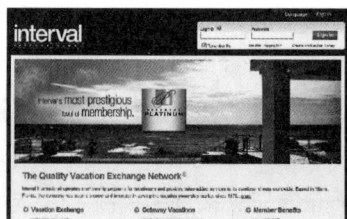

图7-3　Interval为度假村客户和参与各类会员计划的家庭提供高质量的产品和福利（图片来源于网络）

Interval为其会员提供广泛的交换服务和充满吸引力的会员权益，使会员不管在家还是在旅途中都可享受更多便利和更超值服务（见图7-3）。会员资格仅限于Interval加盟的度假村业主。这些度假村虽非Interval International所有或管理，但均须全部符合Interval的质量标准。

该公司在我国北京、深圳、上海、云南、海南等地都有加盟度假酒店。

2. 分时度假销售商和发展商

分时度假销售商和发展商负责建造或者开发度假村，通过营销，将度假村的使用权销售给消费者，为消费者提供短期融资服务，并对度假村运营进行管理。如温德姆酒店及度假村公司。2011年，温德姆拥有分时度假酒店160座和2.1万分时度假单元，拥有82.3万个分时度假产品所有者，度假所有权销售收入20.77亿美元。另一国际知名酒店集团万豪集团则于2011年底对分时度假业务进行了分拆，新公司Marriott Vacations Worldwide Corporation以分时度假为核心业务，专注于其管理，并在纽交所上市。

3. 度假酒店

除专门针对分时度假而开发的度假酒店外，很多酒店是混合用途的，既提供酒店客房，也提供分时度假单元。这些酒店既有由饭店集团管理和开发的，也有大量单体酒店。

分时度假产业在欧美的发展并非一帆风顺。消费者对分时度假理念的认识经历了早期"拥有酒店比租赁房间更便宜"到能"拥有他们的度假"，从将分时度假物业视为一种投资方式到将之视为一种度假选择，从受到传销般的强力推销压力到主动咨询和购买的变化。早期分时度假也是一个不被人接纳的产业，随着各种管理机构不断推行严厉措施和改进规制，到20世纪90年代，分时度假产业在欧美国家才开始在消费者中间树立了友好和正面的形象。

目前全球共有60多家分时度假交换机构，形成了巨大的交换网络。5400个采用分时制度的度假村分布在81个国家，来自124个国家的1000多万个家庭购买了度假权。分时度假已发展为年营业额150亿美元的全球性产业。

四、分时度假与"产权酒店"

"产权酒店"是饭店销售方式的一个创新，现在已延伸到其他商品房的销售与经营。

"产权酒店"所以被人作为"分时度假"的一种，是因为它不是将房产所有权和使用权都销售给购买者，而是将其分开销售。产权式酒店的购买者虽然拥有酒店某个客房的产权，但在使用上购买者仅拥有其部分时段（一般是每年中的一至六周时间）。购买者将该客户其他时间的使用权委托酒店管理公司管理，由后者去出租经营。这些产权人得到的回报多数是通过由酒店管理公司负责交纳按揭余款来实现的，这样购买者一般只需要付出购买房屋的首付款，按揭款和物业费等就由酒店管理公司负责了。有的管理公司还承诺另外再给产权人一定的经营收益，甚至承诺每年再给固定回报。

可以看出"分时度假"和"产权酒店"这两种销售方式的共同点，是适应购买者不需要去长期居住、只需要每年短期居住使用的要求，把房屋使用时间分割使用。不同点在于"产权酒店"购买者拥有房屋产权，购买的目的主要是长线投资、减轻资金负担、财产保值增值和今后可以长期拥有与使用；"分时度假"购买者的购买目的主要是为了每年短期居住使用，并有交换使用的灵活性，比每次租房要方便和便宜，也有财产保值增值的可能。

由于这两种方式具有互补性，国内外都有企业把房屋进行"产权酒店"和"分时度假"两次销售，即先把房屋或饭店房间按"产权酒店"方式卖一次，再把产权人委托出租的使用时间拿来用"分时度假"方式再销售一次。这样就不是完全靠出租房间收取租金，可以增加固定客源和房屋使用率。当然，卖"分时度假"的收入主要是为"产权酒店"购买者偿还抵押贷款，经营得好，公司还会有自身盈利。

五、分时度假交换系统

分时度假交换也叫时权交换，就是拥有不同地点分时度假权益的家庭之间，相互交换房间的使用权，获得在其他地点的酒店或度假村房间的使用权。

随着分时度假系统的成熟和完善，部分国际化集团公司将该系统进一步拓展为分时度假交换系统，即度假房产的使用权持有者，将自己的度假房产使用权，通过全球计算机网络交换系统，换取同等级但位于不同地区的度假房产使用权，分时度假交换系统由此形成。

通常，这些从事分时度假交换的专业公司并不拥有酒店产权，只是专门为会员进行假期交换服务。目前世界上的很多分时度假酒店都加入了由交换公司建立的酒店交换系统。

分时度假交换系统通常有以下几种类型：

1. 传统的分时度假交换系统

传统的分时度假交换系统也是典型的分时度假交换系统。早期，会员们以交换公司为中介，与其他会员交换度假产品。在此过程中，会员们会明确表达自己所希望得到的产品的特征。若交换双方条件彼此符合，作为中介的交换系统就按照统一制度将两方会员联系到一起，实现网上交换。目前，通过储存库设计的非"一对一"交换模式中，会员只与交换公司发生联系。会员将自己的度假房产使用权投入交换公司储存库，然后又从中选择自己所需的产品，通过交换公司对自己的住宿权利进行确认。

2. 分时度假的"点数卡"系统

1990年，进入分时度假领域的迪斯尼公司率先推出了点数制，即顾客不必付一笔钱去购买某度假地一段时间的房产使用权来加入一个分时度假交换系统，而只需购买一定的"点数"并以之换购同样将价格折合成点数的住宿和娱乐等产品。这一方式通过点数制网络将全球各地的点数制俱乐部联合起来进行交换，使会员具有更大程度的选择自由，无疑可大大推进全球化点数制体系的建立和发展。

点数卡中的点数相当于一种新的货币。它一方面用来表示会员拥有的度假权益，另一方面表示各类度假差异，以便在内部进行简便的换算和结算。采用点数卡制有两个好处：一是有利于对各个度假点及其季节差别进行测算，并把计算结果加总起来；二是有利于消费者进行对比。用点数来表示，消费者可以对各个度假点、房间以及季节等差别得出一个总体评价，以便做出度假计划。由于各类度假差别在价值上占有不同的权重，确定各项权重是一项技术性很强的工作，点数卡制有利于消费者直观了解最后的评价结果。

点数卡系统的经营模式是：分时度假交换公司首先与加盟饭店签约获得合作保证，然后通过自己的销售网络以"点数卡"（IC卡）的形式对外销售。点数卡的销售收入通过结算中心和协议银行，根据消费者在各家饭店的实际消费数拨付给饭店，交换公司提取一定分成。

如国内的中华分时度假交换系统采用的就是点数（分值）制交易，在为会员进行权益交换时，按照会员所提出的交换申请，根据会员所拥有的分时度假使用权益的交换价值进行可比性交换。分时度假使用权的交换价值由中华分时度假机构统一进行评估，由度假地的星级、所处的位置、时段季节等方面因素共同决定。

3. 其他类型的交换系统

豪华饭店住宿会员俱乐部。购买该产品的会员可在每年指定的期间内（一般是淡季）免费在豪华的度假地饭店住宿并使用娱乐设施，在其他时间入住则享受折扣优惠。

经济型饭店连锁交换系统。主要提供在经济型饭店中进行选择的分时度假产品。

专项主题分时度假交换系统。如高尔夫分时度假交换系统，专门选择有高尔夫球场地设施的度假村作为网络交换单位。

六、分时度假产业的发展趋势

分时度假产业发展趋势良好，这是因为分时度假产品对旅游消费者和开发商都有好处。

对旅游消费者的好处体现在：

第一，可用低廉价格购买到居住条件良好的房屋。如果没有这种销售方式，不少人购买别墅后往往一年也只住上几周，大多数时间处于闲置状态。更多的人则买不起第二套房屋。

第二，可享受良好的酒店式服务和旅游服务，无需支付住宿费用，且有良好的居家体验。

第三，这种"第二套住宅"是居民家庭财产的一部分，其使用权（有的是分割的产权）可以抵押或继承，也可以出售或转让。

对旅游开发商的好处体现在：

第一，它可以使得这种房屋卖出更高的价格。在美国，这种房屋的价格一般都相当于原来卖价的四倍，如一套原来只能卖25万美元的连体别墅，按时间分割以后的卖价一般高达100万美元，购买者还不觉得贵。其中的原因很简单——平均一个星期时段的卖价才两万美元。按时间优劣区分，好的时段卖价3万~4万美元，差的时段只卖1万美元，加上银行还可以对此实行抵押贷款，大部分居民都能承受得起。

第二，它创造出了新的消费市场，使得这些企业的房产更易销售。特别是以跨城市、跨地区、跨国家交换为背景的住宅区，销售情况更加看好。在房地产低落期，它更成为企业抵御风险的重要措施。

第三，大的分时度假集团公司发展到现在，有不少已经不再自行建房，而转向销售型与管理型，其他企业只有加盟它们，才能有良好的信誉度和交换前景，而这些集团则靠管理和销售获取超额利润。如美国最大的分时度假公司（Resort Condominium International），每年的利润额高达数亿美金，是业绩良好的上市公司。这种分时度假的房地产销售方式对于拉动其他产业，包括物业管理、旅游服务、交通电信和安置人员就业，都起着良好的作用。

七、分时度假产业在中国的发展现状与发展路径
（一）分时度假产业在中国的发展现状

20世纪90年代，我国开始引入旅游分时度假系统的概念。2000年，中国首次推出了自己的分时度假交换网络——华夏之旅分时度假交换网络。同年，国内第一家享有全国经营权的分时度假专业公司——天伦度假发展有限公司在国家工商管理总局登记注册。如今，天伦度假拥有成熟的销售体系、灵活的点数制体系、完善的担保体系、广泛的度假村网络交换体系、周到的会员管理及服务体系，成为当前中国最大的分时度假经营公司之一。同时天伦拥有一万多分时度假会员，以自有度假房产为依托，建立起国内庞大的度假村网络交换系统，在丽江、南戴河、海口、成都、阳朔、西双版纳、文昌等度假胜地拥有自有的度假公寓，同时吸纳一些消费者喜爱的度假胜地的度假酒店和度假村加盟，并与DAE以及韩国、澳大利亚等六个国家的度假村合作，建立了世界范围内的交换酒店网络。

（二）分时度假产业在中国的发展路径

20世纪90年代中后期，分时度假开始进入中国，但由于相关法律不健全，后续服务不到位、个别代理商违规操作等原因，分时度假出现"水土不服"现象，始终未形成市场规模。

我国分时度假产业的发展，应该选择正确的发展路径：

1. 制定规制分时度假的相关法律法规

在美国，每个州都制定有专门的分时度假法规，2013年6月美国福罗里达州还专门通过了《佛罗里达分时度假交换公司法规》，保护分时度假所有者和协会免受无良交换公司所

骗。法规规定，在分时度假所有者签订书面合同之前，禁止交换公司收取任何费用；交换公司应将分时度假所有者交来的任何款项存入托管账户，直到交易完成。这些条款为消费者提供了额外的保护，使现有分时度假所有者受到交换欺诈的风险降到最低，但又不会限制他们交换或者转卖其分时度假产品的能力。法规还禁止向任何没有能力、收入或意愿支付所有费用的人交换分时度假产品。中华人民共和国《旅游法》出台后，在落实过程中如果能专门制定分时度假法律法规，将对分时度假产业的发展环境起到巨大的提升作用。

2. 成立一个联合监管机构，保障分时度假产业的良性运行

目前我国缺乏分时度假法律法规，加上监管机构缺位，无良企业得不到惩治，消费者权益得不到保障。在澳大利亚，分时度假行业受到规制已经近30年了，有多个部门对其监管。2005年，澳大利亚国会企业和金融监管联合委员会专门提交了一份针对分时度假行业法规的调查报告，全面调查了现有分时度假规制安排的有效性等。报告提出了很多建设性意见，如在销售人员培训中应包括避免压力推销等特定内容的培训，应明确告知消费者分时度假产品是不包括任何形式的所有权或产权的；要为消费者做决策设置一个冷静期，例如10个工作日的强制性冷静期；对于那些能够合理地表明他们签订分时度假合同是由于身体、精神、社会或经济上受到威胁或恐吓的消费者，这些条款应该给予他们全额退款的补救办法。

3. 鼓励大型酒店集团参与分时度假的开发和运营管理

从欧美经验看，分时度假行业形象改善的一个重要方面是众多声誉良好的公司进入这个市场，如万豪、迪斯尼、雅高、希尔顿、凯悦和温德姆等。这些公司投入了大量资源，向公众宣传分时度假所带来的好处，抵消了该行业早期不良声誉的影响。这些公司树立起来的分时度假品牌改善了产品形象，并促进了销售和转售。鉴于国内部分旅游集团已经逐步建立较强的品牌影响力和信誉支撑，它们的进入将会显著改变市场格局，并将引导市场良性发展。

4. 为分时度假产业的发展提供政策支持

出台政策：尽管分时度假在国际上已经流行了40年左右，但在我国出现的时间并不长，作为一种新兴的旅游度假服务方式，要让大众普遍接受，不仅需要一定的时间，而且需要有关部门的大力宣传与配合，政府应尽快出台相应的政策，鼓励分时度假的发展。

完善社保：收入是决定旅游度假消费的先决条件，由于目前医疗、养老、失业等方面保险制度的不健全，我国绝大多数居民对这种花"未来的钱"的方式还不能够接受，预支旅游度假消费的群体很少。因此，政府应该不断完善医疗、养老、失业等方面的制度，让众多老百姓的消费观念从最初的生活保障转到旅游消费上来。

资格确认：所谓资格，就是规定市场准入的条件。在这方面，政府应该从整个社会的发展考虑，一方面要促进旅游业发展，另一方面要切实保障消费者权益，制订出一套适合于这一领域发展的衡量标准和法律体系。禁止以分时度假为名，坑蒙拐骗消费者。如对于度假交换公司，应明确经营交换公司需具备相应的资信，以确立和维护其统一的交换标准；国外的交换公司在国内经营，需在国内登记注册，其经营范围限于国内交换服务，等等。对于提供产品的主体，应明确产品需符合统一且规范的服务标准、服务质量等。

第三节 租赁度假与换房度假

一、租赁度假

度假租赁理念起源于美国，第一家度假房屋租赁在线服务提供商HomeAway成立于2005年，并于2011年成功上市。作为一个度假租赁平台，HomeAway为那些分散的、无自主性也不可能连锁化的房东提供了一个租赁信息展示平台，而自助游和家庭旅游需求者则借助该平台与房东取得联系并实现了交易。

另一家代表性的旅行房屋租赁社区网站Airbnb成立于2008年，其特色是鼓励用户自行上传房源信息，然后从房东与租客交易中抽取佣金。他们把旅游者和那些家里有闲置住所的人联系到了一起。

中国目前也成长起多家度假租赁公司，如采用"Airbnb模式"的蚂蚁短租，采用免费平台模式的游天下，而同时介入线上平台建设和线下服务与管理的途家模式最受关注。

【链接】

度假租赁公司
——"途家"的商业运营模式

途家是以"中国HomeAway"的形象出现的。HomeAway本质上是一个双边（或多边）平台，途家虽然也主要从事度假租赁业务，但并非简单模仿照搬HomeAway，而是根据国情进行了本土化创新，其商业模式与HomeAway有着本质上的不同。途家的托管业务，首先是与住所提供者签订托管房屋协议，接下来按照高星级酒店标准进行客房配置，然后把房间信息放到途家网进行展示。旅游者通过网络或呼叫中心预订客房后，途家将在旅游目的地的机场、车站等交通枢纽地为客人办理入住和退房手续并提供接送服务。途家还负责客房的清洁和日常维护工作。也就是说，途家既是一个房产中介、一个在线酒店预订平台，也是一个类酒店管理公司，网络不过是其营销和预订平台，房产中介角色是其获取优质房源的手段。盈利模式上，途家也与HomeAway有着巨大差异，HomeAway近90%的收入来自于房屋信息展示费，其余为向房东或地产经纪商收取增值服务费用和与第三方合作的收入分成，而途家的收入则来自于与业主之间的收入分成。

二、换房度假

还有一种度假方式是"换房度假"，即在换房网站的帮助下，度假者与身处异地、甚至异国的另一度假者在度假期间相互交换自家的住房，解决度假期间的住宿问题，从而免去度假期间高额的住宿费用。参加换房度假的人通常会事先签订一份协议，明确使用对方房屋的义务和权利，如有损坏，保险公司将负责追究暂住者的责任。

【链接】

法国人流行换房度假方式

时值8月，正是法国人大举外出度假的时节。度假需要解决住宿问题，法国人流行的是换房度假方式。这种原始而又新潮的"以物易物"模式让越来越多的法国家庭尝到了甜头。

法国便利的网络设施和完善的保险服务使换房度假成为一项前景广阔的新产业。据悉，法国的intevac. fr和homelink. fr等一些有偿换房度假网站都已经成为欧洲的知名网站，每年有成千上万个法国及其他欧美国家的家庭通过这些网站找到了免费旅游住房。法国还有为特定职业人员服务的网站，如专为教师服务的profvac. com和以退休者为主要对象的seniovac. com网站，这两个网站的入会费都是每年60欧元。

homelink. fr堪称法国最早的换房度假网站，该机构现在拥有网上会员1.6万名，每年收取的会员费约200万欧元。intevac. fr则被认为是法国服务最好的换房度假网站，该机构每年为50多个国家的1.2万名会员提供服务，其会员费为75欧元到100欧元不等。

据intervac. fr网站统计，喜欢换房度假的社会阶层包括公司主管、教师、工程师、律师、医生、记者、公务员、自由职业者及退休老人，他们通常在假期与社会地位相近的人换房居住。

在换房网站的帮助下，参加换房度假的人通常需事先签订一份协议，明确使用对方房屋的义务和权利，如有损坏，保险公司将负责追究暂住者的责任。由于责、权、利明确，且是互相换房，暂住者大多能精心维护对方住房。

就法国国内旅游而言，外出度假的主要花费是交通和住宿，其中住宿费是最大的一笔开销。通过换房度假，一些收入不高的工薪家庭也能到巴黎观光，到阿尔卑斯山滑雪，到卢瓦尔河谷看城堡，或到蓝色海岸冲浪，圆自己心仪的旅游梦。

换房度假模式在法国已有近50年的历史。根据法国法律，换房度假不是出租住房，住宿者既不用支付住宿费，也无须缴纳高额增值税。在经济不景气和旅行费用因汽油涨价而飙升的情况下，为了减少经济支出，这种方式越来越受到度假者的青睐。

(摘自：《中国旅游报》2005年8月19日)

第四节 旅游综合体

旅游综合体是指在特定区域内，以一定的旅游资源和土地资源为基础，将休闲、度假、商务、会展、娱乐、购物等主要功能进行有机结合所形成的产业互动、功能互补的泛旅游产业聚集区。它融合了旅游业、商业、房地产业等多种业态，有效整合了多产业的联动发展。

旅游综合体是旅游业、商业、房地产业等融合发展而形成的不同主题的旅游聚集区，是一个多产业联合互动发展的旅游新业态，它通过在特定空间内不同产业间的合理配比、集聚发展，使得旅游景区和地产不断优化升级。

一、旅游综合体的类型

根据发展模式，旅游综合体可划分为三大类，即以旅游景区转型升级为驱动力的旅游综合体、以地产开发模式创新为驱动力的旅游综合体和以城市特定阶段的发展要求为驱动力的旅游综合体。

1. 景区升级驱动型旅游综合体

以旅游景区转型升级为驱动力的旅游综合体，主要依托知名景区进行打造。该旅游综合体模式的主要目的是延伸旅游产业链，提升传统旅游景区的产业结构，完善丰富旅游服务功能及与之配套的旅游服务设施。此类旅游综合体是一种以不同旅游资源为吸引物的旅游景区的全面开发，更有可能发展成为一种以休闲旅游为导向的旅游目的地。

黄山景区是这种类型的旅游综合体的典型代表。黄山景区以品质高、功能全的服务内容为根本，融入度假、会展、演艺、娱乐、居住等产业，改变了传统的发展模式和盈利模式，衍生新型产业，实现多功能、多业态的集聚。

2. 地产创新驱动型旅游综合体

以地产开发模式创新为驱动力的旅游综合体，是以地产投资商为开发主体进行建设的。这种模式多以城市综合体为背景，以住宅地产、商业地产及休闲地产项目为核心，承袭做地产的思维来打造旅游综合体，旅游只是作为一种元素融入其中，以撬动旅游地产的开发。此类旅游综合体是地产业的创新和升级，更可能演变为一种以居住、度假、商务、会展等为主的旅游目的地。

深圳东部华侨城，一个众人熟知的成功旅游综合体模式，就是以旅游地产开发为核心的，其开发模式呈现出商业化、追求高利润等特点，但为撬动其全面发展，最初需要以自然为背景，以人工构筑为手段创造旅游要素，以便进行主题开发，在传统地产中融入繁多有趣的交通、红酒小镇、茵特拉根小镇、天麓大宅、高尔夫球场、天禅演出等等，构造旅游＋地产＋辅助产业的创新型地产开发模式。

3. 城市发展驱动型旅游综合体

以城市特定阶段的发展要求为驱动力的旅游综合体，是城市发展到一定阶段的产物，需要依托城市发展的要求进行开发。这是随着城市快速发展、人们消费水平不断提高、旅游业发展逐渐走向成熟，城市化发展与旅游业在空间、客源、资源等方面的耦合作用下，所形成的顺应时代发展需要的旅游综合体。

依据旅游综合体的核心资源、核心产品或核心功能来划分，按"X＋旅游综合体"的模式（X指核心资源、核心产品或核心功能），旅游综合体通常可分为以下十大类别：

- 温泉旅游综合体。如珠海海泉湾（见图7-4）、北京温都水城、柏联SPA等。
- 滨海旅游综合体。如海南清水湾等。
- 主题公园综合体。如深圳华侨城、成都温江国色天香等。
- 乡村旅游综合体。如成都五朵金花等。
- 高尔夫旅游综合体。如深圳观澜湖、杭州富春山居高尔夫等。
- 文化创意旅游综合体。如杭州南宋御街、上海新天地、楚雄彝人古镇、广东梅州"客天下"旅游综合体等（见图7-5）。
- 主题酒店旅游综合体。如西溪天堂、澳门威尼斯人度假村等。
- 生态休闲旅游综合体。如东部华侨城、恩龙世界木屋村等。
- 休闲新城旅游综合体。如甘肃冶力关、京津新城等。
- 休闲商业旅游综合体。如上海豫园等。

图7-4 温泉主题的旅游综合体：珠海海泉湾。拥有两家五星级度假村，一间大型现代化剧场，以及露天温泉、医院、运动设施和游乐场等（刘伟摄）

二、旅游综合体的特征

"旅游综合体"出现，是旅游消费模式升级（从单一观光旅游到综合休闲度假）、景区发展模式升级（从单一开发到综合开发）、地产开发模式升级（从传统住宅地产到综合休闲地产）共同作用的结果。从这个意义上看，更印证了"旅游综合体"必然是推动中国旅游产业再次升级的主力引擎，也决定了其核心特征包括以下五个方面：

以一定的旅游资源与土地为基础。旅游资源与土地是旅游综合体打造的前提所在。需要指出的是，这里说的旅游资源，是包括人工打造的资源在内的泛旅

图7-5 集旅游、文化、生态、休闲、商住为一体的旅游综合体：梅州"客天下"。包括客天下广场、国际婚庆殿堂、客家小镇，以及高尔夫球体验园、玫瑰情人谷、客天下国际大酒店等20大景点（刘伟摄）

游资源的概念，如何转化成具有独特吸引力的旅游产品是其核心指向。土地资源可大可小，它决定了旅游综合体的规模大小，影响着产品的配比结构。

以旅游休闲功能为主导。作为旅游综合体，旅游休闲功能必须是主导，基于泛旅游产业综合发展的构架，实现融合观光、游乐、休闲、运动、会议、度假、体验、居住等多种旅游功能在内的"综合旅游休闲"的概念——当然，在实际开发中的功能综合配置，不是多种功能的简单大糅合，而是要根据具体情况，侧重打造其中某一项或几项功能。

以土地综合开发为手段。旅游综合体实际上就是以旅游休闲为主导的土地综合开发利用的一种手段，其目标是通过综合开发，进行多功能、多业态的集聚，以旅游发展提升土地价值、推动衍生产业发展、促进多元文化互动，最终实现开发回报的最优化。

以休闲地产产品为核心。休闲地产产品既包括度假酒店地产、休闲商业地产（如商业街等）、休闲住宅地产三大核心类别，也包括其他特色主题地产如创意地产，这是旅游综合体开发最核心的一个板块，是盈利的核心所在。

以较高品质服务为保障。作为旅游开发的升级模式，旅游综合体必须拥有超越一般景区的较高品质的服务作为保障，才能够实现良好的运营。

三、旅游综合体的作用

从大的层面上来说，一个成功的旅游综合体，对于提升城市品牌形象、提供更多就业岗位、推动产业转型升级等方面都有巨大作用。

从旅游发展的角度来说，旅游综合体实际上有三大作用：其一，推动区域旅游"从观光时代走向休闲时代"。其二，推动区域旅游"从景区时代走向旅游目的地时代"。其三，推动旅游开发"从单一产品时代走向综合体时代"。

从地产开发的角度来说，旅游综合体为大地产开发特别是旅游休闲地产的开发提供了一种创新的模式。按照"旅游综合体"的特色模式进行旅游休闲导向的土地综合开发，实现地产开发与综合旅游休闲发展的完美融合，为旅游休闲地产的创新开发带来了巨大的空间，东部华侨城正是一个最为成功的典型。

四、旅游综合体的打造

（一）确立综合打造为指向

综合打造的指向，既是旅游综合体的核心特征，也是打造旅游综合体的第一要领。它包括四个方面的含义：

其一，是土地的综合开发。旅游休闲导向型的土地综合开发，是旅游综合体打造的本质所在，即所谓"复合型资源、综合性利用"的思想。

其二，是产业的综合发展。旅游综合体是从单个旅游项目到综合旅游聚集区的转变，实际上是包括地产、商业、会展、创意、体育、文化等在内的泛旅游产业的综合发展架构，当然，不同的旅游综合体，产业的侧重将不同。

其三，是功能的综合配置。旅游综合体区别于传统旅游景区的特色之一，就是聚集了多种旅游功能，既要突出某项功能，又能够一站式满足游客全方位的旅游体验需求。

其四，是目标的综合打造。一个成功的旅游综合体，实际上完全有可能发展成为"城市特色功能区、旅游休闲新地标、城市文化新名片"，这是一个综合目标的构架，它已经超越了一般旅游区的层面，对城市、文化同样有着巨大影响。

（二）确立定位突破为先导

在旅游综合体未来的发展中，必然面临激烈的竞争，赢得竞争的关键在于定位的突破，主要包括两个方面：

其一，是区域功能定位。就是要跳出地块，在区域旅游一体化的结构中，通过比较发挥自身的优势，明确自身在区域发展格局中的定位，这是旅游综合体融入大区域城镇发展与旅游发展的前提。

其二，是开发主题定位。实际上就是要面向市场需求，以创造差异化的吸引力与感召力为指向，整合自然旅游资源、文化旅游资源和社会旅游资源三大资源，凸显放大比较优势，形成一个独特性的主题（案名），即要找到"旅游综合体"打造的灵魂，这个灵魂将指导旅游综合体的个性文化与特色意境的构建，是非常重要也极具难度的一个环节。

（三）确立功能构架为核心

功能构架的确立，是旅游综合体打造的核心所在。旅游综合体在功能构架上，绝不是各种功能简单的堆砌和罗列，而是要充分研究其主要作用、内在关系和互动模式。

其一，要打造核心吸引中心。即面向市场需求，创新整合开发核心资源，目的是创造一个或多个独特的核心吸引物，这是创造核心吸引力的基石所在，可以是一个或多个核心旅游休闲项目——观光景区、主题公园（乐园）、赛马场、赛车场、影视城、特色街区、温泉养生中心、高尔夫球场、特色酒店、主题博物馆等。

核心吸引中心的打造是吸引人流、提升土地价值的关键所在。这是旅游综合体打造的关键，需要对旅游产品有着深入研究与创新能力才能实现。

其二，要构造休闲聚集中心。即为满足由核心吸引物带来的客源的各种休闲需求而创造的综合休闲产品体系，实际上是在泛旅游产业构架下各种休闲业态的聚集（Mall构架的游憩方式），主要包括主题酒店群、特色商街、主题演艺场（见图7-6）、高尔夫球场、水上游乐项目、滑雪场等。

图7-6 某旅游综合体内的演艺中心（刘伟 摄）

核心吸引物把人流吸引进来后，就形成了最初的消费，但要留住人流并扩大其消费，就需要创造更多的休闲产品，激发并满足人流的休闲消费需要，让其成为旅游休闲目的地，即构造休闲聚集中心。这是旅游综合体的主体功能部分。

其三，要创造延伸发展中心。这主要是指延伸发展地产业（利润主要来源）、泛旅游产业、现代服务业等相关产业，这是获取土地开发巨大收益的重中之重。

对于旅游综合体来说，核心吸引中心与休闲聚集中心是关键所在，也是旅游经营的主要依托，这两部分的成功开发将极大地提升土地价值与品牌价值，也能够创造可持续的现金流。但是，要真正获得土地开发的巨大回报，就必须进行延伸发展，主要是休闲地产社区、会议会展和文化创意产业的开发，以及现代农业、现代服务业的开发等，最终形成一个泛旅游产业的发展构架。尤其休闲地产，是最重要的延伸发展中心，包括高端居住小镇、度假公寓、养生社区、研发园区、文化创意产业园区、企业总部基地等多种形态。

考虑到住宅价值体现的周期较长，先期可以先推出部分休闲地产项目，以便快速回笼资金（见第Ⅵ页图31）。

（四）确立操作运营为支撑

由于是一个复杂的综合旅游发展模式，旅游综合体对于运营的要求极高，也具有相当的难度。立足于推进项目操作的角度，旅游综合体要想成功运营，以下两点将显得十分重要：

1.寻求专业化、落地化的高水平智力支持

目前，由于竞争相对激烈，从前期拿地到实际开发，都需要一个高水平的开发方案。这就要求政府或开发企业十分重视旅游综合体开发方案（包括策划、规划、设计和运营咨询）的编制，在实际操作中，要靠高水平的智力支持来实现。对于相对复杂的旅游综合体来说，高水平的智力支持应当具备以下两项能力：

第一，具备多专业配合的团队构架——能透析泛旅游产业的团队大构架，特别是旅游产品、度假酒店、休闲地产、投资运营和土地综合开发等方面的专业人才。

第二，具备全程化咨询的服务能力——即要具备从创意策划到落地运营的综合能力，因为一个成功的旅游综合体开发方案，必须有灵魂、有骨架、有血肉、能成长，缺一不可。而"策划找灵魂、规划搭骨架、设计长血肉、运营促成长"各有侧重点，因而能够落地的开发方案必须是由策划、规划、设计、运营咨询一体化的构架所搭建出来的。

2.选择特色化、创新化的高水准运营模式

真正的旅游综合体，对旅游综合运营的要求非常高，要求能体现出全局性、长期性、品质性，在实际的操作中可有两种选择：

其一，是独立开发、独立运营的模式。在全国，能够这样做的企业并不多，主要是大型旅游集团或已经转型旅游领域多年的大型地产集团，如华侨城、港中旅、国旅、龙城控股、方特、卓达等。

其二，是统筹开发、合作运营的模式。这里面就会形成一个新的运营主体——旅游

综合体运营商，类似于城市运营商、区域运营商，主导地块的规划与开发，并且是一个招商平台、融资平台、营销平台，做一级半开发。除了开发并独立运营自身比较擅长的项目外，综合体内的其他项目则通过战略合作的方式来落实具体运营，如酒店、商业街、娱乐项目等。

故而，一个旅游综合体既要拥有一个专业的主体运营公司，同时还要根据不同的功能部分引进最为专业的合作伙伴，共同管理运营项目，才能为目标客户群提供周到的综合服务。

第五节　旅游金融

在国家把旅游产业培育成国民经济的战略性支柱产业和人民群众更加满意的现代服务业的大背景下，中国人民银行等多部委发布了《关于金融支持旅游业加快发展的若干意见》，明确了国家在金融政策上支持旅游产业的发展措施，"旅游金融"问题越来越吸引人们的关注。

一、旅游金融与产业金融

1. 产业金融

产业金融是实体经济与虚拟经济融合发展后出现的一种金融业态。

经济活动大致可分为实体经济与虚拟经济。实体经济是指物质的、精神的产品和服务的生产、流通等经济活动，包括农业、工业、交通通信业、商业服务业、建筑业等物质生产和服务部门，也包括教育、文化、知识、信息、艺术、体育等精神产品的生产和服务部门。它是人类社会赖以生存和发展的基础。虚拟经济产生于实体经济的内在需求，是指虚拟资本的交易活动。二者的关系也可概括为实体经济借助于虚拟经济，虚拟经济依赖于实体经济。

随着经济的发展，产业融合现象日渐增多，表现为产业之间原有的固定边界逐渐模糊甚至消失，如多个相关产业的企业之间大量的业务交叉、战略联盟和并购重组。在实体经济与虚拟经济的相互依存和产业间不断融合的推动下，以产业为代表的实体经济和以金融为代表的虚拟经济必然走向耦合发展的同一轨道，形成产业金融。

2. 旅游金融

旅游金融是随着汽车金融、钢铁金融等产业金融概念的出现而出现的一个新的概念。旅游金融是指以旅游产业为实体经济和以金融业为虚拟经济，二者相互融合、互动发展的新兴业态，是通过旅游资源的资本化配置以及旅游支付手段的电子化改革，来实现旅游产业与金融业融合发展以及旅游价值增值的金融路径或金融工具。

旅游金融是产业金融的一个细分领域，不能将旅游金融等同于旅游产业发展与金融的某一具体板块融合，旅游金融不是银行业务或保险业务与旅游产品的简单叠加，而是旅游产业与金融业的耦合发展。实际上，"旅游+金融"模式在世界范围内已经相当成熟了，其典型代表就是美国的"运通模式"。

二、旅游金融发展史

提到旅游金融，就不得不提到美国运通公司。从某种意义上讲，运通公司最早开拓了现代旅游金融业务。

150多年前，运通只是一家从事快递服务的小公司，直到1958年10月，运通推出自己的银行卡——运通卡，才标志着它完成了业务创新和战略转型。通过将金融交易业务融入旅游业，运通公司成为世界上最大的旅游服务商。如今，全世界使用旅行支票的客人，绝大多数用的都是运通公司的旅行支票。运通卡在全球50多个国家以超过45种的货币发行，为会员的日常生活和旅游消费提供了方便。几年前，美国运通已经与我国腾讯网财付通开展合作，这表明，全球标杆型的旅游金融体企业开始全面进军中国旅游市场。和国旅运通不一样，美国运通选择了电商平台，实质上是看中了腾讯数以亿计的非常活跃的个人用户，彻底突破了美国运通在中国市场的用户规模的瓶颈，完成了自己的战略布局。

我国现代旅游金融业务启动比较晚。运通公司进入我国市场后，开启了我国的现代旅游金融业务。2002年12月，运通公司与中国国际旅行社签署了合作协议，指定国旅为其在中国休闲旅游领域唯一的授权特许经营伙伴，并共同成立了国旅运通公司。2005年，国旅运通航空服务有限公司在上海正式成立。目前在我国已有400个以上的城市接受运通卡签账，涉及酒店、餐厅、商店和航空公司等行业。2004年3月，运通公司与中国工商银行签署了《发卡与收单合作协议》，中国工商银行发行了首张带有美国运通标志的信用卡——牡丹运通卡。

2007年起，中国国旅全球商务旅行（CITS）展开预付卡业务，售卡额年均增幅达142.45%。

事实上，我国旅游金融的发展是滞后的，这种滞后有一定的客观原因。如果中国旅游消费市场还没有成熟，如果没有金融改革的支持——比如央行颁发"支付业务许可证"，旅游金融的发展将受到严重的制约，很多国外旅游金融市场的运作模式也无法复制。2012年，央行等七部门发布了《关于加强金融支持旅游业加快发展的若干意见》，这被视为国家在更深层次上推进旅游金融发展的象征，为我国旅游金融的发展提供了肥沃的土壤和良好的基础。

三、旅游金融体

2012年起，中国旅游业最显著的趋势，就是以旅游支付方式的变革为起点，以电子货币非银行机构、产业链支付、支付牌照为核心，"旅游+金融"将成为产业创新主流之一，"旅游金融体"应运而生。

旅游金融体有广义与狭义之分。

广义的旅游金融体是指从事与旅游有关的金融业务的所有机构和组织。可以是金融机构或组织，也可以是非金融机构或组织。

狭义的旅游金融体则是指从事与旅游有关的金融业务的旅游企业或组织（通常为非金融机构）。本章所讲的"旅游金融体"特指这种类型。

"旅游金融体"是基于美国著名经济学家约瑟夫·熊彼特的"企业家创新"理论。熊彼特认为，企业家最核心的功能在于提供一种经营思想，在不增加任何现有有形生产要素的情况下，通过引入一种"创新的供给组合"，使得企业现有生产要素得到更合理、更有效的利用，从而创造出超额利润。旅游企业搞"金融创新"，不是要使用什么衍生工具，而是要素的投入，其层面有二：一为产品创新；二为企业组织形式创新，即"旅游金融体"。旅游企业现金资产比重过大，对外融资很难，资本市场投机风险较大，存入银行收益不佳，金融危机导致流动资产风险加大，这时，纳入集团组织架构的"非银行金融机构"，将有效促进集团内部融通，增强资产盈利性。早在1987年，上海锦江集团就组建了上海锦江集团财务公司（央行特批的非银行金融机构），这是中国旅游服务业第一次结构性的金融创新。2011年，电子货币支付、移动互联网技术相继成熟，行业立法告竣，信用瓶颈解决，"旅游金融体"由企业个案转变为行业发展的主流趋势。

"旅游金融体"有四个基本特征：

第一，内部性。为企业内生的金融组织（电子化的非金融机构），实现资金"内循环"，如海航旅业控股渤海易生。

第二，适合会展、考察和定制化旅游的业务扩张。

第三，优化整合产业链，取得规模效应。比如一张预付卡，企业通过折扣、返利、分期等"杠杆"方式，刺激流动性，自主实现机票+酒店+观光+会展+购物的纵向市场整合，旅游保险+通信+物流的横向市场扩容，获取规模效应，无须外部（银行）支持。

第四，通过数据挖掘和BI（商业智能）技术，有效实现客户管理升级。

四、旅游金融产品

银行、证券和保险是现代金融体系的三大支柱，也是旅游金融的一个基本框架。基础性旅游金融产品主要包括以下几种类型：

（一）银行类旅游金融产品

银行类的旅游金融产品主要包括银行对旅游企业发展的信贷融资和以旅游者为对象的旅游金融产品。

1. 银行对旅游企业发展的信贷融资

指银行部门为旅游企业的发展壮大给予信贷方面的支持与倾斜，例如：浦发银行加强对国家重点旅游项目的融资授信，积极支持香格里拉、丝绸之路、长江三峡、青藏铁路沿线、海峡西岸等旅游项目的开发，推动国家区域旅游发展战略的实施；工商银行支持上海锦江国际酒店集团的海外并购，提供并购贷款用于该集团与美国德尔集团联合收购美国州际酒店与度假村集团项目，支付股权交易对价，从而促进大型旅游企业成长。

2. 以旅游者为服务对象的各类银行卡（旅游消费卡）

旅游刷卡消费是指以各种类型的银行卡形式，以优惠的价格消费旅游产品或服务。同时，消费者还可以以旅游产品作为累积积分的奖励。这类银行卡可以广泛地应用于旅游饭店和旅游景点、景区。银行发行的旅游卡分为两种：

与旅行社联合发行的联名卡。如招商银行与携程网共同推出的"招商携程旅行信用卡"。

与旅游行政管理部门合作发行的银行卡。由银行与当地旅游主管部门合作，持卡人在当地旅行社、宾馆、酒店、景区、商场、娱乐场所等都可享受折扣优惠。通常由旅游主管部门负责完成旅游卡加盟商户的拓展和用卡环境建设。如由原国家旅游局与中国银联共同推出的"中国旅游卡"。该卡是国家旅游局为满足国内游客便捷、安全的支付需求，在推动旅游行业无障碍刷卡的基础上，推动多家金融机构打造的一款涵盖"吃、住、行、游、购、娱"等多领域的新型旅游特色支付产品。该卡通过整合全国及境外旅游消费资源，为持卡人提供景区购票折扣、网上和电话预订优惠以及酒店、保险、购物等各类专属优惠和服务。

总之，银行为旅游企业或旅游项目提供间接的资金融通，增强了旅游供给方的生产能力，为旅游者打造出更高品质的旅游产品；另一方面，银行为旅游者提供相应的金融支付或信贷消费等服务，使旅游需求更具购买力，从而促进旅游产业的发展。

（二）证券类旅游金融产品

旅游产业与证券业的互动空间最宽广，涵盖了产业金融的三个基本功能：资金融通、资源整合和价值放大。这三个功能的充分发挥都以旅游企业上市为前提和载体。

首先，证券市场可以为旅游产业的发展融通资金。旅游产业是一个前期投资金额大、投资回报周期长的产业，建设期对资金的需求非常旺盛，而资本市场可以通过把投资者的闲散资金汇集起来，集中融通给旅游上市公司，然后，旅游公司将这些资金用于旅游项目的开发和建设之中，并在未来的收益中分期回报给投资者，形成一个有机的资本循环，从而保证为旅游产业的发展壮大融得持续、稳定和长期的资金。

其次，证券市场可以帮助我们实现资源的整合。旅游企业借助资本市场，通过股权渗透、并购重组等方式，或横向整合旅游产业链，以提高旅游产品的连贯性和整体性；或纵向整合旅游资源供给市场和旅游销售市场，以减少内部交易成本和扩大旅游市场；或双向混合整合，以提升全方位的旅游服务能力，降低经营风险，扩大收益。

再次，证券市场还可以放大产业资本的市场价值，即使同质同量的资产，只要流动性提高了，价值就能提高。为此，旅游企业通过上市，把旅游资源资产证券化为股票，通过在证券市场上交易流通，提高其流动性，放大其市场价值。事实上，产业资本一旦进入证券市场，其市场价值如同坐上了电梯，会得到几倍甚至数十倍、上百倍的放大。

旅游产业与证券业的互动不仅包括股票市场的上市公司股权融资，还包括债券市场的债权融资及对其他证券类金融工具的运用。

（三）保险类旅游金融产品

旅游保险产生的前提是旅游风险的客观存在。旅游是一种空间活动，在整个旅游过程中，会有各种各样的不可预测的事件对旅游者的生命和财产构成损失或损害的危险，常见的旅游风险如旅行社风险、旅游者风险、交通风险、住宿风险、餐饮风险、购物风险、娱乐风险、景点风险及自助游风险等，据此，各商业保险公司可开发相应的产品。

五、旅游金融衍生品

各种旅游产品是伴随着旅游业的迅速发展而产生和丰富完善的。银行的旅游支付工具、相应的旅游企业股票、债券和各种旅游保险产品等，都是根据旅游供求双方需要而开发出来的金融产品。随着旅游业和金融业的进一步发展，一方面，未来的旅游金融产品将呈现出品种多样化、交易便捷化、费用低廉化和使用生活化等特征；另一方面，在金融创新的推动下，这些基础性的旅游金融产品必将衍生出新的旅游金融产品。

1. 按揭旅游

按揭旅游在国内属于一种创新型旅游衍生品。如出游金额在1万～2.5万元之间的招商银行信用卡用户，均可享受零首付按揭旅游，只需向旅行社支付最多6%的服务费，游客可选择支付旅行费的时间期限有三种，即3个月、6个月和12个月。

2. 旅游期货

以旅游资源为标的物的期货合约，不仅可转移旅游资源的运营风险，而且可为金融机构和旅游部门提供获利机会。

3. 旅游资源资产证券

旅游业是以景点为代表的垄断行业，投资回报率增长平稳，有稳定的现金流，可以应用现金资产证券化，即发起人（景区）将证券化资产（如门票收入）出售给一家特殊目的机构，或由这家机构主动购买可证券化的资产，然后由这家机构将这些资产汇集成资产池，再以该资产池所产生的现金流为支撑，在金融市场上发行有价证券，进行融资。最后用资产池产生的现金流来清偿所发行的有价证券。

4. 支付宝

用支付宝购买旅游产品，实际上是一种旅游担保交易解决方案，游客在支持该方案的旅游网站购买旅游产品服务，可以实现"先玩后付"旅游体验。按照这一方案，游客在支持旅游担保交易的网站下单购买旅游产品，支付宝会给游客提供与旅游网站签约的电子合同，并为游客暂时"冻结"预付旅游款项。待行程结束，消费者对交易没有异议，支付宝才"解冻"旅游费，放款给商家。如果中间出现纠纷，游客可在3天内通过支付宝提出维权申请。支付宝会提供3天协调期，若双方协商不成，支付宝则引入旅游行业维权机构，启动调解赔付机制处理。最后根据行业维权机构的调理意见，支付宝对"冻结"交易资金进行赔付分配处理。整个过程，游客交易资金始终由支付宝做第三方托管，直至交易双方无异议。

5. 旅游预付卡

在世界范围内，旅游与金融结合的支付产品主要有两种，一是旅游集团自己发行的信用卡，二是"预付卡"，即人们外出旅游度假，买一张旅游消费卡并预存相应金额后，在旅途中即可吃喝玩购"一站式"刷卡。一些公司为了节省差旅成本，也会购买差旅预付卡。这种预付卡一般折扣大，可返利、返现，不但吃喝玩行"一卡通"，还能缴纳水电、通信等费用。

企业可以通过预付卡的折扣、返利、分期等"杠杆"方式，刺激流动性，自主实现机票+酒店+观光+会展+购物的纵向市场整合，以及旅游保险+通信+物流的横向市场扩容，实现规模化效益，而无须银行的支持。

就旅游预付卡而言，主要有两种类型：一种是旅游电子网站发行的旅游预付卡，实际是电子代币券。目前，携程发行的"携程商旅卡"规模最大。另一种是旅游部门发行的"旅游年票"磁卡，如已实现全省联网的陕西旅游年票。

预付卡是由旅游企业自己发行的。人们会问：业者自行发卡，会不会携款而逃？美容健身卡的用户就深受此害。那么旅游企业发卡，诚信由谁来保障？当然不能由企业自己说了算。2011年5月23日，国务院办公厅颁布《关于规范商业预付卡管理的意见》；5月26日，央行颁发首批"支付业务许可证"；6月14日，央行颁布《非金融机构支付服务管理办法》——也就是说，支付牌照应由央行专批，这就意味着这些预付卡承载了国家信用。有了这个牌照，老百姓和企业用户就可以"放心"地预先付款了，企业用户也可以预先支付年度差旅费用。若没有央行牌照的支撑，这种提前消费是不可想象的！

预付卡大大方便了旅游者的旅游支付，还是旅游企业新的利润增长点，其商业模式非常诱人，但前提是须获得支付牌照，因此围绕着央行支付牌照，旅游集团的竞争非常激烈。

六、旅游金融在国内的发展现状与发展趋势

（一）我国旅游金融存在的主要问题

1. 旅游金融产品及其衍生品还不够丰富

银行缺乏针对旅游金融的产品创新，尤其是对于新型旅游业态，围绕产业链的创新不足。今后，商业银行应结合旅游项目和旅游企业的特点，不断创新融资担保模式，整合银行资源，采取包括一级土地开发贷款、产业投资基金、股权投资等多种方式，参与重大旅游项目、旅游基础设施、旅游新业态的建设和开发。同时不断创新旅游个贷产品，积极拓展包括

产权式酒店按揭等个人投资经营贷款、高尔夫会籍按揭、游艇码头及游艇的租赁与按揭，以及涵盖各类中高端旅游产品的分期付款业务。

2. 旅游金融的相关法律不健全

国家针对软权利质押的法律、法规不完善，经营权质押、收费权质押等方式难以保障银行贷款的权益。

3. 银行对旅游金融重视不够

从银行的角度看，银行长期注重具有"硬"资产形态的第二产业，而对于具有"软"资产形态的服务业重视不够，因此对旅游行业的特点研究把握不准，支持力度不足。

（二）我国旅游金融的发展趋势

1. 国际金融资本与国内旅游资本推动下的旅游电子支付平台建设加速

一方面，已发展起来的旅游金融衍生品逐渐深入人心；另一方面，这种衍生品急需更安全、更便捷的支付方式与之相响应。在这种背景下，国际金融资本和国内旅游资本找到了良好的市场契合点，即商务支付结算方式。如中国建设银行与阿里巴巴网站已发行专注于电子商务、具有网购功能的联名借记卡——支付宝龙卡，共同推出了电子支付领域的新产品——支付宝卡业务，意味着电子支付与银行卡真正实现贯通，也表明银行对第三方支付的认可。

2. 金融资本直接并购旅游资本的趋势在加快

银行的中间业务盈利模式正在成为商业银行的重要盈利模式。银行业通过直接投资吸收或融合商务旅行或个人旅行业务的迹象已出现，类似的银旅计划呼之欲出，即银行在中间业务中吸纳专业的旅行服务，围绕信用卡发行，提供一揽子"财务打理+健康休闲打理"的通盘解决方案，实现银行业务与旅游业务的服务平台共享。

3. E化旅游将成为下一轮旅游金融的投资热点

散客旅游盛行带来的E化旅游是未来旅游方式的主潮流。参照美国运通公司与微软公司的合作模式，我国以携程代表的E化旅游企业已经得到资本市场的认可。

4. 旅游开发模式的金融创新

（1）设立旅游开发银行。在现有法律和制度条件下，设立民营旅游开发银行将为新一轮景区旅游开发提供新引擎。通过这一方式，可以保证景区旅游开发的旅游商业价值不流失，各类资源得到有效保护，同时合理体现投资商的收益，整合景区旅游资源（资产），调整旅游开发收益的分配方式。2012年10月20日，港中旅入股河南焦作市商业银行，并高调宣布将把该行塑造成独具特色的"旅游银行"，重点打造旅游金融业务板块。因此，从某种意义上讲，港中旅是中国第一家成立"旅游银行"（将银行纳入集团体系）的旅游企业。

（2）发展旅游专项小额信贷项目。成立旅游专项小额信贷金融部门，对符合政策的旅游业实行中长期信贷扶持政策，适当放宽信贷条件，扩大面向生态旅游经营等的小额信贷和联保贷款。

（3）创新旅游投融资体制。以项目为核心，以土地、基础设施、公共服务等配套措施为保障，吸引社会资金参与旅游资源的开发经营，创新旅游投融资体制，营造热钱注入的"洼地"。

5. 旅游企业经营模式的金融创新

旅游金融创新是以支付方式变革为起点的，但这只是一种旅游金融产品创新，还有价值链创新，如港中旅成立了意在"加强集团内资金管理、拓展金融领域"的港中旅财务有限公司。

6. 旅游金融市场竞争将十分激烈

赚旅游的钱是"小好"，赚金融的钱是"中好"，赚模式的钱是"最好"，旅游金融模式是将旅游企业及旅游产业做强做大的最佳选择。美国运通公司之所以成为旅游行业的全球"老大"（其一家企业的营业收入超过中国所有旅游企业收入的总和），就是因为选择了旅游金融的发展模式，走了旅游金融的道路。未来，包括金融机构、地产商等在内的投资者将进入旅游金融市场，这将使旅游金融市场的竞争变得十分激烈。

（三）旅游互联网金融

互联网的欣欣向荣，为互联网金融的发展带来了机遇。作为新生事物，旅游互联网金融为旅游与互联网金融的融合带来了开放式的发展空间，其服务模式也不断创新。

当人们还在忙于了解互联网金融时，阿里旗下的支付宝公司已将嗅觉延伸到旅游业，开始探索旅游互联网金融如何服务于游客。以境外旅游消费中的购物退税为例，2014年，全球最大的购物与消费专业退税机构——瑞士环球蓝联公司与支付宝公司达成协议，中国游客可通过支付宝直接收到海外购物退税，首批覆盖法国、德国、意大利、韩国和英国的约5000个商家。

简单地说，旅游互联网金融是指旅游业依托于支付、云计算等互联网工具，实现资金融通、支付和信息中介等业务的一种旅游新业态、新模式及新业务，是旅游与金融及互联网技术的有机结合。

附：

中国民宿平台能复制爱彼迎（Airbnb）的上市之路吗？扫描二维码进一步了解。

第六节　旅游电子商务

旅游电子商务是指以网络为主体，以旅游信息库、电子化商务银行为基础，利用最先进的电子手段运作旅游业及其分销系统的商务体系。

旅游电子商务利用先进的计算机网络及通信技术和电子商务的基础环境，整合旅游企业的内部和外部的资源，扩大旅游信息的传播和推广，实现旅游产品的在线发布和销售，为旅游者与旅游企业之间提供一个知识共享，增进交流与交互平台的网络化运营模式。见图7-7。

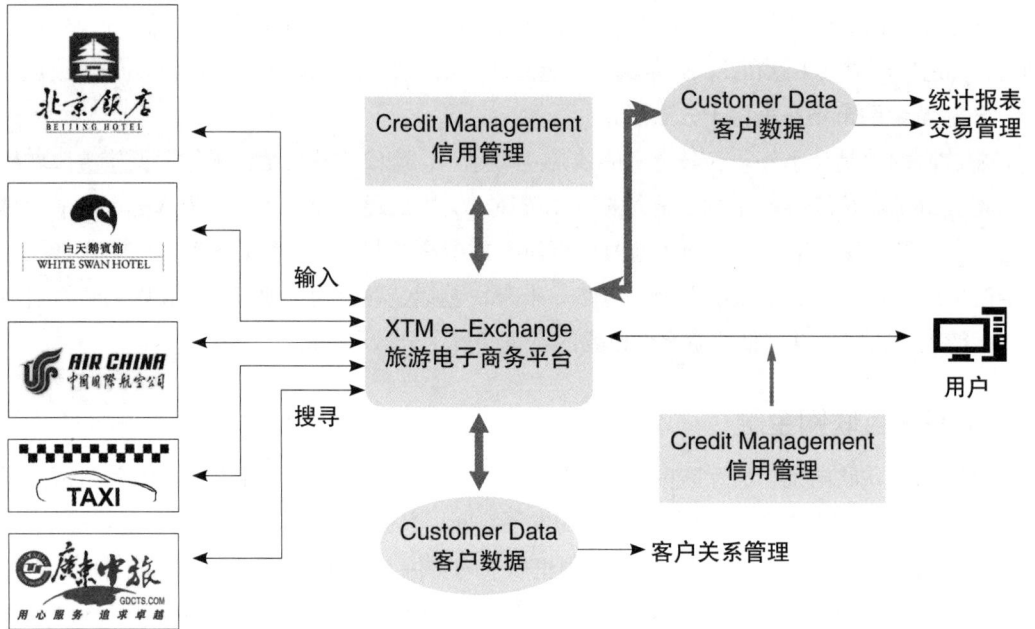

图7-7 旅游电子商务体系结构图

一、旅游电子商务的特征

旅游电子商务开拓出新的网上市场流通渠道，创造出新的旅游产品销售平台与方法，降低了旅游企业的各种经营成本，扩大了规模经济性与范围经济性。

旅游电子商务具有以下特征：

● 聚合性。可以将游客所需要的各种旅游信息聚合在电子商务平台。

● 有形性。网络多媒体给旅游产品提供了身临其境的展示机会，使无形的旅游产品变得有形化。

● 服务性。很多电子商务平台设有在线服务人员，随时为游客提供各种旅游咨询服务。不少旅游类电子商务网站已经不再是单一的订购门票和提供旅游线路，而是逐步向多元化发展，开始走出行一站式服务的路线。例如酒店订房、租车服务、地方特产购买，甚至是电影院、KTV等一些娱乐场所的优惠预订等，相信不久的将来，旅游类电子商务网站将为人们的出行、住宿、旅游等提供一系列更为完善且实惠的服务。

● 便捷性。产品和价格是游客最关注的信息。居民出游前最希望获取的信息主要是旅游核心产品及其价格信息，包括旅游目的地与旅游线路，食、住、行、游、购、娱等旅游关联产业的价格信息和服务质量情况。这些信息都可以通过互联网非常方便地获取。

● 优惠性。电子商务通常会为游客提供各种类型的产品优惠。

● 个性化。通过电子商务，游客还可以定制个性化的旅游产品。

二、旅游电子商务的类型

按照不同的标准，旅游电子商务有多种分类方法。这里介绍按照旅游电子商务的交易模式和按照实现旅游电子商务使用的终端类型两种标准的分类。

（一）按照交易模式划分

1. B2B交易模式

在旅游电子商务中，B2B（Business to Business）交易模式主要包括以下几种情况：

● 旅游企业之间的产品代理。如旅行社代订机票与饭店客房，旅游代理商代售旅游批发商组织的旅游线路产品。

● 组团社之间相互拼团。即当两家或多家组团旅行社经营同一条旅游线路，并且出团时间相近，而每家旅行社只接收到为数较少的客人时，旅行社征得游客同意后，可将客源合并，交给其中一家旅行社操作，以实现规模运作的成本降低。

● 旅游地地接社批量订购当地旅游饭店客房、景区门票。

● 客源地组团社与目的地地接社之间的委托、支付关系，等等。

旅游业是一个由众多子行业构成、需要各子行业协调配合的综合性产业，食、宿、行、游、购、娱各类旅游企业之间存在着复杂的代理、交易、合作关系，旅游B2B电子商务有很大的发展空间。

旅游企业间的电子商务又分为两种形式。

一是非特定企业间的电子商务。它是在开放的网络中为每笔交易寻找最佳的合作伙伴。一些专业旅游网站的同业交易平台就提供了各类旅游企业之间查询、报价、询价直至交易的虚拟市场空间。

二是特定企业之间的电子商务。它是在过去一直有交易关系或今后一定要继续进行交易的旅游企业之间，为了共同经济利益，共同进行设计、开发或全面进行市场和存量管理的信息网络，企业与交易伙伴间建立信息数据共享、信息交换和单证传输。如航空公司的计算机预订系统（CRS）就是一个旅游业内的机票分销系统，它连接航空公司与机票代理商（如航空售票处、旅行社、旅游饭店等）。机票代理商的服务器与航空公司的服务器是在线实时链接在一起的，当机票的优惠和折扣信息发生变化时，就会实时反映到代理商的数据库中。同样，机票代理商每售出一张机票，航空公司数据库中的机票存量就会发生变化。B2B电子商务的实现大大提高了旅游企业间的信息共享和对接运作效率，提高了旅游业的运作效率。

2. B2E交易模式

B2E（Business to Enterprise）中的E，指旅游企业与之有频繁业务联系，或为之提供商务旅行管理服务的非旅游类企业、机构、机关。大型企业经常需要处理大量的公务出差、会议展览、奖励旅游等事务，因此往往会选择和专业的旅行社合作，由旅行社提供专业的商务旅行预算和旅行方案咨询，开展商务旅行全程代理，从而节省时间和财务的成本。另一些企业则与特定机票代理商、旅游饭店等保持比较固定的业务关系，并据此享受优惠价格。

旅游B2E电子商务较先进的解决方案是企业商务旅行管理系统（Travel Management System，简称TMS）。它是一种安装在企业客户端的具有网络功能的应用软件系统，通过网络与旅行社的电子商务系统相连接。在客户端，企业差旅负责人可将企业特殊的出差政策、出差时间、目的地、结算方式、服务要求等输入TMS，系统将这些要求传送到旅行社。旅行社通过电脑自动匹配或人工操作，为企业客户设计最优的差旅方案，并为企业预订机票及酒店，将结果反馈给企业客户。通过TMS与旅行社建立长期业务关系的企业客户能享受到旅行社提供的便利服务和众多优惠，节省差旅成本。同时，TMS还提供统计报表功能。用户企业的管理人员可以通过系统实时获得整个公司全面详细的出差费用报告，并可进行相应的财务分析，从而有效地控制成本，加强管理。

3. B2C交易模式

B2C（Business to Customer）旅游电子商务交易模式，也就是电子旅游零售。交易时，旅游散客先通过网络获取旅游目的地信息，然后在网上自主设计旅游活动日程表，预定旅游饭店客房、车船机票等，或报名参加旅行团。对旅游业这样一个旅客地域高度分散的行业来说，旅游B2C电子商务可方便旅游者远程搜寻、预订旅游产品，克服距离带来的信息不对称。通过旅游电子商务网站订房、订票，是当今世界应用最为广泛的电子商务形式之一。另外，旅游B2C电子商务还包括旅游企业面向旅游者拍卖旅游产品，由旅游电子商务网站提供中介服务等。

4. C2B交易模式

C2B（Consumer to Business）交易模式是指旅游者提出需求，然后由企业通过竞争满足旅游者的需求，或者是由旅游者通过网络结成群体与旅游企业讨价还价。

旅游C2B电子商务主要通过电子中间商（专业旅游网站、门户网站旅游频道等）进行。这类电子中间商会提供一个虚拟开放的网上中介市场，或是信息交互的平台。上网的旅游者可以直接在上面发布需求信息，旅游企业查询后双方通过交流自愿达成交易。

旅游C2B电子商务主要有两种形式。第一种形式是反向拍卖，即竞价拍卖的反向过程：旅游者提供一个价格范围，求购某一旅游服务产品，由旅游企业出价，出价可以是公开的或是隐蔽的，旅游者将选择认为质价合适的旅游产品成交。这种形式对于旅游企业来说，吸引力不是很大，因为单个旅游者预订量较小。第二种形式是网上成团，即旅游者提出自行设计的旅游线路，并在网上发布，吸引其他有相同兴趣的旅游者。通过网络信息平台，愿意按同一条线路出行的旅游者汇聚到一定数量时，再请旅行社安排行程，或直接预订饭店客房等旅游产品。这种形式可增加与旅游企业议价和得到优惠的能力。

旅游C2B电子商务利用了信息技术带来的信息沟通面广和成本低廉的特点，特别是网上成团的运作模式，使传统条件下难以兼得的个性旅游需求满足与规模化组团降低成本有了很好的结合点。旅游C2B电子商务是一种需求方主导型的交易模式，它体现了旅游者在市场交易中的主体地位，对帮助旅游企业更加准确和及时地了解客户的需求，对实现旅游业向产品丰富和个性满足的方向发展，都起到了积极的促进作用。

（二）按照信息终端类型划分

旅游电子商务的网络信息系统中必须具备一些有交互功能的信息终端，使信息资源得以表现出来并被人们所利用，同时接受用户向电子商务体系反馈的信息。

按信息终端类型的不同，旅游电子商务可划分为：网站电子商务（W-Commerce）、语音电子商务（V-Commerce）、移动电子商务（Mobile-Commerce）和多媒体电子商务（Multimedia-Commerce）。

1. 网站电子商务

用户通过与网络相连的个人电脑访问网站实现电子商务，是目前最通用的一种形式。作为一个全球性媒体，Internet是宣传旅行和旅游产品的一个理想媒介，集合了宣传册的鲜艳色彩、多媒体技术的动态效果、实时更新的信息效率和检索查询的交互功能。它的平均成本和边际成本均极为低廉。一个网站，无论是一万人还是一千人访问，其制作和维护的成本都是一样的。目的地营销组织在运用其他手段进行营销时，预算会随着地理覆盖范围的增加而增加，但互联网则与地理因素毫无关系，在全球宣传、销售的成本与在本地销售的成本并无差别。此外，互联网用户以年轻、高收入人群居多，是有潜力的旅游市场。

我国旅游网站的建设最早可以追溯到1996年。经过多年的摸索和积累，国内已经有相当一批具有一定资讯服务实力的旅游网站，可以提供比较多元的，全方位涵盖旅游中食、住、行、游、购、娱等方面的网上资讯服务。按照侧重点的不同，这些网站可以分为以下6种类型：

（1）由旅游产品（服务）的直接供应商所建网站。如由各个独立饭店所建的网站就属于此类型。

（2）由旅游中介服务提供商，又叫作在线预订服务代理商所建网站。大致又可分为两类，一类由传统的旅行社所建；另一类是综合性旅游网站所建，如携程旅行网、中国旅游资讯网等，它们一般有风险投资背景，以其良好的个性服务和强大的交互功能抢占网上旅游市场份额。

（3）地方性旅游网站。它们以本地风光或本地旅游商务为主要内容。

（4）政府背景类网站。如航空信息中心下属、依托于GDS（Global Distribution System）的以机票预订为主要服务内容的信天游网站。另外，各地政府旅游局网站也属此类。

（5）旅游信息网站。它们为消费者提供大量丰富的、专业性旅游信息资源，有时也提供少量的旅游预订中介服务。如中华旅游报价、网上旅游等。

（6）ICP网站。在ICP（Internet Content Provider，网络内容服务商，即向广大用户综合提供互联网信息业务和增值业务的电信运营商）门户网站中，几乎所有的网站都不同程度地涉及了了旅游内容，如新浪网生活空间的旅游频道、搜狐和网易的旅游栏目、中华网的旅游网站等，显示出网上旅游的巨大生命力和市场空间。

从服务功能看，旅游网站的服务功能可以概括为以下三类：

一是旅游信息的汇集、传播、检索和导航。这些信息内容一般都涉及景点、饭店、交通旅游线路等方面的介绍；旅游常识、旅游注意事项、旅游新闻、货币兑换、旅游目的地天气、环境、人文等信息以及旅游观感等。

二是旅游产品（服务）的在线销售。网站提供旅游及其相关产品（服务）的各种优惠、折扣，航空、饭店、游船、汽车租赁服务的检索和预订等。

三是个性化定制服务。从网上订车票、预订酒店、查阅电子地图到完全依靠网站的指导在陌生的环境中观光、购物，这种以自定行程、自助价格为主要特征的网络旅游在不久的将来会成为国人旅游的主导方式。能否提供个性化定制服务已成为旅游网站，特别是在线预订服务网站必备的功能。

2. 语音电子商务

所谓的语音电子商务，是指人们可以利用声音识别和语音合成软件，通过任何固定或移动电话来获取信息和进行交易。这种方式速度快，而且还能使电话用户享受Internet的低廉费用服务。对于旅游企业或服务网站而言，语音电子商务将使电话中心实现自动化，降低成本，改善客户服务。

语音商务的一种模式是由企业建立单一的应用程序和数据库，用以作为现有的交互式语音应答系统的延伸，这种应用程序和数据库可以通过网站传送至浏览器，转送到采用无线应用协议（WAP）的小屏幕装置，也可以利用声音识别及合成技术，由语音来转送。语音商务的另一种模式是利用Voice XML进行网上冲浪。Voice XML是一种新的把网页内容转变成语音的技术协议，该协议目前正由美国电话电报、IBM、朗讯和摩托罗拉等公司进行构思。专家断言："虽然语音技术尚未完全准备好，但它将是下一次革命的内容。"

3. 移动电子商务

所谓的移动电子商务，是指利用移动通信网和Internet的有机结合来进行的一种电子商务活动。网站电子商务以个人电脑为主要界面，是"有线的电子商务"；而移动电子商务，则是通过手机、PDA（个人数字助理）等可以装在口袋里的终端来完成商务活动的，集金融交易、安全服务、购物、招投标、拍卖、娱乐和信息等多种服务功能于一体。随着移动通信、数据通信和Internet技术的发展，三者的融合也越来越紧密。

旅游者是流动的，移动电子商务在旅游业中必定会有广泛的应用。比如，基于"位置"的服务：事先将个人数据输入移动电话或是移动个人助理，那么我位于某一个点上的时候，它会告诉我，附近哪里有电影院，将放映什么我可能感兴趣的电影，哪里有我喜欢的书，哪里有我喜欢吃的菜，去机场会不会晚点，下一个航班是几点，提供给我北京而非巴黎的时刻表……这些完全是由移动性带来的。

4. 多媒体电子商务

多媒体电子商务一般由网络中心、呼叫处理中心、营运中心和多媒体终端组成，它将遍布全城的多媒体终端通过高速数据通道与网络信息中心和呼叫处理中心相连接，通过具备声音、图像、文字功能的电子触摸屏计算机、票据打印机、POS机、电话机以及网络通信模块等，向范围广泛的用户群提供动态的、24小时不间断的多种商业和公众信息，既可以通过POS机实现基于现有金融网络的电子交易，也可以提供交易后票据的打印工作，还可以连接自动售货机、大型广告显示屏等。

为旅游服务的多媒体电子商务，一般会在火车站、飞机场、饭店大厅、大型商场（购物中心）以及重要的景区景点、旅游咨询中心等场所配置多媒体触摸屏电脑系统，根据不同场合咨询对象的需求来组织和定制应用系统。它以多媒体的信息方式，结合图像与声音等，通过简单而人性化的界面，向旅游者提供范围广泛的旅游公共信息和商业信息，包括城市旅游景区介绍、旅游设施和服务查询、电子地图、交通查询、天气预报等。有些多媒体电子商务终端还具有出售机票、车票、门票的功能，旅游者可通过信用卡、储值卡、IC卡、借记卡等进行支付，得到打印输出的票据。

"旅行者便利网络中心"是由广东旅行者便利店网络公司顺应低碳经济和循环经济发展需要，研发生产的多媒体旅游电子商务终端，该产品可以摆放在酒店大堂或楼层，供酒店客人自助使用。入住酒店的客人不仅可以自助登记入住，从而避免在前台排队登记之苦，还可根据自己的需要自由选择包括"六小件"在内的上百种旅行日用品，另外，还可以在机上进行自助手机充值、24小时预订机票和旅行信息查询。

三、国内旅游电子商务发展情况及存在问题

中国旅游电子商务网站从1996年开始出现，目前，具有一定旅游资讯能力的网站已有上万家。其中专业旅游网站300余家，主要包括地区性网站、专业网站和门户网站的旅游频道三大类。虽然电子商务运用于旅游业仅有数年的时间，但是其发展势头十分强劲。电子商务已经成为信息时代旅游交易的新模式。

当前，我国旅游电子商务主要存在以下问题：

1. 旅游企业不重视

大多数旅行社包括一些知名旅行社都认为，目前大多数消费者依然采取传统的服务方式选择旅游公司，因而忽视了应用电子商务系统所能带来的潜在收益。在这些旅行社看来，从成本角度考虑，建设电子商务网站需要较大支出以购买相关软硬件设备、引进人才，但是相应的回报却难以保障。而从实施角度看，电子商务是新生事物，旅游公司没有相关经验和人才，不清楚应如何着手开展。

2. 旅游网站信息匮乏

不少旅游企业即便建设了网站，上面也只是进行一些诸如景点、旅游路线、旅游知识等的介绍性描述，并未充分利用电子商务在商家与顾客之间架起一道"直通桥"，更谈不上提供全面、专业、实用的一整套旅游服务，无法尽显网上旅游的无限魅力。具体表现在以下几个方面：

- 网站功能简单；
- 内容更新不及时；
- 搜索功能差；
- 网络广告形式单一；
- 虚拟社区没有发挥应有的作用；
- 网站不能对浏览者的留言予以及时回复。

3. 旅游企业人才缺乏

目前，旅游网站信息构建所需的硬件和软件都已比较成熟。旅游网站的建设、运营和管理涉及多方面的知识，从业人员不但要具备较高的网络技术、电子商务知识，同时还应具备一定的旅游专业知识、市场营销及管理等方面的知识。但目前这类既熟悉电子商务又精通旅游业务的复合型人才还是比较缺乏的，往往很难在人才市场上招聘到，这导致旅游公司的电子商务不能顺利开展和发展壮大。

扫描二维码，了解关于一个电子商务旅游企业所需要的复合型高科技人才的具体描述。

4. 网络安全缺乏信心

目前，影响网上交易的阻力之一就是安全问题。电脑病毒和非法闯入等都会对电子商务网络系统构成威胁。很多用户不愿意进行网上支付就是因为担心网络安全没有保证，以致自己的信用卡等资料被网络黑客窃取造成损失。除此之外，就是网上做交易需要进行一系列的用户认证程序，用户大量的隐私被暴露在网上，这使得越来越重视隐私权的公众对网上交易产生抗拒心理。目前，安全的在线网上支付模式尚未真正解决，大量沿用的仍是"网上交易，网下支付"的模式。

5. 信用安全有待加强

尽管电子商务发展迅速，但是普及率还有待加强，一个很重要的原因是因为人们对电子商务信用的顾虑。如旅游公司对景点的描述与实况不符，旅游团队组成夸大宣传，纪念品以次充好等。如何保证旅游公司在网络上的宣传描述与现实相符，保证旅游公司的信用，成为进一步开拓旅游网络市场亟待解决的问题。

【本章小结】

● "生态旅游"应该是旅游者在旅游时真正感觉到大自然的真实与美丽，并尽量不破坏这种美好的环境，同时，通过这种形式的旅游提高人们的环保意识，增加环保知识，加强对生态环境的保护，使之在生态上可持续的旅游。简单地说，生态旅游就是以自然、生态资源为依托，以生态保护为核心的旅游活动。

● "生态旅游"涉及自然环境的教育、解说和管理，是实现旅游业可持续发展的途径之一。不能将"生态旅游"仅仅理解为以森林、山川、河流、海洋等自然景观为参观游览对象的旅游活动。

● 生态旅游与传统旅游在追求目标、受益者、管理方式和影响方式等方面均具有不同的特征。

● 所谓"分时度假"，就是有关机构或个人先与酒店或度假村签订协议，将客房使用权每年按周划成52份，用锁定且优惠的价格按份销售给顾客，顾客享有在一定的期限内（一般为20～40年）在这一住所每年在同一时间住宿一周的权利（该客房的其余时间交给度假村维护和管理），同时还享有转让、馈赠、继承等系列权益以及对酒店其他服务设施的优惠使用权。当消费者购买了某一处住所后，通过交换系统可以交换到参加这一系统的世界其他地方同等酒店的使用权。

● 全球领先的分时度假公司是RCI分时度假交换公司（Resort Condominiums International）和II公司（Interval International）。

● 分时度假的"点数卡"系统是由进入分时度假领域的迪斯尼公司于1990年率先推出，即顾客不必付一笔钱去购买某度假地一段时间的房产使用权来加入一个分时度假交换系统，而只需购买一定的"点数"，然后用"点数"换购同样将价格折合成点数的住宿和娱乐等产品。它可以推进全球化点数制体系的建立和发展，即通过点数制网络将各地的点数制俱乐部联合起来进行交换，使会员具有更大程度的选择自由。

● 租赁度假和换房度假是近年来新兴起的两种度假模式，在国外广受欢迎。

● "旅游综合体"是指基于一定的旅游资源与土地基础，以旅游休闲为导向进行土地综合开发而形成的，以互动发展的度假酒店集群、综合休闲项目、休闲地产社区为核心功能构架，整体服务品质较高的旅游休闲聚集区。

● 依据旅游综合体的核心内容不同，旅游综合体可分为温泉旅游综合体、滨海旅游综合体、主题公园综合体、乡村旅游综合体、高尔夫旅游综合体、文化创意旅游综合体、休闲商业旅游综合体、主题酒店旅游综合体、生态休闲旅游综合体、休闲新城旅游综合体等。

● 旅游金融是一种产业金融，是指以旅游产业为实体经济和以金融业为虚拟经济，二者相互融合、互动发展的新兴业态，是通过旅游资源的资本化配置以及旅游支付手段的电子化改革，来实现旅游产业与金融业融合发展以及旅游价值增值的金融路径或金融工具。

● 旅游金融产品通常包括银行类旅游金融产品、证券类旅游金融产品、保险类旅游金融产品三大类。

● 旅游金融衍生品是随着信息技术以及旅游产业和金融产业的发展，由基本的旅游产品衍生出来的旅游领域的金融产品。

● 旅游电子商务是指以网络为主体，以旅游信息库、电子化商务银行为基础，利用最先进的电子手段运作旅游业及其分销系统的商务体系。

● 按照交易形式划分，旅游电子商务可分为B2B、B2E、B2C、C2B四种交易模式。以信息终端类型划分，可划分为网站电子商务（W-Commerce）、语音电子商务（V-Commerce）、移动电子商务（Mobile-Commerce）和多媒体电子商务（Multimedia-Commerce）。

【复习思考】

1.如何理解生态旅游？"生态旅游是指以自然生态资源为对象的旅游"，这句话对吗？

2.什么是旅游综合体？旅游综合体通常有哪些类型？

3.什么是旅游金融？

4.什么是旅游电子商务？可分为哪几种类型？

【案例分析】

"花姐"是广东某地很有影响力的旅游局长，特别是在微信、微博等新媒体营销方面，取得了很大成绩（见图7-8）。她初去西藏林芝援藏，便在微信朋友圈和微信公众号上发表了一篇《去西藏看花姐》的微信众筹旅游文章。一石激起千重浪，文章一经推出，立即引起了很多网友的热烈响应，很快就有"花粉"在朋友圈通过众筹筹集到了12000多元去林芝旅游的费用。

◎问题：您如何看待这种旅游众筹？它是一种新的旅游业态吗？属于旅游金融还是旅游营销的范畴？

图7-8　"花姐"的新媒体营销（图片来源于网络）

【拓展阅读】

请扫描二维码，阅读文章：

《分时度假：想说爱你不容易》

第三部分
旅游业管理

对旅游业必须实行有效的管理，才能实现旅游业的经济和社会效益，并最终实现旅游业的可持续发展。

国家或地方政府需要建立有效的旅游管理体制，并通过政府旅游主管部门、旅游行业协会等组织以及旅游政策和旅游法规等手段，实现对旅游业的宏观管理，同时要做好旅游统计和旅游业的危机管理工作。

第八章
旅游业宏观管理

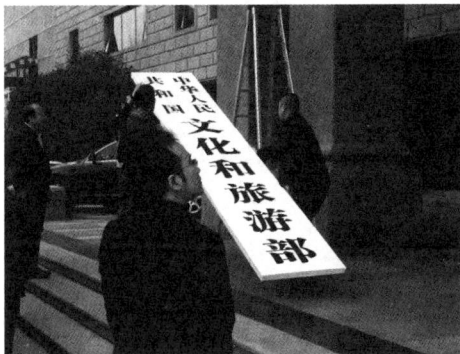

　　旅游业是个综合性的产业，涉及国民经济和社会的方方面面，同时，旅游业又是个可进入性较强的行业，吸引着社会各界、各部门的不同投资主体，发展旅游业必须遵循旅游业发展的客观规律，加强对旅游业的宏观管理，确保旅游业高质量健康发展。

本章学习目标 / Learning Objectives

- 了解不同国家的旅游管理体制和管理模式；
- 了解国家旅游行政管理机构的职能；
- 认识旅游行业组织的性质和职能；
- 了解旅游业行业管理的对象、内容、方式和手段；
- 了解旅游政策和旅游法规。

本章关键概念 / Key Words

- 旅游管理体制 / Tourism Management System
- 旅游行业组织 / Tourism Organizations
- 行业管理 / Tourism Management
- 旅游政策 / Tourism Policies
- 旅游法规 / Tourism Regulations

第一节　国家旅游管理体制

政府是实施旅游行业管理的主体。

世界旅游组织认为，政府在旅游业发展过程中将依次扮演三种角色：

（1）开拓者——在旅游业发展初期，政府负责对基础设施进行投资，并以制定旅游业发展战略和规划为工作重点；

（2）规范者——在旅游业逐步兴起乃至蓬勃发展时期，政府主要进行立法和旅游市场规范工作，保证行业良性发展；

（3）协调者——在旅游业逐步走向成熟时，政府鼓励企业发展，保护消费者利益，中心工作是协调各方面的关系。

一、国家旅游行政管理部门的职能

国家旅游行政管理部门的职能主要有以下几点：

（1）制定旅游业发展的战略规划，包括中、长期规划和年度计划，并组织实施；

（2）制定旅游业各项行政法规、规章和方针政策，并监督实施；

（3）制定旅游行业标准和规范，并组织实施；

（4）监督、检查旅游市场秩序和服务质量，受理旅游者投诉，维护旅游者合法权益；

（5）培育和完善旅游市场；

（6）动用行政、法规等手段，对旅游市场及旅游业的发展进行宏观调控；

（7）做好对经营旅游业务的旅游企业的审批工作，对旅游业实施全行业管理；

（8）负责全国旅游统计工作，为发展旅游业提供信息服务；

（9）指导旅游教育和培训工作，制订从业人员的职业资格制度和等级制度，并指导实施；

（10）负责旅游资源的普查、规划，并协调旅游资源的开发利用和保护工作；

（11）组织并指导重要旅游产品的开发；

（12）制定开拓国际旅游市场的规划，组织国家旅游整体形象的宣传和重大促销活动。

二、国家旅游管理体制的不同模式

一个国家对旅游业的管理是通过设立旅游行政管理机构进行的。这种机构通常有两个层次，即：国家旅游行政管理机构和地方旅游行政管理机构。前者代表国家实施对全国旅游行业的管理，后者则代表地方政府对当地旅游业进行管理。各国的具体情况不同，旅游业在国

【链接】

西班牙与法国的旅游业管理体制

西班牙有17个大区和2个自治市，对旅游业的管理主要由大区政府进行，中央政府主要从事旅游和市场推广。政府部门的职能是：

● 保护与开发旅游资源（自然环境、文化遗产的保护）；

● 基础设施的建设（土地规划、交通设施、交通工具、公共卫生设施）；

● 职业培训（开设旅游院校、培训语言）；

● 规范旅游市场（通过制定法规保证旅游质量、进行环境保护、保护企业间的自由竞争和旅游者的合法权益免受侵犯）；

旅游推广（树立旅游目的地形象、支持旅游目的地品牌和产品销售）。

在法国的政府机构中，旅游事务则是交由一位部长全权负责，政策的制定与实行则由专门的专家委员会指导。法国旅游业在体制设定上具有竞争优势的是，它是由独立于行政部门的半官方机构——法国旅游发展署负责统筹整个国家旅游系统的实际运作的，这种以市场为导向的战略定位无疑有助于调配与创造适应需求的旅游供给。

法国旅游发展署采取会员缴费兼以国家财政预算拨款的形式服务于全国各级旅游机构和企业单位，各级会员可独立决定是否加入这一系统。目前，此机构在全球32个重要国家设有办事处，面向国际市场推广法国旅游，并双向地协助与促进本国的旅游供应商更加适应国际市场需求。

法国本土22个大区与96个省均设有相对应的旅游管理机构，全国共有超过3600个旅游办事处。这些办事机构的运作是相互独立的，彼此之间根据需要建立协作关系，大力促进地方性旅游目的地的发展。全法私人旅游相关企业单位均可根据自身需求与这些机构建立合作伙伴关系。整个旅游系统分工明确，相互独立又共同协作。

民经济中的作用和地位不同，旅游行政管理体制及旅游行政管理机构的级别也就有所差异。有的国家设立旅游部，有的设立国家旅游局，还有的则考虑到旅游业的重要性及其所具有的综合性特点，设立"旅游协调委员会"——比"部"还要高半个级别。

就国家级旅游管理机构的设置而言，目前全球范围内通常有以下几种模式：

1. 旅游局模式

其特点是单一行使旅游管理职能，直属于内阁或国务院，规格低于"部级"。如我国原国家旅游局、新加坡旅游局、泰国旅游局、俄罗斯联邦旅游署等，均采用这种模式。

2. 旅游部模式

这种模式有两个基本特点：一是管理职能单一，只负责旅游业；二是机构为部级规格。包括埃及、南非、古巴等在内的20多个国家设立了旅游部。采用这种模式的国家大多为发展中国家，它们对旅游创汇的期望很大，而旅游业具有较强的综合性特点，要实现发展旅游业这一目的，甚至使其在一定程度上超前发展，就须借助于强有力的政府机构。

3. 混合职能模式

这一模式的特点是，旅游管理部门并非单独设立，而是与一个或几个相关部门合并在一起发挥职能。通常有以下几种类型：

（1）在工业、商业、贸易部门下设旅游部门。如美国商务部、芬兰工商部下设旅游局。

（2）在综合经济部门下设旅游部门。如荷兰经济事务部——旅游局。

（3）旅游与交通共同构成一个部，或在交通部下设旅游局。如日本在其国土交通省下设观光厅等。

（4）旅游部门与文化、体育、遗产等部门共同组成一个部。如我国的文化和旅游部，韩国的文化体育观光部，巴基斯坦的文化与旅游部，印度的文化旅游部等。

（5）旅游部门与野生动植物部门共同组成一个部。如肯尼亚的旅游与野生动物部。

（6）旅游部门与其他部门共同组成一个部。如西班牙的工业、能源和旅游部，新西兰的旅游与宣传部，印度尼西亚的电讯旅游部，澳大利亚的资源、能源与旅游部，而加拿大的旅游则归属于外交与国际贸易部。

混合职能模式为世界多数国家所采用，特别是西方发达国家，主要是因为它能较好地适应旅游业综合性较强的特点，有利于旅游部门与主要相关部门之间实现有效的配合和协调。

4. 旅游委员会模式

国家层面的旅游委员会，其规格等同于一个部或比部高出半级，主要是适应旅游业综合性的特点，对旅游业的发展起协调作用，因此，这种旅游委员会在很多国家属于协调部门，而非权力机构。

此外，为了适应旅游业的综合性特点，很多国家开始建立和健全旅游协调机构。尽管机构的形式各异，但有如下共同点：

（1）成员的广泛性。凡与旅游业直接关联的政府部门，在该协调机构中无一不包。

（2）机构的权威性。该机构主要从事协调工作，多由政府总理或副总理亲自挂帅，成员或为相关部门的部长、副部长，或为各有关部门的主管局长等。该机构一旦形成决议，政府各部门必须贯彻执行。

（3）旅游部门的主导性。由于该协调机构服务的对象是旅游业，所以旅游行政部门的代表在机构中大都处于唱主角的地位。

5. 其他模式

一些国家和地区没有设立独立的旅游行政管理机构，而是通过旅游行业协会来指导、协调和管理旅游业。例如，由于传统体制上的原因，德国政府中未专设部委级旅游管理机构。为了加强政府与旅游业界的联系沟通，政府专门指定一位联邦议会议员（副部长级）为旅游特派员，一位交通、建筑、住房部国务秘书（副部长级）担任德国旅游协会主席，主要负责上情下达，下情上传，政企协调，准确把握旅游业发展脉搏，及时研商有关问题，制定相关政策。

三、中国旅游行政管理体制

1. 中国国家旅游管理体制发展历程

中国国家旅游管理体制经历了以下几个发展阶段:

1978年,中国旅行游览事业管理总局成立,归属外交部。

1983年,旅游局和国旅总社分家,成立国家旅游局,为国务院直属局。

2014年,为贯彻落实《中华人民共和国旅游法》,加强部门间协调配合,促进旅游业持续健康发展,中国正式建立国务院旅游工作部际联席会议制度(以下简称联席会议),同时撤销实施了14年之久的"全国假日旅游部际协调会议办公室"(其职能并入新成立的联席会议)。

2018年,撤销国家旅游局,成立"文化和旅游部"。这一改革具有以下几个特点:一是保留了旅游,而且也是一种升"部"方式,使得旅游行政管理部门的级别在国家层面提高了半级;二是文旅融合,这已经成为现实发展方向;三是要求旅游发展的文化导向和文化深入,符合转型升级的需求变化;四是使原来两个部门的矛盾纠纷在内部消化;五是成为国务院组成部门,有利于部门之间的协调。

设立文化和旅游部后,也会产生一系列影响和变化。首先,"和"字虽然表明二者为并列关系,但现实中则可能是附属关系;其次,部分内部机构会合并,充其量设置两三个司级机构,与原直属局的状况发生了根本变化;第三,文化部门的中心是意识形态,旅游部门的中心则在于市场,这是两种关注,两种思路,两套路数。

中国国家旅游行政管理体制改革后,各省(市)、自治区也相应进行了旅游管理体制改革,纷纷将原旅游局并入文化厅,改为"文化和旅游厅"(海南省成立了"旅游和文化广电体育厅",以彰显海南作为国际旅游岛的定位,以及旅游业在海南省的地位和作用)。

2. 文化和旅游部的主要职责

文化和旅游部是国务院组成部门,为正部级,其主要职责是:

(1)贯彻落实党的文化工作方针政策,研究拟订文化和旅游政策措施,起草文化和旅游法律法规草案。

(2)统筹规划文化事业、文化产业和旅游业发展,拟订发展规划并组织实施,推进文化和旅游融合发展,推进文化和旅游体制机制改革。

(3)管理全国性重大文化活动,指导国家重点文化设施建设,组织国家旅游整体形象推广,促进文化产业和旅游产业对外合作和国际市场推广,制定旅游市场开发战略并组织实施,指导、推进全域旅游。

(4)指导、管理文艺事业,指导艺术创作生产,扶持体现社会主义核心价值观、具有导向性代表性示范性的文艺作品,推动各门类艺术、各艺术品种发展。

(5)负责公共文化事业发展,推进国家公共文化服务体系建设和旅游公共服务建设,深入实施文化惠民工程,统筹推进基本公共文化服务标准化、均等化。

(6)指导、推进文化和旅游科技创新发展,推进文化和旅游行业信息化、标准化建设。

（7）负责非物质文化遗产保护，推动非物质文化遗产的保护、传承、普及、弘扬和振兴。

（8）统筹规划文化产业和旅游产业，组织实施文化和旅游资源普查、挖掘、保护和利用工作，促进文化产业和旅游产业发展。

（9）指导文化和旅游市场发展，对文化和旅游市场经营进行行业监管，推进文化和旅游行业信用体系建设，依法规范文化和旅游市场。

（10）指导全国文化市场综合执法，组织查处全国性、跨区域文化、文物、出版、广播电视、电影、旅游等市场的违法行为，督查督办大案要案，维护市场秩序。

（11）指导、管理文化和旅游对外及对港澳台交流、合作和宣传、推广工作，指导驻外及驻港澳台文化和旅游机构工作，代表国家签订中外文化和旅游合作协定，组织大型文化和旅游对外及对港澳台交流活动，推动中华文化走出去。

（12）管理国家文物局。

（13）完成党中央、国务院交办的其他任务。

【链接】

中国文化和旅游部机构设置

- 办公厅
- 政策法规司
- 人事司
- 财务司
- 艺术司

- 公共服务司
- 科技教育司
- 非物质文化遗产司
- 产业发展司
- 资源开发司

- 市场管理司
- 文化市场综合执法监督局
- 文化交流与合作局（港澳台办公室）

由于机构精简、合并和管理理念的变化，与原国家旅游局相比，新成立的国务院文化和旅游部的旅游管理职能已经大为弱化，主要从事旅游业的宏观管理。

第二节　旅游行业组织与行业管理

旅游行业组织是指为加强行业间及旅游行业内部的沟通与协作，实现行业自律，保护消费者权益，同时促进旅游行业及行业内部各单位的发展而形成的各类组织。

旅游行业组织通常是一种非官方组织，各成员采取自愿加入的原则，行业组织所制定的规章、制度和章程对于非会员单位不具有约束力。

为了实现对旅游业全行业的管理，必须成立旅游行业组织。旅游行业组织是对政府官方旅游行政管理机构的补充，在旅游行业管理中，发挥着重要作用。

一、旅游行业组织

（一）旅游行业组织的职能

总的来说，旅游行业组织具有服务和管理两种功能。但需要指出的是，行业组织的管理职能不同于政府旅游管理机构，它不带有任何行政指令性和法规性，其有效性取决于行业组织本身的权威性和凝聚力。具体而言，旅游行业组织具有以下基本职能：

（1）作为行业代表，与政府机构或其他行业组织商谈有关事宜。

（2）加强成员间的信息沟通，通过出版刊物等定期发布行业发展的有关统计分析资料。

（3）开展联合推销和市场开拓活动。

（4）组织专业研讨会，为行业成员开展培训和专业咨询业务。

（5）制定成员共同遵循的经营标准、行规会约，并据此进行仲裁与调解。

（6）对行业的经营管理和发展问题进行调查研究，并采取相应措施加以解决。

（7）阻止行业内部的不合理竞争。

（二）旅游行业组织的种类

1. 按地域划分

旅游行业组织按地域可分为全球性旅游行业组织、世界区域性旅游组织、全国性旅游组织和国内区域组织等。

2. 按会员性质划分

按会员性质，旅游行业组织可分为旅游交通机构或企业的行业组织、饭店与餐饮业组织、旅行社协会组织以及由旅游专家和研究人员组成的旅游学会等。

（三）世界旅游行业组织

目前，世界性的旅游行业组织主要有以下几个：

1. 世界旅游组织（World Tourism Organization，简称UNWTO）

世界旅游组织（见图8-1）是联合国下属专门旅游机构，最早由国际官方旅游宣传组织联盟（IUOTPO）发展而来。1925年5月4～9日在荷兰海牙召开了国际官方旅游协会大会。1934年在荷兰海牙正式成立国际官方旅游宣传组织联盟。第二次世界大战中停止活动。1946年10月1～4日在伦敦召开了首届国家旅游组织国际大会，并成立专门委员会研究重建该联盟。1947年10月在巴黎举行的第二届国家旅游组织国际大会上决定正式成立官方旅游组织联盟（INTERNATIONAL UNION OF OFFICIAL TOURIST

图8-1 世界旅游组织会标

【链接】

2010年以来的世界旅游日主题

- 2010年 旅游与生物多样性（Tourism, Biodiversity and Sustainable Development）
- 2011年 旅游：连接不同文化的纽带（Tourism: Linking Cultures）
- 2012年 旅游与可持续能源，为可持续发展提供动力（Tourism and Sustainable Energy: Powering Sustainable Development）
- 2013年 旅游与水：保护我们共同的未来（Tourism and Water: Protecting our Common Future）
- 2014年 快乐旅游，公益惠民（Tourism and Community Development）
- 2015年 十亿名游客，十亿个机会（1 Billion Tourists, 1 Billion Opportunities）
- 2016年 让人人享有旅游的权利（Tourism for All – Promoting Universal Accessibility）
- 2017年 可持续旅游促进发展（Sustainable Tourism – a Tool for Development）
- 2018年 旅游数字化发展（Tourism and the Digital Transformation）
- 2019年 旅游业和就业：所有人的美好未来（Tourism and Jobs: a better future for all）

ORGANIZATIONS，简称IUOTO），即世界旅游组织的前身，总部设在伦敦，1951年迁至日内瓦。1975年5月该组织改为现名，总部迁至马德里。1976年成为联合国开发计划署在旅游方面的一个执行机构。2004年，该组织成为联合国下属专门机构，为了避免混淆，从2005年起，世界旅游组织的英文缩写由原来的"WTO"改为"UNWTO"，以示与世界贸易组织（World Trade Organization，简称WTO）的区别。其宗旨是：促进和发展旅游事业，增进社会文化繁荣，加强国际理解与和平，尊重人类基本的自由和权利。并强调在贯彻这一宗旨时，要特别注意发展中国家在旅游事业方面的利益。

UNWTO近年来的工作任务主要围绕技术合作、信息统计、教育培训、简化旅游手续、旅游者安全及旅游设施保护、旅游环境保护等方面进行。该组织负责收集、分析旅游数据，定期向成员国提供统计资料、研究报告，制定国际性旅游公约、宣言、规划、范本，提供技术专家援助，组织研讨会、培训班，召集国际会议。

1971年，世界旅游组织的前身——国际官方旅游组织联盟根据非洲国家官方旅游组织的意见，提出创立世界旅游日的设想。1979年9月27日，世界旅游组织第三次代表大会正式决定将每年的这一天（9月27日）确定为世界旅游日——一个旅游工作者和旅游者的节日。创立该节日的目的在于给旅游宣传提供一个机会，引起人们对旅游的重视，促进各国在旅游领域的合作。其由来是因为国际官方旅游组织联盟于1970年9月27日在墨西哥城的特别代表大会上通过了将要成立的世界旅游组织的章程。此外，这一天恰好是北半球的旅游旺季刚过去，而南半球的旅游季节即将到来的时候，正是世界人民旅游、度假的好时节。

世界旅游组织为每年世界旅游日提出了一个宣传口号，以便突出一个旅游宣传的重点。世界各国根据这一口号的精神开展旅游宣传，从而推动世界旅游业的共同发展。

在世界旅游组织第十七次全体大会上，中文成功列入世界旅游组织官方语言，中国当选为世界旅游组织执委会成员。

2. 世界旅游及旅行理事会（World Travel & Tourism Council，简称WTTC）

世界旅游及旅行理事会（见图8-2）成立于1990年，由美国前国务卿基辛格发起，总部设在伦敦，是当今世界最具权威性的非政府国际组织。该组织以"提升政府、公众认识旅游、旅行对经济和社会的影响力"为核心任务，通过与各国政府通力合作，推动旅游资源的开发，拓展国际旅游市场。目前，理事会会员包含全球100多个最著名的旅游及旅游相关企业集团的总裁（董事长、首席执行官），如美国运通、法国雅高、日本交通公社等。会员

图8-2 世界旅游及旅行理事会会标

企业的业务范围涵盖了旅游业的整个产业链，拥有对旅游业的宏观视野，对世界旅游产业的走势具有一定的影响力，是全球旅游业界的领袖论坛。WTTC为了保持其组织的高规格和权威性，实行定额邀请加淘汰式会员制。会员企业必须达到全球性的经营范围，或者被认为是行业或地区内的重要参与者，才有资格被邀请加入。首旅集团是目前中国内地唯一的会员单位。

2000年起，每年4月或5月，由WTTC主办的"世界旅游旅行大会"在世界不同城市召开，探讨全球旅游界关注的重大问题，旨在实现旅游业内公共及私有部门决策者最具实效的对话。大会的主要参加者包括WTTC会员、相关国家政要、各国知名旅游企业领导、旅游学术界知名人士和世界著名媒体，被称为"旅游界的奥林匹克"。

2010年第10届和2014年第14届世界旅游旅行大会分别在我国北京和海南举行，显示了中国旅游业在国际旅游大家庭中的重要地位。

3. 世界旅行社协会（World Association of Travel Agencies，简称WATA）

世界旅行社协会于1949年正式成立，总部设在瑞士的日内瓦。

WATA是一个由私人旅行社组织而成的世界性非营利组织，其宗旨是将各国可靠的旅行社建成一个世界性的协作网络。

协会现有240多个会员，来自100多个国家和地区的230多个城市。凡财政机构健全、遵守本行业规定的旅行社均有资格成为其会员。超过300万人口的城市可有1名旅行社代表参加该组织，400万人口以上的城市可增加1名。原则上，会员旅行社必须同时经营出境和入境旅游业务。

4. 世界旅行社协会联合会（Universal Federation of Travel Agents' Association，简称UFTAA）

世界旅行社协会联合会（见图8-3）于1966年11月22日成立于意大利的罗马，由1919年在巴黎成立的欧洲旅行社组织和1964年在纽约成立的美洲旅行社组织合并而成，总部设在比

利时的布鲁塞尔。UFTAA是一个专业性和技术性组织，其会员是世界各国的全国性旅行社协会，每个国家只能有一个全国性的旅行社协会作为该国代表参加。其宗旨包括以下几个方面：

图8-3 世界旅行社协会联合会会标

（1）团结和加强各国全国性的旅行社协会和组织，并协助解决会员间在专业问题上可能发生的纠纷；

（2）在国际上代表旅行社会员同旅游业有关的各种组织与企业建立联系，进行合作；

（3）确保旅行社业务在经济、法律和社会领域内最大限度地得到协调，赢得信誉，受到保护并得到发展；

（4）向会员提供所有必要的物质上、业务上和技术上的指导和帮助，使其能在世界旅游业中占有适当的地位。

联合会每年举行一次世界旅行代理商大会，并出版月刊《世界旅行社协会联合会信使报》（Courier UFTAA）。

5. 国际饭店协会（International Hotel Association，简称IHA）

国际饭店协会是旅馆和饭店业的国际性组织，于1947年在法国巴黎成立，总部设在巴黎。下设八个委员会：财务委员会、法律委员会、经济政策研究委员会、出版发行委员会、宣传推销委员会、旅行社业务委员会、旅馆专业培训委员会、会员联系事务委员会。

IHA的宗旨是：联络各国饭店协会，并研究国际旅馆业和国际旅游者交往的有关问题；促进会员间的交流和技术合作；协调旅馆业和有关行业的关系；维护本行业的利益。

该协会的会员分为正式会员和联系会员。前者是世界各国的全国性的旅馆协会或类似组织；后者是各国旅馆业的其他组织、旅馆院校、国际饭店集团、旅馆、饭店和个人。

该协会的主要任务是：通过与各国政府对话，促进各国政府实行有利于旅馆业发展的政策，并给予旅馆业支持；参与联合国跨国公司委员会有关国际旅馆跨国企业方面的工作；通过制定和不断修改来完善有关经济法律文件；协调旅馆与其他行业的关系；进行调研、汇集和传播市场信息，提供咨询服务；为各会员提供培训旅馆从业人员的条件和机会。

该协会出版发行信息性双月刊《对话》，月刊《国际旅馆和餐馆》和季刊《国际旅馆评论》，以及年刊《国际旅馆指南》《旅行杂志》《旅游机构指南》等。

（四）我国旅游行业组织

1. 中国旅游协会

全国性的旅游行业的社会团体，由旅游部门与旅游业有关部门的人员和从事旅游实际工作、研究工作的专家学者组成，于1986年1月30日成立。协会的主要任务是：

（1）对旅游业发展的战略、管理体制和有关方针政策、国内外旅游业发展态势和实践经验等进行调查研究，向国务院、国家旅游主管部门和有关方面提供建议和咨询；

（2）联系各旅游专业行业组织、旅游学术团体以及旅游企事业单位，交流情况和经验，研究有关问题，探索解决方法，促进旅游经营管理水平的提高；

（3）加强旅游经济等理论研究，开展学术交流活动；

（4）编辑出版有关刊物、资料，传播交流国内外旅游信息和研究成果；

（5）开展与国外旅游同行业组织的友好交往，促进旅游科技交流与合作；

（6）向政府有关部门反映国内外旅游者的意见和建议，承担政府和旅游主管部门交办的任务，接受旅游企事业单位委托的当办事宜等。

2. 中国旅行社协会

中国旅行社协会（China Association of Travel Services，简称CATS）成立于1997年10月，是由中国境内的旅行社、各地区性旅行社协会或其他同类协会等单位，按照平等自愿的原则结成的全国旅行社行业的专业性协会。协会接受文化和旅游部的领导、民政部的监督管理和中国旅游协会的业务指导。协会的主要任务是：

（1）宣传贯彻国家旅游业的发展方针和旅行社行业的政策法规；

（2）总结交流旅行社的工作经验，开展与旅行社行业相关的调研，为旅行社行业的发展提出积极并切实可行的建议；

（3）向主管单位及有关单位反映会员的愿望和要求，为会员提供法律咨询服务，保护会员的共同利益，维护会员的合法权益；

（4）制订行规行约，发挥行业自律作用，督促会员单位提高经营管理水平和接待服务质量，维护旅游行业的市场经营秩序；

（5）加强会员之间的交流与合作，组织开展各项培训、学习、研讨、交流和考察等活动；

（6）加强与行业内外的有关组织、社团的联系、协调与合作；

（7）开展与海外旅行社协会及相关行业组织之间的交流与合作；

（8）编印会刊和信息资料，为会员提供信息服务。

3. 中国旅游饭店业协会

成立于1986年2月25日，是由经营接待国内外旅游者的饭店及其主管部门和相关部门组成的行业性组织。旨在研究改善旅游饭店的经营管理，帮助提高服务质量和经济效益，促进旅游饭店业的发展。协会面向基层，为会员饭店服务。其主要任务是维护旅游饭店的合法权益；研究交流旅游饭店管理经验；举办专业讲座，提高旅游饭店管理人员的业务水平；开展饭店经营管理方面的咨询服务；组织与国外饭店业之间的经验交流与合作；向旅游饭店的行政管理部门提出建议及出版有关旅游饭店经营管理的刊物。

中国旅游饭店业协会挂靠在文化和旅游部并受其指导。中国旅游饭店业协会已接受委托，协助文化和旅游部检查旅游饭店星级评定工作。

4. 中国旅游车船协会

由全国各旅游汽车和游船企业自愿组成的联合组织，挂靠文化和旅游部。

协会的宗旨：加强对旅游车船行业的理论研究和经验交流，组织旅游车船行业在信息、人才、物资诸方面的协作，促进我国旅游车船事业的改革与发展，更好地为旅游事业服务。

二、旅游业行业管理

旅游业行业管理就是面对旅游业全行业，通过旅游政策、法规等引导市场趋势，建立市场规则，协调、监督和维护市场秩序，规范全行业企业行为，从而达到提高全行业服务质量和经济效益的目的。旅游业是个朝阳产业，具有广阔的发展前景，吸引了各行各业的投资者；旅游业又具有综合性的特点，涉及国民经济诸多方面和部门。为了创造良好的经营环境，提高旅游业的服务质量和宏观经济效益，保护旅游消费者权益，必须实施旅游业的全行业管理。

（一）行业管理的对象和主体

旅游业行业管理的对象是从事旅游经营活动的所有企业和单位，无论其投资主体是谁或隶属关系如何。这就如同交通管理，只要是在马路上跑的车辆，就必须遵守交通规则，必须服从交通警察的指挥；驾驶员的考核和车辆的检查，也必须统一由交通管理部门进行。

旅游行业管理的主体有两类：一是政府部门；二是行业组织。

政府部门的基本功能是行政功能。行政功能有多种划分，从所作用的领域看，可以划分为政治功能、经济功能、文化功能、社会功能等。其中，经济功能是通过政府管理经济的部门实施领导、组织和管理社会经济来实现的。行业管理也是政府经济功能的体现。

行业组织是行业成长和市场发育的自然结果，有很多种类型，如行业服务性组织、行业信息性组织、行业销售性组织以及行业联谊性组织等，行业管理组织是其中之一。

行业管理组织作为行业管理主体之一，既是政府管理职能的延伸，又是行业整个利益的代表，因此，其实质是介于政府和企业之间的市场中介性组织。

完整的行业管理主体应当是政府的行业管理部门与市场自发形成的行业管理组织的有机结合。因为市场自然形成的行业管理组织有活力，但缺少权威；而政府的行业管理部门有权威，但容易顾此失彼，难以按照每一个行业的具体情况和特点发挥效能。

（二）行业管理的基础

以下四种资源构成行业管理主体对旅游企业实施全行业管理的基础：

体制性资源。即行业管理主体所拥有的行政管理权限和一定程度的相关法规的制定权。

政策性资源。包括旅游发展规划、产业政策的引导以及有关经济政策的优惠等，因而对企业有足够的吸引力。

市场性资源。如通过检查、评比、奖励等方式，客观上对旅游企业起到权威定位的作用。

信息性资源。即通过国内外有关信息的收集、加工、传播，服务于企业。这也是行业管理的宏观优势所在，将成为行业管理越来越重要的工作内容。

从发展眼光看，体制性资源和政策性资源会始终存在，但作用会逐步减小。而市场性资源和信息性资源则会越来越多，作用也越来越大。利用得好，这两种资源也会衍生出权力，而且，这些权力是企业所认同的，更具权威性。比如，原国家旅游局曾开展"创建优秀旅游城市"活动，在全国各大城市引起很大反响，实际上就是利用市场性资源发挥作用，有力地促进了我国旅游业的发展。也可以说，这次活动是我国实施旅游行业管理手段的一次突破。

（三）行业管理的内容

行业管理的内容主要有以下几个方面：

1. 市场引导和维持秩序的内容

（1）通过长远规划和短期计划，引导行业的投资和经营方向。

（2）通过产业政策和可能的经济杠杆，调节市场供求关系。

（3）通过建立执法队伍，进行运行监督。

2. 服务性内容

（1）通过行业性服务，组织培育市场。

（2）直接进行重大经济技术项目的配置。

（3）组织行业性的市场促销，提高竞争力。

3. 协调性内容

（1）协调与有关部门的关系，形成有利于行业发展的政策方针。

（2）指导和协调下级行业管理部门的工作。

（3）加强行业的国际联系，建立国际合作机制。

以上九个方面，构成旅游业行业管理的主要内容。

（四）行业管理的方式

行业管理的方式是实行间接管理，即通过培育市场，建立市场规则，运用行政、法律等手段，维护市场秩序，规范企业行为。

间接管理并非意味着管理部门不与企业发生关系，而是不与企业形成直接的所有关系、财务关系及人事关系，不干扰企业合法的自主经营决策与正常行为。同理，管行业不管企业也是如此，不干预企业正常行为，但要规范企业行为；不直接干预企业决策，但要引导企业决策。

（五）行业管理的手段

旅游业行业管理的手段因行业管理的主体不同而不同。对于行业管理组织来说，应以服务为中心建立手段体系；而对于政府的行业管理部门来说，则是以行政手段为中心建立手段体系。

一般常说，传统的管理手段是行政手段，似乎在改革中应予摒弃。实则不然，行政手段永远是必要的。政府部门的主要管理手段就是行政手段。无论是建立市场规则还是维持市场秩序，离开行政手段都是不可能的，关键在于将行政手段用于何处。在政企不分的基础上，行政手段的施行意味着从企业内部进行行政命令，会使企业失去活力；而在政企分离的基础上，以行政手段进行外部规范，则可以使企业运行符合市场的多方面要求。

行政、经济、法律是实施旅游行业管理的三种基本手段，可化为多种具体手段。

（六）我国旅游行业管理情况

1. 我国旅游行业管理的基本情况

改革开放以来，我国旅游业得到了突飞猛进的发展，成为我国新兴的经济产业，在国内初步形成了行业规模，1986年被正式纳入国家"七五"国民经济发展计划。在这种背景下，就迫切需要加强对旅游业进行全行业管理。1987年初，中央把国家旅游主管部门实行对旅游全行业管理问题作为一项大政方针，要求国家旅游局研究贯彻与落实。中央有关负责同志在全国旅游局长会议上指出："国家旅游局作为国务院主管旅游事务的部门，要把实行面向全行业的管理作为改革的方向，工作重点应该放到确定制定发展规划，研究制定方针政策，加强和改善宏观管理上来，切实实行政企分开。国家旅游局要这样，地方旅游局也要这样。今后，不管哪个系统的旅游饭店和企业，在全国都要接受国家旅游局的业务领导；在地方都要接受当地旅游局的业务领导。"

为了适应这一形势，加强对旅游业的全行业管理，国家旅游局按照政企分开和精简、统一、效能的原则，于1988年、1994年、1998年、2014年等先后多次进行了机构改革，加强了宏观协调、控制的业务部门，强化了对旅游全行业进行政策指导和宏观控制的职能。2018年，撤销国家旅游局，成立文化和旅游部，使得旅游行政管理部门的级别在国家层面提高了半级，实施对旅游业的全行业管理。

除了从体制上进行不断改革，以适应旅游行业管理的需要以外，国家旅游行政管理部门、旅游饭店协会等还先后通过制定《旅游饭店星级的划分及评定》标准、《中国旅游饭店行业规范》，并通过评比、检查等手段，加强了对饭店行业的管理；通过颁布《旅行社条例》《导游人员管理条例》等法规，加强了对旅行社行业的管理；通过制定《旅游区（点）质量等级的划分与评定》标准，实施了对旅游资源开发、旅游景区规划、建设和管理的行业管理；同时，通过推行"中国优秀旅游城市"的评比和创建工作，树立了大旅游的概念，促进了旅游大环境的建设和城市旅游的发展，使旅游不断深入人心。这些都已成为旅游行业管理的重要手段和抓手，取得了很大成效，同时，也取得了对旅游实施行业管理的宝贵经验。

2. 我国旅游行业管理的主要问题

经过多年的改革和实践，我国旅游行业管理已初见成效，但也存在不少问题，表现在：

（1）行业问题突出

我国旅游业发展的突出问题存在于旅行社行业和旅游景区经营管理方面。旅行社的问题主要表现在"零团费"和"负团费"问题，导游人员诱导、欺骗、强迫或者变相强迫旅游者购物或者参加另行付费旅游项目问题，旅行社私自拼团，将游客"卖猪仔"问题等。而旅游景区的突出问题则是门票价格过高的问题及其背后的旅游景区定价机制问题。

（2）行业管理难度大

按照国发〔1991〕8号文件规定："旅游经营单位要按照隶属关系和行业归口关系，建立双重计划统计和考核管理制度。"目前存在的问题是：属于旅游行业的经营部门、企业、单位隶属关系多而杂，上至中央部委，下到农村基层组织，工、农、兵、学、商，大家一起干，有些地方政府旅游行政管理部门，按照归口关系管理旅游企业时，有的管不了，有的不服管，实施行业管理的难度很大。

（3）对旅游主管部门的职能和实施行业管理的方式、手段认识不清

一些地方的旅游主管部门既管宏观，又管微观；既有间接管理，又有直接管理；既搞行业管理，部门管理又放不下。结果是：不该管的事乱插手，该管的事又没有管好，影响了旅游主管部门作为政府旅游主管部门的形象和权威性。

（4）有的地区旅游行业管理的体制尚未理顺

特别是一些省一级旅游主管部门与省会城市、计划单列市、重点旅游城市之间统一管理与分级管理的问题还没有处理好，造成行业管理渠道不畅。这一问题的核心是权限的划分问题。

（5）旅游行业协会的作用发挥不够

行业协会是旅游行政主管部门实行行业管理的助手。在国外，行业协会是全行业管理的主要领导者、执行者，有相当高的权威。而在我国，从中央到地方，90%以上的协会都是行业主管单位发起的，即所在地区旅游主管部门（多为旅游局）发起（只有西藏导游协会、西藏旅行社协会、连云港市旅游协会等3个协会是企业自发成立的），说明旅游行业协会是在相对被动的环境下产生，非企业主动诉求，而主要是主管部门意识到协会存在的必要性，将其作为部门的一个补充而设立。由政府扶持起来的众多的旅游业协会主要或仅仅从事调查研究、沟通信息和参谋咨询活动，起不到真正的行业管理的作用，其行业管理职能极度弱化。

3. 我国旅游行业协会改革的方向

（1）实现民间化和自治化。行业协会应该是民间组织，不应由政府部门成立，更不应由政府公务员兼职。

（2）政府应加大扶持力度。政府要让渡一部分行政空间，把政府可以不管、不宜管的事务和不适宜行使的职能转移到协会来。如旅游饭店星级评定、A级景区评定、导游人员等级评定、内河旅游船星级评定、旅游规划设计单位资质认定、旅游交易会等具体工作交给协会。

扫描二维码，了解我国旅游行业管理中的"浙江模式"。

第三节　旅游政策与旅游法规

意大利著名"水城"威尼斯吸引了海内外许多游客，但越来越多的游客蜂拥而至也让这个小城变得越来越拥挤，当地的居民"再也忍受不了"大量游客蜂拥入城导致的不适感，为

此当地打算推行一项激进策略：限制"一日游"的游客进城，只有在城内预订了当天酒店房间的游客才能进城游览。

威尼斯公共运输部门的负责人恩里科·明卡迪表示，游客前往之前应当先预订好房间。"要有一个具体的数量限制，（如果游客）超过这个数量我们就不再允许游客进城。"

另外，为了弥补游人对威尼斯建筑物造成的损害，该市市政府还曾考虑向游人征收高达50欧元的"进城费"。但是这遭到当地旅游业界的强烈反对。

这是旅游发展给当地居民带来负面效应的突出案例。一旦出现这类情况，政府就要通过一定的政策进行协调干预，解决双方矛盾，才能最终实现保障旅游者和旅游经营者的合法权益、规范旅游市场秩序、保护和合理利用旅游资源、促进旅游业持续健康发展。

一、旅游政策

（一）概念

旅游政策是国家为了实现旅游发展的目的，根据旅游发展的社会经济条件和旅游发展的具体情况，所制定的一系列与旅游有关的规章、规则、制度、方针等。

第二次世界大战后，特别是20世纪50年代以来，由于旅游的快速发展，给全球诸多国家的社会经济带来巨大影响，为此，许多国家都非常重视旅游业，并通过制定有关政策，促进旅游业的发展。有的国家和地区对旅游者出入境所携带的物品实行较宽松的政策、限制较少。如我国香港，她是世界上著名的贸易自由港，旅游者购物是香港发展旅游的一大优势，因此，她对旅游者出入境所携带物品没有太多限制。当然，也有的国家和地区则实行的是较严格的限制措施（见图8-4）。

不同的国家推行不同的旅游价格政策，有的国家对旅游价格不实行行政干预，均由经营者根据市场供求情况决定。有的国家则实行行政干预的政策，如对外的旅游价格，需在政府有关部门同意的情况下，统一对外报价。

图8-4　泰国政府出台旅游政策：入境逗留超过3天须缴付人民币近100元（图片来源于网络）

（二）制定旅游政策的目的

1. 促进旅游业的发展

为促进旅游业的发展，有的国家政府会实行有利于旅游者出入境的海关、签证等规定。旅游者办理签证手续较为简单，时间花费也很短，给旅游者提供了很大便利。有的国家对入境旅游者实行"落地签证"或"上岸签证"，即无须事前办好签证，而是在抵达该国后，在海关再办理手续。这一政策可以使旅游者省去事前办理签证的麻烦，以及为办理签证而等候的时间。此外，在一些国家之间，如美国和加拿大之间，以及欧盟一些国家之间，旅游者可免签，这就更加方便了旅游者在不同国家之间所进行的旅游活动。

2. 引导旅游投资

许多国家都会在政府机构中设立旅游行政管理部门，以此来指导和调节旅游业的发展。旅游行政管理部门制定本国或本地旅游的发展规划和发展目标，规划和确定旅游区及其发展政策。在旅游区的开发中，政府引导投资者进行旅游投资，并经常采取某些优惠政策，使旅游投资者的利益与政府计划实现的目标结合起来。

3. 促进地区经济社会的发展

政府有时为了支持和促进某个地区经济、社会的发展，选择在该地区让旅游业尽快发展起来，并在旅游设施的建设上给予支持（如交通、环境治理、供水、通信等），以便让旅游业的发展带动和推进该地区经济、社会的发展。

4. 保障旅游者利益

政府为保障旅游业发展和旅游者的经济利益，通常都要规定旅游企业的服务标准和服务质量，对旅游饭店划分等级，要求各等级的饭店提供相应的服务质量和服务水平。

5. 减少旅游业负面影响

许多国家都很重视旅游发展与当地居民的关系，特别注意防止和调节旅游发展给当地居民所带来的负面效应。如旅游业的发展所出现的环境的破坏，又如旅游者在旅游活动中所出现的对当地居民的干扰和不尊重等。出现这些情况时，政府就要通过一定的政策进行协调，解决矛盾。

6. 实现旅游利益相关者的利益最大化

旅游目的地通过接待游客为其利益相关者提供广泛的经济和社会效益。旅游政策将确保旅游目的地各利益相关者的利益最大化，同时最大限度地减少旅游业发展带来的成本和负面影响。事实上，旅游政策致力于为来访游客提供高质量的旅游经历，并确保旅游目的地的环境、社会和文化的完整性不被破坏，这对目的地利益相关者来说十分有利。

一般来说，旅游目的地利益相关者主要包括以下方面：

（1）旅游目的地居民。

（2）中央及地方各级政府。

（3）地区／区域／国家环保组织。

（4）本地游客／短途游览者。

（5）外地游客／旅游者。

（6）旅游业各部门（住宿；景点；探险和户外娱乐；娱乐表演；节庆盛事；饮食服务；支持性服务；交通运输；旅行社）。

（7）目的地管理组织。

（8）文化／遗产组织。

（9）社会／健康／教育组织。

7. 平衡国际收支

平衡国际收支也是政府制定旅游政策的重要考量。有的国家对出入境旅游者的外汇实行较开放的政策，既不限制本国居民出境旅游时所需带出的外汇，也不限制入境旅游者在出境时所要带走的外汇。经济实力较强、外汇储备较充足的国家大多都实行这样的外汇管理政策，但也有的国家因外汇短缺，对本国居民出境旅游时携带的外汇数量有所限制，或禁止入境旅游者在旅游结束后离境时，将剩余的所兑换本国货币再换成他国货币。此外，外汇储备较充足或经济状况较好的国家，有时还会鼓励本国居民到境外旅游，以消费掉一部分外汇储备。如20世纪50年代，美国就曾鼓励和支持美国公民到他国旅游。又如20世纪80年代，日本也曾实施相似的"海外旅游倍增计划"。有些原本外汇储备充裕、支持本国公民出境旅游的国家，如韩国、泰国等，在1997年亚洲金融危机爆发时首当其冲，导致外汇骤然紧缺，在这种特定情况下，这些国家不得不变更其政策为适当限制公民出境旅游。

综上所述，随着旅游的发展，随着旅游对社会发展的影响越来越大，很多国家都越来越注意政策引导，通过实行有关政策，来保证和促进旅游业的发展，并限制和减少因旅游发展所带来的矛盾和问题。

（三）旅游政策涉及的领域

旅游政策通常涉及以下领域：

（1）旅游业在旅游目的地整个社会经济发展中的地位。

（2）旅游税收的税种和税率。

（3）旅游业融资的渠道和条件。

（4）旅游产品开发与维护的性质及未来方向。

（5）旅游目的地的可进入性和基础设施。

（6）管制状况（例如航空公司、旅行社等）。

（7）环境保护和限制措施。

（8）旅游业的形象和诚信度。

（9）社区关系。

（10）人力资源与劳动力供给。

（11）工会和劳动法。

（12）技术。

（13）营销。

（14）出国旅游法规。

（四）我国的基本旅游政策

我国的旅游政策是多方面的，以下是其中一些基本政策：

1. 健康文明，突出中国特色

早在1981年，《国务院关于加强旅游工作的决定》中就提出："中国式的旅游道路，就是要体现社会主义制度的优越性，发扬我国人民热情好客的优良传统，充分发挥我国的古老文化、山水名胜和多民族这些特点，开展具有中国特色的健康文明、丰富多彩的旅游活动。"这包括以下几个方面的内容：

（1）旅游活动必须是健康文明的。旅游活动有其自身的规律，这种规律性不因社会制度的不同而不同，但是旅游活动又是在具体国家或具体地区实现的，因此不可避免地会带上社会制度的痕迹。我国是社会主义国家，在我国开展的旅游经济活动，也就必然具有社会主义特色。我国发展旅游业的根本目的是满足人们精神文化方面的需要，这种需要既是健康文明的，又是丰富多彩的。那些不健康的、腐败的、有害于我国精神文明的东西，国家是坚决禁止的。如卖淫嫖娼、赌博、吸毒等，都属非法的，并严加取缔。

（2）旅游业要坚持民族特色和地方特色。旅游业的特点之一就是旅游产品的异质性，一国一地在开发和利用旅游资源时，要坚持自己的特色。民族特色和地方特色是旅游特色的核心内容。我国是多民族国家，各个民族在生活习惯、民俗风情、歌舞器乐、节庆活动等方面存在着较大差异，这就为发展旅游业提供了得天独厚的条件。近年来，我国民族地区的旅游业发展很快，而且旅游活动内容丰富多彩，很受国内外旅游者的喜爱和欢迎。如新疆、云南、贵州、海南、广西等，都是旅游业发展较快、旅游发展潜力巨大的省和自治区。

此外，我国地域辽阔，地形地貌、动植物等多种多样，也为旅游发展提供了极为优越的条件。北部有北国风光，千里冰封、万里雪飘、山舞银蛇的壮景；西部有浩瀚的沙漠、无垠的草原、壮美的冰山、大河的源头；南部有秀美的山水、壮丽的瀑布、金色的海滩、碧绿的湖泊；东部有秀丽的水乡、广阔的平原、峻峭的峰峦、纵横的河流……所有这些，共同造就了我国星罗棋布、景观各异的旅游区和旅游点。

坚持旅游发展上的民族特色和地方特色，不仅能使国内外旅游者欣赏和体察世界自然和社会的遗产与硕果，同时也能使国外旅游者增进对中国的认识和了解（见第VI页图32）。

2. 以国内旅游为重点，积极发展入境旅游，有序发展出境旅游

在国内旅游、入境旅游、出境旅游方面，我国现行的政策是：以国内旅游为重点，积极发展入境旅游，有序发展出境旅游（见图8-5）。

（1）重点发展国内旅游。随着社会经济的发展，国内旅游在我国社会经济中的地位越来越高，在旅游业中已占据主导地位，大力发展国内旅游对于扩大内需，调整产业结构，满足人民群众日益增长的物质文化需求，促进社会经济的可持续发展，具有十分重要的意义。另一方面，通过大力发展国内旅游，客观上也可有效抑制出境旅游的过度发展，减少外汇支出，为国家经济建设节约大量外汇。因此，要进一步加强旅游基础设施建设，完善旅游交通网络和机场、口岸建设；加强旅游景区精品化建设，提高景区规划、管理、服务水平；进一步提高旅游企业服务质量；建立健全旅游公共服务体系。

图8-5 有序发展出境旅游：缅甸最后的"文面人"（刘伟摄）

【链接】

我国旅游政策的演变

自1978年以来的近30多年中，根据我国经济社会发展的不同情况，对国际旅游和国内旅游实行的政策也有所差异。总的发展趋势是：从重视国际旅游，到重视国内旅游；从重点发展国际入境旅游，到重点发展国内旅游。

1978年，在我国旅游业起步发展阶段，国家确定的政策是重点发展国际入境旅游，以便既加快我国的对外开放，又能获取宝贵的外汇。针对这种情况，我国旅游企业招徕和接待的主要对象是入境旅游者，旅游企业所提供的旅游设施和旅游服务也主要以入境旅游者为对象。作为国家的旅游主管部门，其工作的重点，也是安排、布置、调节国际入境旅游活动的。而对国内旅游的基本政策是：不提倡，不反对。不提倡是因为对大多数我国居民来说，旅游还没有提到日常生活的日程上来，不仅旅游的社会条件（如食、宿、交通等条件）不充分，人们的旅游支付能力也较为缺乏。因此，1985年之前，我国的国内旅游尚未全面启动，即便有少数的国内旅游活动，也处于低水平和自发的状态。

1985年之后，随着我国经济社会的发展和人民生活水平的提高，人们的旅游意识有了一定程度的提高，一部分人的支付能力也有了较大增加，旅游的社会条件有了一定的改善。国家随即改变过去的不提倡、不反对的政策，提出发展国内旅游的政策。在此支持下，国内旅游有了一定的发展，但一直到1989年前，国内旅游发展速度并不快，到1990年后，其步伐才渐渐加快，国内旅游在整个旅游业中所占据的地位日益重要。

20世纪90年代中期，是我国国内旅游发展较快的时期，也是其地位日趋重要的时期，在这种情况下，我国重新提出国际入境旅游和国内旅游并行发展的旅游政策。以前，国际入境旅游与国内旅游是二元化的旅游，即不论在旅游的设施条件和服务水平上，还是在旅游消费上，都存在着非常明显的差别。随着国内旅游的发展，这种状况才逐渐发生变化，二者的差距也不断缩小。不少原先只向入境旅游者提供的旅游设施和服务水平，现在则有更多的国内旅游者也可以同样享受到了。

20世纪90年代以后，国家还针对公民出境旅游出台了新的政策。在此之前，我国居民出境旅游基本上是不予办理的，也就是说，以旅游为唯一目的旅游活动是被限制的。但是，随着我国经济社会的发展，外汇储备的增加，一部分人支付能力的提高，少数人出境旅游的愿望随之产生。在这种情况下，国家提出有控制地发展我国居民出境旅游的政策。国家旅游主管部门选定少部分国际旅行社承接办理出境旅游业务，并将出境游的目的地国家限定在一定范围之内。在这一时期，我国在国际旅游和国内旅游方面的政策是：大力发展入境国际旅游，积极推进国内旅游，有控制地发展出境国际旅游。

从2005年开始，在新的形势下，我国"入境旅游、出境旅游、国内旅游"三大市场的旅游政策和发展战略调整为："大力发展入境旅游，规范发展出境旅游，全面提升国内旅游。"这种调整是为了适应市场发展变化的需要，体现旅游业发展导向，有利于开发国际国内两个市场、两种资源，使之互相促进、协调发展。

2009年，国务院在《关于加快发展旅游业的意见》中，将我国旅游发展政策再次调整为："以国内旅游为重点，积极发展入境旅游，有序发展出境旅游。"这是在新的形势下，国家对旅游发展战略的一次重大调整，第一次将国内旅游确定为旅游业发展的战略重点，充分体现了对发展国内旅游的重视。

（2）积极发展入境旅游。入境旅游是我国旅游业的"三驾马车"之一，是我国增加外汇收入、平衡外汇收支的重要手段，改革开放以来，一直是我国旅游业发展的重点，在新的历史时期，仍然要积极发展国际入境旅游，加大我国在国际旅游市场上的促销力度。

（3）有序发展出境旅游。首先做好已开放的中国公民出境旅游目的地的后续工作，建立双边旅游协作关系和工作渠道，同时抓紧研究针对出境游市场的危机处理机制和调控手段。

二、旅游法规

我们不妨先来看看这一个案例，判断一下，这房费该不该收。

20××年7月19日，一纸投诉书递交到北京市消协，投诉北京华侨大厦无故多收客人一天的住宿费，而投诉人则是四川省消费者委员会常务副主任谷先生。谷先生说，这次来北京出差之前，他通过一家订房中心预订了7月16～19日北京华侨大厦的一间客房，由于飞机晚点，他于7月17日凌晨1:50才抵达北京华侨大厦，所以，他不应支付16日的房费，而酒店则坚持收取了他16、17、18日的房费，因此，谷先生要求华侨大厦废止"不合理、违法"的规定，公开向广大旅客道歉，退还多收的房费，并要求赔偿他因处理这一纠纷造成的误工、交通、文印、邮电等损失费用600元。而店方则认为，谷先生是16日半夜抵店的，理应收取16日的房费，这不仅符合国际惯例，也符合酒店业的经营特点和规律，因此，无法接受谷先生提出的一系列要求。

这是一桩旅游消费者和旅游住宿企业之间因缺少相关法律、法规而引起的住房纠纷。在发展旅游业的过程中，每时每刻都在发生着这种旅游消费者、经营者、投资者之间的纠纷，因此，为了确保各方的权利和旅游业的健康发展，必须制定相关的法规用以规范和调节旅游经济活动各主体的权利和义务。

（一）旅游法规概述

在现代旅游业的发展过程中，由于旅游规模和范围的不断扩大，旅游内容的增加，旅游方式的改变，产生了一系列错综复杂的社会关系。为了调整旅游活动中形成的各种社会关系，保护旅游业的健康发展，解决旅游业发展过程中遇到的矛盾和问题，有必要运用法律手段来规范旅游业发展，旅游法规也就应运而生。

1.旅游法规的概念

旅游法规是调整旅游活动领域中各种社会关系的法律规范的总称。就我国的情况而言，旅游法规包括：全国人民代表大会及其常务委员会制定的旅游法律（确定一个国家发展旅游事业的根本宗旨、根本原则和旅游活动各主体根本权利义务关系）；国务院制定的旅游行政法规和条例；国家旅游行政主管部门制定的部门规章；地方旅游法规（含地方人民代表大会颁布的地方旅游管理条例）以及我国政府缔结、承认的国际旅游公约和规章等。

旅游法是现代旅游业发展的必然产物，对于保护旅游业的健康发展发挥着重要作用。

2.旅游法规的调整对象

旅游法规的调整对象，即调整的主要社会关系有：

（1）国家旅游行政管理机关与旅游经营者之间的关系。这是一种纵向法律关系。

（2）旅游者与旅游经营者之间、旅游经营者与相关部门之间、旅游经营者之间的关系。这是一种横向的法律关系。

（3）旅游企业内部的关系。这是一种综合的法律关系。

（二）国际旅游法规

因为没有统一的旅游立法机构，国际旅游法律规范通常以公约、条约、协定等形式表现出来。其适用范围仅限于缔约国和承认参加国，不能侵犯未参加国的利益。国际社会依据旅游业发展的需要，根据各国对发展旅游业的通行做法，由有关国家或国际旅游组织拟定关于旅游业发展的草案、规程、公约、协议等，其中，有的已被诸多国家的旅游组织所接受并参加该公约组织，以其规定为行为准则；有的被少数国家所接受和遵循；有的虽有较完整的条款，但在国际上未生效。我国未参加绝大多数的国际旅游公约、协议，但随着旅游业的发展，特别是在加入WTO以后，我国将加快与国际惯例接轨的步伐，加入越来越多的国际组织，承认其制定的草案、规程、公约、协议等。

目前，国际上较为通行的国际旅游公约、协定有：

1.《国际饭店规章》

《国际饭店规章》（International Hotel Regulations）是国际饭店业普遍承认的、由国际饭店协会执委会于1981年11月2日在尼泊尔的加德满都通过的国际饭店业行业规章。正如该《规章》的绪言中所指出的："国际饭店规章规定饭店的客人和饭店相互之间的权利和义务。这个规章可作为各国有关饭店住宿合同的辅助条款。如果有关国家立法无具体的关于饭店住宿合同方面的条款，就应履行该规章中的规定。"

扫描二维码，详细了解《国际饭店规章》的内容。

2.《旅游权利法案和旅游者守则》

1985年9月17～26日，世界旅游组织第六次一般性全体大会在保加利

亚首都索菲亚召开。这次大会提出并通过了《旅游权利法案和旅游者守则》，对旅游者以及各国政府、旅游管理和服务机构、旅游供应商、旅游专业人员、旅游东道国（地）居民等在旅游活动中的权利和义务进行了划分，并提请各国领会在《旅游权利法案和旅游者守则》中所确立的原则，并根据本国的立法和管理程序实施。

《旅游权利法案和旅游者守则》除了对旅游者的权利和义务进行了规定以外（见本书第二章第五节），还对旅游东道国（地）居民在旅游活动中的权利和义务做出了如下规定：

（1）在过境和逗留地的东道国人民，要在态度上和行为上尊重自己的自然与文化环境，同时，他们有权自由享受他们自己的旅游资源。

（2）他们也有权要求旅游者理解和尊重他们的习俗、宗教和其他文化因素，因为这是人类遗产的一部分。

（3）为了促进这种理解和尊重，应当鼓励传播以下有关的信息：东道国的习俗、传统、宗教，当地的禁忌以及必须尊重的神圣场所和圣地；必须保存的艺术、考古和文化珍品；必须保护的野生及其他自然资源。

（4）在过境地和逗留地，东道国人民应以最大的热情、礼貌和敬重来接待旅游者，以利于发展和谐的人际与社会关系。

此外，《旅游权利法案和旅游者守则》还对各国政府、旅游管理和服务机构、旅游专业人员、旅游供应商的权利和义务做出了相应的规定。

3.《全球旅游伦理规范》

《全球旅游伦理规范》（Global Code of Ethics for Tourism）是由世界旅游组织于1999年10月1日在智利圣地亚哥召开的该组织第十三届大会上通过的。在此之前，世界旅游组织共发表和颁布了三个对世界旅游业具有重要影响的宣言和文件，分别是：1980年的《马尼拉世界旅游宣言》、1997年的《关于旅游业社会影响的马尼拉宣言》和1985年的《旅游权利法案和旅游者守则》。世界旅游组织重申，《全球旅游伦理规范》是对众多同类文件、规范和宣言以及出现在历年出版物中的同类思想的综合，并根据社会发展做了进一步完善，因此，该规范可作为世界旅游业利益各方在新世纪的一个参照框架。

扫描二维码，详细了解《全球旅游伦理规范》的内容。

【本章小结】

● 国家旅游管理体制是一个国家对旅游业实行全行业宏观管理的行政管理体制。通常有旅游委员会模式、旅游部模式、旅游局模式和混合职能模式等几种类型。

● 旅游业行业管理的对象是从事旅游经营活动的所有企业和单位。旅游行业管理的主体有两类：一是政府部门；二是行业组织。

● 旅游行业管理的内容包括：市场引导和维持秩序性内容；服务性内容；协调性内容。行政、经济和法律手段是旅游行业管理的基本手段。

● 旅游行业组织是指为加强旅游行业间及行业内部的沟通与协作，实现行业自律，保护消费者权益，同时促进旅游行业及行业内部各单位的发展而形成的各类组织。

● 旅游政策是一个国家或地区为了实现旅游发展的目的，根据旅游发展的社会经济条件和旅游发展的具体情况，所制定的一系列措施和办法。包括有关旅游外汇管理、出入境管理、签证政策、旅游企业税收政策等。

● 我国现行基本旅游政策是：①健康文明，突出中国特色；②以国内旅游为重点，积极发展入境旅游，有序发展出境旅游；③调动各方面的积极性，加快旅游业发展。

● 旅游法规是调整旅游活动领域中各种社会关系的法律规范的总称。就我国的情况而言，旅游法规包括：全国人民代表大会及其常务委员会制定的旅游法律；国务院制定的旅游行政法规和条例；国家旅游行政主管部门制定的部门规章；地方旅游法规（含地方人民代表大会颁布的地方旅游管理条例）以及我国政府缔结、承认的国际旅游公约和规章等。

【复习思考】

1. 国家旅游管理体制通常有哪几种模式？国家旅游行政管理部门的职能有哪些？

2. 简述旅游行业组织的性质和职能。

3. "世界旅游日"是由哪个组织确定的？在哪一天？为什么要确定在这一天？

4. 简述我国基本旅游政策。

5. 认真研读《中华人民共和国旅游法》。根据其要求，从2013年10月1日起，所有旅游报价产品（即常规旅行团）将以"无加点、无自费、无指定购物点"的"一价全包"形式出现。令很多人感到头痛的"参团进店游"将被视为违法。请对这些法律规定的可操作性加以分析。

【案例分析】

酒店禁止客人自带酒水合理、合法吗？

中国旅游饭店业协会关于请求国家工商行政管理总局纠正北京市工商局发布的"餐饮行业6种不公平格式条款"中部分条款的公开信

国家工商行政管理总局：

北京市工商局于2013年12月9日发布了"餐饮行业6种不公平格式条款"，并将之认定为

"经营者免除自己责任、加重消费者责任或排除消费者权利的不公平格式条款"，具体条款分别是："禁止自带酒水"；"消毒餐具工本费一元"或"消毒餐具另收费"；"包间最低消费xx元"；"如甲方需减少订席数，须提前十五天告知乙方，否则乙方将按原订席数全额收费"；"请保管好自己的物品，谨防被盗，丢失本店概不负责"或"公共场所请您携带好您的随身物品，如有丢失自负"；"餐厅有权接受或拒绝顾客自带酒水和食品。如果顾客不接受餐厅建议将被视为自动放弃食品卫生投诉权利"。

消息一经发布，就受到消费者的广泛关注，餐饮和饭店企业反应强烈。中国旅游饭店业协会作为全国性饭店行业社团组织，从维护消费者和经营者合法权益，维护行业市场秩序，促进行业健康有序发展的角度出发，在广泛征求企业意见的基础上，就被北京市工商局认定为不公平条款的"禁止自带酒水""如甲方需减少订席数，须提前十五天告知乙方，否则乙方将按原订席数全额收费"等内容，提出以下意见：

一、"不公平格式条款"的定性，法律依据不足

市场经济的规则决定了经营者和消费者之间的权利义务应在法律的框架内由双方协商确定。即在签订格式合同时，合同的提供者不得加重对方的责任，减轻或免除自己的责任。如果企业在顾客消费前做到"在门前、餐厅等显著位置明示邀约条款，或者确认已将邀约条款信息用适当的方式告知顾客，顾客在知情的前提下选择在企业消费"，就等于消费者接受了格式条款，双方达成了交易，既保护了消费者的知情权和选择权，也尊重了经营者的自主经营权，这符合公平交易的市场经济原则。企业或顾客中的任何一方都应遵守协议，违约方应承担相应的违约责任。据此，在并不存在垄断的餐饮（含饭店）市场中，北京市工商局所列出的行为就不应属于经营者免除自己责任、加重消费者责任或排除消费者权利的不公平格式条款。

二、"不公平格式条款"的定性，有失公平

常识告诉我们，餐饮（含饭店）类企业的经营成本并不仅仅限于直接的餐饮成本，还包括在设备设施、劳动力和能耗等方面的投入。因此，餐饮（含饭店）类企业自然会根据全部而不是部分成本制定企业的价格政策。况且，作为充分竞争的行业，餐饮（含饭店）类企业的客人是拥有充分的选择空间的，完全可以、也完全能够做到用脚投票。目前，也有不少餐饮（含饭店）类企业主动采取接受客人自带酒水的做法，行业协会也是乐见其成的。我们认为，问题的本质并不在于是否支持或者反对企业谢绝客人自带酒水，而在于是否承认和尊重企业有做出选择的权力。中国旅游饭店业协会始终认为"是否允许客人自带酒水在店消费"完全属于企业的自主经营权，而"是否在谢绝自带酒水的餐饮（含饭店）类企业消费"则是消费者的自由选择权，政府没有做出强制性规定的必要，否则将有悖于"使市场在资源配置中起决定性作用"的原则精神。

此外，把允许客人"自带酒水"作为一项硬性规定，无论在理论上还是实践上都隐含着一些风险。假如消费者自带的酒水等存在安全问题，不仅会对其自身健康造成损害，还有可能殃及其他消费者。一旦事件发生事故，责任主体却难以取证辨别。在南方某城市就曾发生过自带酒水发生爆炸的案例。至于"如甲方需减少订席数，须提前十五天告知乙方，否则乙方将按原订席数全额收费"的约定，完全符合相关法律规定。

三、与北京市工商局相关规定不一致

根据北京市工商局制定的《北京市订餐服务合同》，双方可以在协商的前提下，约定变更预订的提前通知天数和违约责任问题。而北京市工商局于12月9日发布的新规又认定"提前十五天告知，否则全额收费"等内容为"不公平格式条款"，我们感到，这种自相矛盾的做法缺乏政府工作本应具有的严肃性。

综上所述，北京市工商局"餐饮行业6种不公平格式条款"中的部分条款缺乏法律依据，有失市场公平，属于不当使用行政手段干预市场经济的行为。为保护法律权威，尊重市场经济规律，维护市场经济秩序，真正"使市场在资源配置中起决定性作用"，从而"加快形成企业自主经营、公平竞争，消费者自主选择、自主消费"的现代市场体系建设，我会请求国家工商行政管理总局，责令北京市工商局立即采取纠正措施，消除影响。

中国旅游饭店业协会

2013年12月16日

◎问题：请参照《中华人民共和国旅游法》《中华人民共和国合同法》《中华人民共和国消费者权益保障法》等相关法律法规以及上述"公开信"的相关内容，对北京市工商局发布的"餐饮行业6种不公平格式条款"中有关条款进行讨论。

【拓展阅读】

我国现行旅游法规

（一）《中华人民共和国旅游法》

《中华人民共和国旅游法》（以下简称《旅游法》）是我国旅游业的根本大法。经过整整30年的酝酿和社会各界的强烈呼吁，为旅游业健康发展保驾护航的《旅游法》终于千呼万唤始出来。

《旅游法》于2013年4月25日由全国人大常委会表决通过，自2013年10月1日起施行。

《旅游法》的出台，真可谓"30年磨一剑"。早在1982年，国家旅游局就开始着手旅游立法工作。1988年，旅游法曾经列入七届全国人大常委会立法规划和国务院立法计划，但由于各方面条件尚不成熟，直到2013年，这部法律才在社会各界的期待中，经广泛调研后正式制订，并经全国人大常委会表决通过。

考虑到旅游业的综合性（涉及食、住、行、游、购、娱6大要素），涉及面的广泛性（涉及国务院的20多个部门，关联110多个行业），新出台的《旅游法》并非由国家旅游局起草，而是采取综合立法模式，由全国人大财经委员会牵头组织了有国家发改委、国务院法制办、国家旅游局等23个部门和有关专家参加的旅游法起草组。《旅游法》的起草，打破了其他法律草案由国务院一个部门单独或者几个部门协调起草的情况，而是把国务院与旅游行业有关的所有部门都吸收进起草小组。

1.《旅游法》的主要内容

旅游法内容分为10章，共112条，包括总则、旅游者、旅游规划和促进、旅游经营、旅游服务合同、旅游安全、旅游监督管理、旅游纠纷处理、法律责任和附则。

2.《旅游法》的特点

（1）突出《旅游法》的保障地位。让旅游者满意，是旅游业的立业之本。制定《旅游法》的目的，首先是保护旅游者。《旅游法》单设"旅游者"一章，并将其放在《旅游法》第二章、也就是"总则"之后，明确表明《旅游法》首先是保障旅游者权益的，体现了以人为本原则，这是核心、基础和灵魂，是贯穿《旅游法》的一条红线。联合国世界旅游组织把我国《旅游法》的这种做法当成了一大亮点，认为是一种创新。《旅游法》在其他各章也对旅游者权益做了规定，以保障旅游者合法权益为主线。《旅游法》同时保护旅游经营者及其从业人员的合法权益，平衡旅游者与旅游经营者及其从业人员、政府机构、旅游执法人员之间的权利、义务和责任。

（2）强化《旅游法》的规范功能。针对社会上反映最为强烈的旅游市场秩序混乱问题，《旅游法》对旅游经营、旅游服务合同、旅游监督管理进行专门规定，根据旅游活动的特点和需求，以市场机制为基础，实行统一的服务标准和市场准则，明确旅游经营者资质、从业人员资格以及经营规则，建立健全旅游市场准入和退出机制，着力解决我国旅游市场失范、条块分割、服务设施不完善、旅游经营和管理不规范等问题。《旅游法》不仅规范了旅游经营者，也规范了旅游者；不仅规定了旅游者的权益，也规定了旅游者的义务。

（3）发挥《旅游法》的促进作用。根据立法技术规范的要求，《旅游法》对旅游发展规划、统筹旅游资源保护和开发、旅游协调机制、支持和促进措施进行了规定，进一步明确了旅游发展规划编制的主体、内容，以及旅游规划与相关规划的衔接，充分发挥政府主导作用，解决旅游资源无序开发问题，完善景区门票制度，促进公益性游览场所开放，引导各类市场主体在有效保护的前提下依法合理利用旅游资源，实现社会效益、经济效益和生态效益的有机统一，体现旅游为公众休闲服务、实现人的全面发展的本色。

（4）调整范围广。早在《旅游法》草案调研起草之初，就存在着到底是制定旅游法还是旅游业法、旅游管理法的争论，但全国人大财经委坚持要立一个《旅游法》，而且确定了综合立法的路径。这样一来，这个法就不只是规定旅游业，而是要规定旅游业涉及的各个环节和相关行业；也不只是管理，现在整个旅游业还没有得到完全的发展，除了要管理，还要促进，在规划协调、资金保障、人员培训、推介宣传等方面，都要强化立法扶持措施。名称的争论，实质上就是这部法律的调整范围到底多大。

（5）采取综合立法模式。所谓综合立法模式，就是这部法律不受限制，该规定行政法的内容就规定行政法的内容，该规定经济法的内容就规定经济法的内容，该规定民法的内容就规定民法的内容，所以旅游服务合同的内容就写进去了。立法过程中，许多学者认为，旅游服务合同也是合同的一种。合同是两个当事人基本意思的表达，应该是民法规定的内容。我国的《合同法》里已经规定了各种合同，所以很多人不同意将"旅游服务合同"写进《旅游法》。经过充分调研论证，起草单位认为，旅游服务合同是一种比较特殊的合同，与现行《合同法》里规定的各种合同相比有其特殊性，是组团旅游或者包价旅游主要的合同依据。这次选择的立法路径是综合性立法，因此，凡是涉及旅游的，都要在这部法律里进行规定。

（6）内容详尽。很多人以为《旅游法》是国家层面的综合性立法，会较多关注宏观问题，然而，新颁布的《旅游法》，内容十分详细，主要考虑是要提高《旅游法》实施的可操作性，让大家看到法律就知道该怎么做，而不是法律中只有原则性规定，实施时还靠细则、靠司法解释，结果法律本身倒被丢在一边。要尽量避免这种情况发生。《旅游法》对于当前一些地方存在的旅游资源盲目开发、低水平开发等问题，各部门旅游工作协调的问题，基层单位或政府任意圈地、设景区收费的问题，公共资源及景区门票价格规范的问题，"零负团费"的治理问题等，都做了较为详细的规定。

总而言之，作为我国第一部旅游大法，《旅游法》的颁布对于规范旅游市场秩序，保护旅游者和市场经营者权益，促进旅游及相关行业发展具有十分重要的意义。

（二）《旅行社条例》

我国第一部旅游行政法规是于1996年10月15日由国务院颁布的《旅行社管理条例》。2001年12月11日，根据国务院的决定，有关部门对该条例做了重新修订，同日生效。

为了进一步加强对旅行社的管理，保障旅游者和旅行社的合法权益，维护旅游市场秩序，促进旅游业的健康发展，国务院于2009年制定了新的《旅行社条例》，新条例是在原《旅行社管理条例》的基础上形成的，于2009年5月1日起施行。

《旅行社条例》从旅行社的设立、旅行社经营、法律责任以及监督检查和外商投资旅行社等几个方面对旅行社进行了法律规范。

2017年，依据《国务院关于修改和废止部分行政法规的决定》，有关立法机构对该条例进行了第三次修订，并于2017年3月1日颁布实施。

扫描二维码，详细了解《旅行社条例》（2017修订版）的内容。

（三）《导游人员管理条例》

1999年5月14日，国务院发布了《导游人员管理条例》，自1999年10月1日起施行。这是中国对导游人员进行管理的第一部行政法规。《导游人员管理条例》制定的目的是为了规范导游活动，保障旅游者和导游人员的合法权益，促进旅游业的健康发展。

依据最新修订的《导游人员管理条例》，在中华人民共和国境内从事导游活动，必须取得导游证。取得资格证书后，经与旅行社订立劳动合同或在相关旅游行业组织注册，方可持所订立的劳动合同或者登记证明材料，向省、自治区、直辖市人民政府旅游行政部门申请领取导游证。依据《导游人员管理条例》规定，导游证可分为正式导游证和临时导游证两种。

国家对导游人员实行等级考核制度。导游人员分为初级、中级、高级、特级四个等级。国家旅游局于1994年发布了《关于对全国导游员实行等级评定的意见》和《导游员职业等级标准》，开始了导游人员等级考核评定工作。这一制度在《导游人员管理条例》中得以确认，从而成为一项法定制度。

《导游人员管理条例》规定了导游人员依法享有的权利和必须履行的义务，以及导游人员违反有关规定时所应受到的相应处罚。

扫描二维码，详细了解《导游人员管理条例》的内容。

（四）《风景名胜区条例》

为了加强对风景名胜区的管理，有效保护和合理利用风景名胜资源，2006年9月19日，国务院颁布了新的《风景名胜区条例》，并从2006年12月1日起实施。条例所称风景名胜区，是指具有观赏、文化或者科学价值，自然景观、人文景观比较集中，环境优美，可供人们游览或者进行科学、文化活动的区域。

按照新条例，风景名胜区划分为国家级风景名胜区和省级风景名胜区。《条例》规定，设立风景名胜区，应当有利于保护和合理利用风景名胜资源。新设立的风景名胜区与自然保护区不得重合或者交叉；已设立的风景名胜区与自然保护区重合或者交叉的，风景名胜区规划与自然保护区规划应当相协调。

新条例规定，风景名胜区规划分为总体规划和详细规划。风景名胜区应当自设立之日起2年内编制完成总体规划。总体规划的规划期一般为20年。

（五）地方旅游法规

为了适应旅游业蓬勃发展的客观要求，除了上述部门法规以外，我国各省、自治区、直辖市都先后制定和颁布了《旅游管理条例》或《旅游业条例》等地方性法规，以明确地方旅游业发展的方针政策，调节旅游经济活动中的各种权利、义务关系，为旅游业的健康发展保驾护航。

（六）其他旅游相关法规

除了专门的旅游立法之外，我国还有一些与旅游相关的法律法规，都在不同程度上对旅游活动中各种社会关系起到了调节作用。包括：

- 《中华人民共和国宪法》
- 《中华人民共和国民法通则》
- 《中华人民共和国消费者权益保护法》
- 《中华人民共和国合同法》
- 《中华人民共和国劳动合同法》
- 《中华人民共和国文物保护法》
- 《中华人民共和国出境入境管理法》

第九章
旅游统计

旅游统计是衡量旅游业发展规模和发展水平的手段，也是对旅游业实施宏观管理的前提。

本章学习目标 / Learning Objectives

- 了解我国旅游统计工作的现状；
- 了解旅游卫星账户的基本概念和主要内容。

本章关键概念 / Key Words

- 旅游统计 / Tourism Statistics
- 旅游卫星账户 / TSA (Tourism Satellite Account)

第一节　我国的旅游统计

人类很早开始就在进行着各种各样的旅游活动，然而直到20世纪，旅游才被承认是一种重要的社会和经济现象，其作用也不断地被方方面面所认知。由于旅游业对社会的影响不断加深，在理论上对旅游进行深入研究就显得越来越重要。科学地做好旅游统计工作，对于正确认识旅游业在国民经济中的地位和作用，做好旅游业的宏观管理工作，具有重要的意义。

从统计的角度来说，首先必须明确我们到底应该统计什么，统计范围、统计口径是什么。

一、我国旅游统计的基本方法

我国的旅游统计工作开始于20世纪80年代初，在当时计划经济条件下，由于国民旅游市场尚未形成，旅游统计重点关注入境游客，统计数据主要来源于企业定期报表。此后，得益于我国市场经济体制逐步确立、社会经济快速发展、人民生活水平稳步提高，国民旅游市场开始形成并迅速发展壮大，同时，伴随全球化浪潮的到来，我国旅游业发展逐渐融入了世界舞台，旅游统计内容更加丰富。进入20世纪90年代，旅游统计实现与国际接轨，在充分遵循联合国统计委员会以及世界旅游组织颁布和推荐的国际旅游统计标准的同时，顺应了我国旅游经济发展的规律和走向，从最初依靠企业报表的汇总统计模式，逐步建立起以抽样调查为主体、企业报表为补充的较为科学、完善的旅游统计核算体系。

二、旅游统计中的基本概念

统计作为一门科学，必须事先对统计对象有个科学的界定，因此，要想全面深入认识和了解旅游统计，还得从基础概念入手。

我国目前的常规旅游统计工作是基于游客角度、也就是从需求方开展的统计，因此，厘清"旅游""游客"等基本概念显得非常重要，即什么样的行为才能算作是"旅游"，什么样的人才能算作是"游客"。这是开展旅游统计工作的基础和前提。

我国旅游统计工作遵循了联合国统计委员会批准、世界旅游组织推荐、在全球范围内被广泛采用的旅游统计准则——《旅游统计建议》（以下简称《建议》），并据此制定了我国旅游统计工作的规范性文件《旅游统计调查制度》。《建议》明确定义了"旅游"和"游客"两个基本概念。"旅游系指个人旅行至他们惯常环境以外地方连续停留时间不超过一年，并为了休闲、公务和与从事一种从被游地获取报酬的活动无关的其他目的的活动"。"旅游"定义中所指的"人"称为"游客"，即"任何一个到他/她惯常环境以外的地方去旅行，不超过12个月，并且其旅行的主要目的不是通过所从事的活动从访问地直接获取报酬的人"。在这个定义中，确认"游客"涉及的要素有：惯常环境、停留时间和出行目的三个方面。

惯常环境。一个人的惯常环境由其住宅和工作或学习场所及其经常访问的其他场所的周围地区所组成。确定惯常环境的标准是到访的频率和离个人住所的距离。即：一定距离内的区域和虽然距离远但到访频率高的区域，都属于惯常环境的组成部分。"惯常环境"与行政区划的区域概念不太一致，就我国来看，如果生活在县城，由于城市面积较小，那么整个县城都有可能是其惯常环境；而如果是生活在超大城市，那只能通过距离和到访频率进行划分了。

停留时间。要将某人视为游客，他/她在这一地方的停留时间须少于一年。如果在某地的停留时间超过一年，就会被界定为当地的常住居民，而非游客。根据停留时间，游客被分为两类，即停留一夜或多夜的旅游者和一日游游客。"国内一日游游客"的界定颇受争议。20世纪90年代，我国有关部门对其界定为：国内居民离开惯常居住地10公里以上，出游时间超过6小时、不足24小时，并未在境内其他地方的旅游住宿单位过夜的国内游客。但在新形势下，如何重新界定"国内一日游"，已经提上了《旅游统计调查制度》的修订议程。

出行目的。《建议》中，游客出行目的分为以下6类：休闲、娱乐和度假；探亲访友；商务或专业交流；健康医疗；宗教、朝拜；其他。

除去基本定义外，在《建议》中，常规旅游统计分为三个部分，即入境旅游、出境旅游和国内旅游。

三、旅游统计中的若干问题

1.关于出入境旅游人数的统计问题

根据世界旅游组织推荐的《建议》，以出入境管理部门数据为基础是确保出入境旅游人数数据质量的最佳渠道，但如何将非游客从出入境总人数中进行科学、有效的剥离，是所有使用这种方式采集数据的国家面临的共同难题。有鉴于此，为实现各国（地区）统计数据的国际比较，世界旅游组织选取各国接待入境旅游者（过夜游客）人数和旅游（外汇）收入两个基本指标作为了解全球国际旅游业发展态势的载体。因此，为保证我国入境数据的国际可比性，我国严格按照国际标准，开展过夜游客和一日游游客的比例调查和花费调查，并以出入境管理部门原始数据为基础，科学、准确测算过夜游客人数和旅游（外汇）收入。

2.关于国内旅游统计问题

目前，国内旅游统计分为两个层面，一是文化和旅游部开展的国内旅游出游统计；二是31个省、自治区、直辖市（不含中国香港、台湾及澳门地区）旅游局开展的本地区国内游客接待统计。由于国家层面与地方层面的国内旅游统计相比，分别处于封闭系统和开放系统，统计方法大相径庭，故两个层面的数据之间不能形成简单的加总关系。

目前，国内旅游统计面临的主要问题是地方统计方法不规范。地方旅游统计工作除受当地领导不科学政绩观影响外，统计方法不统一、执行制度不规范是导致国内旅游统计"横向不可比、纵向不可加"的主要原因。目前，各地国内旅游的统计渠道主要有三种渠道：一是各类旅游住宿设施的住客人数；二是各类旅游景区景点游客人数；三是旅行社接待人数，往往把三者合起来统计（有些地方还把在本地各区、县、镇接待的游客合起来统计）。由此必然发生一个游客计算为多个游客的重复统计。虽然国家旅游统计标准规定"国内游客每出游一次统计1人次"，但实际上跨地区的旅游团队与散客往往被不同地区（省、市、县）多次反复统计。因此，有专家建议取消国内旅游中"一日游游客"统计，不再以景点和旅行社的接待人次为国内游客的统计基数，而一律以"所有住宿设施接待国内游客"的人次数、人天数和平均停留夜数为统计基数，在这个基础上，再通过现行的国内旅游抽样调查，得出国内游客的人均花费，就可以较为准确地推算出国内旅游的总消费，即国内旅游的总收入。

为进一步规范和引导地方国内旅游统计工作，原国家旅游局已于2011年初着手研究制定《国内旅游接待统计体系方案（试行）》，并初步选择北京、天津、上海、江苏、浙江、广东和广西等7个省（区、市）开展了试点工作。希望通过试点，进一步提高各地国内旅游统计数据质量，增强区域可比性。

3. 如何看待出入境旅游统计中包含香港、澳门和台湾地区的问题

的确，香港、澳门和台湾是我国神圣不可分割的一部分，但是，统计中执行的国际标准是经济概念而不是政治概念，因此，出入境旅游统计中涉及的"境"并不是"国境"。按照国际通行准则中"经济领土"定义，我国大陆、香港、澳门和台湾均属于独立的经济体，无论在全球统计还是在我国政府综合统计和部门统计中，大陆与港澳台的统计信息都是单独存在的。我国旅游统计遵循了国际和国家的一贯准则，反映大陆地区总体发展情况，将中国香港、澳门以及台湾纳入出入境统计范畴。其中，国家旅游局充分考虑到了港澳台市场的特殊性，自旅游统计开展以来，一直与外国市场分开计量。

4. 我国旅游统计未能涵盖广义旅游业的全部内容

目前国民经济统计核算体系中只包括与旅游业相关的旅行社业和酒店业，未能涵盖广义旅游业的全部内容。目前的旅游统计工作是依据《旅游统计制度》，由旅游系统独立开展的，难以全面、客观地反映旅游业的发展态势及其对GDP和其他产业的拉动作用。

5. 旅游统计数据质量欠佳

由于认识不到位，重视不够，且缺乏资金和人员，无法保证旅游统计数据质量。

6. 旅游业未作为独立的行业纳入国民经济统计核算中

旅游业虽然十分重要，但由于概念的界定以及对旅游业的认识等方面的原因，旅游业尚未作为独立的行业纳入国民经济统计核算中。

四、旅游统计的新趋势

随着时间的推移，旅游业在社会经济中所发挥的作用引起了各国的重视。然而，常规旅游统计调查是面向游客方的消费统计调查，无法在以产出方定义的国民经济核算体系

（System of National Account，简称SNA）中反映旅游业对国民经济的贡献。为此，联合国统计署和世界旅游组织共同研究制定了《旅游附属（卫星）账户：建议的方法框架》，形成了第一个经过联合国统计委员会批准的SNA附属账户体系，为全面反映旅游业在国民经济中的地位和作用提供了理论基础。根据这个方法框架，我国开展了国家级旅游附属（卫星）账户（Tourism Satellite Account，简称TSA）编制工作，江苏省、浙江省和北京市等多个地区陆续开展了准国家（省级）层面TSA编制工作。

第二节　旅游卫星账户

　　旅游是一个综合性很强的经济产业，从旅游需求方来看比较单一，仅仅是游客而已；但从旅游供给方来看，则涉及国民经济众多产业。因此，旅游统计是从需求方开展的统计，是对游客旅游花费支出进行的调查和统计。这也是传统的国民经济核算体系没有也不可能将旅游业作为一个单列产业的原因所在，因为在国民经济核算体系中，产业是建立在它们的产出基础上，而非消费对象数据的基础上。

　　尽管旅游业是从需求方定义的，不存在单一的产品供给或产业与之对应，但旅游业在国民经济中并非不存在，事实上，旅游经济活动隐藏在运输、住宿、餐饮消费、娱乐、旅行代理等经济活动中，有关旅游经济活动的流量实际上已隐藏于一国的国民经济核算体系，或隐藏于现有的不同宏观经济变量中。为使旅游需求、游客消费、旅游生产活动的实际规模和产出水平在以供给方定义的国民经济核算及投入产出表中得到真实反映，产生了旅游卫星账户。

一、卫星账户

　　卫星账户（Satellite Account，也称为附属账户）是用于测量那些在现有SNA中尚未或不能被作为一个产业的经济部门的规模的一种核算方法。对卫星账户的重视和研究是随着联合国"新国民经济核算体系（93'SNA）"的出现而发展起来的。建立卫星账户的目的，是在不过分加重SNA负担或打乱该体系的前提下，针对所选择的社会关心领域（如旅游、环境等），以充分灵活的方式扩大国民经济核算的分析容量。

　　总体而言，卫星账户在保持与中心账户的密切联系的同时，在宏观经济账户内加强了对专有领域的分析。不同领域的卫星账户还有助于将各专业领域的分析联系起来。因此，卫星账户一般具有双重作用，既作为分析工具，也作为统计协调的工具。此外，一个卫星账户也可以被用作进行国家间比较的手段。

二、旅游卫星账户的兴起与发展

1999年，包括世界旅游组织、经济合作与发展组织和欧共体统计处在内的联合工作小组成立，目的是根据法国尼斯大会的决议，制定一个编制旅游卫星账户的方法框架。2000年3月，联合国统计委员会批准了由这三个机构共同参与编制的《旅游附属（卫星）账户：建议的方法框架》。旅游卫星账户是一个新的统计工具，旨在帮助各国依照一个共同的核算框架来测量旅游及相关的产品和服务，从而可以将旅游业与其他传统产业作一个可信的比较，并进一步对国家、地区之间的旅游经济进行比较。旅游卫星账户的最终确立，是许多机构、国家和个人多年来共同努力的结果。正是有了旅游卫星账户，才得以将旅游业的经济活动作为一种经济现象归入宏观经济统计的主流。

三、旅游卫星账户的作用

旅游卫星账户作为一个国民经济核算的工具，除了提供国民经济核算中有关旅游业的准确内容与数据之外（如游客消费、旅游产业活动的供给等），从经济学意义上，它可以较全面地反映旅游活动的供需情况、供需的对应与平衡问题，即：游客消费是由哪些产业提供和满足的？满足程度如何（国内生产或进口比例情况）？等等。还可以较深入地了解和分析游客消费、旅游供给的总量和结构状况，从而了解旅游需求和产业的市场总体均衡状况；可以核算旅游业的产业规模（如旅游业的GDP值、旅游就业的总体情况等），从而全面分析旅游业在国民经济中的产业地位。此外，作为一个较全面的数据库，旅游卫星账户的基础数据还可以为政府的公共政策提供依据（如游客消费政策、旅游就业政策等）。旅游卫星账户的建立，对推进我国国民经济核算体系的改革，完善旅游统计体系都将产生积极的促进作用。

四、旅游卫星账户的主要内容

旅游卫星账户提供了一个研究分析框架，我们可以知道：哪些产业生产的产品构成了旅游需求的组成部分，哪些产业的存在很大程度上依赖于对旅游的需求。为了满足上述分析要求，旅游卫星账户主要有以下三个方面的内容：

旅游产品的供给。主要反映哪些是旅游产品，人们主要消耗的旅游产品是什么，这些产品由哪些产业生产等。

旅游产品的消费。主要反映游客、居民、政府、企业等对旅游产品的消费支出以及在不同旅游产品上的支出结构。

旅游产业中的经济活动单元在生产过程中所创造的增加值、所吸收的就业等。从内容上看，旅游卫星账户重点考察游客消费、旅游供给及其连接。旅游卫星账户的核心内容包括10张内容上相互连接的账户和表格，建立旅游卫星账户，也就是完成这10张表格的编制工作。从这些内容上看，旅游卫星账户可以在国民经济核算通用概念及体系内，实现对旅游业的生产、消费、就业、投资等领域的核算，提升了传统的以需求方调查为主的旅游统计指标体系。

五、有关国家和地区旅游卫星账户的实践

1. 加拿大的实践

在所有编制了旅游卫星账户的国家中，加拿大的工作表现得最为突出。1994年7月，加拿大统计部门发布了第一份CTSA（Canada TSA）研究报告，第一次揭示了旅游经济活动的范围和结构，并最终确定了旅游业作为一个经济产业在加拿大国民经济中的重要地位。该项研究表明，旅游业在国民经济中所占的份额要高于以往的估计，旅游已成为加拿大的重要出口部门，而且旅游业对就业的影响要高于其在国内生产总值中的比例。研究还表明，长期以来，在政府和私人部门决策者所使用的经济数据中，加拿大旅游业的总量被低估了。此后，加拿大还编制了多个年度的旅游卫星账户报告。

2. 我国开展旅游卫星账户研究的情况

我国从20世纪90年代初就陆续参加了多次有关旅游卫星账户研究方面的国际会议。随着世界旅游组织对此项工作的大力推进，世界很多国家都已经建立或正在建立本国的旅游卫星账户。2001年，我国决定在我国统计基础和旅游统计基础都很强的江苏省搞试点。2004年9月，经过3年多的努力，江苏的试点获得了成功，并通过了由国家旅游局和国家统计局联合组织的验收评审。江苏省在编制"江苏旅游卫星账户（JST—SA—2002）"过程中，严格按照世界旅游组织推荐的方法框架要求，结合我国国民经济核算的实际，将地区旅游业发展状况纳入了国民经济核算体系之中，从需求和供给两方面进行研究，对编制区域性TSA进行了有效的全新尝试，也为建立国家TSA积累了宝贵经验。

为全面准确地反映我国旅游业对国民经济和社会发展的贡献程度，提高我国旅游统计数据在国际上的可比性，增强我国在世界旅游组织的地位和影响力，2006年，国家旅游局和国家统计局联合组成工作组，正式启动国家级旅游卫星账户研究编制工作。2007年3月1日，"中国国家级旅游卫星账户"项目工作组召开汇报鉴定会，由国家统计局和国家旅游局有关专家组成的研究小组经过长期的研究工作，以联合国《旅游附属（卫星）账户：建议的方法框架》为基本原则，利用2004年全国第一次经济普查和国民经济核算的相关资料，初步编制完成"中国国家级旅游卫星账户"的部分账户表。与此同时，国家旅游局还组织编写了《地区旅游卫星账户编制指南》，计划推动有条件的省、区、市加快研究建立旅游卫星账户。

3. 推广旅游卫星账户存在的问题

我国之所以先后在厦门、秦皇岛、桂林、江苏等地区开始建立区域旅游卫星账户进行试点，主要是因为我国TSA在建立过程中还存在以下几点问题：一是成本高昂，搜集旅游相关的详细数据任务艰巨。尤其是在数据收集方面存在数据不够全面和数据落后等问题，极度影响我国TSA的建立和账户数据的准确性。二是TSA所依赖的统计数据并不能经常更新，原因也

在于成本高昂。三是TSA所采用的一些定义和结论形式与旅游传统上所采用的并不一致，这就有可能造成一些误用和无用，或者无法理解和无法使用。四是我国建立旅游卫星账户虽然有外国的经验可以借鉴，但也要从本国的实际出发。

第三节　旅游统计分析

信息、咨询和监督是统计的三大基本功能。统计的意义在于客观反映经济社会发展的基本情况，从数据中找出规律、发现问题，并据此提出工作方向和政策建议。

自改革开放伊始，我国旅游统计工作开始之初，旅游统计分析工作就伴随我国旅游业以及旅游统计不断发展、完善。2010年，为将旅游统计分析制度化，更好地发挥旅游统计对旅游业科学发展的引领作用，国家旅游局建立了季度经济形势分析会议制度，结合季度统计数据对旅游经济运行情况进行研判，并在此基础上形成报送给国务院的季度旅游经济运行报告。

一、旅游统计分析的意义

1. 为引导旅游业科学发展提供决策依据

旅游业是国民经济的重要组成部分，其发生、发展和运行也一样受各种经济规律所支配。我们的宏观调控决策是否能有利于旅游业科学发展，就要看这项决策是否基于准确有效的统计数据以及是否符合旅游经济运行的客观规律。旅游统计分析的过程就是运用旅游经济运行客观规律，在基础旅游统计数据与旅游宏观决策之间建立联系纽带的过程。没有统计分析，统计数据只能停留于抽象，宏观决策也成了无源之水、无本之木。

2. 提高旅游统计的地位和影响力

旅游统计分析是联系基础旅游统计数据与旅游宏观决策之间的桥梁。旅游统计基础数据就好像一座矿藏，如果没有统计分析的提炼就体现不出价值，统计工作的意义就无从凸显。正是通过旅游统计分析，不同的思想和观点展开了激烈碰撞，旅游统计工作在这个过程中得到政、产、学、研等业内主体的高度关注。

3. 推动旅游统计调查制度不断完善

正确的旅游统计分析，是一个思辨的过程，是一个严密的逻辑推理过程，这个过程不断对旅游统计数据、旅游统计制度的时效性和完备性提出要求。只有通过统计分析运用，我们才能知道哪些旅游统计口径尚待规范，哪个统计指标还需重新构建，哪种数据过于冗余，哪种调查方式更加可取。比如，过去我们可以通过边检口岸获取入境游客数量，但对入境游客花费的分析需求催生了"入境游客花费调查"；又比如，过去我们有地方国内旅游接待总量数据，但对各地区国内旅游的结构性分析催生了"国内旅游接待统计体系"；等等。旅游统计分析要基于旅游统计这一基础工作，在运用中又能够反过来完善旅游统计工作，两者有一种唯物的、客观的、天然的联系。

二、旅游统计分析的基本构架与原则

一般来说，统计分析有三个层次：简明分析（数字文字化）、分析报告和选题研究，呈送和传播对象不同，采用的文体也不一样。

统计分析报告是统计部门对经济形势进行分析判断时最常用的文体，其基本结构主要包括以下几方面：一是统计数据反映出的经济运行态势和主要特点。可以从总体态势、市场运行（国内、入境和出境三大市场）、企业运营（旅行社、星级饭店、A级景区）、旅游投资面等几个层面加以分析提炼。二是影响旅游经济运行的因素分析。包括外部宏观发展环境（世界经济形势、国内宏观经济、国际旅游市场）的变动，产业运行影响因素（产业政策、突发因素、气候环境等）。三是对未来趋势的判断。包括总体趋势和结构变动等，除了定性判断，可以采用定量分析。四是有针对性的工作重点或政策建议。

好的统计分析要做到"三性"。即要充分利用统计数据及时撰写分析报告，增强统计分析的时效性；要根据旅游业特点开展专题分析研究，增强统计分析的实用性；要根据旅游业发展热点、重点和难点开展分析研究，增强统计分析的针对性。

好的统计分析报告有哪些评判标准呢？一是内容有新意，观点要突出。核心观点不宜过多，只能表达1~2个，最多不超过3个，但要有前瞻性。二是逻辑要严密，主线要清晰。观点之间要相互印证，不能自相矛盾，数据和材料要支持观点。三是政策建议要有具体可操作，且实施成本低、社会震动小。切忌过于笼统、不切合实际，缺乏可操作性，甚至与前面的分析脱节。四是文字要简练，直奔主题。

三、做好旅游统计分析的途径

1. 树立统计分析的意识

首先要在思想上高度重视分析工作。不能认为分析是舞文弄墨的虚工作，恰恰相反，统计分析正是统计工作的延伸，是统计服务的重要形式，更是统计工作者施展才华的主要途径。针对旅游经济运行过程中存在的热点和难点问题，发表看法，提出见解。久而久之，就会从繁杂枯燥的数字中找到乐趣，找到价值。

2. 学会积累和运用数据

统计分析的过程就是对统计数据的分析和解读过程。因此，数据积累是做好统计分析的最基础工作。除了对产业本身系列数据、宏观经济数据、相关行业数据的积累，还要关注政策变化和环境变化，学会分门别类地积累：宏观、产业、金融、财税、价格、贸易、法律法规等；要有意识地培养对政策的敏感性，每出台一项重大经济政策，除收集整理，即时分析可能的影响，更要做好预案分析；另外，专家观点、社会热点、财经报道、分析报告等也是重要的资料来源。在大数据背景下，数据与资料的来源更趋多元化，只要有心，就能获取丰富的信息。

面对浩繁的统计数据，我们又该如何读懂统计数据中隐含的信息呢？有几个原则应该遵守：一是要清楚统计指标口径和统计数据来源，要了解数据的生产（加工）过程和推算方法；二是要明晰数据背后的经济含义和数据之间的经济联系；三是要关注数据的可信度和数据的一致性。

3.学会深入调研、解剖

撰写统计分析报告，需要用到大量的资料来作为前提。仅仅依靠汇总的数据信息，对于分析深层次的问题来说是很缺乏深度的。只有深入调研，掌握第一手的鲜活情况和重点环节上的典型事例，分析所用的论据才会更全面，分析结论也才更具科学性。

【本章小结】

● 我国旅游统计从最初依靠企业报表的汇总统计模式，逐步建立起了以抽样调查为主体、企业报表为补充的较为科学、完善的旅游统计核算体系。

● 卫星账户是用于测量那些在现有国民核算体系中尚未或不能被作为一个产业的经济部门的规模的一种核算方法。

● 旅游卫星账户是一个新的统计工具，旨在帮助各国依照一个共同的核算框架来测量旅游及相关的产品和服务，从而可以将旅游业与其他传统产业作一个可信的比较，并进一步对国家、地区之间的旅游经济进行比较。

● 统计分析要做到"三性"。即要充分利用统计数据及时撰写分析报告，增强统计分析的时效性；要根据旅游业特点开展专题分析研究，增强统计分析的实用性；要根据旅游业发展热点、重点和难点开展分析研究，增强统计分析的针对性。

【复习思考】

1. 我国旅游统计工作存在哪些问题？

2. 什么是旅游卫星账户？

3. 如何做好旅游统计分析？旅游统计分析要做到哪"三性"？

【案例分析】

地方入境游统计数据要"挤水分"

为规范和引导地方入境旅游统计工作，提高旅游统计数据质量，国家旅游局日前在京举办20××年度地方接待入境游客统计数据评估会。会议通过对部分地方20××年度接待入境游客数据进行评估、查摆问题，共同探索建立评估地方入境旅游数据的有效机制，纠正统计数据中的虚假现象，指导各地做好入境旅游统计工作。

我国入境旅游统计工作较国内、出境统计而言起步较早，经过多年发展，已基于联合国世界旅游组织推荐的国际标准，形成了一套相对完善的统计调查制度。由于国家层面入境旅游总量较为准确，在这一顶层数据下，长期以来，各地入境旅游数据在制度框架内与国家数据匹配性较好。随着我国旅游业发展进入转型期，各地入境旅游统计工作方法开始出现分化，少数地区数据夹杂水分，发展趋势与国家层面背离，引起业内外质疑。

会上，地方代表对20××年度数据进行了自我评估，详细介绍了本地接待入境游客统计工作技术流程和推算方法。在此基础上，与会代表就如何评估数据及进一步做好地方接待入境游客统计工作进行了深入研讨，对下一步引入公安部门的接待境外人员数据进行校核达成共识。国家旅游局要求各级旅游部门要下大力气"挤水分"，让统计工作远离社会不良风气影响，更好地服务于旅游业。要求各地首先应端正认识并严格按照制度开展工作，同时，可以结合我国特有的境外人员登记制度，并借助对入境游客有住宿管理职能的公安部门，对现有地方的入境旅游统计数据进行校核。

◎问题：分析一下，地方入境游统计数据何以出现水分？你认为应该如何加以完善？

【拓展阅读】

与常识相悖的国内旅游人数数据统计

目前，国内旅游统计数据的准确性受到学界、业界人士的质疑。

一、对目前国内旅游数据存在的疑问

疑问一：国内旅游人数为什么"纵向不可加，横向不可比"？

对比2016年、2017年原国家旅游局和各省级行政单位分别公布的国内旅游人数数据（见图1），可发现后者各地加总的数据均为原国家旅游局公布的国内旅游人数的约2.5倍，如2017年各地加总的国内旅游人数为130.75亿人次，而原国家旅游局公布的数据仅50.10亿人次。

以贵州省和广东省为例，广东省人口基数约为贵州省的3倍，经济发展程度远高于贵州省，按常理推测，广东省国内旅游人数应大于贵州省，而公布的统计数据并非如此。

疑问二：国内旅游人数是否与常识相悖？

航空通常是外省市游客进入某一省份的主要交通方式，因此可以借用机场吞吐量数据来粗略估计省外游客规模。分析2017年各省会城市的机场吞吐量与国内旅游人数的比值（见图2），

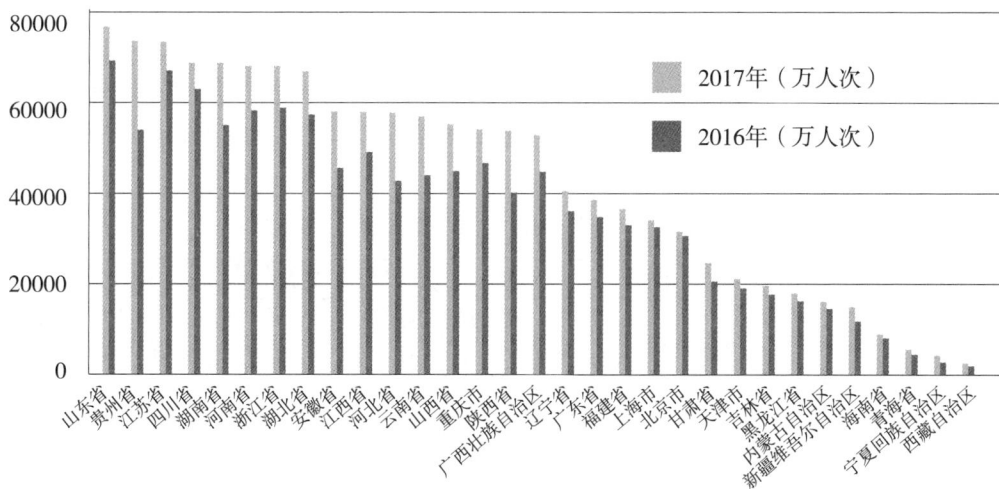

图1 2016年、2017年31个省、自治区、直辖市的国内旅游人数

注：
1. 数据来源于各省、自治区、直辖市2016年和2017年国民经济和社会经济发展统计公报；2017年重庆市旅游业统计公报；2016年天津市统计年鉴；2017年山东省旅游业统计公报；贵州省2017年数据来源于2018年2月7日网易新闻。
2. 统计范围不包括中国香港、台湾、澳门地区，全文同。

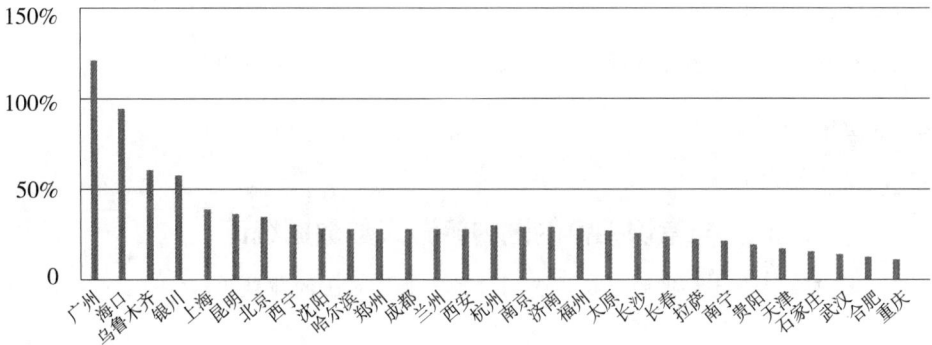

图2 2017年各省会城市机场吞吐量与国内旅游人数的比值

注:
1. 国内旅游人数来源于各城市2017年国民经济和社会经济发展统计公报;
2. 机场吞吐量数据来源于中国民用航空局2017年民航机场生产统计公报;
3. 呼和浩特、南昌未公布相关数据。

笔者发现大部分城市的比例偏低。2017年贵阳市的国内游客人数超过昆明市,约为广州市的3倍;而同期贵阳龙洞堡机场的旅客吞吐量仅是昆明长水机场的40%,广州白云机场的27%。这些数据与航空为省外游客主要交通方式的常识相悖。

二、目前国内旅游人数是怎样统计出来的:说不清道不明的人次(人天)

那游客量数据是怎么统计出来的?在使用大数据之前,统计的计量单位是人次,如果一名游客在某目的地游览了10个景点,就被统计了10次,加上住宿再统计1次,一名游客就被统计成了11人次。使用大数据之后,如果是使用手机漫游数据,并且假如设定离开居住地6小时、10公里就被统计为游客,那么在大都市就有很多的本地人因为通勤被统计为游客,还

表1 关于"旅游"与"国内游客"等概念的梳理

来源	概念	定义
世界旅游组织(UNWTO)	旅游	一个人旅行到他/她通常环境以外的地方,时间少于一段指定的时段,主要目的不是为了在所访问的地区获得经济效益的活动(鲁澎,1992)。
	国内旅游	一国的居民到其通常环境以外的国内另一个地方旅行,时间不超过6个月,主要目的不是为了从访问地获得经济效益。
《旅游地理学》	国内游客	在本国某目的地旅行超过24小时而少于一年的人,其目的是娱乐、度假、运动、商务、会议、学习、探亲访友、健康或宗教(保继刚、楚义芳,2012)。
原国家旅游局	国内游客人数	指报告期内在中国(大陆)观光游览、度假、探亲访友、就医疗养、购物、参加会议或从事经济、文化、体育、宗教活动的中国(大陆)居民人数,其出游目的不是通过所从事的活动谋取报酬。统计时,国内游客按每出游1次统计1人次(实际统计时,以离家6小时、10公里计算)。

有可能一名携带着两部手机的游客或本地人被统计为2名游客。实际上，国内过夜游客的住宿登记是最准确的统计方式，但过夜游客数据与当前公布的数据相比，数量太小，"非常难看"，目的地一般不愿意公布。

与游客量相关的另一个指标是旅游总收入。目前统计方法是用游客抽样调查的人均消费水平乘以人次，而且游客抽样调查更多的是对外地游客进行抽样，他们的消费水平远远高于本地游客，所以得出了旅游收入又一个"天文数字"。为什么要公布一个没有多大决策及投资参考价值的"天文数字"，这不是本文要讨论的问题。本文要讨论的是在现有大数据技术条件下如何改进统计工作。

三、国内旅游人数的概念辨析——尺度"缺位"

目前关于国内旅游人数（见表1）的定义主要围绕游客的旅游动机和停留时间进行说明，但旅游活动作为从一地到另一地的空间流动过程，必然涉及地理尺度的转换，现有定义却缺乏对地理尺度的界定。客源地和目的地两个"地方"之间的边界是什么？以往的概念中都未具体言明。笔者认为，根据现有概念，旅游人数应是统计某一行政边界外的人进入该边界内旅游的人数，对应中国的行政区划体制，国内旅游的尺度转换表现在"国家—省—市—县"4个层级。本文通过测算，发现不同尺度的旅游人数统计结果会产生极大差异，进一步说明了在旅游统计中进行尺度划分的重要性。另外，将尺度观引入旅游统计的现实意义如下：

（1）分层级的旅游统计数据对旅游决策具有针对性的指导意义。回应文首提出的第一个疑问，旅游的本质是产品出口的一种形式，外地人在本地的旅游消费，才能真正反映旅游对本地区的经济贡献。就国内旅游统计而言，不同级别的政府关注不同尺度的旅游统计数据，从而可以对辖区内的旅游发展现状进行正确的评估和判断。国家层面应该更多关注入境旅游，省级层面除关注入境旅游外，国内旅游方面应主要关注省际旅游，地级市和县级层面依次类推。当旅游统计概念体系增加尺度要素后，就可以满足此类诉求。"国家—省—市—县"4类不同尺度的数据，统计对象也各不相同。

（2）尺度观的引入可以论证地方旅游统计出现"天文数字"的可能性。回应文首提出的第二个疑问，根据文中测算，可知尺度与旅游人数呈现一定的负相关关系。对于某些热门的旅游地，尺度越小，国内旅游人数可能越大。因为尺度越小，相应的地理边界范围越小，边界两侧的互动更加频繁，边界外的人口更多，意味着拥有更多的潜在游客。

四、构建"省—市—县"的国内旅游数据层次体系

综上，笔者认为国内旅游人数统计应按照"省—市—县"进行尺度划分，分为3个层级：

省际国内旅游人数。以省界为边界，来自该省级行政区以外其他省份的国内游客人数。

市际国内旅游人数。以市界为边界，包括2类：一是该市级行政区以外的省内游客人数；二是省外游客人数。

县际国内旅游人数。以县界为边界，包括3类：一是该县级行政区以外的市内游客人

数；二是所属市以外的省内游客人数；三是省外游客人数。

需要说明的是，在进行上层级尺度国内旅游人数统计时不计算下层级尺度内部的旅游流动，因此上层级统计人数并非下层级统计人数的累计加总。国家在发布国内旅游数据的时候，可以分层级发布，如省际国内游客量、地级市之间的国内游客量、县级之间的国内游客量。

五、结语

为保障旅游统计数据的准确性与真实性，亟须将尺度观引入旅游统计，建立"省—市—县"的国内旅游统计层级体系。在确定按地理尺度统计游客后，从技术层面上，可以统计人和人天，还可以统计过夜游客人数等。但无论哪种指标，都将为政府相关部门、旅游企业提供更具针对性的决策依据。

（摘自：《旅游导刊》2019年第1期，《将尺度观引入旅游统计工作的几点思考》，保继刚）

第四部分
旅游目的地

旅游目的地是相对于旅游客源地而言的，是旅游者旅游和旅行活动的目的地。

为了实现旅游业的健康和可持续发展，旅游目的地政府应该做好旅游规划和旅游业营销。

第十章
旅游发展规划

　　发展旅游业必须首先做好旅游规划。旅游规划是实现旅游业可持续发展的重要条件。无论是一个国家，还是一个地区，发展旅游业，必须制定旅游发展规划，只有这样，才能确保旅游业的发展取得最大的社会、经济效益，才能少走弯路，避免对社会、环境可能造成的破坏，从而才能实现旅游业的健康和可持续发展。

本章学习目标 / Learning Objectives

- 认识制定旅游发展规划的意义；
- 了解旅游发展规划的基本内容；
- 学会制定旅游发展规划；
- 了解旅游解说系统。

本章关键概念 / Key Words

- 旅游规划 / Tourism Planning
- 旅游解说 / Tourism Interpretation

第一节 旅游发展规划的意义、种类和内容

旅游发展规划是指在一定范围（地域）内和一定时期中对旅游发展的一种谋划或筹划。

旅游发展规划是一个系统工程，它涉及许多方面，如果各有关方面不能相互配合和协调发展，旅游的正常和顺利发展是不可能的。因此，旅游业发展必须要有规划，并在规划的指导下来进行。

一、制定旅游发展规划的意义

旅游发展规划的制定和实施有着非常重要的意义，表现在：

1. 保证旅游发展的有序性，避免发展中的盲目性

旅游发展规划的制定和实施，可将旅游发展纳入到有计划、有步骤发展的轨道，并使之得到较顺利的发展。

不论是全国，还是地区，旅游发展都离不开经济社会的发展，都必须建立在经济社会发展的基础上，得到社会上各个方面的支持。因此，旅游发展必须与经济社会的发展相适应。

从规划的时间上说，在制定旅游发展规划时，首先要制定长期旅游发展规划，之后，再制定中期和短期旅游发展规划，后者应以前者为依据，并受其制约。

从地域上说，在制定旅游发展规划时，首先要制定全国的旅游发展规划，之后，再制定省、市、地区、旅游地、旅游参观点的旅游发展规划，后者也要以前者为依据，并受其制约。

从规划功能上说，在制定旅游发展规划时，首先要制定旅游发展战略，之后，再制定旅游发展总体规划和旅游景区、景点规划，后者也要以前者作为依据，并受其制约。这样，从上至下，从全局到局部，将旅游发展都纳入到旅游发展规划之中，旅游发展也就进入了有序发展。否则，不制定旅游发展规划，不按照一定的顺序关系去实施旅游发展规划，就必然会导致旅游发展中的盲目性。

2. 保证旅游业和相关行业的相互配合、协调发展

旅游业的特点之一就是它与许多部门和行业有密切的关系。主要有：交通运输业、邮电通信业、商业和服务业、金融保险业、供水供电供气业、医疗保健业、饮食和娱乐业等。旅游业如果不能与这些部门和行业协调发展，就会寸步难行。要促使旅游业与这些相关部门和行业的协调发展，单靠各个部门和行业是不行的，必须要靠国家和各级政府通过制定旅游发展规划来加以解决。

3. 保证旅游资源更有效的利用和结构上的合理性

我国旅游资源极为丰富，可以开发和利用的旅游资源非常多。但是，从投入产出的角度看，旅游资源有一个有效利用问题。在一定地域、一定时期内，旅游资源的开发和利用并

不是越多越好，而应该与旅游发展状况相适应，与一定的客流量相适应。旅游资源的开发利用如果偏少，则无法构成对旅游者的更大吸引力，无法满足旅游者的需求，就会阻碍旅游发展。但是，如果超越旅游发展的需要，超越旅游者的需求，又会导致所开发旅游资源的闲置。虽说旅游资源的开发应有一定的超前性，以确保旅游发展有较大的后劲，但也不能超过一定的限度。因此，为保证所开发旅游资源的有效利用，必须根据旅游发展的现状和今后发展趋势，做好旅游发展规划工作。开发什么样的旅游资源，开发多少，什么时候开发，开发的规模多大等，都应制定出明确的规划，并按照规划有计划、有步骤地进行。

4. 保证旅游业的可持续发展

旅游业发展要以旅游资源为凭借，旅游资源（特别是不可再生的旅游资源），一旦被过度消耗或破坏，就会永久地消失，从而使旅游业失去这部分凭借，最终影响到旅游业的可持续发展。为此，对旅游资源的开发必须有计划、有步骤地进行，对那些已被开发利用的旅游资源，为使其不至于被过度消耗及被破坏，还必须制定出保护规划。

此外，旅游业的发展与生态环境有着非常紧密的关系，如旅游地的海滩、湖泊、河流、小溪等，都应保持清洁、卫生，旅游地的空气、环境也应保持清新、干净、美观，不能受到污染和破坏，否则旅游业就失去了可持续发展的条件和基础。因此，旅游发展规划中还须包含保护生态环境的规划，有关地方和部门必须按照其要求和规定做好生态环境的保护工作。

二、旅游发展规划的种类

旅游发展规划有各种不同的类型，主要可以从时间、区域和功能方面进行划分。

1. 按时间跨度划分

按时间长短，旅游发展规划可划分为短期发展规划、中期发展规划、长期发展规划。一般来说，短期发展规划为3~5年，中期发展规划为5~10年，十年以上则为长期发展规划（见图10-1）。短期发展规划，就其规划内容来说应较为详细具体，可操作性要强，便于具体实施；中期发展规划可稍粗略、概括一些，但其内容应与短期发展规划能够相衔接；长期发展规划则可更简略些，主要是描述和规定旅游发展的长期目标和发展方向，提出旅游的发展前景。旅游发展的短期、中期和长期规划，不仅相互衔接，同时，还是从短至长的继起和推进的过程。

2. 按区域范围划分

按地区范围不同，旅游发展规划一般可划分为国家旅游发展规划、区域旅游发展规划、地方旅游发展规划（见图10-2）。国家旅游发展规划是一国范围内的整体旅游发展规划。区域旅游发展规划是指自然地理或文化相近、旅游资源互补的几个行政区或自然区之间为实现合作共赢的目的，统一制定的旅游发展规划。地方旅游发展规划一般是指省、市、自治区的旅游发展规划，市不仅包括直辖市，通常也包括省级市、地级市、县级市和县。地区范围不同的旅游发展规划，其规划的内容以及内容繁简程度是不同的。一般说来，地区范围越小，其规划内容应越具体详细，操作性也应越强。

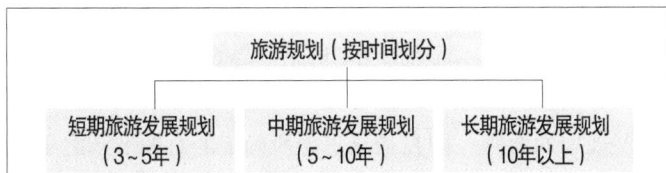

图10-1 旅游发展规划的种类（按时间划分）

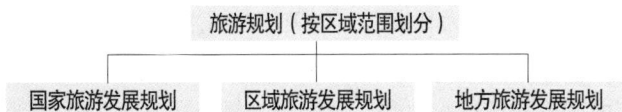

图10-2 旅游发展规划的种类（按区域范围划分）

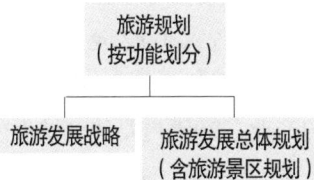

图10-3 旅游发展规划的种类（按功能划分）

3. 按规划功能划分

按规划功能不同，旅游发展规划一般可划分为旅游发展战略、旅游发展总体规划（含旅游景区规划）（见图10-3）。

旅游发展战略是在一个较长时期内旅游发展要达到的主要目标和实现这些目标的全局性谋划。要实现这些目标，必须选择好旅游发展战略重点，确定好步骤并规定好措施。

旅游发展总体规划是一定范围和一定时间内较为全面、较为概括的旅游发展规划，它可以是全国的、地区的或某个旅游景区的发展规划，同时，也可以有时间上的长、中、短

的划分。旅游发展总体规划应包括较为全面的规划内容，其中所涉及的项目和问题，都应有所规定，但无须太过详尽和具体。

三、旅游发展规划的主要内容

旅游发展规划应包括哪些内容，不能一概而论。不同类型的旅游发展规划，其内容是不同的。如全国旅游发展规划与某一旅游景区、景点的发展规划，其内容是完全不同的。而就旅游景区规划而言，又可分为旅游景区总体规划、旅游景区控制性详细规划、旅游景区修建性详细规划等，内容各有不同。这里，我们不再按照不同类型的规划来分别阐述其内容，而仅就旅游发展规划中的某些共同的东西，做一般性的说明。

（一）规划的指导思想、原则和目标

1. 规划的指导思想

制定规划必须首先确定正确的指导思想。不同类型、不同地域、不同旅游景点，其旅游发展规划的指导思想都是各异的。一般说来，规划的指导思想是指通过规划的制定和实施，所要达到的总的目的以及为此所应遵循的总的准则。有了正确的指导思想，规划的项目和内容才不至于偏离方向。如有的地方或城市把旅游业作为支柱产业进行重点开发建设，还有的地方或城市把旅游业作为新的经济增长点，有的旅游景点要建设成为有地方特色的、集游乐

于一体的场所，有的旅游点则要建设成休闲度假的场地等。旅游业在某地方或城市要发挥什么样的作用，旅游地和旅游点要建成什么样的场地，都须在规划的指导思想中有明确规定。

2. 规划的原则

有了指导思想，还要确定旅游发展规划的原则。即在指导思想所确定的总的准则之下，所规定的具体的准则或准绳。它是规划制定的主要依据。如市场导向原则，即旅游发展规划必须根据市场的需求和发展趋势为导向的原则。又如旅游资源开发和保护并重的原则，即旅游资源既要积极开发，又要注重保护，而不能是名为开发、实为破坏的结果，如此等等。

3. 规划的目标

旅游发展规划的目标是指规划期内在旅游接待人次数、旅游收入等指标方面所要达到的目标。规划目标一般可分为近期目标、中期目标和长期（或远期）目标。如某旅游城市旅游规划中确定的旅游接待人次数和旅游收入目标分别是：近期（5年后）接待1000万人次，旅游收入100亿元；中期（10年后）接待2000万人次，旅游收入300亿元；远期（20年后）接待4000万人次，旅游收入800亿元。又如某旅游城市确定的目标为：5年内要使旅游业打下较好的基础，10年内要使旅游业成为该城市较为发达的产业，20年内要使该城市成为全国有一定知名度的旅游城市等。

（二）旅游环境概况

制定旅游发展规划时应介绍该规划地的旅游环境概况。主要包括两个大的方面：

1. 旅游地地理环境概况

（1）地理位置。要标明规划地的经纬度，规划地四邻，规划地南北和东西的长度，规划地地形特征等。

（2）地貌特征。要说明规划地的地貌状况，是平原还是山地，是丘陵还是沟壑地，是湖畔还是海边等。要标明规划地的海拔高度，如若规划地地貌复杂、高低相差较大，有必要标明不同区域的海拔高度。

（3）气候条件。要注明规划地的气温分布，全年的平均温度，全年中最低温度和最高温度，若地处我国北方，则要注明无霜期的天数。要注明规划地的降水量，雨季的时期等。

（4）水文状况。要说明规划地的河流及其水系，湖泊、泉水、瀑布、海岸状况等。对河流要注明流量，特别是汛期的最大流量。对泉水要注明流量，如是温泉要注明其温度。对湖泊要注明其面积，水的深度。对海岸要注明长度和海岸特征。此外，规划地的水质状况及其是否可饮用、是否被污染等，都要讲述清楚。

2. 旅游地社会经济条件

（1）历史沿革。要说明规划地的历史变迁。我国历史源远流长，许多旅游地都包含着丰富的历史和文化内涵，搞清楚规划地的历史变迁，对该地旅游资源的开发和开展有特色的旅游活动有着十分重要的意义。

（2）社会经济概况。要说明规划地行政建制情况，人口状况，经济社会发展的现状，主要产业及其结构，以及当地居民的经济收入水平。

（3）基础设施建设概况。要说明规划地现有的交通、电信、邮政、供排水、旅游食宿设施、医疗、商业等基础设施建设概况。基础设施建设状况是规划地综合旅游接待能力的重要组成部分，搞清楚其现状，有利于规划的正确制定。

（三）旅游资源及其评价

旅游发展规划对规划地现有的主要旅游资源要有较为详细的说明，如果规划地旅游资源较为丰富，有必要进行归纳和分类。要对现有的已开发利用的旅游资源进行全面评价。此外，对潜在的尚未开发利用的资源在分类后也要进行全面评价。对旅游资源进行评价后，要找出能反映和表现规划地特色的旅游资源。对旅游资源的全面和科学评价，找出旅游资源的特色，是进行旅游发展规划的重要基础。

对规划地旅游资源的评价，可采取定性分析和定量分析方式，经过评价所确定的最主要的又能反映当地特色的旅游资源，就成为旅游规划中重点开发的旅游资源。

（四）旅游客源市场分析

旅游客源市场是制定旅游发展规划的重要基础和依据。旅游发展规划是为了保障规划地旅游发展的，规划能否实现，必须以一定的旅游客源市场的发展为基础。因此，在旅游发展规划中必须对旅游客源市场及其发展前景进行科学和详尽的分析。

分析旅游客源时，首先要弄清以往和现在旅游接待的数量，并通过定性和定量的方法，对旅游规划地在规划期内预计可接待的数量进行预测。其次，要弄清以往和现在客源的构成，并预计规划期内客源的构成。关于旅游客源的构成，可以从诸多角度去划分：

- 从国别上划分，可划分为国际入境旅游者和国内旅游者；
- 从国内不同地域上划分，可划分为外地旅游者和本地旅游者；
- 从年龄上划分，可划分为青少年、中年和老年旅游者；
- 从性别上划分，可分为男性和女性旅游者；
- 从职业上划分，可分为国家机关公务人员，企、事业单位工作人员，农民，学生，离退休人员等；
- 从旅游支付来源划分，可分为公费旅游者、奖励旅游者、自费旅游者等。

规划期内，如果能较为准确地预测出旅游者的数量及其构成，就可有针对性地确定旅游开发的规模和内容，并提供相应的旅游地设施。如果对旅游者数量和构成预测不准确，出现比较大的偏差，规划中所确定的诸多开发项目就会出现或不满足旅游者需要、或闲置而不能充分发挥其效益的情况。

（五）旅游区划分和旅游点建设

旅游发展规划要包括旅游区划分和旅游点建设的内容。

一般来说，一个旅游地（或旅游城市）都会划分出若干个旅游区，它们有的是按一定的行政区域划分，有的则是按照旅游资源的集聚情况及其特色来划分。

旅游点建设规划在整个旅游发展规划中处于核心地位，它决定着整个旅游发展规划是否成功。

规划时，应注意在不同的旅游区内都要设置若干个旅游点，旅游点的布局应尽可能地使其有更密的集聚性，而不宜彼此相距过远。只有拥有一定密度，旅游点之间才能发挥集聚效应；反之，相距过远就会减弱或丧失集聚效应。

在旅游点建设上，不能平均使用力量，要根据情况和条件，分出轻重，确定重点。重点的旅游点要集中力量先搞，尽快搞出成效；非重点的旅游点则可稍缓，确定分步实施的方案。

（六）旅游资源保护规划

旅游发展规划要包含旅游资源保护规划方面的内容。

旅游资源，不论是自然旅游资源，还是人文旅游资源，在开发利用之后，都应竭尽全力地去保护。一般情况下，旅游资源开发和旅游资源保护的关系应该是在保护前提下开发，开发利用中要重视保护。不能强调保护而禁止开发，更不能以资源的破坏为代价来换取开发。旅游资源的保护规划，必须按照国家有关的法律法规来进行。

（七）旅游交通规划

旅游交通规划是旅游发展规划的一项重要内容。

旅游交通是旅游地或旅游城市发展旅游的前提，没有便捷的交通，游客难以抵、离，该地旅游业就很难发展，因此，旅游交通规划应是旅游发展规划的一项重要内容。

发展什么样的交通，其规模的大小，要因地制宜。如果是一个大的旅游城市或是一个旅游胜地，就必须要规划和建设民航交通（或高铁），使机场、航线、航班的运送能力与该旅游地或旅游城市的客源量相适应。如果该旅游地或旅游城市所接待的游客中，入境旅游者所占比例较大时，发展民航交通就尤为重要。此外，旅游地或旅游城市如有铁路贯通，也应使铁路客运量与该地或该城的游客接待量相适应。如有需要，可规划安排旅游专列。发展高等级公路是规划中要特别重视的一个项目，四通八达的公路网，是旅游地或旅游城市旅游发展的重要条件。靠近河流、湖泊和海边的旅游地或旅游城市，在规划中应把水路交通放在重要地位，乘坐船只不仅能解决交通问题，且其本身有时就是一种游览活动。

旅游交通规划应该与规划地区的总的交通发展规划相衔接，作为其中组成部分的旅游交通，不能脱离开这一地区总的交通规划的指导和要求。

（八）供电、供水、排水、电讯规划

供电、供水、排水、电讯等是旅游发展规划中的应列项目。

旅游发展必须要有供电、供水、排水、电讯等做保证。如果旅游地或旅游城市原有的供电、供水、排水、电讯条件很好，那么，在旅游发展规划中就可简略；反之，如果旅游地或旅游点远离城镇，缺乏供电、供水、排水、电讯等基础条件，就需要在旅游发展规划中较详细地列出上述各个项目，并确定其规划的内容。在确定各个项目的规划内容时，规划者应与各有关部门进行接触和协商，以使各个项目的规划要求更加合理，更加便于实施。

（九）住宿和餐饮设施规划

住宿和餐饮设施也是旅游发展规划中的应列项目。

住宿和餐饮设施是发展旅游的重要设施，旅游者在旅行游览过程中对食宿方面的需求要通过这些旅游设施来加以解决。在这些项目的规划中要注意的问题，一是数量，二是质量或档次，三是地理位置。酒店、餐馆的数量，主要不是饭店、旅馆、餐馆本身的数量，而是酒店的床位数和餐馆的餐座数。酒店、餐馆的档次则是指酒店、餐馆接待服务的设施和服务水平的好坏。酒店、餐馆的数量和质量档次的确定，应该根据规划期所能接待的旅游者的数量及其构成来决定。前来规划地的游客数量多，且留宿者的比例又较大，那么，规划中所确定的饭店、旅馆的数量或它们的床位数就相应要大；反之，就相应要小。游客所需求床位供应不足，就会导致床位紧缺，给游客带来不便；而床位供应大大超过游客的需求，则会使旅游地饭店、旅馆的经营者出现经营困难。游客的构成，如果按照支付能力划分，有高、中、低三种。如果游客中的高、中等支付能力者比例较大，那么饭店、旅馆的档次就应适当提高；反之，其档次就可适当降低。在前面第（四）项中，我们谈到旅游发展规划的内容必须以客源市场为导向，这一原则也应该体现在住宿和餐饮设施的具体规划之中。

（十）旅游商品开发和销售规划

旅游商品开发和销售的相关内容也应在旅游发展规划中有所体现。购买旅游纪念品、工艺美术品、土特产品等，是旅游者旅游活动的组成部分。做好旅游商品开发和销售的规划，不仅可满足旅游者的购物需要，而且也能给旅游地带来很大的经济效益。

制定旅游商品开发规划时，要注意发掘旅游地的潜力，体现旅游地的特点，发挥旅游地的优势。要对原有的旅游商品不断完善和不断提高，注意提高商品的科技知识含量。在规划中还要注意旅游商品的设计和生产人员的培训。

至于旅游商品的销售问题，可确定旅游商品专卖商，也可打造旅游商品购物街等。

（十一）经济、环境和社会效益分析

旅游发展规划应注重对旅游经济、环境和社会效益进行分析。

对旅游经济效益所进行的较为详细的分析，即投入产出的分析。对旅游发展规划的各种规划项目，都要规划出投资数额以及投资期限，并预测投入营运之后的旅游收入情况。要分别列出各种旅游收入项目以及收入数额。在对投入、产出进行对比分析之后，规划中应确定出收回投资的期限。只有在分析了旅游经济效益之后，才能最终确定旅游投资是否可行。

规划还要分析旅游环境效益，要说明由于旅游开发会给旅游地环境带来的可能影响。在规划中应对环境质量的改善、提高等做出明确规定，不允许因旅游开发而导致环境的恶化。

规划中还要说明因旅游开发而给旅游地的经济社会发展所能带来的积极影响，如增加旅游地的就业，增加旅游地的产值，扩大旅游地对外开放的程度等。

在规划中，旅游经济效益、环境效益和社会效益应该是统一的，互相促进和互为条件的，而不是相互矛盾和不可兼得的。

（十二）旅游管理规划

旅游发展规划中应包含旅游管理规划方面的内容。旅游管理和旅游管理体制，是旅游规划实施的组织保证。旅游规划的性质、类别不同，旅游管理和旅游管理体制也需与之相适应。旅游的发展涉及社会的诸多方面，从领导和管理方面来说，也涉及许多部门和单位。如果没有一个能使许多部门和单位相互配合、相互协调的组织机构和相应的体制，旅游发展规划是难以实现的。

以上从12个方面概述了旅游发展规划应如何进行编制，以及在编制过程中应该注意的问题。需要说明的是，并非所有类型的旅游规划都应包括这12个方面的内容，不同类型的旅游规划应根据实际情况和需要，确定各自应该包含的规划内容。

第二节　旅游景区规划

一、旅游景区规划的类别

旅游景区规划是旅游规划的一种，是指为了保护、开发、利用和经营管理旅游景区，使其具有旅游接待等多种功能和作用而进行的各项旅游要素的部署和具体安排。

按照规划层次，旅游景区的规划分为总体规划、控制性详细规划、修建性详细规划等三种类型（见图10-4）。

图10-4 旅游景区规划的类别

1. 旅游景区总体规划

旅游景区在开发、建设之前，原则上应当编制总体规划（小型旅游景区可直接编制控制性详细规划）。旅游景区总体规划的期限一般为10~20年，同时可根据需要对旅游景区的远景发展做出轮廓性的规划安排。对于旅游景区近期的发展布局和主要建设项目，亦应做出近期规划，期限为3~5年。旅游景区总体规划的任务和内容详见表10-1。

表10-1 旅游景区总体规划的任务和内容

类别	描述
旅游景区总体规划的任务	① 分析旅游景区的客源市场。 ② 确定旅游景区的主题形象。 ③ 划定旅游景区的用地范围及空间布局。 ④ 安排旅游景区的基础设施建设内容。 ⑤ 提出旅游景区的开发措施。
旅游景区总体规划的内容	① 对旅游景区的客源市场的需求总量、地域结构、消费结构等进行全面分析与预测。 ② 界定旅游景区的范围，进行现状调查和分析，对旅游资源进行科学评价。 ③ 确定旅游景区的性质和主题形象。 ④ 确定规划旅游景区的功能分区和土地利用，提出规划期内的旅游容量。 ⑤ 规划旅游景区的对外交通系统的布局和主要交通设施的规模、位置，规划旅游景区内部其他道路系统的走向、断面和交叉形式。 ⑥ 规划旅游景区的景观系统和绿地系统的总体布局。 ⑦ 规划旅游景区其他基础设施、服务设施和附属设施的总体布局。 ⑧ 设计旅游解说系统。 ⑨ 规划旅游景区的防灾系统和安全系统的总体布局。 ⑩ 研究并确定旅游景区资源的保护范围和保护措施。 ⑪ 规划旅游景区的环境卫生系统布局，提出防止和治理污染的措施。 ⑫ 提出旅游景区的近期建设规划，进行重点项目策划。 ⑬ 提出总体规划的实施步骤、措施和方法，以及规划、建设、运营中的管理意见。 ⑭ 对旅游景区的开发建设进行总体投资分析。

旅游景区总体规划的成果，包括规划文本、图件和附件。图件包括旅游景区区位图、综合现状图、旅游市场分析图、旅游资源评价图、总体规划图、道路交通规划图、功能分区图等其他专业规划图、近期建设规划图等。附件包括规划说明、专题研究报告和其他基础资料等。

2. 旅游景区控制性详细规划

在总体规划指导下，因近期建设需要，可编制旅游景区控制性详细规划。详见表10-2。

表10-2 旅游景区控制性详细规划的任务和内容

类别	描述
旅游景区控制性详细规划的任务	以总体规划为依据，详细规定景区建设用地的各项控制指标和其他规划管理要求，为景区内一切开发建设活动提供指导。
旅游景区控制性详细规划的主要内容	① 详细划定所规划范围内各类不同性质用地的界线。规定各类用地内适建、不适建或者有条件地允许建设的建筑类型。 ② 规划分地块，规定建筑高度、建筑密度、容积率、绿化率等控制指标，并根据各类用地的性质增加其他必要的控制指标。 ③ 规定交通出入口方位、停车泊位、建筑后退红线、建筑间距等要求。 ④ 提出对各地块的建筑体量、尺度、色彩、风格等要求。

旅游景区控制性详细规划的成果，包括规划文本、图件和附件。图件包括旅游景区综合现状图、各地块的控制性详细规划图、各项工程管线规划图等，图纸比例一般为1/1000～1/2000。附件包括规划说明及基础资料等。

3. 旅游景区修建性详细规划

对于旅游景区当前需要建设的地段，应编制修建性详细规划。其任务和主要内容见表10-3。

旅游景区修建性详细规划的成果，包括规划设计说明书和图件。图件包括综合现状图、修建性详细规划总图、道路交通及绿地系统规划设计图、工程管网系统规划设计图、竖向规划设计图、鸟瞰或透视等效果图。图纸比例一般为1/500～1/2000。

旅游景区可根据实际需要，编制项目开发规划、旅游线路规划和旅游地建设规划、旅游营销规划、旅游景区保护规划等功能性专项规划。

表10-3 旅游景区修建性详细规划的任务和内容

类别	描述
旅游景区修建性详细规划的任务	在总体规划或控制性详细规划的基础上，进一步深化和细化，用以指导各项建筑和工程的设计和施工。
旅游景区修建性详细规划的主要内容	①综合现状与建设条件分析。 ②用地布局。 ③景观系统规划设计。 ④道路交通系统规划设计。 ⑤绿地系统规划设计。 ⑥旅游服务设施及附属设施系统规划设计。 ⑦工程管网系统规划设计。 ⑧竖向规划设计。 ⑨环境保护和环境卫生系统规划设计。

二、旅游景区的功能布局

按照功能划分，旅游景区主要分为以下几个部分（见表10-4）：

表10-4 旅游景区的功能布局

功能区	说明
游览区	旅游景区的主要组成部分，风景点比较集中，是具有较高的风景特点的地段，是游人主要的活动场所。一个旅游景区可以由多个游览区组成，各游览区的景观主题应各有特色。
旅游接待区	主要为游客提供问讯服务、接待服务、食宿设施、商业服务和邮电设施等。
居住区	工作人员及家属的集中居住场所，一般和管理机构结合在一起，不宜与旅游者混杂。
行政管理区	风景区行政管理机构集中的地段，与游人不发生直接联系。
加工工业区	加工工业区如直接为本区旅游服务的主副食品加工业、工艺品工业等，可靠近或分散在居民区中，有的工艺品厂还可供参观游览用。

三、旅游景区规划的编制

编制旅游景区规划一般包括以下步骤（见图10-5）：

步骤一：拟定规划提纲

步骤二：确定旅游景区规划主题
（在前期准备工作的基础上，确定规划区旅游主题，包括主要功能、主打产品和主题形象）

步骤三：确立规划分期及各分期目标
（旅游景区总体规划的期限一般为10~20年，同时可根据需要，对旅游景区近期的发展布局和主要建设项目作出近期规划，期限为3~5年）

步骤四：提出旅游产品的开发思路和空间布局

步骤五：确立重点旅游开发项目，确定投资规模，进行经济、社会和环境评价

步骤六：形成规划区的旅游发展战略
（提出规划实施的措施、方案和步骤，包括政策支持、经营管理体制、宣传促销、融资方式、教育培训等）

步骤七：撰写规划文本、说明和附件的草案，绘制图件

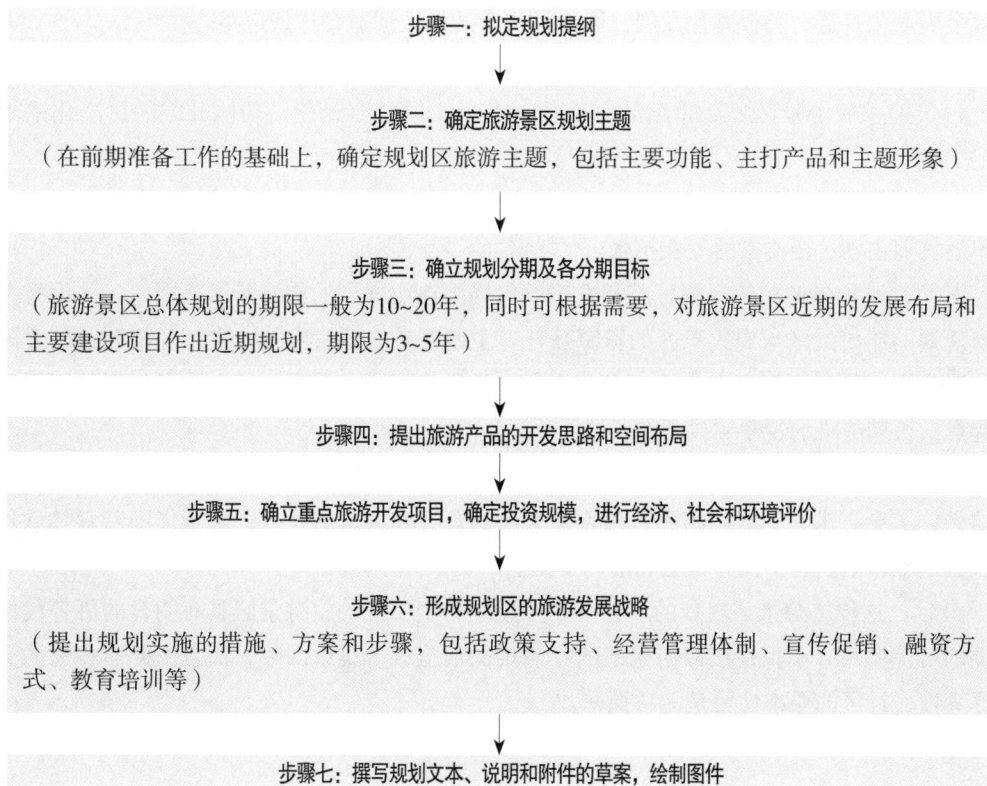

图10-5 规划编制步骤

四、旅游景区规划的误区

近年来，我国旅游景区规划暴露出一些明显问题：过于追求旅游景区发展思路的全面化、发展方向的多元化、功能分区的拼凑化，出现多主题和全要素两大误区。

1. 规划的误区

（1）主题求多。对于一些资源不丰富、内外部条件不太好的景区来说，主题定位太多反而影响其发展。例如一些生态资源禀赋明显突出而文化资源明显缺乏的旅游景区进行规划时，常常会通过挖掘故事传说、搬入民风民俗等方式，力图将其打造为一个集生态与文化于一体的旅游景区，而在功能分区上，也遵循大而全的思路，将旅游景区拼凑化、模式化地划分为游客服务区、生态主题类功能区、文化主题类功能区等；再如对那些文化资源禀赋明显突出而生态资源明显缺乏的旅游景区进行规划时，又会将一些小山浅水、矮树稀草、野花乱石强行打造成为生态旅游资源……这种不合理的拼凑化思路和手段在一些景区盛行。

（2）要素求全。有些旅游景区规划一味追求旅游要素的多、新、大，特别是全，机械地将旅游景区规划为集游览、餐饮、购物、娱乐甚至住宿等多种要素于一体的综合性景区。当然，确实有一小部分景区的地理区位、资源禀赋、市场影响、发展基础、资金保障等条件

适宜全要素化打造、综合体化发展，但不是所有的景区都适合这条道路。

2. 原因与反思

过于追求旅游景区发展思路的全面化、发展方向的多元化、功能分区的拼凑化是不合理的。

首先，大部分旅游景区的地理区位、资源禀赋、市场影响、发展基础、资金保障等条件并不适宜多主题、全要素的发展扩张。

其次，这种机械化的规划思路和方法仅仅局限在所规划的旅游景区范围内，并没有考虑到所规划的旅游景区与周边景区的资源互补、主题互补、要素互补。在对经济利益的无限渴求的背景下，景区规划以多为荣、以全为赢，是目光短浅的表现，这与旅游规划的区域立足的起点、长期战略的视角明显不符。

再次，这种规划思路和方式导致很多新开发的旅游景区千篇一律，毫无特色和个性，而且这种"求全、求大"的思路和行为需要大量的资金和人力的投入，甚至伴随着森林砍伐、居民搬迁等影响生态平衡和社会和谐的举措。

最后，这种旅游景区规划的产物——多主题和全要素的旅游景区具有明显的可替代性和极差的可体验性，不仅造成旅游景区的收益难保甚至成本难以回收，而且由此而丧失的文化的原真性、社区的原本性更是无法挽回。

第三节　旅游解说系统

旅游解说系统是旅游景区规划的重要内容之一。

一、旅游解说的概念

"解说"（Interpretation）指的是在广泛意义上的对历史、文化和自然现象的"翻译"，以便于游客能够更方便、更愉快、更透彻地理解和欣赏旅游景区。

旅游解说的对象是旅游景区的自然和文化景观，包括但不限于对于自然和文化遗产的解说。

作为一种职业，解说和导游可以追溯到至少公元前460年。在《哈利加诺思的希罗多德》（Herodotus of Halicarnassus）一书中就有关于埃及金字塔的导游辛勤工作的记载。然而，金字塔并非是拥有导游的唯一古迹。到公元2世纪，罗马人到霍默世界（the world of Homer）旅行，就发现每个地方都有解说者。

除了解说者，人们还可以通过文献和旅游书籍来获得指导。16世纪60年代，贵族家庭的年轻人中，游学之风盛行，由于大部分学生都只有15～17岁，所以通常其游学旅程会由一位老师或解说人员陪同。到19世纪80年代，导游和解说有了更加先进的形式。以北美地区为例，不仅提供解说和旅游的指导，而且涌现了大批很受欢迎的知名解说者。

1920年，米尔斯（Mills）在他的著作《一个自然导游的探险》中，首次运用了解说（interpret）一词来描述其在洛基山中的导游讲解工作。1957年，被誉为"解说之父"的泰登（Tilden）的著作《解说我们的遗产》出版。他认为"解说并非简单的信息传递，而是一项通过原真事物、亲身体验以及展示媒体来揭示事物内在意义与相互联系的教育活动"——这是一个被广泛认可的定义。泰登认为，解说的定义应包括以下3个要素：解说是一种教育导向的活动；解说的目的在于揭示人类与自然之间的关系，而非现象的描述；这些事实的信息需要中介或媒体来展示。

实际上，解说不仅是教育与信息传递的过程，同时也是一种服务，解说员应提供更多元化的沟通方式，以提升听众的游憩体验，帮助人们了解旅游景区的文化和特性，培养欣赏的能力，进而激励人们产生对遗产、景观和环境保护的承诺，因而，解说也可视为一种重要的资源管理策略。

所谓旅游解说系统，就是指某一主体运用一定的媒介和表达方式，把特定的信息传达给目标旅游者，使其对旅游资源及其价值、科学和艺术、历史与文化等有较深刻的理解，帮助旅游者获取相关知识、捕捉心灵感悟的媒介和沟通系统。

旅游解说系统通常包括语音解说系统、景区标识系统及景区图册导览（见图10-6）。

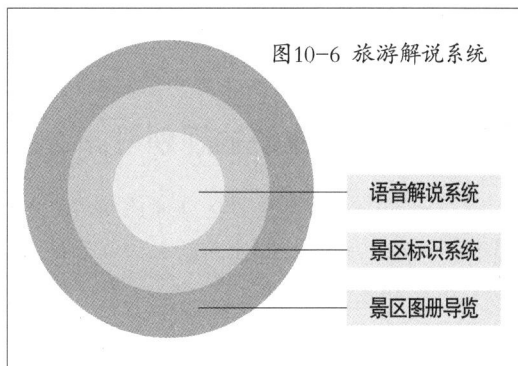

图10-6 旅游解说系统

语音解说系统
景区标识系统
景区图册导览

二、旅游解说的功能

1. 娱乐和教育功能

旅游解说首先具有娱乐和教育作用。解说为人们创造了理解、欣赏和享受这些自然、文化和精神资源的机遇。以艺术品为例，旅游者不懂或误解艺术，会导致对它的不尊重，甚至破坏，而旅游解说则可以正确引导游客，纠正游客的误解和偏见。

2. 管理功能

旅游解说是一种有效的游客管理策略。例如在游览自然及文化遗产时，解说与遗产保护之间存在着正相关性，好的解说可以使游客产生保护遗产的意识。

旅游解说在保护自然和文化资源方面扮演着重要的角色，它不仅可以宣传历史文化，还可以减少故意破坏行为，使得当地的野生动物免于被偷猎，有助于生态旅游的可持续发展。也就是说，遗产的展示和旅游解说可以鼓励游客采取更加恰当的行为，以达到旅游的持续发

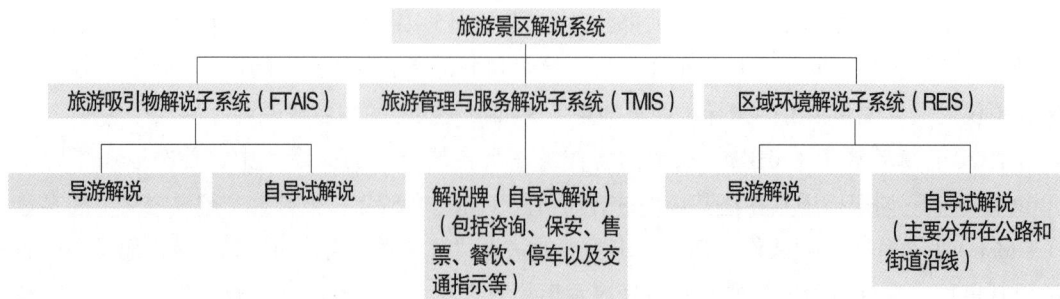

图10-7 旅游景区解说系统

展，对自然和文化资源的长期保护、保存和持续利用来说，非常重要且不可缺少。

3. 提升旅游体验功能

旅游解说是游客体验的主要组成部分，是保证旅游体验质量的关键因素之一。

景区解说的形式和手段可以多种多样，只要能够吸引游客、增强游客的旅游体验、丰富游客的知识、增强对游客教育功能，包括各种高科技手段以及能够反映景观自然、文化特征的表演在内的任何解说形式都是值得挖掘和推广的。

三、旅游解说系统的规划设计

目前国内绝大部分景区在做旅游规划的时候，有意无意地忽略了旅游解说系统规划。旅游解说系统是旅游目的地向游客传递信息的一个非常重要的手段，也是旅游城市、旅游景区最为必要的服务设施之一。

1. 旅游解说子系统

从旅游解说系统涵盖的内容来看，一个完善的旅游解说系统概括起来包括旅游吸引物解说子系统（FTAIS）、旅游管理与服务解说子系统（TMIS）、区域环境解说子系统（REIS）三大子系统。旅游吸引物解说子系统既有导游解说，也有自导式解说，后者主要通过解说牌来实现。许多景区都有景点和景观的典故和传说，在没有导游的情况下，一般是通过解说牌来告诉游客。旅游管理与服务解说子系统涉及的服务功能包括咨询、安保、售票、餐饮、停车以及交通指示等，这些功能基本上通过解说牌来实现。区域环境解说子系统以自导式解说和导游解说并重为主，其环境解说牌一般分布在公路和游道沿线便于游客停留的地方，如观景亭台，让游客在休憩的同时获得旅游目的地的环境信息，内容包括自然环境和社会人文环境（见图10-7）。

2. 旅游景区解说牌的设计

旅游景区解说牌是旅游解说系统的载体，它不仅担负着传达和展示旅游目的地信息的重任，同样也是整个旅游目的地视觉景观的一部分，因此，旅游解说牌的设计尤为重要。其设计风格取决于景区的自然环境，通过文化元素的运用，将旅游者带入一种特殊的情景当中，增强旅游的体验价值。解说内容的设计一是要求内容完整，二是要求规范准确（见图10-8）。

四、旅游解说的发展现状

旅游解说作为一项重要的资源保护与管理工具在规划与实践中得到了广泛应用，尤其是在自然文化遗产保护的工作中（见图10-9），应用得尤为多样。以美国为例，美国从1970年开始盛行原野地的户外游憩活动，由于这些原野地生态比较脆弱，之前很少经受频繁的人类活动，因此，经营者试图采取新的适当方式进行管理。通过一些学者的研究，发现并确认解说是一个有效的资源保护与管理方法，和直接管制或限制游客的方式相比，通过解说劝导原野地游客采用最低环境影响的行为方式来从事游憩活动，更易于得到游客的支持，且游客配合保育原野地的效果亦较好。研究者还发现，在游客进入森林露营地之前，经营者如果能及时提供如何减少对环境影响的资料并加以解释，会使该区受到的环境冲击情形显著减少。

随着解说在原野地自然遗产资源管理保护中的广泛应用，这一形式也渐渐被推广到国家公园体系的文化遗产地的管理保护规划策略中来。美国国家公园署在其经营政策中提到，"国家公园有引导大众欣赏与了解国家公园内自然人文资源及其价值的责任。为实现这个目标，各管理单位应详细地规划与实施游客解说服务，其解说计划应视为整体经营管理的规划之一"。

图10-8 位于广州从化的"北纬23度8"景区解说牌（刘伟 摄）

图10-9 扫描图中二维码，体验故宫3D解说系统（图片来源于网络）

【本章小结】

● 旅游发展规划是指在一定范围（地域）内和一定时期里对旅游发展的一种谋划或筹划。

● 按时间划分，旅游发展规划可分为长期旅游发展规划、中期旅游发展规划和短期旅游发展规划；按地域范围划分，可分为国家旅游发展规划、区域旅游发展规划和地方旅游发展规划；按功能划分，可分为旅游发展战略、旅游发展总体规划（含旅游景区规划）等。

● 旅游景区是指具有吸引游客前往游览的吸引物和明确划定的区域范围，能满足游客参观、游览、度假、娱乐、求知等旅游需求，并能提供各种必要的附属设施和服务的旅游经营场所。旅游景区的类型包括风景名胜区、旅游度假区、森林公园、地质公园、自然保护区、水利风景区、旅游主题公园、国家文物保护单位等。

● 旅游景区总体规划的任务是：分析旅游景区客源市场，确定旅游景区的主题形象，划定旅游景区的用地范围及空间布局，安排旅游景区基础设施建设内容，提出开发措施。

● 从功能布局上讲，旅游景区主要分为游览区、旅游接待区、居民区生活区、行政管理区、加工工业区等。

● 旅游解说系统通常包括语音解说系统、景区标识系统及图册解说导览。旅游解说的形式和手段可以多种多样，只要能够吸引游客、增强游客的旅游体验、丰富游客的知识、增强对游客教育功能，包括各种高科技手段以及能够反映景观自然、文化特征的表演在内的任何解说形式都是值得挖掘和推广的。

【复习思考】

1. 为什么要制定旅游发展规划？

2. 试述旅游发展规划的种类。

3. 旅游发展规划的主要内容包括哪些？

4. 什么是旅游解说系统？

【案例分析】

旅游规划创新模式探索

河南省栾川县是全国旅游百强县，该县副县长张志民博士曾在某旅游专业网站发帖，设想在该县新一轮旅游规划修编中创新旅游规划模式。以下是其帖文内容。

笔者曾在去年发表题为"中国的旅游规划大师哪里找"的帖文，引发网友广泛持久而热烈的讨论。现在笔者仍然希望借助旅雁网这个学术平台及本人工作的实践平台，并把两者结合起来，为理论创新与实践进步做一点分内事。

我先简单介绍一下栾川旅游。栾川十年前是一个国家级贫困县，历经十余年的发展，栾川已经成为中国十七个旅游强县之一，获得了50余项省部级荣誉，一个仅有32万人口的小县已经拥有6个AAAA级景区和一个世界级品牌"世界伏牛山地质公园"，并创造了闻名全国的

"栾川模式"，"栾川模式"的成功是矿业大县经济转型与经济方式转变的尝试与创新，对许多以矿产资源为主要资源的县城经济社会转型有着重要的启示意义。

下面介绍旅规"总导+专科型专家团队"模式的构想。我们拟重新编制全县旅游规划，这次旅游规划我们想根据我县需要解决的实际问题分若干个子课题，每个子课题我们想聘请一个专业团队来做，我们不打算把一个规划交给同一个团队来做，因为我们相信，每个团队都有自己的强项，一个包治百病的大夫我们认为在现代社会是不存在的，所以我们想采取一种新的模式，即我们先聘请一位"总导演"，再按照各个子课题聘请擅长本领域的团队，由"总导演"来协调，最后完成这个能够指导实际应用的规划。这种做法类似于医院里的"专家会诊"，不同科室的专家为一个主体服务，我们相信眼科大夫更擅长于看眼病，而不是其他。这是根据我们所了解的旅游规划行业的现状而尝试的一个做法，希望能得到同行的批评指正与支持。有意向参加或参与我们课题的团队，请将贵团队的专长告诉我们，我们将以书面的形式邀请您参与、支持和指导。

"总导+专科型专家团队"这种旅游规划模式从理论上似乎看起来很完美，但我们深知操作起来难度很大，欢迎各位专家就这一模式提出宝贵意见，并希望各位能以各种形式参与，这不仅是对我们县域经济的最大的支持与贡献，相信也是对我们旅游规划界的一大支持和贡献。

◎**问题：**你认为这种旅游规划模式可行吗？请针对这一"总导演"制旅游规划组织管理创新模式进行讨论。

【拓展阅读】

我国旅游规划存在的问题

现代旅游规划在我国的发展时间很短，但是旅游规划对实际工作的指导作用却是显而易见，其中不乏成功的经验。近几年来，旅游事业蓬勃发展，旅游规划工作中一些突出问题慢慢表现出来，颇值得业内人士注意。

1. 规划定位不清

首先，动辄就要打造世界唯一、全国唯一、全国最佳等称号的旅游目的地，一心想"称雄称霸"，不愿意错位发展、抓小市场；其次，项目定位囊括"休闲、娱乐、度假"等诸多功能，乐于规划全能型项目，造成项目没有特色，同质化严重；再次，不顾发展条件，好高骛远，积极打造旅游综合体、旅游小镇，一批一批地上项目。最终，规划宏大的愿景只能作为展览——"纸上画画、墙上挂挂"。

2. 专业融合不够

旅游规划具有多学科融合的性质，对旅游规划者没有硬性专业背景的要求，也就是说旅游相关专业（例如城市规划、景观规划、地理学、旅游管理等专业）的毕业生，都有可能成为旅游规划者。由于旅游规划是委托具有相应资质的规划单位承担，各个单位的发展历程不一样，长期积淀的知识不一样，同一个规划就会做出不同的效果：城市规划专业背景的单位更侧重于土地性质、道路等与城市规划相关的内容把控，最终做出来的是一个近似城市规划的旅游规划；地理学专业背景的单位大多会从大的空间范围把控，最后规划的具体项目过泛，使得建设单位难以将项目落到实处；景观规划专业背景的单位做出来的规划更加侧重对环境的规划和设计。尽管各个单位和规划者都拿出了看家本领，但最终由于缺乏专业融合，导致完成的更多的是一个喧宾夺主的规划，而非真正意义上的旅游规划。

3. 规划层次不清

旅游规划与城市规划有很大联系，但又有很大区别。城市规划经过几百年的发展，国内国外都有很多研究成果和技术规范，对规划的层次，每个层次要做到什么深度都有相关规定。相对于城市规划，旅游规划没有那么多的规定，这为旅游规划营造了一个广泛发挥的空间，但是同时也带来了规划层次不清的问题。现在很多项目建设单位为了节省成本，委托规划单位做"既要总体指导又要具体操作方案"的旅游规划，说白了就是"总规+详规"，文本的部分需要"总体+具体单项设计"，附图需要既有区位图这样的总规图，又有例如工程管线、竖向这样的详规图；而规划单位投其所好，也乐此不疲地全然接受这样的工作。结果，最终做出来的成果既不是总规也不是详规，既缺乏宏观指导性也没有具体的操作意义，充其量是个"四不像"的规划成果。

4. 案例研究不深

旅游规划的委托方和编制方对工作都抱有很大热情，急于在规划中出精出彩，山岳旅游必然考虑"三山五岳"，海洋旅游动辄学习马尔代夫、坎昆、迪拜等地，滑雪项目信手拈来阿尔卑斯、温哥华等成功案例，旅游地产必然想到华侨城、亚龙湾等地。盲目的案例引用引发了诸多问题：首先，有的地区资源独一无二、天生丽质，有的地区财力雄厚，有的地区抓住了独特的发展契机……如此表面化学习只会造成"水土不服"；其次，目前很多规划在引用案例时不去仔细考察案例成功背后的运行机制，而只是表面上山寨成功作品，在规划文本中放置几个华丽的案例图纸；再次，即使有了对引用案例的沉心静思，规划对于具体项目应如何建设，却仍惜字如金、只言片语，基本上找不到可以落地的实在内容。盲目的借鉴学习最终也不会带来真正意义上的旅游发展成功，只能让成功停留在原地。

5. 规划成果中图的比例过高

早期的旅游规划是以"文本+图件"的形式提交成果，到现在逐渐演变成了图文混排的模式，在内容上出现了大量的插图和彩色文字，成果最终以全彩页的方式提交给项目甲方，里面大部分的彩页因为色彩斑斓，很夺人眼球，颇得各方赞赏。然而大量的彩色图片除了示意外没有太多实际意义，大部分的规划过程稿在中期汇报、专家评审后旋即成为废品，造成了极大的资源浪费。

旅游规划究其根本是对当地旅游事业的美好展望，不能一味追求华丽，不能贪大求洋，不能好高骛远，需要地方政府、规划编制单位等各方人士继续积极努力探索，需要全体旅游规划工作者确确实实地静下心来，戒骄戒躁，求真务实，探索旅游发展的最佳解决方案。

（改编自：《中国旅游报》2013年10月11日，《时代需要怎样的旅游规划》，田娜）

第十一章
旅游目的地营销

　　旅游目的地营销是指以旅游目的地政府旅游主管部门、旅游企业等作为营销主体，以旅游目的地整体形象、旅游企业及其产品等为营销客体，在国内外旅游市场上进行的旅游营销活动。旅游目的地营销是实现旅游业发展战略，提高旅游经济效益的重要手段。

本章学习目标 / Learning Objectives

- 了解旅游需求和旅游供给的概念；
- 学会进行旅游调研与预测；
- 掌握旅游市场细分的方法，学会进行旅游目标市场的选择；
- 掌握现代旅游目的地营销方法，能够进行有效的旅游宣传和促销工作。

本章关键概念 / Key Words

- 旅游目的地 / Tourist Destination
- 营销 / Marketing
- 旅游需求 / Tourist Demand
- 旅游供给 / Tourism Supply
- 旅游调研 / Tourism Research
- 旅游预测 / Tourism Forecast
- 旅游市场细分 / Tourism Market Segmentation
- 旅游目标市场 / Target Market
- 事件营销 / Event Marketing

第一节 旅游需求与旅游供给

进行旅游目的地营销离不开对旅游市场的研究，而旅游市场是由旅游需求和旅游供给构成的，因此须首先研究影响旅游需求和旅游供给的因素，以及旅游需求规律和旅游供给规律。

一、旅游需求

（一）旅游需求的含义

旅游需求是人们为了满足旅行游览、休闲度假等需要所引发的对一定量旅游产品的需求。这种需求是不以人们的某种欲望为转移的，它必须要有一定的条件为基础。具体来说，要有两个基本条件，一个是要具有可自由支配的收入（或一定的支付能力），另一个是要具有可自由支配的时间（或一定的余暇）。因此，旅游需求量就是具有可自由支配的收入和时间的人们，愿意按照一定价格水平所购买的旅游产品的数量。

旅游需求的形成，有客观的因素，也有主观的因素。

首先，人们物质文化生活水平的提高，是形成旅游需求的基础；其次，交通条件的不断改善，为人们旅游需求的形成创造了条件；再次，社会劳动生产率的不断提高，使劳动者的劳动时间缩短，空闲时间增多，为旅游需求的形成提供了时间上的保证；最后，旅游动机则是形成旅游需求的直接原因，旅游动机对人们的旅行行为有启动作用，当人们具备了外出旅游的支付能力和休闲时间的条件后，再加上已有的旅游动机，便形成了现实的旅游需求。

（二）旅游需求规律

在市场经济条件下，旅游经济的运行也必然要在市场经济规律的支配下进行，旅游需求的规律只是市场经济规律在旅游需求方面的具体化。

旅游需求与旅游产品的价格、人们的收入水平和闲暇时间的多少，存在着一定的依存关系，也就是说，旅游产品的价格、人们可自由支配的收入和空闲时间的变化，都会引起旅游需求的变化。

以下就这三个因素对旅游需求所产生的影响，分别加以说明。

1. 旅游价格对旅游需求的影响

一般说来，在其他条件不变的情况下，旅游价格与旅游需求成反方向变化，即旅游价格上升，旅游需求下降；反之，旅游价格下降，则旅游需求上升。这一变化的规律可由图11-1的旅游需求曲线图来表示：图中，P表示价格，Q表示旅游需求量。根据曲线可以看出，旅游价格越高，旅游需求量越小；旅游价格越低，则旅游需求量越大。

P（价格）

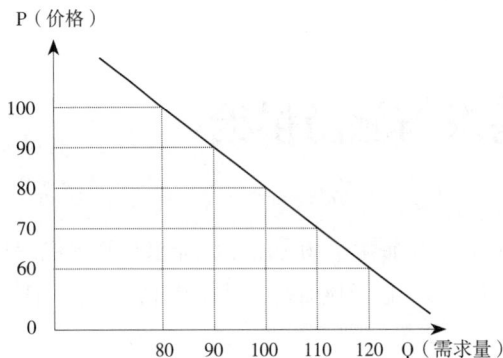

图11-1 旅游需求与价格之间的关系

P（价格）

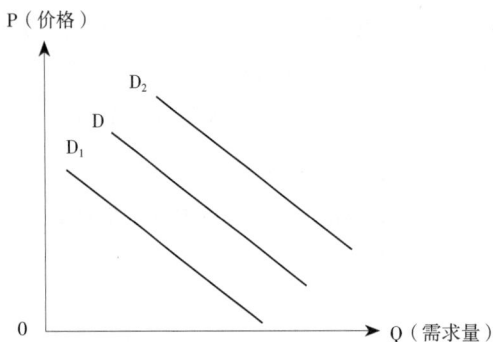

图11-2 旅游需求曲线图

I（可支配收入）

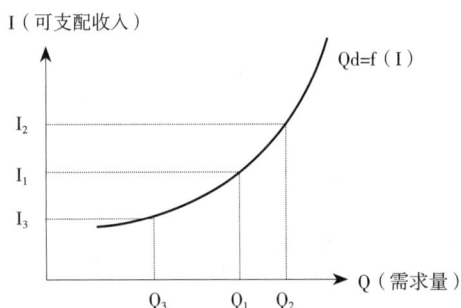

图11-3 旅游需求与可自由支配收入的关系

如果除了旅游价格的因素之外，还出现了其他影响旅游需求的因素，那么，旅游需求曲线图可由图11-2来表示。也就是说，在旅游价格不变的情况下，如果其他因素发生变化，就会使旅游需求曲线发生位移。以D表示原来的旅游需求曲线，则D1曲线表示其他因素变化引起的旅游需求的减少，D2曲线表示其他因素变化引起的旅游需求的增加。

2. 人们可自由支配的收入水平对旅游需求的影响

一般说来，人们可自由支配的收入与旅游需求成正方向变化，即人们可自由支配的收入越多，旅游需求就越大；反之，人们可自由支配的收入越少，旅游需求就越小。它们之间的关系，可用函数关系表示为：$Qd=f（I）$。

公式中，I表示人们可自由支配的收入，Qd表示旅游需求量，f表示函数关系。旅游需求量与人们可自由支配的收入之间的关系如图11-3所示：图中，当可自由支配收入为I1时，旅游需求量为Q1；当可自由支配收入减少到I3时，旅游需求量降至Q3；当可自由支配收入增加到I2时，旅游需求量增至Q2。

3. 人们的闲暇时间对旅游需求的影响

开展旅游活动需要一定的闲暇时间，但是闲暇时间作为影响旅游需求的一个因素，通常总是与人们的可自由支配收入这个因素结合在一起。当一个人没有足够的旅游活动支付能力，即使是有闲暇时间，也无法形成现实的旅游需求，只有在已经具备充足的旅游支付能力的情况下，有否闲暇时间才会成为决定性因素。因此，闲暇时间与旅游需求的关系，可做如下的概括：在具有旅游支付能力的前提下，人们的闲暇时间与旅游需求成正比例。

（三）影响旅游需求的因素

旅游需求与社会的一般需求一样，由于受到多种多样因素的影响，形成复杂多变的状况。

为了更全面地了解掌握旅游需求，我们需要尽量详尽地分析和研究各种各样的影响因素。

我们前面分析过，旅游价格、旅游者的可自由支配收入和闲暇时间，是影响旅游需求的基本因素。除此之外，还有许多其他方面的因素。如果我们从旅游地域和各旅游地域之间相互关系的角度来分析，主要有以下三方面的因素：一是旅游客源国或地区方面的因素；二是旅游目的地国或地区方面的因素；三是旅游目的地国或地区和旅游客源地国或地区之间关系的因素。上述三方面的因素都能对旅游需求形成促进或抑制的作用。

1. 旅游客源国或地区的人口数量

一般说来，在经济发展水平及其他条件相当的情况下，旅游客源国或地区的人口数量越多，所形成的旅游者的数量就越多，旅游需求量也就越大。以中国为例，中国有14亿人口，2019年出境旅游人数接近1.7亿，稳居世界第一。

随着人口的增多，旅游客源国或地区的旅游需求量也会增加。这是从人口增长和旅游需求量增长的总发展趋势而言的。当然，也不排除有例外的情况，这是影响旅游需求的其他因素使然，比如经济危机、金融危机、战争、恐怖活动等。

2. 旅游客源国或地区的人口地理分布

人口的地理分布状况不同，所形成的旅游需求量也会有很大差异。一般说来，在大、中城市和经济文化比较发达的地区，人们的生活水平相对较高，再加上交通、信息等便利条件，人口的出游率要远远高于农村等经济不发达地区。

3. 旅游客源国或地区的人口结构

这里所说的人口结构，主要是指人口的年龄结构、性别结构和职业结构等。旅游需求与人口结构有着十分密切的关系。

不同年龄段的旅游者，对旅游需求的程度是不同的，同时，由于他们的身体状况、人生经历、收支状况、闲暇时间等方面也有较大的差别，必然造成他们在旅游需求量和旅游需求结构等方面上的差异。年轻人身体健壮、精力充沛、好奇心大、活动能力强，通常喜欢活动量大、带有一定探险求奇的旅游方式，但他们收入不高，旅游过程中对食宿、交通等的要求也就通常不求奢侈，只求方便实惠；中年人则大都有固定的职业和工作，闲暇时间不多，但收入水平较高，支付能力较强，在旅游活动中对食宿较为关注，通常更喜欢度假、休闲、体育（如打高尔夫球、网球、保龄球等）等旅游活动内容；而老年人身体状况下降，活动能力不强，不适宜活动量大、较费体力、有一定冒险性的旅游活动项目，而喜欢观光游览、文化娱乐、轻松自由的旅游活动。此外，他们的闲暇时间较多，也有较高的旅游支付能力，因此通常希望在食、宿、交通等方面能提供较好的条件。

职业上的差别对旅游需求的影响更大。一般来说，由于职业的不同，会形成收入上的不同，因此工作性质、工作方式等方面不同，对旅游的需求也就不同。

4. 旅游客源国或地区的家庭人口状况

这里所说的家庭人口状况，主要是指家庭人数的多少。家庭人口多，需要养育的人口也就多，家庭生活负担就重，可自由支配收入就相对少；反之，可自由支配收入就相对较多。

这就形成了不同家庭在旅游需求上的差别。从社会的发展趋势上看，家庭的平均人口数是减少的。在发达国家或地区，夫妻双方大都不愿多生孩子，甚至还有丁克一族选择不要孩子。家庭需要养育的人口少了，旅游的支付能力就会提高，旅游需求量也就增加。

5. 旅游客源国或地区的人们受教育程度

一般来说，人们受教育的程度越高，旅游需求就越大；反之，则小。这是因为旅游活动是一种精神文化活动，许多旅游吸引物具有较高的知识含量，文化水平越高，旅游中的收获就越多，旅游活动的范围就越广，能被吸引的旅游资源也就越多。例如，文化水平高的旅游者很愿意到博物馆、美术馆、科技馆、名人故居故地、文物荟萃之地等参观游览，由于能欣赏和理解，往往全神贯注，流连忘返；反之，文化水平不高，对上述旅游点就缺乏兴趣，不愿费时费钱参观游览，在这种情况下，这些文化水平低的人，也就失去了不少的旅游机会。

6. 政治因素

这里所说的政治因素，包括有各国的政策、国家关系、政治经济形势、国际重大政治事件、军事冲突、恐怖活动等，这些因素对旅游需求影响极大，有些甚至是致命的。对于旅游目的地（国）和旅游客源地（国）来说，政治因素会影响到旅游需求，即使是发生在其他地区或国家的政治问题，有时也会影响到旅游目的地（国）和旅游客源地（国）的旅游需求。

例如，美国与古巴两国长期处于对抗状态，美国对古巴实行经济封锁和禁运，在这种情况下，也就不可能存在正常的旅游关系，两国虽近在咫尺，但几乎不存在旅游需求。

7. 货币汇率

货币汇率的变化对国际旅游（国际入境旅游和国际出境旅游）有较大影响。由于各国经济形势不同，各国货币币值的变化就会引起货币兑汇比率的变化。中国近年来出境旅游人数之所以大幅度增长，除了经济高速发展以外，一个很重要的原因是人民币相对保持坚挺，而泰国等东南亚国家的货币以及欧元、英镑等则严重贬值，导致中国公民赴上述国家的旅游费用下降，需求增加。以中国赴日本旅游为例，2011年日本大地震时，1元人民币约合11.64日元，而到2015年，汇率变更为1元人民币约合19.44日元，最高值达20.25日元。也就是说，和2011年相比，2015年中国游客到日本旅游，相当于日本所有商品均打六折，中国游客可尽兴购买。这就导致中国赴日旅游人数从2001年的3.9万人次，增加到2019年的近1000万人次。

8. 旅游客源国或地区的交通费用

交通费是旅游花费的重要组成部分，在旅游花费中所占比例相当大。正因如此，交通费的增加或减少（如航空公司打折等），都会对旅游者的旅游需求形成较大影响。

9. 旅游目的地国或地区的物价水平

旅游目的地（国）物价水平的高低，对旅游需求影响很大。物价水平越高，旅游费用就越大，旅游需求也就会相应减少。例如，日本的东京是个物价水平很高的城市，虽然日本也是我国政府所确定的中国公民的旅游目的地国家之一，但赴日旅游的中国旅游者人数却相对有限，远不如东南亚其他国家那么火爆，主要原因不是这个旅游目的地国家的吸引力不强，而是受到其高昂的物价水平和旅游费用的限制所致。

10. 旅游目的地国或地区的旅游供给状况

旅游目的地（国）旅游供给包括旅游资源、旅游设施、旅游服务水平等。一般说来，旅游目的地（国）如果拥有丰富的、高品级的旅游资源，有能使游客得到满足的各种旅游设施，就能构成对旅游者的吸引，从而引发旅游者的旅游需求；反之，如果旅游目的地（国）旅游资源较平淡无奇，旅游设施条件较差，常常给旅游者带来不便，就会降低对旅游者的吸引力，从而也很难引发旅游者的旅游需求。

以上分析影响旅游需求的各种因素，主要目的在于寻求解决的办法和途径，以及确定我们应该采取的措施。在影响旅游需求的诸多因素中，有的是可以经过努力较快得以解决的问题，有的则是虽经努力，但却需较长时间才能解决的问题，要具体问题具体分析。

（四）旅游需求的衡量指标

一国或一地的旅游需求的大小，是通过旅游需求的指标来衡量的。衡量一个国家或地区旅游需求量的是总体指标，衡量个别旅游企业旅游需求量的是个体指标。我们这里介绍的是衡量旅游需求量的总体指标。

1. 旅游者人次数

旅游者人次数包括两部分：国际旅游人次数和国内旅游人次数。

国际旅游人次数又分为入境旅游者人次数和出境旅游者人次数。前者是指一个国家（或地区）在报告期内所接待的国外（境外）旅游者人次数，而后者则是指报告期内一国（或一个地区）居民出国（出境）旅游的人次数，旅游者每出入境一次，统计1人次。

国内旅游人次数则是指报告期内一国居民离开常住地在境内其他地方旅游的人次数。游客每出游一次统计1人次。

2. 一日游游客

一日游游客分为：国际一日游游客和国内一日游游客。

国际一日游游客，是指一个国家所接待的入境游客中，未在该国旅游住宿设施内过夜的外国人等境外旅游者。国际一日游游客包括乘坐游船、游艇、火车、汽车去（或途经）一国旅游，在车（船）上过夜的游客和机、车、船上的乘务人员，但不包括在境外（内）居住而在境内（外）工作，当天往返的周边国家的边民。

国内一日游游客，是指一国居民离开常住地，出游时间不足24小时，并未在境内其他地方的旅游住宿设施内过夜的国内游客。

3. 接待旅游者人天数

反映报告期内一个国家或地区的旅游住宿设施实际接待的各类旅游者的规模。

旅游者人天数是旅游者人次数与旅游者人均停留天数的乘积。其计算公式是：

旅游者人天数＝旅游者人次数×旅游者人均停留天数

4. 旅游者人均停留天数

旅游者在一国或一地的人均停留天数是反映旅游需求的又一指标。其计算公式是：

$$人均停留天数 = （\sum 旅游者人次数 \times 停留天数） \div \sum 旅游者人次数$$

5. 出游率

出游率是指在一定时期,一国或一地区出外旅游的人次与其总人口的比率。其计算公式是:

$$G = Nt \div Np \times 100\%$$

公式中的Nt表示外出旅游人次,Np表示总人口数。通过这一指标,可以看出该国或该地区形成旅游需求的能力。

6. 重游率

指一定时期内,一国或一个地区多次外出旅游的旅游者人数占该国在该时期内外出旅游的旅游者总人数的比率。其计算公式是:

$$R = Tn \div TN \times 100\%$$

公式中的R表示重游率,Tn表示一定时期内多次外出旅游的人数,TN表示该时期外出旅游的总人数。

以上指标是从不同角度、不同侧面衡量旅游需求的总体指标,通过这些指标,我们可以了解一国或一地区旅游需求的过去、现在的状况,这对于帮助我们更好地保障旅游供给、满足旅游者的旅游需求,从而使旅游业得以更好地发展,提供了非常重要的依据。

二、旅游供给

(一)旅游供给概念的外延

旅游供给就是在一定时期内,旅游产品生产者和经营者按照一定的价格向旅游市场所提供的旅游产品和服务的总和。主要包括旅游者需要的住宿、餐饮、交通、旅游资源等以及由它们所组成的组合性旅游产品。

1. 旅游资源(或旅游对象物、旅游吸引物)

旅游资源不仅是旅游者的旅游吸引物,而且也是旅游产业和旅游相关产业进行旅游经营的凭借,正是由于旅游资源的吸引,才能使旅游者前往旅游目的地,从而形成旅游活动过程中的一系列需求,从这一意义上说,没有旅游资源这种特定产品的供给,其他旅游产品的供给就难以实现。所以,作为一个旅游目的地国或地区,首要的是做好旅游资源这种特定产品的供给。旅游资源的供给,有数量问题,也有质量或品级问题,相比较而言,后者更为重要。

被开发和利用的旅游资源在不断向市场进行供给时,需要适时地、有步骤地进行再开发或深层次的开发,只有使旅游资源不断完善、不断丰富、不断提高,才能实现对市场的持续供给。

2. 旅游食宿设施

旅游食宿设施,是最重要的基本旅游供给,是使旅游者在旅游过程中具有健康的身体、充沛的精力,并能按原定计划完成全部旅游活动的重要保障。由于不同旅游者的需求情况不同,宿、食旅游设施应该是多种多样的。

3. 旅游服务

旅游服务主要是指旅游接待人员和服务人员向旅游者提供的服务劳动，这种服务劳动能够直接或间接地满足旅游者在旅游过程中的多方面需要。旅游服务作为一种特定的旅游产品（服务产品），一般不是预先被"生产"出来，而是旅游者到达旅游目的地需要进行旅游消费时，它才开始"生产"，即旅游服务人员面对旅游者提供服务劳动。为了向旅游者提供高质量的旅游服务，旅游企业必须不断提高管理水平，提高服务人员的素质和服务水平。

4. 旅游交通

旅游交通是旅游活动的前提条件，没有便捷舒适的旅游交通，旅游活动就难以进行，甚至根本无法进行。民航、铁路、公路、航运等交通，是面对全社会、服务于全社会的，旅游交通是这一社会大交通的有机组成部分。随着旅游的发展，旅游交通在大交通中所占比率有不断提高的趋势。为了更好地实现旅游的供给，交通部门应开辟直接服务于旅游者的航线、航班、车次等。例如民航可开辟更多的旅游包机业务，铁路可开辟更多的旅游专线列车，公路部门可以增加直达或经过旅游点的班车次数，水路方面可以增加游船的数量，等等。

5. 旅游娱乐和购物设施

娱乐和购物活动是旅游活动的重要环节，也是旅游供给的重要内容。旅游目的地国家（或地区）应加强对旅游市场的调研，根据旅游者的文化背景，为旅游者安排他们所喜爱的娱乐节目和参与性强的娱乐活动。另外，要研究、设计和生产受旅游者欢迎的旅游购物品，满足旅游者的购物需求。

（二）旅游供给规律

旅游供给规律，是指在其他条件不变的情况下，旅游供给与旅游价格成正比例变化的规律。旅游价格同旅游供给量是一种函数关系，可用下列公式表示：

$$S=f（P）$$

公式中的S表示旅游供给量，P表示旅游价格，f表示函数关系。如果用图形对这个函数关系加以表示，则形成图11-4中的旅游供给曲线。

从图中可以看出，当旅游价格由P1上升到P3时，旅游供给量也由Q1增加到Q3；反之，当旅游价格由P1下降到P2时，旅游供给量也由Q1减少到Q2。可见在其他条件不发生变化的情况下，旅游价格的变化会引起旅游供给量的变化。

不同旅游商品的供给量对于价格变化的反应程度是不同的。反映旅游供给量由于价格变化而变化的这一指标就是旅游供给的价格弹性。旅游供给的价格弹性系数（Es）是指旅游供给变化的百

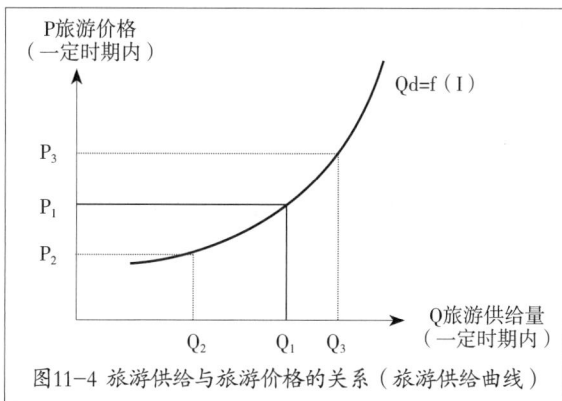

图11-4 旅游供给与旅游价格的关系（旅游供给曲线）

分率与价格变化的百分率之间的比值。其计算公式是：

$$ES = (\Delta Q \div Q) \div (\Delta P \div P)$$

公式中的 E_s 表示旅游供给价格弹性系数，Q表示旅游供给，ΔQ 表示旅游供给的变化率（即本期旅游供给量与前期旅游供给量之差），P表示旅游价格，ΔP 表示旅游价格变化的程度。

旅游供给的价格弹性有三种情况：当价格弹性大（$E_s > 1$）时，表明供给量的变化率高出了价格的变化率；当价格弹性小（$E_s < 1$）时，表明供给量的变化率小于旅游价格的变化率；当 $E_s = 1$ 时，表明旅游供给的变化率与价格的变化率是同步的。

三、旅游需求与旅游供给的矛盾

（一）旅游供求矛盾

旅游需求和旅游供给受很多因素的影响，而这些因素都是处于不断变化之中的。不同的因素对旅游供给和旅游需求发生影响的力度不同、时间不同，这就形成旅游供给和旅游需求之间的不平衡和矛盾。

旅游供求矛盾主要表现在以下几个方面：

1. 旅游综合接待能力同旅游者总人次数之间的矛盾

这是一国或一地的旅游总量上的矛盾之一。综合接待能力是旅游产业和旅游相关产业接待能力的综合，如旅游饭店床位供给量、交通部门对游客的运载能力、旅游参观点的容纳量、旅游从业人员数量等。这种综合的接待量，要与前来该国或该地的旅游者的总人次相适应，如果不适应，就会形成矛盾，形成或供大于求、或供不应求的矛盾。

2. 旅游供求的结构性矛盾

旅游产品的多样性、差异性形成了旅游供给的一定结构，由于不同旅游产品的生产有快有慢、有多有少、有好有坏，因此，旅游供给的结构是不断发展变化的。

旅游者需求的多样性则促成了旅游需求的一定结构。由于旅游者的需求是不断发展变化的，因此，旅游需求的结构也是不断发展变化的。

既然旅游供给结构和旅游需求结构都是不断变化的，那么二者间出现矛盾就不可避免。这种矛盾表现为有的旅游产品供过于求，而有的产品则供不应求。

3. 旅游供求的地域性矛盾

不同旅游目的地的旅游发展程度不同，有的发展程度高，前往的游客多；有的发展程度低，前往的游客就少。造成不同地域旅游发展程度高低和游客多少的原因，主要有两个：一个是旅游资源的开发利用情况，另一个是旅游设施条件。在这两个原因中，前者更为重要。

供求的地域性矛盾还表现在：某些地区的旅游产品供过于求，另一些地区则供不应求。

4. 旅游供求的季节性矛盾

旅游业的重要特点之一，是它明显的季节性。季节变换，旅游供求关系也随之变化：一般情况下，旅游旺季时供不应求，旅游淡季时供大于求，旅游平季则供求基本平衡。

（二）旅游供求的宏观调控

旅游供给与旅游需求的矛盾主要是通过市场机制进行调节的，市场机制在社会资源配置，即调节旅游供给与旅游需求的矛盾中发挥着基础性作用。

但是，市场机制不能解决旅游供给与旅游需求的一切矛盾。这是因为：

（1）形成旅游供给的除了旅游企业和旅游相关企业行为之外，还有非企业的行为。例如旅游交通、旅游某些基础设施、旅游环境的营造和治理、旅游教育的发展等。对这些非企业的（大部分为政府的）行为，旅游市场机制就显得无能为力。

（2）市场机制调节旅游供求关系的滞后性。这种滞后性主要表现在它不是事前的调节，而是事后的调节。当某些旅游产品供不应求、价格上升时，有些企业为了获取最大利润，加大了旅游产品的生产投入，增加了旅游产品的供给，但是，这一行为可能造成这样的情况：诸多企业正在生产和形成的旅游产品供给，实际上已经超过了今后一段时间内旅游需求的增长量。但是，当人们发现旅游市场供给已经出现饱和，价格开始下降时，旅游供给增加的惯性使它无法及时停止，这就像高速行进中的汽车一样，当前面出现障碍物时，尽管启动了制动装置，汽车仍会在惯性的作用下向前冲出一定的距离。市场机制在调节旅游供求关系上所起的作用也是这样。因此，运用市场机制调节旅游供求关系存在着滞后性和局限性。

（3）市场机制难以保证某些旅游产品供给的持续性。许多被开发利用的旅游资源属于不可再生的旅游资源，如自然资源中的森林资源、特殊地形地貌所形成的资源等，以及人文资源中的文物古迹，包括古陵墓、古遗址、古建筑、碑石、雕刻、绘画等。这些不可再生的资源，必须在保护的前提下进行开发利用，必须兼顾社会效益和经济效益，绝不能以市场的原则，在利益驱动下轻率地把它们转化为产品投入市场，否则就会造成无法挽回的损失。

因此，除了市场机制对旅游供求关系所起的基础调节作用以外，还要发挥国家的宏观调控作用。国家对旅游供求关系进行宏观调控的手段主要有：

1. 经济手段

国家通过财政开支，加快旅游的各种基础设施和旅游环境的建设，如兴建机场、车站、码头，修筑铁路、公路等。

国家可以通过信贷、税收、汇率等手段，调节旅游供给和需求关系。在20世纪90年代以前，国家通过宽松的信贷，有力的税收征管，有利的旅游外汇分成等，曾积极支持了旅游的发展，较快地增加了旅游供给，满足了旅游的需求。国有旅游饭店都是通过银行贷款兴建起来的，大量信贷资金的注入，迅速地增加了旅游饭店的供给。许多重点旅游参观点也大都获得国家财政（包括中央财政和地方财政）的支持，在较短时期内实现了开发和利用，也迅速增加了旅游对象物的供给量。进入90年代后，在旅游饭店和旅游参观点已有了较大发展的情况下，国家逐渐减少了财政拨款，收紧了信贷资金，并对那些旅游饭店供过于求的地区和城市采取了不予审批的措施，限制旅游饭店的进一步增加。

2. 法律手段

改革开放以来，国家颁布了许多与旅游相关的法律、法规、规章，如《旅行社条例》
《导游人员管理条例》《旅行社质量保证金暂行规定》《风景名胜区管理暂行条例》《旅游
饭店星级的评定》等，都从不同方面对旅游供给做了一定的规定，不仅在规范旅游管理和旅
游企业的经营方面发挥了重大作用，同时也在保障旅游供给的质量问题上发挥了重要作用。

3. 行政手段

行政手段在推动旅游目的地旅游产品供给方面发挥着一定的作用。近几年来，许多
旅游城市纷纷举办旅游节等节庆活动，吸引了很多国内外游客。一些民族地区也都举办
了民族特色节庆活动，前来参加活动的游客也是很多的。节庆活动作为旅游者的吸引物，
也是一种特定的旅游产品，而这种产品的供给，是政府发挥主导作用，运用行政手段产生
的。

此外，我国每年都要举行旅游交易会，其时，旅游经营者云集，旅游成交量不断增
长，但这种大型旅游交易会往往通过政府行为组织，由相关旅游行业协助。可见在这种旅
游产品的市场供给中，行政手段也是很必要的，它不仅增加了旅游供给，同时也刺激了旅
游需求。

第二节　旅游市场调研与预测

一、旅游市场调研

（一）旅游市场调研及其类型

旅游市场调研，是指旅游目的地国家（地区）或企业对其所面临的特定旅游营销环境的
有关资料，以及可能对本国（地区）或企业产生影响的信息进行系统的设计、收集、分析、
归纳、整理，为旅游目的地国家（地区）或企业的经营决策和未来发展提供可靠依据的一系
列活动的总称。

开展旅游市场调研之所以必要，是因为：第一，它是旅游营销人员认识和把握旅游市场
供求规律的有效方法和手段；第二，它是旅游目的地国家（地区）或企业进行旅游市场预测
和制定正确经营策略的依据；第三，有利于旅游目的地国家（地区）或企业提高竞争能力。

旅游市场调研可分为四种类型：

1. 试探性调研

指营销人员对所面临的问题产生的原因及问题的关键尚不明了，尚未确定调研内容以及

是否有必要进行大规模、深层次调研时，而预先采取的一种试探性调研活动。如某饭店在一段时间内，客房出租率突然下降，出现这种情况是饭店营销中的失误呢，还是竞争对手的竞争策略的变化？经过试探性调研，发现与饭店有固定业务关系的某家旅行社高层管理人员更换，使原有的客源减少，因此，没有必要再进行更深入的调研工作。

2. 描述性调研

指旅游目的地国家（地区）或企业对所要调查的问题通过有目的的、系统的资料收集，运用各种调研方法对事物的现象及基本特征进行全面的描述。描述性调研注重事实资料的记录，在调研中获得的各种资料主要是对某一问题进行描述性说明。如，为描述我国国内旅游发展迅速的现状，有关部门做了"20××年中国国内旅游抽样调查"。这是一次大范围的、大规模的、较全面的国内旅游市场调查，其中包括客源构成、旅游动机、平均出游时间、旅游目的地选择、出游方式、旅游花费构成等数据。较之探测性调研，描述性调研更为具体、广泛和复杂，需要明确回答"什么""什么时候""谁""为什么""哪里""怎么样"等问题。旅游市场的描述性调研通常采用询问法、观察法、抽样调查法等。

3. 比较性调研

指旅游营销人员对比两个以上的问题或对象以及为寻找某种比例关系时所采用的一种调研方法。如某度假区欲引进大型水上娱乐设施，有两家企业可提供设备，经过对产品价格、设备功能以及服务质量进行对比分析，并按权数进行打分，最后决定采用哪一家的设备。

4. 因果性调研

指旅游营销人员用于发现相关联现象之间的因果关系，寻找出旅游经营活动中出现问题的主要原因的一种调研方法。在经营过程中，企业的每一经营成果都是由多种因素共同导致的，这些因素之间相互关联，通过因果性调研可以弄清楚导致某种结果形成的关键性因素，从而有利于经营者抓住问题的实质，有针对性地采取有关对策。

因果性调研一般是以描述性调研及比较性调研的结果为基础，进一步采用统计分析、逻辑推理等市场营销技术来研究探寻并验证旅游市场活动中有关活动的因果关系。例如，某年全国旅游行业经营状况的调查结果中，一项反映企业盈利能力的指标——营业利润率偏低，仅为5.07%，比上年度的7.58%降低了2.51%，且其中尤以旅游饭店的下降幅度最大，由原来的10.06%下滑至5.52%。经过因果性调研，找到了导致该种结果产生的关键性因素，即：成本费用上涨幅度过大，超过了营业收入的增长幅度。而导致成本费用大幅度上升的主要原因是可变成本增加和物价上涨：当年国家出台的新工资标准，使企业工资总额比上年度提高27.43%；折旧额提高；上缴国家和地方的各种费用增加，有的高达营业收入的10%。

以上我们简要地介绍了四种旅游市场调研方法。这四种调研方法是相互联系着的，其相互关系可由图11-5表示：

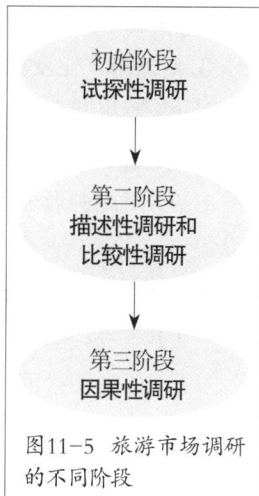

图11-5 旅游市场调研的不同阶段

试探性调研是营销研究工作的初始阶段，提出有创意和预见性的假设；第二阶段的描述性调研和比较性调研则会对上述假设进行证明；然后通过第三阶段的因果性调研找出调研结果的因果关系，并找到解决问题的方法。

（二）旅游市场调研的内容

旅游市场调研的内容涉及宏观、微观两大方面，包括对营销产生影响的可控因素和不可控因素。调研作为一种手段，应为目的服务，而市场调研的根本目的是把握旅游营销市场的现状及其发展的动态。围绕这一根本目的，旅游市场调研的内容可大致分为五类：

1. 对宏观旅游环境的调研

（1）市场经济环境：包括企业所在地以及客源地的宏观经济发展状况，人们的收入水平、消费水平、消费结构、物价、汇率等。

（2）市场政治法律环境：包括旅游目的地的政治局势，与旅游有关的法律、法规、产业政策以及海关出入境手续等。

（3）社会文化环境：包括旅游目的地的风俗习惯、价值观念、教育程度、语言文字、宗教信仰、生活方式、商业习惯等。

（4）市场技术环境：包括对本行业有影响的科技发展情况等。

（5）市场人口地理环境：包括人口结构及其分布、就业构成、人口流量，旅游企业的地理环境、客源国（地区）的地理位置等。

（6）市场自然环境：包括气候条件、环境状态、自然灾害发生概率及影响程度等。

2. 对旅游者市场的调研

（1）旅游者总体市场特征及个体细分市场的特征。包括旅游客源构成、旅游者需求程度及被满足程度、旅游行为心理及旅游者偏好等。

（2）旅游者的态度与活动。包括旅游者对旅游目的地的看法和态度，对旅游目的地形象的反应，对销售策略的反应，旅游者旅游活动内容，旅游者旅游花费的构成等。

（3）各个旅游细分市场的发展变化情况等。

3. 对旅游产业及相关联产业的调研

（1）对旅游产业状况的调研。包括旅游产品结构、旅游地区结构、旅游企业的所有制结构、旅游企业技术及管理水平、旅游产业规模、旅游企业进入和退出障碍、企业利润潜量等。

（2）对旅游业务相关联企业调研。包括旅行社的业务状况，旅游参观点状况，旅游交通状况，旅游饭店经营状况，其他相关行业的状况等。

4. 对竞争对手的调研

（1）竞争对手的数量、规模、实力、分布等。

（2）各主要竞争对手的市场占有率，接待、服务的人次数，客源结构状况等。

（3）竞争对手的营销策略、服务质量、市场定位、市场形象等。

（4）竞争对手的最新动态，包括经营战略、投资动向及新产品开发状况等。

5. 对旅游资源开发利用的调研

（1）对现有旅游资源的分类、评估。

（2）各种旅游资源对旅游者的吸引力、发展变化趋势和发展潜力。

（3）待开发旅游资源的可开发性和约束性等。

（三）旅游市场调研的方法

常用的旅游市场调研的方法有：

1. 询问法

询问法是指调研人员按照事先拟定好的问题对被调查人提出询问，要求做出回答并记录答复的一种调研方法。按照调研过程中调研人员和被调查对象的不同接触方式，又可分为面谈法、电话询问法、问卷调查法和留置问卷法四种。

面谈法是调查者和被调查者直接见面，由调查者当场提出问题，请被调查人员依次回答。根据调研的不同目的和要求，可进行一次面谈、多次面谈、个别访谈、小组访谈等。

电话询问法是按照计划所列问题，利用打电话的形式向被调查对象提出问题，请其回答。这种调研方法进行起来有一定的难度。

问卷调查法是调研人员将所需回答的问题制成一定的表格或问卷，向被调查者发放或通过互联网系统，请求被调查者回答。

留置问卷法是调查人员将调查表送到被调查者手中，并详细说明填写事项，由被调查者自行填写，再由调查人员定期回收。

2. 观察法

观察法是调查人员采用一定的设备观察调查对象的行为、反应，从中获取调查资料的一种方法。如饭店营销调研人员在餐厅派置人员观察顾客对饭店服务的满意程度，根据顾客的表情、语言等得出一定的结论。观察法由于只是观察调研对象的表面情况，无法了解其内心活动及做出某种反应的真实原因，有时会出现误差。

3. 实验法

实验法是把被调查对象置于一个特定的市场环境中，通过改变市场条件来观测这些变量对调查对象的影响及其所做出的反应。实验法是进行因果性调研的主要方法，如测量新价格策略的市场反应，广告促销活动的效果等。

此外，根据调研对象范围大小的不同，调研方法又可分为全面调查、重点抽查和抽样调查几种。

二、旅游市场预测

（一）旅游市场预测及其作用

旅游市场预测，是指通过对内外环境的调研，凭借充分的信息资料和经验，用科学的方法和逻辑推理，对旅游市场未来变化及趋势做出定性或定量的判断，从而为旅游营销决策提供可靠依据。它对旅游企业的经营及旅游目的地国家（地区）的旅游营销具有很大的作用。

首先，旅游市场预测是旅游企业取得超前信息的手段和工具。

其次，旅游市场预测是科学决策的前提和依据。通过预测可以提高旅游决策的科学性，把决策从经验、技术阶段提高到科学阶段。

再次，旅游市场预测是提高旅游企业经济效益和经营管理水平的先决条件。通过预测可以增强企业的主动应变能力和竞争能力。

总之，预测和决策之间是密不可分的，调查是预测的基础和前提，决策是进行预测的目的，而预测的精确度是进行决策和制定计划成败的关键。旅游市场需求对其影响因素的反应十分敏感，变化也较复杂。同时，旅游产品的供给又有生产和消费的同时性以及不可贮存性，一个旅游企业能否搞好市场预测，不仅会涉及它的营销对策、生产经营活动的正确性、经营风险的承担，还会影响到它的经营效益，甚至关系到企业的生存。

（二）旅游市场预测的方法

1. 定性预测方法

定性预测法，是指在市场调查的基础上，凭借预测者的经验和智慧，通过分析、推理、判断，对市场未来的情况及其发展变化做出预测的方法。

常用的定性预测法有以下几种：

（1）集合意见法。亦称集体意见法。通过会议的形式，让与会者（如企业的决策人员、专家技术人员、销售人员、直接用户等）各抒己见，充分讨论，找出问题的焦点，最后得出完整的预测结论。这种预测方法简便易行，但易受主观因素及一些心理因素的影响，适合用于企业方向性问题的粗略预测。

（2）特尔菲法（专家调查法）。是一种专家函询调查法。即按照预测课题所列出的项目，以匿名方式向有关专家进行多次调查，充分利用专家的知识和经验，反复征询专家意见，经过预测人员的分类和整理后，逐步得出趋向一致的预测结论。

2. 定量预测法

定量预测方法，就是在充分占有信息数据资料的基础上，用数学方法通过数据分析和数学模型来近似地揭示数量变动关系，并据以预测未来变化，做出定量推算。这种方法较为客观准确，但由于影响的因素十分复杂，有的客观因素难以定量，数学模型不可能将客观经济现象的所有数量关系都反映出来，因而也存在着一定的局限性，还需要同定性主观判断法、系统分析法、概率分析法结合运用，以提高预测的精确度。

定量预测的方法和模型很多，常用的有平均数法、指数平滑法、趋势外推法（最小二乘法）等。

第三节　旅游目标市场的选择

旅游目的地营销首先必须选好自己的目标市场，这样才能进行有针对性的营销，提高目的地营销效果。

一、旅游市场

旅游市场，从狭义上理解，是旅游产品交换的场所。如各国各地区经常举行的旅游交易会、旅游博览会等，就是一种旅游产品交换的场所。

广义的旅游市场则是指旅游客源市场，即能被旅游目的地所吸引，并能购买其旅游产品的消费者群体及其所在国家和地区。如我们平时常说的美国市场、欧洲市场、日本市场等。

旅游市场不仅包括现实的旅游购买者，也包括潜在的旅游购买者。后者在某一时点上可能受可自由支配收入、闲暇时间等的限制，但只要条件具备，即可转化为现实旅游购买者。

二、旅游市场细分

对旅游市场进行细分是旅游目的地国家（或地区）选择目标市场的前提条件。市场细分与选择目标市场及市场定位的关系如图11-6所示。

每一个客源市场的需求都是有差异的，旅游目的地国家（或地区）无法同时满足每一个市场的需求。此外，在不同客源市场进行宣传促销时的投入产出比也是不同的，也就是说，在有些市场上投入一定的资金进行宣传促销，能够取得很好的效益，而有些则不行，因此，旅游目的地国家（或地区）必须对客源市场进行细分，从中选择自己的目标市场。

所谓旅游市场细分，就是将整体客源市场按照地理位置、旅游者特征以及需求特点等，划分为不同的消费者群体的过程。每一个消费者群体就是一个细分市场。

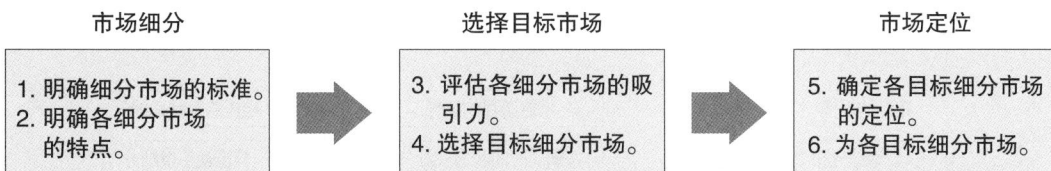

市场细分	选择目标市场	市场定位
1.明确细分市场的标准。 2.明确各细分市场的特点。	3.评估各细分市场的吸引力。 4.选择目标细分市场。	5.确定各目标细分市场的定位。 6.为各目标细分市场。

图11-6 选择目标市场和市场定位的步骤

（一）市场细分的意义

搞好市场细分工作，有以下作用：

1. 有助于发现营销机会

通过市场细分，可以发现哪些消费者群的需要尚未得到满足，这样就可考虑为这些细分市场提供需要的产品和服务，来增加销售量和利润。

2. 有助于制定和调整营销因素组合

通过营销调研，集中了解目标市场的需要和愿望，就能更好地确定营销因素组合，生产适销对路的旅游产品。

3. 有助于取得有利的竞争地位

旅游目的地国家（或地区）集中全力对一个或几个细分市场进行营销活动，更容易满足目标市场消费者的需要，使自己的产品和服务成为他们的第一选择，从而确保在激烈的旅游市场竞争中处于有利地位。

4. 可以更有效地使用各种资源

有助于旅游接待国根据细分市场的特点，集中使用人力、物力、财力等各种资源，通过满足目标市场的需要，提高经济效益。

（二）细分市场的方法

一般说来，要细分市场，需考虑三个方面的因素，即：市场的有形属性、消费者的行为特点、市场质量。详见图11-7。

1. 市场的有形属性

（1）市场的规模。要识别市场，就要了解市场的规模，即了解购买者人数和销售收入。

（2）人口地理分布。旅游业的接待对象来自全球，地理因素是细分市场的重要标准之一。

旅游目的地国家（或地区）不仅应当根据客源区域（如北美市场、西欧市场等）、国家和地区（如日本市场、中国港澳市场等）来划分市场地区，而且应当将主要客源国划分成若干地区市场。如一个国家的东部地区、西部地区、南部地区和北部地区等。以中国为例，还可以划分为珠江三角洲地区、长江三角洲地区以及东北地区、西北地区等。

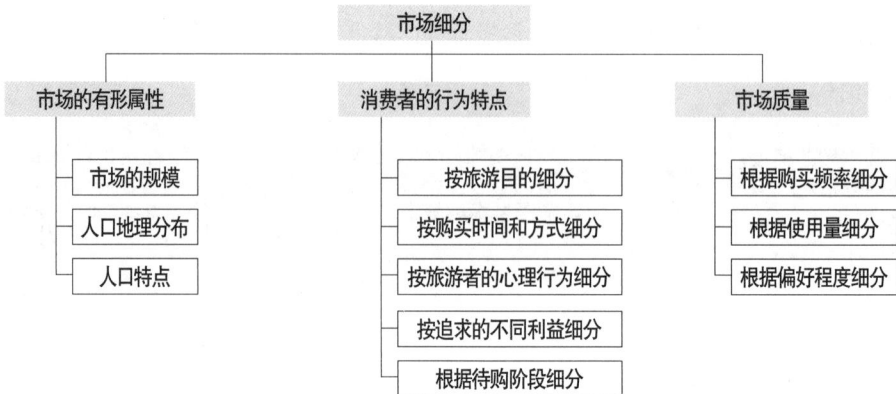

```
                        市场细分
         ┌─────────────────┼─────────────────┐
   市场的有形属性        消费者的行为特点         市场质量
   ┌──────────┐       ┌──────────────┐     ┌──────────────┐
   │ 市场的规模 │       │  按旅游目的细分 │     │ 根据购买频率细分│
   ├──────────┤       ├──────────────┤     ├──────────────┤
   │ 人口地理分布│       │按购买时间和方式细分│     │ 根据使用量细分 │
   ├──────────┤       ├──────────────┤     ├──────────────┤
   │  人口特点  │       │按旅游者的心理行为细分│    │根据偏好程度细分│
   └──────────┘       ├──────────────┤     └──────────────┘
                      │按追求的不同利益细分│
                      ├──────────────┤
                      │ 根据待购阶段细分 │
                      └──────────────┘
```

图11-7 细分市场的方法

地理因素是一种相对稳定的因素，比较容易辨别和分析。但是，从同一国家或同一地区来的旅客在需求上也有很大的差别，因此，还要考虑其他因素，才能选择最佳的目标市场。

（3）人口特点。旅游市场也可根据消费者年龄、性别、家庭规模、家庭寿命周期、收入水平、职业、文化程度、宗教、民族、种族等人口因素进行细分，由于消费者的愿望、偏爱和使用频率常和人口因素有着密切联系，这些人口特征方面的因素又比较容易衡量，因此，根据人口因素细分市场是最常采用的方法。

2. 消费者的行为特点

（1）按旅游目的细分。根据旅游目的细分市场是广泛使用的一种方法。一般说来，旅游目的可分为以下四大类：公务和会议，观光旅游，休闲度假旅游，探亲访友。

（2）按购买时间和方式细分。对旅游企业来说，了解一年、一个季度、一个月、一周中的哪个时期旅游者最多，以及旅游者的购买方式，是相当重要的。据此，可以将旅游者划分为不同的细分市场，如按照购买方式可将旅游者划分为团体和零散两类，同时，也可以划分为旅客自己购买和通过旅行社购买两种类型。

（3）按旅游者的心理行为细分。根据旅客的心理因素细分市场，通常指可根据旅游消费者的生活态度、生活方式、个性特征、消费习惯等来划分。如根据外界标准行事者、根据自我意图行事者、追求舒适者、冒险者、探险者、不随俗者、有各种癖好者、活动分子、野营者、不安宁者、便宜货寻求者等，不同类型的旅游消费者具有不同的旅游消费特点。

（4）按追求的不同利益划分。消费者追求的各种利益是一个整体。人们对不同利益的重要性会有不同的看法，某种利益可能对某一群体有特殊吸引力，而另一群体则可能更为关注其他利益，因此可据此将消费者划分为不同的细分市场。比如，美国旅馆营销学家刘易斯（Robert C. Lewis）曾将餐馆分为三种类型：家庭式餐馆、气氛型餐馆、风味餐馆。不同类型的餐馆所能给予消费者的利益是不同的，不同的客人去不同的餐馆所要追求的利益也是不同的（比如，气氛型餐馆的顾客追求的利益次序为：食品的质量和气氛、菜肴的种类和价格、便利性），从而构成不同的细分市场。

（5）根据待购阶段细分。对某种产品或服务，在某一特定时刻一般会同时存在以下几种情况：有些人根本不知道其存在；有些人已详细了解并有兴趣；有些人想购买；有些人正准备购买；等等。旅游接待国（或地区）应设法了解上述情况，吸引处于不同待购阶段的消费者。如针对那些不了解目的地旅游产品或服务的消费者，应作大量广告词简明扼要的广告，以引起其注意；对那些已有所了解的消费者，广告应强调产品或服务所能给予他们的利益，促使其购买；对那些打算购买的旅游消费者，则应告知他们购买的方法和地点。

3. 市场质量

市场质量指市场的销售潜力。要选择最佳目标细分市场，经管人员还需分析市场的质量。

（1）根据购买频率细分。购买频率指消费者购买某种产品或服务的次数。据此，我们可将市场分为不使用者、曾经使用者、潜在使用者、初次使用者、重复使用者、经常使用者等。

（2）根据使用量细分。根据消费者对某种产品或服务的使用量，可以将市场细分为大量使用者、中量使用者、少量使用者等。大量使用者指经常旅行的那些人，通常指常客。他们在市场总人数中所占的比重也许很小，但在使用量上却占了很大比重。显然，任何一个企业都希望能吸引大量使用者这一细分市场。

（3）根据偏好程度细分。偏好程度指消费者对某种类型的产品的喜爱程度。根据人们的偏好程度，市场可细分为极端偏好者、中等偏好者、偏好变动者和无偏好者。

三、旅游目标市场的选择

对旅游市场进行细分的目的是选择目标市场，以便加强促销，并提高促销效果。

那么，应如何选择目标市场？首先，目的地国家或地区接待最多的游客类型或细分市场自然就是本国（或地区）的目标市场，除此之外，选择目标市场还有其他标准。

一般而言，选择目标市场时应按图11-8所示各种特征来进行。

根据以上原则，美国人口众多，是全世界经济最发达、出游率最高的国家之一，同时，又是来华旅游者人数最多的国家之一，因此，理所当然应该成为我国的目标市场。另外，日本也是发达国家，人口规模比较大，同时多年来一直占来华游客总数的最大比重，而且离我国最近，毫无疑问，也是我国主要的目标市场。而我国的另一个邻邦——韩国，经济也比较发达，随着其经济的发展和中韩关系的不断改善，来华访问的韩国游客增长势头强劲，一跃而成为我国重要的客源市场，无疑，它也应成为我国主要的目标市场之一。

目标市场的选择也要注意随时间的变化而变化，一定时期的目标市场，在未来可能就不再是该目的地的目标市场；相反，过去不是本国或本地区的目标市场，未来则可能发展成为该目的地的目标市场。

根据目标市场的重要性，还可以将其分为一级目标市场、二级目标市场和三级目标市场。韩国、日本理所当然是我国的一级目标市场；美国、俄罗斯应为我国的二级目标市场；而马来西亚、新加坡、越南、菲律宾等东南亚国家及蒙古等邻近国家则应成为我国三级目标市场；加拿大、澳大利亚及欧洲国家虽距我国地理位置较远，但经济发达，文化差异较大，应成为我国的四级目标市场。

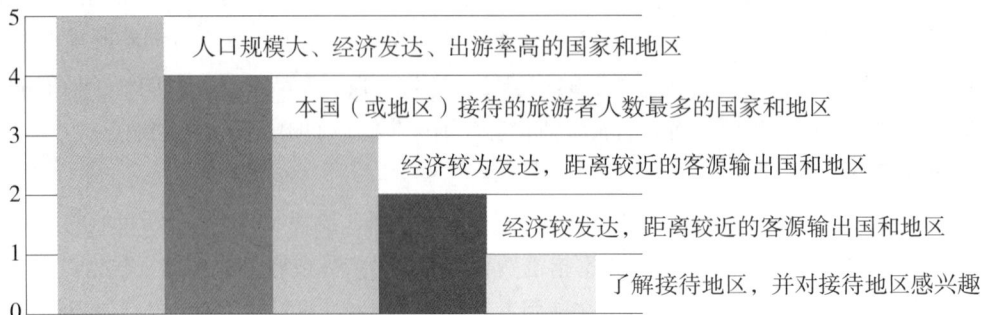

图11-8 旅游目标市场的特征

四、选择目标市场应注意的问题

在确定目标市场时，还应注意以下两点：

第一，确定重点区域。由于经济、文化、交通等原因，每个客源国和地区的出境旅游者数量常常是不平衡的，这就需要进一步分析，找出宣传、推销的重点地区。如美国有50个州，我国不可能把50个州都当作旅游宣传的目标市场。美国大多数出国旅游者来自7个州，首先是纽约州和加利福尼亚州，这两个州人口多、收入高；其次是佛罗里达、马里兰、伊利诺斯、新泽西和得克萨斯等州，它们的出国旅游人数占美国全国总人口的52%。日本出国旅游者则分别集中在东京、近畿和东部地区，占其全国出国旅游人数的71%。法国的出国旅游者中，有三分之一出自巴黎地区。德国出国旅游者则集中在以慕尼黑和斯图加特为主的南部地区以及法兰克福至中部的鲁尔区。

第二，选择目标对象。在目标市场上，即使在同一个国家，不同的消费者群体也有不同的需求特点，因此，要根据旅游产品的特点和目标市场上消费者的需求特点，选择自己的目标对象，这样才能取得良好的销售效果。如日本的研学旅游很盛行，出国度蜜月的新婚夫妇很多，所以把日本青年作为目标对象和推销重点是最可行的。

第四节　旅游目的地形象及宣传口号的确定

确定旅游目的地形象的过程，就是对旅游目的地进行市场定位的过程。选择了目标市场以后，为了吸引和占领目标市场，就要进行市场定位，确定目的地形象及其宣传口号。

市场定位理论是营销学中一个十分重要的概念。根据这一理论，消费者对市场上各种产品进行比较之后，会形成对某一产品的各种属性的看法。旅游市场定位则指旅游目的地国家（或地区）力图使自己的产品在目标市场和旅游消费者心目中树立的形象，这种产品形象应该是明确的、独特的、深受欢迎的、能够给予消费者所认同的各种利益的。

进行市场形象定位时，既要考虑目标市场上消费者的需求特点（即他们喜欢什么），又要考虑旅游目的地国家（或地区）或企业产品的特点（即我的特色是什么），据此进行旅游市场形象定位及确定旅游宣传口号。如广东珠海，在"浪漫之都"遭辽宁大连抢注的情况下，根据城市特点和时代特征，经斟酌研究，又广泛征求专家、游客和社会各界的意见和建议，将城市形象最终确定为"幸福之城"。

扫描二维码，详细了解珠海抢注"幸福之城"的过程。

一、旅游目的地形象及宣传口号创意设计的模式

形象及宣传口号是旅游者易于接受的、了解旅游地形象的有效方式之一，是旅游地形象的提炼和界面意象，也是形象定位的最终表述。一个创意设计有特色、有品位的旅游形象及宣传口号往往可产生神奇的广告效果，对旅游目的地的形象塑造与传播具有重要的作用。

旅游地形象及宣传口号的创意设计方法很多，概括来讲，主要有两种：一是资源导向法，即从旅游地的资源、文化、历史等方面的特征出发来设计宣传口号；二是游客导向法，即从游客需求出发，向游客传递一种信息——通过到旅游目的地旅游，游客将获得什么样的感受与体验。

图11-9 旅游目的地形象及宣传口号的创意设计模式

从内容上看，如图11-9所示，旅游目的地形象及宣传口号的创意设计模式主要有以下7种：

1. 资源主导型

这是一种普遍采用的旅游地形象及宣传口号设计类型。如北京市的"东方古都，长城故乡"，浙江的"诗画江南，山水浙江"等。

2. 借船出海型

采用比附的手法，借助知名度较高的旅游地来宣传自己。如苏州乐园的"迪斯尼太远，去苏州乐园"，巧借迪斯尼来宣传苏州乐园易到达、可游性强的特点。此外，还有如海南三亚的"不是夏威夷，胜似夏威夷"，广东肇庆的"肇庆山水美如画，堪称东方日内瓦"等。

借船出海型旅游宣传应慎用。总体来说，这种宣传手法较适合当前海内外知名度不高、特色还不够鲜明、对自身缺乏自信心的旅游目的地，否则可能起到相反的作用。

3. 利益许诺型

如深圳世界之窗的"您给我一天，我给您一个世界"等。

4. 利益诱导型

如西安的"走进历史，感受人文，体验生活"；上海的"上海，精彩每一天"；深圳锦绣中华的"一步迈进历史，一日畅游中国"；等等。

5. 历史典故型

如承德避暑山庄的"皇帝的选择"、黄山的"黄山，黄帝的山"等。

6. 古今对接型

如浙江宁波的"东方商埠，时尚水都"等。

7. 意味深长型

如黑龙江伊春的"伊春，森林里的故事……"，表现小兴安岭的森林景色和资源特色，同时为受众留下一定的想象空间。

二、旅游目的地形象宣传口号设计的原则

旅游地形象及宣传口号设计是一项技术性非常强的工作，其创意设计应遵循一定的原则：

1. 地方性原则

旅游地形象及宣传口号应反映旅游地的文脉、地脉和资源特色，其中文脉主要包括旅游地的历史文化、社会经济、民俗风情等特征，地脉主要包括地质地貌、气象气候、土壤水文等自然环境特征。在进行旅游形象及宣传口号设计时，要在充分的地方性研究和受众调查的基础上，提炼出反映地方特色与个性的形象元素融入宣传口号之中。

2. 针对性原则

旅游地形象及宣传口号的设计要有针对性。首先，要针对市场需求特征来设计，能够反映旅游需求的热点、主流和趋势。其次，应考虑到客源市场旅游需求的不同特点，设计不同的宣传口号。如北京的对外宣传口号为"东方古都，长城故乡"，对内则为"不到长城非好汉"。

3. 统一性原则

也称整体性原则。旅游地形象及宣传口号的设计可以采用一系列不同方案，但必须具有统一性，即围绕旅游地形象主题这一中心来展开。这种统一性主要表现在两个方面：一是时间上的统一。即不同时间推出的旅游宣传口号必须统筹规划。二是空间上的统一。即虽然针对不同的客源市场可以采用不同的旅游宣传口号，但不能脱离旅游地的形象主题。

4. 感召性原则

一句有时代感、寓意深刻、朗朗上口的旅游宣传口号，往往能引起人们无尽的遐想，产生意想不到的号召力。旅游宣传口号可以采用"感性"的语言、诗化的意境，以突出旅游目的地形象，强化对游客的感召力，使游客产生出游的冲动。

5. 时代性原则

旅游地形象宣传口号要有时代气息，适合大众感知口味。通过应用符合时代语言文化时尚的宣传口号，有效地展现旅游地形象，与目标市场那些最为活跃的旅游消费群体实现有效沟通。在口号内容上，要反映旅游需求的热点、主流与趋势。如香港的旅游宣传口号"万象之都"重新设计为"动感之都"就充分地体现了时代特征。

6. 艺术性原则

旅游地形象及宣传口号最终需要通过各种媒介向受众（旅游者）进行传播。因此，在进行旅游地形象及宣传口号设计时，应尽可能使用广告设计的一些技巧、技法，使宣传口号简洁、生动、凝练、优雅、新颖以及具有感染力和吸引力。在内容上，要有文化内涵，运用民族文化增加其艺术色彩。在表现形式上，要符合人的审美艺术情趣，比如运用修辞手法，引

用古诗词句,用浓缩的语言、精辟的文字、绝妙的组合……构造一个吸引人的、有魅力的旅游地形象,打动旅游者的心,成为旅游者深刻的记忆。

7. 稳定性原则

旅游地的形象主题具有一定的稳定性,而旅游宣传口号是围绕这一形象主题进行设计的,因而也应该保持相对的稳定性,不可经常变换。当然这种稳定性是相对的,当旅游地形象需要重新定位时,其宣传口号也必须进行相应的调整或重新设计。

三、中国旅游目的地形象

中国旅游的整体形象是"美丽中国"(见图11-10)。

"美丽中国"之旅游形象标识以印章作为主体表现形式,以"美丽中国"和Beautiful China分别作为中英文表述,将中国的印章和书法艺术形式结合起来,并通过甲骨文的"旅"字来突出旅游特色。以蓝色为主的背景颜色,象征着美丽中国事业发展的朝气和生命力。中文字体"美丽中国"字样为红色,是国旗的颜色,代表中国文化,其中"中国"二字采用毛体书法风格,"美丽"则二字力求简洁;英文字体为黑色,采用欧美手写形式,以体现流畅和自然,彰显了中国旅游的国际化视野,象征着开放的、充满活力的、具有美好前景的中国旅游事业。

图11-10 "美丽中国":中国旅游整体形象

扫描二维码,了解我国34个省级行政区旅游形象定位及LOGO。

第五节　旅游宣传与促销

我们可以以澳大利亚为例,来看看旅游宣传与促销手段的多样性。

在澳大利亚,旅游者乘坐火车、汽车、飞机时,会发现前排座位的置物袋中备有旅游宣传卡;走出机场、车站,会看到在出港(站)通道附近陈列着旅游宣传卡;在宾馆、酒店、旅行社,醒目处也集中摆放着旅游宣传卡。这些旅游指南、便览无不印刷精美,内容翔实,定位准确;既有英文的,也有中文、日文的;既有旅游主管机构,也有旅游行业组织、专业旅游促销机构组织、旅游企业编印的旅游宣传卡。那些单页、折叠的旅游宣传卡方便旅游者在车上阅览和随身携带;而大16开的旅游宣传册则便于旅游者回到宾馆、饭店等住处轻松阅览。宣传卡是定期或不定期出版,但没有一份宣传卡的使用周期会超过一个季度。

由此可见,一个国家或地区要开拓新的旅游市场或扩大原有的旅游市场,必须加强旅游宣传与促销。

一、旅游宣传

旅游宣传是指旅游东道国（地区）或旅游企业为了树立形象，开拓客源，吸引旅游消费者，提高旅游业的经济效益和社会效益而进行的各种信息传递与情报沟通的活动，是旅游促销的手段之一。

旅游宣传是旅游市场竞争的重要手段。相对于其他产品的宣传活动而言，旅游宣传具有更为重要的意义。这是由旅游产品的特殊性决定的。首先，旅游产品是一种无形的服务，看不见，摸不着，也不能拿到客源市场让消费者去试用。因此，只能通过宣传让消费者感知和认识旅游产品，通过宣传扩大知名度，树立旅游形象。其次，旅游产品具有不可储存性的特点。工业产品生产出来以后，可以储存起来，今天卖不掉，明天还可以再卖，而旅游产品，无论是客房出租，还是交通设施的使用，抑或是参观游览等旅游资源，一天卖不出去，当天的使用价值就永远丧失掉了。因此，凡是旅游业发达的国家或地区都非常重视旅游宣传。美国夏威夷的旅游业十分兴旺发达，之所以获得如此成功，旅游宣传功不可没。该州的旅游宣传计划由旅游局长亲自负责制定，每年的宣传经费达500万美元（其中，80%由州政府拨款，20%来自私人企业集资），同时，私人企业每年还耗费2000万美元来宣传它们各自的饭店、航空公司等。

经验表明，旅游宣传能够扩大市场，给旅游东道国或地区带来可观的经济收益。在新加坡，平均2美元的宣传费，就能招徕10名外国旅游者。在经济效益上，每花1美元的宣传费，就能换取120美元的外汇收入。所以，许多国家和地区都将旅游宣传视作旅游业的"开路先锋"。

（一）旅游宣传的作用

旅游宣传的作用表现在以下几个方面：

（1）开拓旅游市场。

（2）引起人们的注意，唤起旅游愿望。

（3）在旅游目标市场和旅游消费者中，树立和保持自己的旅游形象和产品形象。

（二）旅游宣传的任务

旅游宣传的任务主要是树立旅游形象，促成旅游者购买行为的发生。

旅游形象是一个国家或地区给旅游者的总体印象和感受，旅游形象在旅游者头脑中树立，对其旅行行为的选择和决定有着重要作用。从获得信息到购买旅游产品为止，一个旅游者大体会经历"知名→理解→兴趣→决定"的过程，这就要求旅游者首先对这个国家或地区要有鲜明的印象。因此，世界上各个国家或地区在旅游宣传中都有意识地创建自身旅游形象，努力以鲜明的旅游形象享誉全球。如南非以"彩虹之国"树立起世界上最美丽的国家之一的市场形象，而西班牙的"金色海滩"，中国香港的"购物天堂""动感之都"等，也都深入人心，起到了很好的宣传效果。

在一个时期内，树立一个生动鲜明的旅游形象，可收到非常理想的宣传效果。一切旅游资源的开发、吸引物的建设、设施的设计安排、旅游产品的生产，以及旅游接待、宣传、推销活动等都应围绕此进行。比如，20世纪80年代以来，西班牙将其旅游宣传分为四个阶段：

第一阶段：1982—1989年，口号为"西班牙，一切都在阳光下"，除重点宣传阳光、沙滩外，还根据客人的需求，介绍高尔夫、葡萄酒、传统节日等多样化的旅游产品；

第二阶段：1989—1995年，口号为"西班牙——生活激情（对生命的热爱）"，主要向游客介绍西班牙人开放、快乐、喜欢过节日的性格和直接自然的、不做作的行事特征；

第三阶段：1995—1999年，口号为"西班牙真棒"，聘请最出色的摄影师拍摄了许多形象的、给人深刻印象的图片来配合宣传这一主题；

第四阶段：1999—2004年，口号为"西班牙品牌"，这是西班牙整体形象的宣传口号。

（三）旅游宣传的原则

为了取得良好的宣传效果，旅游宣传必须遵循以下几项原则：

1. 真实性

在很多游客（特别是西方游客）看来，"宣传"常常被认为是政府为了达到一定的目的而进行的一系列夸大其词的说明或促销活动，或政府为了向公众"灌输"某种价值观念而通过各种媒体进行的有关活动，因而常常带有贬义的成分。所以，要取得良好的宣传效果，必须改变旅游者的这种认识，而要实现这一目的，则在旅游宣传中，必须坚持实事求是的原则，切忌大话、空话、套话以及言过其实的宣传，以免引起游客的反感。

2. 创新性

求新、好奇是人们旅游的主要动机之一，所以旅游宣传要着重介绍和宣传自己国家或地区独一无二的东西，或有特色的东西，要以新颖、独特取胜。比如，李白故里——四川江油市为了进行旅游宣传，在一块田野上，从播种到出苗，耗时半年多，利用金黄色的油菜花与翠绿色的麦苗最终形成巨大而清晰的李白头像及"千年李白，回归大地"八个大字。此次活动的策划者称，他们将以"李白一张脸 占地八百亩"申报吉尼斯世界纪录（见图11-11）。不得不说，这种营销模式极富创意！

图11-11　800亩油菜田拼出李白头像——江油市的旅游形象宣传创新（图片来源于网络）

3. 针对性

旅游宣传必须根据游客心理，做到"有的放矢"，防止千篇一律，用同一方式、同一内容进行重复宣传。旅游宣传的对象散布在不同的国家和地区，他们的阶层、职业、文化程度、宗教信仰、经历和兴趣各异，因而其旅游动机和需求心理也就不同。比如，东西方文化有别，兴趣点不同，同样是观赏海豚，"中国人关注度最高的是如何喂海豚，西方人则关注海豚围绕人游泳的兴奋状态"。因此，做旅游宣传，首先要对客源市场的需求特点进行调查，并采取不同的宣传方式和内容，才能取得良好效果。长期以来，我们国家的宣传品往往把立足点放在"宣传"的基调上，自我意识很强，却很少从市场的角度想问题。特别是在对外宣传上，往往是以"我"为主，面面俱到，缺乏特色，没有把握住外国人的需求特点，不知道外国人喜欢什么，爱看什么，这就造成旅游宣传与国际旅游者的需求错位，收不到良好的宣传效果。比如，外国人看旅游宣传品或促销片时，不喜欢解说词过多，不喜欢类似广告叫卖形式的宣传，而我们的很多旅游宣传片恰恰就犯了这些毛病。再比如，中国的旅游宣传片很多是在讲故事，喜欢根据景物来联想，像猴子观海、仙人挂靴等等，这种"典故"、联想也许可以投国内客人所好，但对国外游客来说就完全没什么意思了，因为他们欣赏自然的角度不同。因此，对外旅游宣传，要注重国外游客与我们在文化心理和欣赏习惯上的差异。

4. 及时性

旅游业是个非常敏感的行业，它的发展受到政治、经济、社会、自然等因素的影响。变化多端的旅游市场，要求旅游宣传必须抓紧最有利的时间进行。前些年，当日本经济高速发展时，为了平衡国际收支，缓和国内外各种矛盾，日本政府制定了"海外旅行倍增计划"，鼓励国民出国旅行，使日本出国旅游人数迅速增长。为此，美国、西欧各国以及澳大利亚、印度、泰国、菲律宾等很多国家和地区，均捷足先登，在此一年前就对日本采取了相应的旅游宣传攻势，取得了较好的效果。而近年来，中国经济发展迅速，引起了世界的注目，出境游业务增长强劲，逐渐成为主要旅游客源国之一，引发了泰国等东南亚国家、澳大利亚和新西兰等大洋洲国家，以及西欧和非洲等世界很多国家的针对中国旅游市场的宣传攻势，期望能在中国这一增长中的客源市场上，分得一份可观的蛋糕。"9·11"事件后，安全问题成了游客出游要考虑的头号问题，中国政府抓紧时机进行旅游宣传，强调中国是最安全的旅游目的地，取得了明显的效果，防止了旅游业的下滑态势。

（四）旅游宣传的手段

旅游宣传的手段很多，最基本的有以下几种：

1. 图文手段

图文手段主要通过文字或图片进行，以各种旅游宣传品为载体，由旅游企业或政府旅游主管部门编辑印制，包括宣传画、游览图、旅游交通图、旅游图片、明信片、说明书、导游手册、旅游评论、游记等。这些宣传品一般经

图11-12 美国加州游客问讯中心丰富的图文宣传资料（刘伟 摄）

过精心设计，形式美观，色彩鲜艳，内容简明扼要，具有灵活多样、便于携带等特点，可以摆放在机场、车站、码头、繁华商业区、旅游产品销售门市部等（见图11-12）。

2. 声像手段

这是运用现代化手段进行旅游宣传的一种很好的形式，主要包括电影、视频以及互联网和多媒体等手段。传统的声像手段还包括录像带和幻灯片等。

利用声像手段进行宣传的特点是：形象、生动、活泼，直观性强，往往给人深刻的印象，因而能起到较好的宣传效果。例如我国在1980年出品的电影《庐山恋》，虽然不是专门

【链接】

"老外"，你到底喜欢什么？
——一位外国专家看中国旅游业

"中国人自己开发的产品，大多体现的是中国人的口味，不是外国人的口味。中国旅行社（甚至那些在西方待过的经理）一般很难真正理解外国文化。作为外国人，我相信很多中国人大大高估了他们对外国文化的了解程度，他们推出的旅游产品质量较差的原因就在于此。正像一个外国人永远无法真正理解中国人一样，中国人也无法真正理解外国游客的心理。

例如，很多中国人觉得外国人不喜欢辣。错！欧洲人和美国人都很喜欢吃辣，在中国吃川菜给外国人留下的印象比北京烤鸭要深（不过，有些菜不宜给外国人上，如白切鸡、动物内脏、大闸蟹等）。中国人还有一个误解，以为外国人想看中国现代的东西。无论哪个国家的现代化城市，看上去都大同小异。中国人可能对浦东的建设成就非常自豪，但我们的朋友看了却觉得乏味（不过一定要带他们去没有发展旅游，甚至连厕所都没有的小村子）。中国人的另一个误解是，外国游客希望导游形影不离地保护他们。实际上，外国人非常喜欢自己到处走（有导游在反而觉得受到监视）。为了避免类似误解的发生，旅行社在开发产品之初就要请外国人参与，这一条非常重要。

中国人往往对唐宋时期的辉煌津津乐道，但外国人则对与西方开始全面接触的清朝更感兴趣（旅行社经理人至少要阅读一本外国人写的有关中国历史或文化的书籍，这不失为一个了解外国游客心理的好办法）。中国的美食家或许对鱼翅和海参赞美有加，外国的美食家却可能推荐云南的蘑菇、新川菜和就醋吃的陕西面食。还是那句话，在开发（国际）旅游产品时，请先征求中外有关方面专家的意见，了解什么东西最值得看。"

的旅游宣传片，但却对庐山这一旅游景点起到了意想不到的宣传效果。这部片子几十年如一日，从早到晚，在庐山景区的电影院轮番放映，经久不衰，创下了吉尼斯世界纪录（见图11-13）。

声像宣传属于视听媒体，容量大，可看可听，似乎什么都能装进去，但是，对于以对外宣传为主要目的的旅游片来说，如果真的把什么手段都毫无节制地使用上，让解说词、音乐、效果把片子填得满满的，就会造成看似丰富、实际上收看效果并不佳的结果。

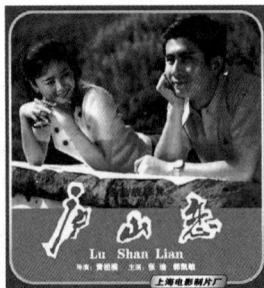

图11-13 《庐山恋》创下最多播放次数的吉尼斯世界纪录

3. 广告手段

广告的特点是宣传面广，应变力强，能灵活地适应市场需求，影响较大，是旅游宣传普遍采用的一种手段。做广告宣传的目的在于引起人们的强烈注意，充分发挥其信息媒介的作用。调查表明，一则广告要连续出现20次才能烙印入顾客脑海中。因此，广告要早做、及时做、反复做，并在"引起注意"上多下功夫。

广告宣传的种类很多，利用广告宣传的媒介有报纸、杂志、广播、电视、户外广告等。其特点各有千秋：报纸接触面广，发行量大。杂志读者对象鲜明，针对性强。广播传递信息快，比较灵活、方便。电视富有感染力，能将人们的视觉和听觉充分调动起来，如能突出重点，反复播放，便会收到最佳效果，但其费用则相对较高。户外广告则费用低廉，在城市交通要道、公共场所、旅游地区等处设置新颖、醒目的广告牌也能收到旅游宣传的功效，而且，户外广告留存和影响的时间较长。

广告宣传的设计工作一般分为六个步骤：分析目标市场；预算广告费用；构思广告内容；选择媒介手段；确定宣传时机；检验宣传效果。

4. 邀请手段

邀请外国旅行社、航空公司、旅游批发商、旅游零售商以及外国旅游记者、著名作家、评论家等知名人士来旅游考察，让他们亲自看一看我国的旅游资源、旅游设施和条件，感受旅游服务，以便通过他们更好地做好宣传和推销工作。这种方式花费少，影响大，往往能收到一些意想不到的效果。

5. 巡回宣传

除以上所列各种宣传手段外，还可派专人或集团到主要旅游客源国或地区做巡回宣传。例如，近年来，我国很多省市在做旅游宣传时竞相采用的"大篷车"，就是一种巡回宣传模式。采用"大篷车"进行宣传，由于具有独特性和新闻性，因而取得了很大成功，是一种较好的宣传方式。我国原国家旅游局也曾在中韩建交10周年之际，利用大篷车在韩国进行旅游促销活动，收到了很好的效果。

二、旅游促销

（一）旅游促销的作用

旅游促销就是通过各种方式，把旅游产品的有关信息传递给旅游消费者，从而影响、唤起、促使消费者购买自己的旅游产品的过程。

旅游促销一方面是将旅游产品的有关信息传递给旅游消费者；另一方面，在旅游促销过程中，消费者也会把旅游产品的需求动向反馈给产品生产者，使生产者及时调整旅游产品的生产情况。因此，旅游促销就是旅游产品生产者与旅游消费者之间的双向信息沟通过程。

在市场经济条件下，旅游产品生产者要想使产品能在市场顺利销售，就必须通过促销。市场越是发展成熟，促销对产品销售的作用就会越大。归纳起来，旅游促销的主要作用有：

1. 传递信息

旅游产品生产者在"生产"或组合了产品之后，就需要尽快地将有关该产品的信息传递给旅游中间商和广大旅游消费者，以引起他们的注意，一旦他们愿意购买旅游产品时，该产品便会成为他们的选择对象。

2. 唤起需要，增加销售

促销不仅可将有关旅游产品的信息传递给广大消费者，同时还会尽力使消费者了解产品的内容。对尚未萌发旅游动机的旅游消费者来说，尽管还未形成对旅游的现实需求，但在接收到某种旅游产品的有关信息、了解其内容后，有可能萌发旅游动机，产生对该种产品的迷恋和浓厚兴趣，进而决定购买该种旅游产品。对已决定购买旅游产品、但尚未选好自己十分满意的旅游产品的旅游消费者来说，当他接收到该种旅游产品信息、了解其内容后，进行旅游活动的视野和领域被扩大，从而决定购买该种产品，开展一次全新的旅游活动。

3. 稳定销售

旅游产品的销售是不稳定的，受到许多因素的影响和制约，在这种情况下，加强促销工作，使更多的旅游消费者对产品有更多更深的了解，对稳定产品的销售将会发生很大作用。

（二）旅游促销的方式

1. 旅游广告

广告是一种付费的促销形式，它主要是向消费者准确地传递产品的有关信息，力求使消费者能记住广告及产品。

作为一种非人员性的促销活动，广告是通过传媒组织或媒体进行信息传递的，其作用，一是可以把旅游产品生产者的产品信息广泛地传递给消费者，架起旅游产品生产者与消费者之间的桥梁；二是可以大大缩短旅游产品生产者与消费者建立联系的时间。报纸、杂志、广播、电视、互联网等各种广告媒体在向消费者传递产品信息时，都各有其优点和不足之处，旅游目的地国家（地区）或企业可视具体情况选择利用。

2. 人员推销

人员推销是通过推销人员和中间商与消费者直接接触，宣传介绍产品并促使消费者购买的一种促销方式。这种推销方式的优势在于，它可以通过推销人员的语言、形象、特有的宣传材料，直接向顾客宣传、展示；可以有针对性地选择推销对象，并直接和当面商谈各种购售事宜，解答消费者的种种疑惑等。

3. 参加旅游展销会

国际上每年都会召开许多次大型的国际旅游博览会，如伦敦国际旅游博览会、纽约国际旅游博览会、柏林旅游博览会、东京旅游博览会、中国（广东）国际旅游产业博览会（见图11-14）等。每当这些国际旅游界的盛会召开时，各国商家云集，交易成果累累，我国也有许多旅游企业参与其中。此外，在我国国内，每年都会召开一次或数次全国性的旅游交易会，其规模逐年扩大，旅游企业的推销人员在会上频繁接触、轮番洽谈，是推销自己产品的极好机会。

图11-14 广西旅游局在"中国（广东）国际旅游产业博览会"上向参观者展示民族文化（刘伟 摄）

4. 营业推广

营业推广是旅游企业为刺激市场需求，促使目标市场的消费者尽快、大量购买自己的产品和服务而采取的一系列鼓励性促销措施，如给予消费者各种优惠、折扣等。如海航旅业集团以爱情为主题，以热恋情侣为目标市场，推出了"相约海航，非诚勿扰"旅游项目（见图11-15），提出"可获赠免费情侣写真一套"，更有海底婚礼、《印象·海南岛》演出，以及南山文化苑、天涯海角、南湾猴岛等景点活动的各种优惠。这一极富创意、充满浪漫色彩的旅游推广活动，引起了国内广大旅游消费者的极大兴趣。

图11-15　海航旅业推出的"相约海航，非诚勿扰"活动（图片来源于网络）

5. 公共关系活动

公共关系活动以树立旅游目的地形象、进行信息沟通为主旨，其目的是加强和获得广大旅游消费者（现实的和潜在的旅游消费者）和业务合作伙伴（现在的和未来的合作伙伴）的了解和支持。

公共关系活动的核心是树立旅游目的地的良好形象。旅游目的地形象是品牌的重要内容。有了良好形象，才能得到社会广泛的信任，才能顺利地与各有关方面建立稳固和长期的业务关系。公共关系活动的最终目标就是要不断增加旅游企业和旅游目的地产品的销售，提高市场竞争力和占有率。

6. 电邮促销

即以电子邮件的方式向潜在旅游消费者发送旅游企业及旅游目的地促销信息。这是一种现代化的促销手段，其特点是速度快、针对性强，且简单易行，几乎不存在成本和费用，因而受到越来越多旅游企业的欢迎和广泛应用。

（三）旅游促销组合

旅游促销组合是根据促销的需要对各种旅游促销方式进行选择和组织的过程。

如前所述，旅游促销的方式有人员推销、营业推广、公共关系和广告等。如何综合运用这几种方式，要视促销的内容、重点的不同而有所取舍。不同促销方式所形成的整体就是促销组合策略。

旅游促销组合是旅游市场营销组合的有机组成部分，二者之间的关系如图11-16所示：

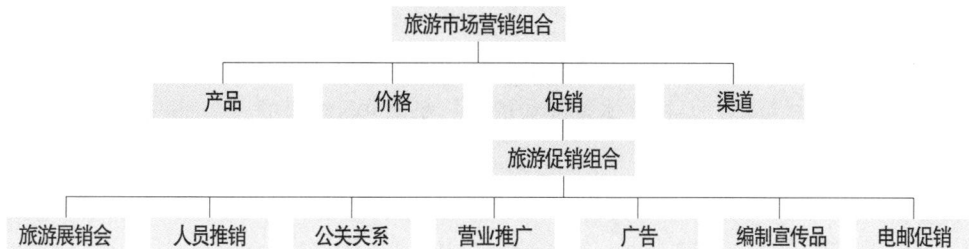

图11-16 旅游市场营销组合与旅游促销组合的关系

（四）旅游促销策略

由于旅游目的地产品生产者的情况不同，各种旅游产品的特色不同，旅游促销的目标不同等，就形成了形式多样的旅游促销策略。按照旅游促销活动运作的方向来区分，旅游促销策略可分为推式策略和拉式策略。

1. 推式策略（Pushing Strategy）

推式策略是指旅游目的地通过各种旅游促销方式把旅游产品推销给旅游中间商（批发商和零售商），旅游中间商再把旅游产品推销给旅游消费者。在推式策略中，旅游促销的方向与旅游产品在销售渠道中流动的方向是一致的。如图11-17所示：

图11-17 推式策略

总而言之，推式策略就是旅游产品生产者劝说和诱使旅游中间商和旅游消费者购买自己的产品，使旅游产品逐次地通过各个销售渠道，并最终抵达旅游消费者。

2. 拉式策略（Pulling Strategy）

拉式策略是指旅游目的地直接针对旅游消费者进行促销，唤起和刺激旅游消费者的旅游需求，之后，旅游消费者主动向旅游零售商购买该种旅游产品，通过旅游消费者的购买行为的拉动，旅游零售商向旅游批发商求购，最后再由旅游批发商向旅游目的地产品生产者购买该种旅游产品。如图11-18所示：

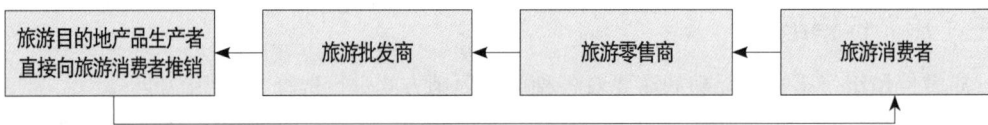

图11-18 拉式策略

由此可见，拉式策略是通过对旅游消费者促销，使其产生旅游需求，以其购买行为做拉动，促使旅游中间商一层一层求购，直到最后流向旅游产品生产者，从而实现旅游产品的销售策略。

上述两种旅游促销的基本策略并不是截然分开的，旅游目的地在确定促销策略时，是选择推式策略还是拉式策略，要视具体条件和情况的变化进行综合的、全面的运用，才能产生良好的促销效果。

第六节 旅游目的地节庆营销

节庆营销指旅游目的地以节庆活动为载体，有计划地策划、组织、实施针对节庆活动的系列营销活动以吸引媒体、社会公众和目标市场的兴趣与关注，以提高旅游目的地的知名度、美誉度，树立地区良好形象并最终达到吸引旅游者的目的。

图11-19 节庆营销是旅游目的地营销的重要手段（刘伟 摄）

节庆营销以其巨大的形象传播聚焦效应、经济收益峰聚效应、关联产业带动效应而受到旅游目的地及企业的普遍重视，逐渐成为旅游目的地塑造、宣传地区独特品牌形象的重要手段（见图11-19）。

一、节庆营销的优势

与传统营销方式相比，节庆营销具有以下优势：

1. 媒体关注度高

旅游目的地借助具有轰动效应的热点节庆活动而开展的营销活动必然备受新闻媒体关注。在节庆活动筹办、发生期间，高强度、多方位、大规模的新闻宣传必然引起广泛的社会关注，旅游目的地在借势效应下成为公众瞩目的焦点，向成千上万的潜在旅游者展示其风采，在无形中影响他们对旅游目的地的认知。这必然最终促进目的地旅游形象的知名度及持久性的大幅度提高。

2. 潜在效益大

除了直接的经济效益，一次成功的节庆营销能给旅游目的地带来巨大的潜在效益，例如目的地知名度、美誉度、品牌价值等的大大提升。

节庆营销在传递目的地形象的同时也在塑造旅游形象，它通过整合目的地资源配置，如旅游资源、物质资源、营销资源等，以最佳效果向目标市场集中展现了目的地的自然景观、历史背景、文化民俗、商贸活动、城市建设等，从而塑造了目的地旅游品牌形象，提高了其文化品位。因此，蕴含了大量目的地信息资源的节庆营销可以称为目的地品牌形象的代名词。例如荷兰海牙北海爵士音乐节塑造了海牙"爵士乐之城"的品牌形象，而广西南宁国际民歌节则打造了南宁"民歌城"的城市形象。

3. 目标受众广

节庆营销的目标受众涵盖关注该节庆活动的多个社会群体，范围十分广泛。

4. 营销信息接受度高

节庆营销的传播媒介主要是新闻，而目标受众对新闻的信任度和接受度远大于广告，从而提高了节庆活动的关注率。

5. 企业获利多

据有关统计显示，企业运用节庆营销所取得的传播投资回报率约为传统广告的三倍，它能有效树立企业品牌形象、促进产品销售。

总之，节庆营销为目的地旅游企业提供了一个良好的合作平台。重大节庆活动所带来的巨大商机将使所有目的地旅游企业获利，利益驱动下，各旅游企业都有参与节庆营销的积极性。地方政府或行业组织可扮演协调者角色，联合地方旅游企业开展联合营销以培育大市场。以澳大利亚为例，它们由旅游促进协会协调，各旅游企业根据在节庆活动中受益程度的不同，协商交纳相应额度的款项给该协会作为营销基金，由协会代表整个地区使用。节庆营销将为目的地旅游企业提供大范围、多层次开展业务合作的平台，促进当地旅游产业协调发展。

二、节庆营销的开发原则

开展节庆营销，就要开发节庆旅游产品。节庆旅游产品的开发应遵循以下原则：

1. 大众化原则

坚持大众化原则，实际上是要体现节庆的大众"参与性"和"娱乐性"原则，强调其民间性，这是节庆旅游生命力的源泉。节庆活动应以大众为核心，涉及范围要广泛，要深入寻常百姓家开展丰富多彩的地方性活动。不仅舞台要与观众融为一体，形式也应以露天、欢快、热烈为原则，以便让当地居民及海内外游客真正融入其中，并在欢乐和轻松中充分感受到特殊的节庆气息，获得独特的游憩享受。

2. 市场化原则

坚持市场化原则，精心培育区域节庆旅游产品，这是节庆旅游持续发展的基本保证。节庆旅游产品的开发必须依据市场化的管理运作体系，精心策划和培育主题鲜明、富有感召力的区域节庆旅游产品。要摆脱政府办节的狭隘模式，基于市场化的原则广泛动员和整合各方资源，走上依托市场办节庆的良性循环轨道。

3. 个性化原则

坚持以个性化原则打造节庆旅游品牌，是节庆旅游的魅力所在。目前全国各地的节庆旅游活动名目繁多，令人眼花缭乱，但令人遗憾的是，其中相当多的节庆活动要么昙花一现、无疾而终，要么苦苦支撑、亏本运营。究其原因，主要是缺乏个性，没有地方特色。这就要求相关部门必须对节庆活动的举办及品牌打造进行精心设计和培育，在形式上、内容上、规模上、组织上不断探索新思路，拿出新举措，创出新特点，使节庆旅游的内涵不断丰富，形象不断巩固，努力成为品牌节庆，永葆节庆旅游活动的魅力。

三、节庆营销的注意事项

旅游目的地在开展节庆营销时，常常存在以下问题，需要引起注意。

1. 营销主题不当

节庆营销要有一个明确、科学的主题定位，这个主题定位必须紧扣节庆活动主题以及符合目的地旅游形象定位。正确的营销主题定位是节庆营销的核心，系列营销活动只有围绕着核心主题展开才能达到最佳营销效果。目前国内许多城市在策划节庆营销活动时没有从战略高度去考虑营销主题定位问题，导致营销主题与节庆主题脱钩、营销主题与目的地旅游形象不符等。当然，还有可能出现节庆营销活动不能体现营销主题的情况。由于营销主体不能从战略高度认识到统一营销主题的重要性，在策划营销活动时往往缺乏一个核心主题，结果营销活动很多但杂乱，没能塑造一个明确的节庆品牌形象，导致营销效果大打折扣。

2. 营销活动雷同

节庆活动是目的地形象的载体，而营销活动则是节庆形象的载体，它向旅游者传达的信息要有利于营造节庆以及目的地的个性形象。不同节庆活动有不同特点，即使是同一类型的节庆活动在不同地点举办都会有差异性。而节庆营销如果不能通过一系列体现地域特色的创新营销活动来塑造旅游目的地节庆的独特形象，则其市场吸引力与生命力必然大打折扣。目前一些城市在策划节庆营销活动时普遍采取借鉴其他地方的传统形式的方式，活动设置雷同、缺乏创新，往往就是开幕式歌舞表演、花车巡游、广告展示等常规项目，既不能有效传递节庆特色，又不能明确体现目的地的形象特色，大大地限制了节庆营销的效果。

3. 营销效应短暂

节庆营销具有间接效益滞后的特点，因此易造成其只有短期效益的错觉。而实际上，节庆营销不仅具有即时性的短期直接经济收益，而且对旅游目的地具有隐性的长期间接效益。前者只是节庆营销效益的"冰山一角"，而旅游目的地的品牌价值、知名度、美誉度持久而广泛的提高这一长期的间接效益才是其最重要的无形资产。许多地方只看到了节庆营销的短期效益，只注重节庆举办期间的营销活动，在节庆活动过后即停止了营销工作，没有深度挖掘节庆营销的后续效应，导致节庆营销效益持续时间短暂。因此，统筹规划、实施节庆营销长期战略是旅游目的地可持续发展的保障。营销规划的时间应涵盖节庆筹办期、举办期和后节庆期，特别是在后节庆期应关注前期节庆营销效果的评估反馈与后续营销的跟进及强化。

4. 营销主体错位

目前我国大部分地区的节庆活动仍然沿袭了传统的政府包办、行政运作方式，从节庆活动申办、策划设计、营销宣传到搭台布置、后勤管理等一系列具体业务都由政府部门自己操办，资金也主要来源于政府财政拨款。但是，由政府部门充当节庆营销的主体存在诸多弊端，会直接影响节庆营销综合效益的提高。因为政府部门并非运营节庆活动的专业公司，对于营销相关业务的流程不熟悉；且政府部门对于节庆营销的战略诉求偏向于政治考虑，而对于实际的经济收益考虑不足，容易导致营销成本高而效率低。只有彻底改变政府包办节庆活动的模式，引入"政府办节、企业主体、市场运作"模式，才是提高节庆营销经济效率的必然出路。引入专业公司经营节庆营销具有诸多优势，例如这些公司拥有运作大型营销活动的专业人才、知识和丰富的经验，且与国际营销团队经常保持业务联系，又熟悉当地各政府部门，具有较强的综合协调能力。澳大利亚的西澳大利亚州为了有效地促进本州节庆旅游发展，早在1985年就成立了澳大利亚的第一个节庆公司，获得了巨大的成功。

最后，节庆营销还应把握好"三个环节"。一个能形成长远品牌效应的旅游节庆活动，如一瓶陈年好酒，首先要选好"基料"，要深入挖掘地域文化、地域特色和地域精神；其次要有好的"工艺"，要通过精心策划与创意对地域文化进行高度浓缩与概括，让公众能顺利解读；最后还要进行充分"发酵"，通过坚持不懈地推广，使其逐渐深入人心。节庆活动如果脱离了这三个环节，创意再好、再夺人眼球，也只是短暂炒作，难以形成长久的生命力。

【链接】

中国旅游日——中国政府的节庆营销

经国务院批准，从2011年开始，中国政府决定将每年的5月19日设立为"中国旅游日"，并将这一天确定为"徐霞客游记"的开篇日。它的设立，充分体现了旅游活动在现代社会的重要性，有助于唤醒国民的旅游意识，实际上也是中国政府对旅游业的节庆营销，是加速推进大众旅游发展的一个强烈信号。同时，旅游日的确立对于提升我国在国际旅游界的地位，建设世界旅游强国和促进社会的和谐发展，都具有重要意义。

第七节　旅游目的地网络及新媒体营销

新媒体主要是指以网络为支撑的各种媒体，主要包括网络媒体、手机媒体、互动电视媒体以及其他新形态媒体等。新媒体营销就是指利用这些媒体进行的各种营销活动。

一、网络及新媒体营销的意义

在互联网时代，忽略互联网的价值，不重视新媒体营销，将输掉未来。

与传统的营销方式相比，网络及新媒体营销具有跨时空、互动性、个性化、经济性、高效性、超前性等特点。

与其他行业的网络及新媒体营销相比，旅游网络及新媒体营销还具有"广泛性"的特点，即受众面广，点击率高。据谷歌调查，网络媒体渠道已成为旅游者获取信息的主要来源，88%的外国游客会通过互联网获取旅游信息。与此同时，全球旅游电子商务已连续多年高速增长，越来越多游客通过网络直接购买旅游服务。因此，网络及新媒体营销意义重大，它是21世纪主要的营销模式之一，将对传统旅游服务方式和营销模式带来重大挑战。旅游目的地国家和地区必须高度重视这一发展趋势，在国家层面上制定旅游网络建设和营销战略。

互联网与新媒体在旅游营销上的运用，主要可通过以下途径进行：①制作网站；②在专门网站、旅游专业网站、旅游电子商务平台上投放广告；③制作开发APP、智慧导游等进行宣传；④利用社交网站设立官方账户、策划话题进行事件营销。

二、网络及新媒体营销的目标

网络及新媒体营销有三个层次的目标：到达率、好感度和转化率。

1. 提高传播到达率

如何提高传播到达率？影响互联网广告宣传到达率的因素包括所选择网站的点击量、页面的浏览量、广告信息的显示量。这三大因素，都与受众的网络浏览选择有关，都反映了受众对网络信息的关注偏好、兴趣爱好。可以说，互联网广告宣传的到达率与受众的关注率相关。因此要提高信息传播的到达率，必须了解受众关注度。影响受众关注度的因素有：

（1）受众需求。需求是引起关注的发动机，凡是受众所需求的内容，无论是物质的还是精神的，都会引起关注。作为旅游目的地和旅游企业，在开始网络及新媒体营销宣传前，应该进行市场需求的调查分析，并弄明白需求人群的互联网浏览习惯，在需求人群集聚的网络平台上发布符合其需求的旅游信息，必能引起更多的关注度，从而提高到达率。

（2）受众兴趣。兴趣是引起关注的显示器，在互联网泛滥的信息中，只有受众感兴趣的信息才能真正显现在受众的视网膜上，并留下记忆。旅游营销主体也要善于利用受众的兴趣点，设计受众感兴趣的主题、内容、活动等进行发布，引起关注，提高宣传到达率。

（3）公共话题。公共话题是一个时期一个国家或地方的公众所关注的话题，具有社会性、公共利益相关性等特点，故设置公共话题是引起关注的有效方法。面对国际市场，公共话题要具有国际性、世界性，即要策划好国际题材的事件，才能引起世界的关注。

（4）新奇事物。制造新鲜、传奇也是引起关注的方法之一，而第一、唯一等内容，都能给人以新奇和刺激，因此有专家认为要做第一、做唯一。旅游营销主体也常运用此类方法，譬如张家界以"飞机穿越天门洞""高空徒手走钢丝"等新奇刺激的事件来营销自己。

（5）激励奖赏。激励和奖赏总是能刺激受众的关注度，因此通过有奖等活动能很好地引起受众关注和参与。澳大利亚大堡礁"最好的工作"全球招聘活动、杭州当代马可·波罗全球招募活动等，都是利用激励奖赏手段提高关注度和到达率的成功案例。

（6）悬念诱惑。故意制造悬念引起关注，这也是广告策划经常用的手法。印度的旅游口号"不可思议的印度"即含有悬念的成分。

2. 提升受众好感度

影响受众好感度的因素有五个：

（1）利益。人是受利益驱动的动物，无论这利益是物质的，还是社会层面的或者精神层面的。因此从受众的利益出发，关注受众的利益，受众自然会对你产生好感。同理，旅游营销只要着眼于受众的利益诉求（旅游者的利益主要体现在特殊、舒适以及安全、方便的旅游体验和合理的性价比），真心实意地为对方的利益着想，就能赢得其好感。

（2）认知。受众对信息的认知会影响好感度，认知的解决方案有简易、直观、对比、粘连等方法。简易就是简单易懂；直观就是直接、有画面感、视觉感（如新西兰的旅游口号"百分之百的纯净"，既直接，又有画面感）；对比就是找到竞争对手，传达差异优势；粘连就是借用大品牌比拟……通过这些手段，可较好地建立起受众对产品的认知。

（3）情绪。人既是理性的经济人，也是感性的生物人，情绪（包括情感）对好感度的影响有时甚至会超越理性的认知与分析。旅游营销不仅要诉诸受众的利益，更要诉诸受众的情绪，由此，旅游营销要重视体验式传播，体验式传播通过游客切身体验旅游目的地、旅游产品的旅游环境、旅游服务等相关细节，动态展示旅游特色和优势，通过互动交流体验的心理感受，达到撬动受众情绪的目的。

（4）舆情维护。要提升受众好感度，必须维护网络舆情，及时回应网络的各种疑问，包括负面信息、吐槽和投诉等。

（5）合理整合权威媒体联动。传统媒体有它的优势，在实施互联网营销时，适当整合利用传统权威媒体的宣传，有利于提升受众对旅游目的地、旅游产品的信任度和好感度。

3. 提高产品转化率

转化率就是产品的预订率和购买率。旅游营销的最终目标就是实现产品的预订和购买。影响转化率的因素中，产品属性、认知、成本、竞争对手等都应在到达率和好感度两个环节中解决，剩下要解决的就是更好的性价比、便利性和良好沟通三个方面的问题。

（1）高性价比。高性价比是赢得好感的重要因素，因此，为实现更大的受众的预订量，可以采取更有激励性的价格策略，如季节性优惠、不同目标市场的优惠等。

（2）高便利性。网络及新媒体营销须从受众出发，一站式解决产品预订、购买的相关服务手续，且行程安排应尽可能方便受众参与旅游活动。合理的假期安排就是要针对受众的假期特点，精心制定适合的行程安排，或者针对公众假期，推出适合假期特点的行程安排。

（3）良好的沟通。良好的沟通可以解决受众的疑惑，加深受众的理解和信任，同时也可以进一步了解受众的需求和关注点，从而积极响应以满足受众需求。

三、网络及新媒体营销的方式

旅游网络及新媒体营销主要有以下几种方式：

1. 官网营销

这是一种传统的，也是最基本的旅游网络及新媒体营销方式，即通过设立旅游目的地政府和企业的官方网站进行旅游营销。通过官网营销，要注意以下要点：

　　首先，旅游营销网站的域名要易于识别。也就是说，旅游目的地营销网站要易于游客按照常识进行搜索。例如，加拿大旅游委员会在原有政府旅游门户网站www. canadatourism. com的基础上，利用新的网络扩展名www. canada. travel，并以此为旗帜，统筹官方业务网和市场营销网，同时将目前海外办事处所建的网站集合到一个域名和模板上。其官方旅游网的域名很明确，就用英文的全称，"canadatourism"和"canada. travel"。游客去加拿大旅游，可以很容易地搜索到这一网站，获得他们所需要的信息。而中国许多官方旅游网站的域名则完全不符合国际惯例，很多网站域名用的是汉语拼音或英文的缩写，国外旅游者很难明白其含义，也很难进行检索，从而在很大程度上影响了我国旅游网站的浏览量。

　　其次，要树立国家门户旅游网站。目前，在中国，各地旅游网站是全面开花，各自为政——各地都有自己的旅游网站，省里的，市里的，县里的，甚而是镇里的、村里的，但却缺乏一个领军的龙头网站。这种情况下，旅游营销效果自然受到极大限制。

　　一个国家要想发展旅游业，应建立最高官方旅游网站，并将其作为旗帜，统筹国内各地旅游官方业务网和市场营销网，同时在世界各地的搜索引擎上广泛注册，丰富网页的各种语言版本，争取让使用各种语言的游客无论通过任何搜索方式，都能马上弹出该国旅游网，并通过这一国家旅游网实现与该国国内各个旅游网站的链接。

　　最后，要实现"网络宣传、信息提供、即时预订"一体化服务。国家旅游营销网应该是一个四通八达的网络系统，既有介绍旅游目的地或景区的文章、风景图片、宣传片，还可供旅游企业做各种配套宣传。除了简洁明了的分类介绍外，网站应大量采用链接方式，以满足各种信息搜索的需求。如游客希望了解某省的旅游产品，即可点击进入该省旅游局的网站，想了解一个国家公园的信息，即可进入该公园管理的官方网站。而且在网站上，游客可找到集音效和动画于一体的电子宣传册，且可供直接下载。尤其是与酒店、餐馆、铁路公司、长途客运公司和航空公司的网站链接，给游客提供了一个强大的即时预订系统，游客完全可以通过自助的形式，了解、选择和实施旅游的行程安排。

　　网站的生命力在于大量的实用信息链接和即时的服务提供，我国现在的旅游网站虽然也都注意与其他网站的链接，但自身和链接的网站宣传的内容大多比较单一，往往就是某个景区的简单介绍，某个酒店的电话地址，更多的实用信息，如景区的游览线路、门票价格、注意事项、出行参考，酒店的交通线路、周边环境、餐饮价格、店内服务等，则很难从旅游网站上获得。尤其是大多数官方旅游网站，不提供网上预订车票、机票、酒店、旅行社、景区门票等服务，或不提供预订链接，使得官方旅游网站这一绝佳的资源优势得不到利用和发挥。另外，中国的官方旅游网站大都不提供与旅游消费者的互动，如设立论坛，鼓励游客发表旅游感想文章等，这也是为什么国内官方旅游网站的点击量和影响力弱的重要原因之一。

2. 微博营销

　　所谓微博旅游营销，就是旅游官方机构及旅游企业利用微博这一互联网平台进行旅游目的地营销。如果由官方机构进行微博营销，则称为"官网微博"。官方推微博，与平常办官网是两码事，因为微博更具有草根性，其行文风格、表达方式很有特点。要把旅游目的地美丽的风景、丰富的人文资源用最能打动网民的"网人网语"的方式来传播，是个挑战。另外，网站基本是单向宣传，而微博则是双向互动，旅游行政管理部门可通过这一营销平台，了解客人的投诉、不满，分析游客的行为方式和习惯，不断改善服务，并进行有针对性的营销。

旅游微博究竟有多大的魅力？它能为广大旅游者提供怎样的旅游资讯和服务信息？实际上，在微博上，每个人都是记录者和关注者。任何人都可用网络或手机，在最短时间内，发布任何想说的话。游客可以通过微博随时随地获取所需的信息，分享自己的旅游体验，并将这种体验迅速传播出去，与网友互动，这种全新的体验为整个旅游过程增添了不少乐趣。

作为旅游企业，旅行社也纷纷开设微博，内容多为当月行程的最新报价，实惠+资讯让不少粉丝"欲罢不能"；酒店则把自己的特色菜肴、精品客房等相关配套设施展现在网友面前；景区更是实时发布旅游资讯、景区风光、自驾车路线等信息，使尽浑身解数吸引网友眼球。

作为一种新兴网络及新媒体营销方式，微博营销的有效性正逐渐被业界认识，引起旅游主管部门及旅游目的地的高度重视，并成为其树立品牌形象与推进产品销售的重要渠道之一。

3. 微信营销

微信营销主要指以微信公众号为载体所进行的旅游营销。

微信营销和微博营销拥有的共同优势是：

首先，微信营销和微博营销可以实现精准营销。二者拥有庞大的用户群，能够让每个个体都有机会接收到信息，继而帮助旅游地政府和商家实现点对点精准化营销。

其次，微信营销和微博营销发布门槛低，成本远小于广告，效果却不差。与传统的大众媒体（报纸、流媒体、电视等）相比，受众同样广泛，但前期一次投入，后期维护成本低廉。

最后，微信营销和微博营销的传播效果好，速度快，覆盖广。二者的传播方式有多样性，转发非常方便，且可以方便地利用文字、图片、视频等多种展现形式。

4. 微电影营销

所谓微电影，就是指专门运用在各种新媒体平台上播放的、适合在移动状态和短时休闲状态下观看的、具有完整故事情节的视频短片，内容融合了幽默搞怪、时尚潮流、公益教育、商业定制等主题，可以单独成篇，也可系列成剧。

2012年2月7日，一部在宽窄巷子、锦里古街等地取景，展示四川小吃、火锅等美食和川剧变脸文化等元素的微电影《爱在四川——美食篇》在网络上映。在短短3天时间之内，这部时长7分46秒的微电影在优酷网上的点击量已经突破500万次。之后，越来越多的旅游企业借用微电影来进行品牌推广，并取得较好效果。

2012年底，河南省旅游局精心制作《让心回家》十二星座河南旅游微电影，有意识地以网友视角展现河南形象。而这十二星座旅游视频，正是河南旅游新媒体形象推广系统战略的起点。

微电影将品牌宣传融入引人入胜的故事之中，既满足了网友的娱乐新需求，又满足了品牌推广需求，因此受到网友热捧。利用微电影进行旅游营销的优势在于：

首先，微电影制作成本小，周期短，投放快。与电视广告动辄数十万元乃至上百万元的价码相比，低投入的微电影对讲求成本控制的广告客户而言，显然具有巨大吸引力。

其次，微电影的故事性和互动性，使得消费者乐于观看进而转发，为客户形象持续加分。微电影虽然只有几分钟甚至几十秒，而且还要传达客户信息，但它仍试图在这些前提下，讲述一个曲折精彩、吸引眼球、令人回味无穷的故事。

最后，微电影的网络投放更具有选择性、针对性。微电影可通过消费者使用网络的习惯和偏好，选择在特定区域和特定人群中进行重点推介，进一步提升宣传的有效性和精准度。

5. 网红歌曲营销

一首歌曲吸引游客前往歌曲描述的地方，可以带旺一个旅游目的的旅游。很多游客是听着《在那遥远的地方》去到青海，听着《月牙泉》来到甘肃敦煌。

2020年，一首网红歌曲《可可托海的牧羊人》，更是将可可托海变成了游客梦想之地，变成了游客的网红打卡地。在网络时代，创作网红歌曲，并通过网红歌曲进行旅游目的地网络营销，不失为一种旅游营销创新，是一种投资少、见效快的旅游营销手段。

6. 直播营销

旅游直播营销是利用网络直播平台等进行旅游网络及新媒体营销的一种方式。2020年新冠疫情期间，由于不能复工复业，人们都宅居在家，网络直播营销以其特有的优势成为进行旅游营销的"香饽饽"，受到旅游企业和目的地政府的热捧以及消费者的欢迎（见图11-20）。

图11-20 新冠疫情期间，携程旅游董事长梁建章亲自披甲上阵，通过网络直播营销，试图将疫情对旅游企业的影响降到最低（图片来源于网络）

四、网络及新媒体营销的策划创新

21世纪是网络时代，是"眼球经济"时代，网络及新媒体营销无疑是旅游目的地营销的重要方式。判断一次网络及新媒体营销是否成功的标准是看其是否花钱少、影响大、效果好，是否具有新闻效应，是否能够吸引网民眼球。为此，必须找好网络及新媒体营销的切入点，精心策划，实现营销策划创新。我们可以从澳大利亚昆士兰旅游局招募大堡礁看护员这一经典案例来看看如何才能实现旅游营销创新。

大堡礁早在1981年就进入了《世界自然遗产名录》，还曾被列为"世界七大自然景观奇迹"之一、"一生必去的50个地方"之一，每年都会吸引200万游客前往参观。

在经济危机席卷全球的2009年，这项招募活动唤起了无数人的信心。这个被称作"世界上最好的工作"的确名不虚传：自20××年7月1日开始，为期半年，薪水15万澳元。其职责包括探访大堡礁附近的诸多岛屿，亲身体验各种探险活动以及担任兼职信差，乘坐水上飞机从空中俯瞰整个大堡礁，并把自己的亲身经历以文字和视频的方式记录下来，然后上传至博客。很明显，这是一次精心策划的炒作，目的就是促进昆士兰旅游业的发展。

反观国内的旅游促销活动，无非开开新闻发布会、发发材料，而昆士兰旅游局仅用一个创意，就吸引了全球目光，甚至比选美、选秀都更吸引眼球，完成了一次几乎没有成本的营销。

【本章小结】

● 旅游市场是指旅游产品交换的场所。在很多情况下，旅游市场还特指旅游客源市场，即能够被旅游目的地所吸引，并能购买其旅游产品的消费者群体及其所在国家和地区。

● 旅游需求就是具有可自由支配的收入和时间的人们，愿意按照一定价格水平所购买的旅游产品的数量。旅游需求可以用旅游者人次数、一日游游客、接待旅游者人天数、人均停留天数、出游率、重游率等指标反映其需求的数量、频率和强度。

● 旅游供给就是在一定时期内，旅游产品生产者和经营者按照一定的价格向旅游市场所提供的旅游产品和服务的总和。

● 旅游市场调研，是指旅游目的地国家（地区）或企业对其所面临的特定旅游营销环境的有关资料，以及可能对本国（地区）或企业产生影响的信息进行系统地设计、收集、分析、归纳、整理，为旅游目的地国家（地区）或企业的经营决策和未来发展提供可靠依据的一系列活动的总称。

● 旅游市场预测，是指通过对内外环境的调研，凭借充分的信息资料和经验，用科学的方法和逻辑推理，对旅游市场未来变化及趋势做出定性或定量的判断，从而为旅游营销决策提供可靠依据。旅游市场预测方法包括定性预测方法和定量预测方法两大类。

● 旅游目标市场是指旅游目的地国家、地区或旅游企业所着力吸引的旅游客源市场。确立目标市场是为了更好地做好市场营销工作，提高旅游业经济效益。

● 旅游市场形象定位是指旅游目的地国家（或地区）力图使产品在目标市场和旅游消费者心目中树立的形象，这种形象应是明确的、独特的、深受欢迎的，且能够给予消费者所认同的各种利益。做好旅游市场形象定位是做好旅游市场营销工作的前提条件和主要内容之一。

● 节庆营销指旅游目的地以节庆活动为载体，有计划地策划、组织、实施针对节庆活动的系列营销活动以吸引媒体、社会公众和目标市场的兴趣与关注，以提高旅游目的地的知名度、美誉度，树立地区良好形象并最终达到吸引旅游者的目的。

● 旅游网络营销是21世纪以互联网为媒介的旅游营销新模式。与传统的营销方式相比，网络营销具有跨时空、交互式、个性化、经济性、高效性、超前性等特点。

● 微博营销、微信营销、抖音营销，是现代旅游网络营销新业态、新模式，一方面需要在旅游营销中加以利用，但另一方面，也需进一步管理和规范，以确保旅游消费者的利益。

【复习思考】

1. 影响旅游需求的因素有哪些？

2. 什么是市场细分？如何对旅游市场进行细分？

3. 如何选择目标市场？

4. 旅游宣传应把握哪些原则？

5. 旅游网络营销有哪些形式？

6. 旅游节庆营销应注意哪些问题？

7. 阅读以下内容，课堂讨论：

从粉丝数量来看，微博绝对是多数旅游主管部门最强劲的营销工具，但粉丝活跃度一般、本地粉丝占比过高、活动缺乏新意等，让有些旅游目的地的官方微博营销逐渐有了鸡肋之感。

这边微博依旧，那边微信又上舞台。然而自打微信分了订阅号和服务号，搞得旅游局微信公众号左右为难，既想发挥营销作用，又放不下服务功能。现在可能连微信团队都说不好怎么运营好一个公众号。

旅游信息网、微博、微信等旅游局自有媒体的影响力终归还是有限的，与旅游预订网站和网络媒体的营销合作不可避免。但这类网站对和旅游部门合作总有些顾虑，其一是觉得衙门难进，无从下手；其二是语言不通，总谈不到一起去；其三是预期过高，却总失望而回；其四是周期过长，不知何时才能落实。但反过来旅游主管部门对大站小站也颇有微词。其一是不懂旅游，更不懂旅游目的地；其二是模式单一，不是展示，就是流量；其三是效果模糊，把网络营销做成了传统广告；其四是胃口太大，恨不得一下就把旅游局的钱掏空。

◎**讨论问题**：旅游目的地网络营销该怎么走？

【案例分析】

"偶遇节"是"艳遇节"吗？
——凤凰旅游营销新举措

来自英国伦敦的两位游客为参加偶遇节而来。

"邂逅一个人，艳遇一座城"，凤凰"偶遇节"尚未举行就曾引发争议，批评者认为，这是凤凰"以艳遇作营销噱头，低俗"；赞成者却认为，"偶遇与艳遇截然不同，是不期而遇、浪漫唯美的爱情方式，我很喜欢"；主办方则强调偶遇节是出于迎合现代社会相亲浪潮，提高景区知名度的目的。

据活动主办方介绍，偶遇节源于凤凰传统民俗"边边场"，这是湘西特有的苗家青年男女求爱民俗活动。过去在赶场或节日时，苗家青年小伙子只要看中心上人，就可以拉一下她的衣袖，或走路时假装无意地轻轻撞她一下，她如果回眸一笑，就表示没有拒绝。将苗族民俗活动"边边场"进行商业化包装，"是希望广大游客在美丽的凤凰，通过这次节会的平台，遇到一些新鲜人、新鲜事，为自己的人生创造更多可能。"

以"邂逅一个人，艳遇一座城"为主题，原定于7月19～21日举行的首届湖南凤凰"偶遇节"，因一场百年不遇的特大洪灾推迟至8月22～24日举行，并特设年度主题"凤凰涅槃，偶遇新生"。短短3天时间，古城里涌入10万余游客，沱江之上、吊脚楼畔人山人海。

偶遇节当天特设邂逅、在一起、从此有你三大主题活动，古城内还推出了冰桶挑战、爱情电影展播、凤凰老照片回顾、湘西民俗文化大集、时尚边边场、金婚爱情典礼、毕业典礼、沱江对歌、酒吧快闪等10项主题活动。

◎**问题**：对于湖南凤凰以爱情为主题，打造"偶遇节"进行旅游营销，你是如何评价的？

【拓展阅读】

抖音营销

　　自2018年开春以来，重庆、西安等旅游城市突然成了"网红"，旅游收入与游客数量显著增长，这与一个名为"抖音短视频"（以下简称"抖音"）的手机APP有关。

　　抖音营销就是利用抖音短视频进行营销。旅游目的地政府和旅游企业都可以利用抖音通过互联网进行营销。定位准确、创意好、制作质量高的抖音，可以起到很好的互联网营销效果。

　　在抖音中，用户可通过搭配音乐、控制视频拍摄的快慢、滤镜、特效及场景切换等技术，创作时长不超过15秒的MV作品。这些来自民间的自制短视频悄然成为旅游营销的利器。西安城墙脚下的永兴坊"摔碗酒"就是被抖音捧红的众多网红景点之一（见图11-21）。"摔碗酒"配上一曲欢快又洗脑的《西安人的歌》，在网上迅速蹿红，吸引八方"抖友"前来"打卡"，饮一碗古城老米酒，做一回西安"社会人"。其他抖音网红景点还有重庆的"轻轨穿楼"、厦门鼓浪屿的"土耳其冰淇淋"、山东济南宽厚里的"连音社"和张家界的天门山等。它们都借助抖音平台形成了滚雪球式的疯狂传播。

图11-21　西安城墙脚下的永兴坊"摔碗酒"是被抖音捧红的众多网红景点之一（图片来源于网络）

　　最经典的案例是西安90后不倒翁小姐姐（见图11-22），其抖音视频播放次数高达16亿，网友说，她一个人带火了整个西安。

　　那么，是哪些因素促成了抖音在旅游营销上的成功呢？

1. 抖音在旅游营销中成功的秘诀

　　（1）优质的内容

　　优质内容是抖音的核心竞争力，可以从视频内容和产品运营两方面来分析。旅游类视频内容的"优质"体现为两点：

　　其一，景点本身极具特色。无论是重庆洪崖洞还是西安"摔碗酒"，要么景观设计极为震撼，要么情景活动有趣好玩。因此，一个成功的网红景点首先要有成为网红的潜质。

　　其二，多元融合，妙趣无穷。调查显示，约22%的"抖友"每天使用抖音时间超过1小时，不少用户甚至戏言抖音"有毒"。究其原因，抖音之"抖"来自软件内嵌的丰富特效，"音"体现为可供选择的海量"神曲"，大多数作品具有节奏感强、"魔性"十足的特点，给人感觉酷、炫、潮。因此，在抖音上，科技元素、艺术元素可以与旅游场景相融合，令旅游类视频极具艺术感、创造性和现场感。

　　（2）契合的用户

　　与其他短视频平台不同，抖音不仅是短视频的分享平

图11-22　西安大唐不夜城扮成唐朝仕女的不倒翁表演（图片来源于网络）

台，还是其粉丝社群的社交平台。抖音鲜明的产品特征令其收获了与其调性相契合的市场，主要为一二线城市居民，其中又以女性（66.1%）和年轻人（30岁以下占比93%）居多。这部分"抖友"有钱有闲，是出游的主力军；同时，他们中的大多数是互联网"原住民"，善于创造，乐于分享，对于互联网产品的参与意愿很高，有着较为强烈的社交需求。一方面，他们通过拍摄和上传短视频来吸引关注，同时带动"抖友"之间的视频创意比拼。相比传统营销模式而言，动态的短视频社交模式呈现出更强的交互性和参与性。在旅游类视频里，用户能更加生动全面地了解到景区全貌，比图文信息更令人有"涉入感"。另一方面，观赏视频的"抖友"能在评论区实现与播主的互动。评论是抖音UGC（用户原创内容）中极其重要的组成部分。企鹅智酷2017年发布的报告指出，超过一半的抖音用户会看评论，21.8%的用户会参与评论互动。在旅游类视频的评论区，"抖友"会对视频内容和质量进行点评、询问景区的名字和位置、交流旅游体验心得等。评论区的互动不仅具有第三方推荐的信任优势，还让评论本身成为优质的体验内容。更奇妙的是，基于对抖音平台的认同感和归属感，"抖友"们会把去网红景点"打卡"当成一种义务，出游动机由"我想去"升级为"我必须去"。

（3）共生的机制

基于优秀的产品和模式设计，抖音构建了一个互惠共生的生态圈。在旅游营销场景下，利益相关者包括抖音运营方、旅游地、播主及观赏用户。在抖音平台上，所有参与者都能满足需求和创造价值：

观赏用户在免费观看视频、参与互动的过程中贡献了自己的时间和注意力，创造了流量；播主为抖音提供视频内容和吸引流量，因自己成为关注焦点或意见领袖而获得心理满足感。在运营初期，平台会对提供优质内容的播主提供一定补贴，对于那些粉丝量达到十万甚至百万级别的"大咖"号，他们还可以选择与商家合作以寻求流量变现；旅游地成为"网红"以后，游客量和旅游收入显著增加；平台运营方也将从中获得不菲的投资和广告收入。实际上，抖音早已开启了变现之路。从"海底捞神秘吃法"到"网红奶茶的隐藏菜单"，抖音的每次动作都能引发"抖友"的疯狂传播，甚至导致多个地方卖断货，堪称"网红制造机"。

目前，抖音与旅游营销的融合已经开始进入更为成熟的新阶段。2018年4月，西安市旅发委与抖音短视频达成合作，双方计划将基于抖音的全系产品，通过文化城市助推、定制城市主题挑战、抖音达人深度体验、抖音版城市短片等来对西安进行全方位的包装推广，用短视频来向全球传播优秀传统文化和美好城市文化。据悉，旅游已成为抖音刚发布的"美好生活计划"的重要组成部分。在抖音搭建的共生平台之上，旅游营销具有无尽的想象空间。

2. 如何做好抖音营销

（1）提升内容品质，打造网红景点

在抖音上，无论是视频还是评论，都呈现出高品质和"真善美"的价值观。抖音也充分体现了传播的"马太效应"。一千个粗劣视频的关注度比不过一个精品，同理，一千个平庸景点的传播价值也抵不过一个优质"网红"。因此，旅游营销的"套路"不在数量多少，而在于是否实用精巧。

新时期旅游营销，其一要充分认识到旅游策划的重要性，对营销策划投入更多的时间和资金。策划方要基于资源和市场，大胆提案，小心论证，反复打磨，重视市场意见，尤其是来自年轻人群体的意见。其二要戒骄戒躁，谋定而启动。在确保景区产品已经达到较高水平前，不要急于以官方的名义扩大营销，这样才能确保景区能获得口碑推荐。其三要重点攻关。旅游消费的一个重要特点是任何基于"点"的消费都会自然惠及全域。重庆的洪崖洞和西安的"摔碗酒"都属于一个景点带火一座城市的代表案例。因此，要集中资源打造具有较大传播价值的网红景点或旅游商品。

（2）培育粉丝社群，善用营销渠道

移动互联网时代的一个重要特征是碎片化生活方式渐成主流，短视频、短图文等成为重要的传播方式，这一点从抖音拥有的海量粉丝可见一斑。然而，在激烈的市场竞争下，获取粉丝喜爱绝非易事。抖音在培育粉丝、引导用户创作上花了很多心思（见图11-23）。应该说，抖音一直致力于降低短

图11-23　最容易登上推荐位的几类抖音风格
（图片来源于网络）

视频的制作门槛，让普通人也能做出好玩有趣的内容。舞台、音乐、特效、观众都已就位，甚至连"套路"都给你设计好，请开始你的表演！在抖音的用心培育下，"抖友"们具有较强的认同感，且大部分能够熟练使用抖音拍摄视频、创作内容。这带给旅游营销的启示是，旅游景区或目的地应具有明确的产品定位，切勿贪大求全。旅游市场符合"二八"定律，即20%的顾客会创造80%的价值，因此，要通过确立明确的产品个性来获取这20%更契合、更忠诚的旅游者，再借助他们去扩大市场。营销人员应传递出更多具有体验价值的旅游信息，用市场喜爱的形式、内容包装设计宣传资料（宣传用语、旅游画册、视频节目等），以寻求与顾客建立情感连接。同时，要活用抖音、微信、微博等新媒体传播渠道，精心设计活动，创造更多与潜在和现实游客互动的机会。

（3）搭建共创平台，重视民间力量

抖音是时代的产物，其成功建立在高度发达的互联网经济基础之上。互联网的本质是创造连接，抖音正是通过一个个有趣的短视频将不同的人、事、物连接在一起，营造了一个价值共创、利益共享的线上美好生活展示平台，并影响着人们在线下的生活和行为习惯。抖音上有明星也有普通人。岳云鹏等明星在产品推广的前期发挥着示范作用，但在产品逐渐成熟后，"素人"成为抖音平台上绝对的主流，明星反倒成了"跟风者"。事实上，抖音绝大部分的创意和智慧都来自民间，从中可窥见营销话语权的转移。旅游营销者一方面要根据市场趋势调整营销预算的投资方向，积极融入抖音、微信等优秀媒介搭建的传播平台，借势融合发展。另一方面，营销人员也可因地制宜，通过制度设计和模式创新搭建专属的共创平台，吸引各方资源，尤其是"草根"力量加入旅游营销（如以年轻人为主体的乡村创客）。在管理型政府向服务型政府转型的过程中，传统的以政府为主导的单向营销模式已呈式微之势，而反映大众审美、汇聚民间智慧、代表时代潮流的"草根"阶层正在走向前台，成为一股锐不可当的蓬勃力量。

第五部分
旅游业的未来

　　旅游业面临着一个严峻抉择：是立即采取行动，保证旅游业的可持续未来，还是坐等观望，任环境和经济的衰退毁灭其赖以生存的资源？实际上，我们别无选择！我们不能坐等到所有清新的环境消失殆尽，遗产与文化衰败下去，所有的海洋都被污染；我们不能坐等观望海平面上涨或臭氧枯竭危害人类健康。

　　——世界旅游理事会、世界旅游组织、地球理事会《关于旅游业的21世纪议程》

第十二章
旅游业的可持续发展

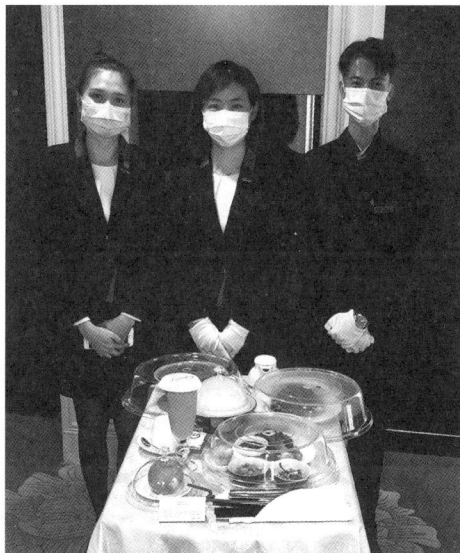

　　旅游业的可持续发展通常包括生态、经济、社会等三方面的内容。要实现旅游业的可持续发展，旅游者、旅游开发商、旅游经营者以及政府有关管理部门都负有不可推卸的责任，以旅游业的协调发展为实现旅游业可持续发展的重要途径。

　　旅游业具有脆弱性的特点，对旅游业的危机进行管理，具有重要意义。因此，做好旅游业危机管理也是确保旅游业可持续发展的重要环节。

本章学习目标 / Learning Objectives

- 了解旅游业可持续发展的基本概念；
- 认识实现旅游业可持续发展的重要意义；
- 了解实现旅游业可持续发展的途径；
- 了解危机管理的基本概念，认识危机管理的目标和主体，掌握危机管理的途径和策略。

本章关键概念 / Key Words

- 可持续发展 / Sustainable Development
- 旅游协调发展 / Coordinated Development of Tourism
- 区域旅游合作 / Regional Tourism Cooperation
- 无障碍旅游区 / Non-barrier Tourism Region
- 危机管理 / Crisis Management

第一节 旅游业的可持续发展：基本概念与发展目标

随着全球气候变暖和海平面的上升，马尔代夫这个印度洋上的旅游明珠可能在100年内消失。用马尔代夫前总统穆罕默德·纳希德的话说，"旅游收入将帮我们离开马尔代夫"，那么，马尔代夫旅游业还能可持续发展吗？

与此相类似的是：

欧洲地中海沿岸出现了旅游资源枯竭现象；

巴布亚新几内亚出现土著居民与游客的争斗；

大西洋、太平洋中的一些小岛由于游人大量涌入导致生态破坏而不得不宣布关闭；

……

别让"旅游毁了旅游"。

一、可持续发展思想

（一）可持续发展问题的提出

人类社会已经在经济增长与环境保护相背离的道路上走过了数百年的历史，而二者的背离又突出地表现为人类在追求发展的过程中往往以牺牲生态环境来换取经济增长。这种竭泽而渔的发展模式不断导致人类生存环境的恶化和各种资源的枯竭，日益严重地威胁着人类的生存与发展。但直到20世纪80年代，人类才开始用一种理性的思维冷却追求经济高速增长的热情，重新审视经济增长与环境保护的关系，与此同时，一股以"保护环境、崇尚自然"为宗旨的绿色浪潮也迅速在全球范围内掀起。

在人类可持续发展思想的形成中，有两本书具有极其重要的意义，因而不能不被提到。一本是被称为"改变了世界历史进程"的、由美国海洋生物学家蕾切尔·卡森（Rachel Carson）所著的《寂静的春天》（*Silent Spring*），该书于1962年问世，被称为一本"20世纪里程碑式的著作……它使得政府改变了对环境问题的政策……对环境运动起到了极大的推动作用，从而使'生态学'成为人人皆知的词汇……"。另一本是由罗马俱乐部于1972年出版的《增长的极限》，该书警示性地罗列了经济增长所引发的种种环境和资源问题。

此后，有关国际组织开始关注发展与环境问题及可持续发展问题。

1972年，第一次人类环境会议在斯德哥尔摩举行。

1980年，国际自然与资源保护同盟在其制定的世界自然保护大纲中首次提出全新的可持续发展概念。

1987年，联合国世界环境与发展委员会（WCED）发表了题为《我们共同的未来》的研究报告，首次指出了以可持续发展原则来迎接人类面临的环境与发展问题的挑战。此后不久，世界资源研究所（WRI）、国际环境与发展研究所联合声称："以可持续发展为我们的指导原则。"世界银行也在其指南中强调将可持续发展作为开发资助的首选目标。

1992年，在里约热内卢召开的联合国环境与发展大会上，包括中国在内的全球100多个国家和地区的政府首脑通过了《里约宣言》，共同签署了《生物多样性公约》和《21世纪议程》（也就是著名的"地球宣言"）等重要文件，向全世界宣布，各国人民将为遵循可持续发展的模式，而采取一致行动。

（二）可持续发展的基本含义

根据1987年世界环境与发展委员会（WCED）出版的《我们共同的未来》一书，可持续发展（Sustainable Development）是指"既满足当代人的需要，又不损害后代人满足其需要的能力的发展"。

1996年7月29日，我国国务院办公厅以国办发［1996］31号文转发了国家计委、国家科委关于进一步推动实施中国21世纪议程意见的通知，在这个通知中，对可持续发展给出了一个更为明确、完整的定义，指出："可持续发展就是既要考虑当前发展的需要，又要考虑未来发展的需要，不以牺牲后代人的利益为代价来满足当代人利益的发展；可持续发展就是人口、经济、社会、资源和环境的协调发展，既要达到发展经济的目的，又要保护人类赖以生存的自然资源和环境，使我们的子孙后代能够永续发展和安居乐业。"

（三）可持续发展的基本内容

可持续发展通常包括生态、经济、社会等三方面的内容。

生态可持续性：指维持健康的自然过程，保护生态系统的生产力和功能，维护自然资源基础和环境。

经济可持续性：指保证稳定的增长，尤其是迅速提高发展中国家的人均收入，同时用经济手段管理资源和环境，使仍为经济外在因素的环境与资源内在化。

社会可持续性：指长期满足社会的基本需要，保证资源与收入的公平分配（包括代际和代内）。

（四）实现可持续发展的意义

人类经过一个多世纪全球工业化的实践，在辉煌的物质文明与暗淡的自然环境强烈反差的图景前深深反思，痛苦地意识到如果沿着改造自然、征服自然的老路，任资源耗竭、生态破坏、环境污染，那么人类就会与地球一同毁灭。可持续发展思想就是在这种背景下提出的。可持续发展作为迈向新世纪的目标依据和行动纲领，不仅对传统的发展观及发展思想提出了严峻的挑战，而且也必将从价值观念、思维方式、行为模式等方面对人类产生极其深刻的影响，从而指引人类走向更加美好的未来。

可持续发展已成为世界最热门的科学领域之一，成为世界各国各地区的经济、社会等规划中优先考虑的一条准则。

二、旅游业可持续发展的内涵

旅游业的可持续发展是在全球旅游业急剧膨胀、繁荣背后的危机日益暴露的现实状况下提出来的（见图12-1）。

旅游业是一个资源产业，依靠自然禀赋和社会遗赠，因此，保持优良的生态环境和人文环境是旅游业赖以生存和发展的基础。然而，由于旅游业"起飞"速度较快，在短短几十年时间内就一跃成为全球最大的产业，在实践中，很多国家、地区和旅游企业的决策者将旅游业的发展简单化为数量型增长和外延的扩大再生产，对旅游资源进行掠夺式开发，对旅游景区实施粗放式管理，旅游设施的建设病态膨胀，导致自然资源遭到严重破坏，环境美学价值以及宁静度和舒适

图12-1 2009年10月17日，马尔代夫总统在海底内阁会议上签署环保倡议书，呼吁人们关注气候变暖问题（图片来源于网络）

度降低，再加上由于旅游流在时空上具有相对集中的特点（表现为旅游旺季和旅游热点、热线），旅游破坏因而被进一步加剧，出现了"旅游摧毁旅游"的现象。

所谓旅游业的可持续发展，即在满足当代旅游者和旅游地居民的各种需要的同时，保持和增进未来发展机会，其实质是要求旅游与自然、社会、文化和人类的生存环境成为一个整体，以协调和平衡彼此间的关系，实现经济发展目标和社会发展目标的统一。其基本内涵包括：

（1）满足需要。发展旅游业首先就是要满足旅游者对更高生活质量的渴望，满足其发展与享乐等高层次需要；与此同时，通过利用能够吸引游客的旅游资源实现经济创收，满足东道国和社区的基本需要，改善其居民的生活水平。

（2）环境限制。资源满足人类目前和未来需要的能力是有限的，这种限制体现在旅游业中就是旅游环境承载力。

（3）协调发展。旅游开发须在环境承载力的范围内进行，并与环境相协调，这是可持续旅游的首要标志。只有寻得承载力的一个最优值域，并将旅游开发控制在此范围之内，才能保证环境系统自我调节功能的正常发挥，进而实现可持续旅游。对于可再生资源（如动、植物），必须保证其利用与该资源的"可持续生产"一致，否则会使该物种濒临灭绝。对于不可再生资源，可持续旅游业与其他产业一样，强调资源的节约利用、再利用和再循环。

（4）平等享用。一是"代内"即同代人之间（intra-generation）的平等，要避免东道区在其旅游业发展中，只使一部分居民受益，而另一部分居民必须承担旅游业的大量外部不经济效应（如环境的污染、拥挤和物价的上涨等）；二是"代际"即不同代人之间（inter-generation）的平等，即既要满足当代人的旅游需要，为当代人创造旅游收入，又要满足未来各代人的旅游需要，保护未来各代人的生财之道。

鉴于可持续发展思想与旅游业的密切关系，国际社会对于旅游业的可持续发展也特别关注。1990年，在加拿大温哥华召开的1990年全球可持续发展大会旅游组行动策划委员会就提出了一个《旅游可持续发展行动战略》草案；1995年4月，联合国教科文组织、环境规划署和世界旅游组织等又在西班牙专门召开了"可持续旅游发展世界会议"，制定了《可持续旅游发展宪章》和《可持续旅游发展行动计划》两个重要文件，提出"可持续旅游发展的实质，就是要求旅游与自然、文化和人类生存环境成为一整体"。《中国21世纪议程》也对旅游的可持续发展有明确的要求，规定要"加强旅游资源的保护，发展不污染，不破坏环境的绿色旅游，加强旅游与交通、机场建设以及其他一些服务行业（包括饮食业）的合作，解决旅游景区污水排放处理及垃圾收集、运输、处理、处置问题，解决好旅游景区有危害的污染源的治理与控制"。

三、旅游业可持续发展的目标

1990年全球可持续发展大会旅游组行动策划委员会提出了旅游业可持续发展的目标：

- 增进人们对旅游所产生的环境效应和经济效应的理解，强化其生态意识；
- 促进旅游的公平发展；
- 改善旅游接待地的生活质量；
- 向旅游者提供高质量的旅游经历；
- 保护上述目标所依赖的环境质量。

第二节　旅游业利益相关者与旅游业的可持续发展

"这是那天看一张照片想到的题目。照片是××公安海警正在清理海边的垃圾。因为那个地方我去过，现在还为银滩的美景所倾倒，常对人说起那白细如精盐般的沙滩……万没想到，那使我流连难忘的海滩，竟成了照片那般模样。不过，垃圾只是旅游对自身发展最直接的破坏，若由此想开去，就会发现，我们很多时候，做的很多事，竟然都是破坏旅游发展的事。……只要发现了一个新景观，不管是自然的还是人文的，盖楼的要建一座马上能住人的楼，修路的要开一条马上能收费的路，卖旅游纪念品的早就摆上了摊儿，管理部门是最早来的，但不是管理、不是保护，而是来收门票……"

由此可见，要实现旅游业的可持续发展，旅游者、旅游开发商、旅游经营者以及政府有关管理部门都负有不可推卸的责任。

一、旅游开发商与旅游业的可持续发展

（一）开发商应贯彻旅游开发基本原则

旅游业的开发，重点是对旅游资源和旅游景区的开发。旅游资源是旅游业赖以生存的基础，是发展旅游业的基本条件。然而，旅游资源的开发，特别是自然旅游资源的开发，却往往意味着自然环境的破坏和某些自然景观的丧失。和一般物质生产的其他资源不同，旅游资源中，一般自然景观的形成需要几万年，人文景观的形成也得几十年、几百年或几千年。很多资源因其不可再生而尤显珍贵。因此，科学合理地开发旅游资源，建设旅游设施，对于实现旅游业的可持续发展具有极其重要的意义，是实现旅游业可持续发展的"重中之重"。

按照可持续发展思想，对于旅游资源的开发和旅游设施的建设，应该贯彻以下原则：

1. 计划性原则

旅游资源的开发，要有计划、有步骤，循序渐进，切不可一哄而上，盲目开发，造成生态环境的破坏。

2. 科学性原则

旅游资源的开发要贯彻科学性原则，认真做好可行性分析。宾馆、酒店等大型旅游设施应尽可能建在自然保护区外，区内只建一些与周围环境相适应的简易的、具有地方特色的休憩和食宿设施，如木屋、木棚等；公路最好不要直通保护区的核心区……这样，一则可以保护自然景观，二则可以使游客更好地与大自然融为一体。

3. 谨慎性原则

对于旅游资源的开发，特别是那些不可再生的自然旅游资源的开发，有关部门应该慎之又慎，以免破坏自然景观，出现对不起后代的"后悔工程"。

4. 保护性原则

旅游开发应有旅游区原生态（包括自然生态和社会文化生态）的保护意识，并在开发中始终加以贯彻。旅游区的原生态是吸引游客的核心要素，同时也是需要重点保护的对象。景区的原生态不仅包括自然生态，也包括旅游景区原住居民生活方式等在内的社会文化生态。一些开发商在开发旅游资源时，只注重对自然生态环境的保护，而往往忽略了对当地社会文化生态的保护，影响了旅游业的可持续发展。

（二）旅游开发应照顾好社区利益

旅游开发与社区利益的协调发展，重点是要处理好"旅游业利益相关者"（Tourism Stakeholder）之间的关系。这里的"旅游业利益相关者"主要指旅游开发商、地方政府、旅游者、旅游目的地居民。也即旅游开发要处理好旅游开发商、地方政府、旅游者、旅游目的地居民之间的利益关系，特别是旅游者与旅游目的地居民之间的利益关系以及旅游开发商与旅游目的地居民之间的利益关系。

近年来，游客被打事件在全国时有发生，特别是在我国著名旅游景区——湖南凤凰古城所发生的殴打游客事件，引起了媒体的广泛关注，因为近年来游客在凤凰景区被打事件屡有发生，严重影响了凤凰古城的旅游形象，充分说明了处理好旅游业利益相关者之间的关系在旅游业发展中的重要性。

尽管旅游目的地所发生的殴打游客事件在全国并非普遍现象，但是，哄抬物价、缺斤少两、出租车宰客与销售假冒伪劣商品等引起游客不满的坑骗现象，则并非个别。出现此等现象，固然有广泛的社会原因，如公民素质不高、社会诚信缺失、市场秩序紊乱、行政执法乏力等等，但是旅游经济发展过程中利益机制扭曲这一深层次因素，却往往被人们忽视。

一般来说，旅游发展带动了地方经济发展，从而改善了当地居民的生活环境、提高了他们的生活水平，因而得到当地民众的认同与支持。但是，旅游目的地民众从发展旅游中得到的利益是不平衡的，有时甚至是不公正的。在当今社会生态环境下，地方政府、旅游企业、当地居民、企业员工四个利益相关主体之间，实际地位是不平等的：

在地方政府、旅游企业面前，居民是弱势群体。地方旅游发展了，地方政府树了形象、增了税收，企业获得了利润，但是居民与员工的收益却并没有相应增加。在土地转让、征地拆迁、景点经营主体转换等方面，居民诉求与利益往往得不到尊重。况且，游客的大量涌入导致物价猛涨、环境污染，干扰了部分居民的生活。正如美国著名旅游学家格纳德所说，"在一些因旅游者来访而产生利益冲突的地区，当地居民对旅游者的怨恨十分常见"。

在居民与游客之间，游客是弱势群体。某些利益失衡、心理焦躁的居民无力与行政单位或企业抗争，也无法从合理渠道取得收入，就用坑蒙拐骗等行为"宰客"。

在企业主与员工之间，员工处于弱势地位。他们缺少表达诉求与维权的公开途径，往往用消极怠工、怠慢游客的方式泄愤。

可见居民与游客冲突、员工与游客顶撞的种种情由固然千差万别，但其背后往往折射了旅游目的地的不同社会群体之间的利益冲突。

要使旅游业健康发展，地方政府必须统筹兼顾企业、居民、员工与游客等利益相关主体之间的关系。自然生态与社会文化等属于全民或社区居民所有的旅游资源、属于当地居民与企业员工的人力资源、属于企业的资本，是旅游经济发展的三大要素。在旅游发展利益的分割上，如果过多地向资本元素倾斜，资源元素与人力元素所得份额过少，必然会引发居民与员工的不满。试想，如果居民没有从旅游发展中得到应有的利益，员工没有在企业发展中得到足够的利益，他们会把发展旅游当作自己的事业吗？如果他们自己不满意，能为游客提供满意的服务吗？相反，如果大多数居民与员工把自身的利益与发展旅游融合在一起，就会善待游客、自觉维护旅游目的地与企业的形象，也会抵制损害游客、危害旅游形象的人与事。

在旅游业发展过程中，地方政府往往把招商引资、扶植与培育企业作为工作重点，在出让资源、拆迁居民、减免税收等方面给企业以种种优惠，而当地居民往往处于"被安置""被吸纳"的地位。在编制旅游发展规划、开发景区时少有居民的声音，在旅游地的管理机构中没有他们的代表，在决定收入分配时更没有他们的权利，让这些旅游目的地的原本的"主人"被异化为配角。如此，不少旅游地出现不和谐的声音、事端，就不足为怪了。

因此，发展旅游业，必须处理好旅游业利益相关者之间的关系，只有这样，才能使旅游业健康和可持续发展。

扫描二维码，看看"门票钱都去哪儿了"，了解旅游业利益相关者之间发生的更多事例。

二、旅游企业与旅游业的可持续发展

旅游企业在其经营活动中，应注意尽可能地节约能源，减少对环境的破坏和污染，并以适当的方式，对旅游者进行可持续发展思想的教育，承担起实现可持续发展旅游的义务。

（一）旅行社、旅游公司及旅游交通企业与旅游业的可持续发展

旅行社、旅游公司及旅游交通企业可在以下几个方面为实现旅游业的可持续发展做出贡献：

1. 生产环保型旅游产品

如生态旅游产品、农业旅游产品等，唤起人们的资源保护和可持续发展意识。

2. 选择具备生态旅游条件的旅游目的地

旅行社应当避开那些脆弱、敏感的生态地域。对于那些对自然生态资源只想利用而不重视保护或接待体制不完备的地域，即使当地有意安排招徕生态旅游，旅行社也应加以回避。在旅游策划的各个阶段，充分听取地域生态科研人员和自然保护团体的意见。

3. 旅游团人数要控制在适当的范围内

小团队旅游，便于领队实施有效的管理，从而减少对自然生态的影响和破坏。

4. 正确引导旅游者的消费行为，培养旅游者的环保意识

航空公司应在主要旅游航线的班机上播放有关环境保护和旅游业可持续发展的录像带；旅行社可为游客提供有关的教育手册；导游人员应在导游过程中，不失时机地以各种有效的方式正确引导旅游者的消费行为，培养旅游者的环保意识和遗产保护意识，向游客灌输旅游业可持续发展的思想，告诉游客关于旅游公司在环境保护方面的倡议，并使其将环保意识和可持续发展思想运用到家庭生活中去。

对游客进行教育的内容主要包括：对生态保护重要性的认识，目的地的生态、人文情况，进行生态旅游的行为规范及注意事项，目的地的有关生态保护的法律、规定，旅游途中的垃圾处理方法，有助于旅游目的地的生态保护和经济发展的援助计划等。

5. 对导游和领队人员进行培训，增强其生态旅游方面的专业知识

导游与领队人员与旅游者朝夕相处，因此，培养和造就有生态旅游专业知识和责任感的导游与领队人员对于实现旅游业的可持续发展是十分重要的。导游与领队人员除了教育旅游者要保护生态环境，做合格的旅游者以外，还应指导游客与当地人交流，让当地人清楚游客来此的目的是因为这里有未被破坏的自然及人文景观，从而使当地人意识到保护好家乡自然生态和文化传统的重要性。

6. 实现废弃物的最小化

废弃物的最小化是《21世纪议程》的核心，其关键是"大产出，小投入"。旅游公司可以直接通过日常的经营活动和间接通过选择对环境产生最小影响的产品来做出巨大贡献。

旅游公司可采取以下措施，使废弃物减少到最小程度：

● 通过选择具有废弃物最少的产品来减少废弃物负担；

● 选择那些同意将其产品废弃物减少到最小程度的供应商，或者坚持生产厂商将非必要的包装减少到最少或重新利用；

● 只要有可能就重复使用产品，或加以回收利用；

● 负责任地处置不可避免的废弃物；

● 鼓励职工在家中遵守废弃物最小化原则。

7. 减少能源的利用和降低潜在的具有破坏性的大气排放物

许多全球性的环境问题，都直接与燃烧矿物燃料有关。节约能源不仅可以对实现旅游业的可持续发展做出贡献，而且可以为高效利用能源的旅游企业带来经济利益。

旅游公司可采取以下方法，降低总体能源的消耗和相关的排放物：

● 培养职工的节能和环保意识，使其养成良好的节约能源的习惯；

● 合理安装各种设施设备，减少能源浪费现象；

● 有条件时，尽可能使用对环境无害的自然能源，如太阳能、风能、生物能等；

● 注意使用各种节能新技术。

8. 保护水资源质量，高效而公平地利用现有水资源

旅游业是用水大户，特别是在气候炎热时，游泳池、淋浴、高尔夫球场等可导致旅游者人均用水量高达当地社区的10倍。为了满足客人的需要，旅游的长期开发在很大程度上剥夺了社区的水资源。为了使水的利用降低到最小的程度和保护储备水的质量，旅游公司应当：

● 与顾客一道减少水的需求量；

● 在适当的地方，通过设置告示牌等适当的方式，向游客解释节约用水的重要性；

● 在建设旅游设施时，应考虑水资源的保护因素，如果当地水资源缺乏，或者工程的建造可能导致当地水匮乏，就应考虑停建；

● 对跨国旅游公司而言，应在发展中国家宣传推广节水技术、技巧和设施；

● 尽可能地重新利用和回收水；

● 鼓励职工和顾客将水管理计划的内容融入家庭日常生活之中。

9. 使废水排放量减少到最小程度

使废水排放量减少到最小程度，以保护水环境、保护动植物、保护洁净水资源的质量。

10. 减少旅游交通对环境的污染

交通运输是旅游业的生命线，旅游公司应该加强管理，以减少或控制旅游交通对环境的不良影响。具体措施如：

● 提倡畜力、人力、自然能（风力等）交通工具或徒步旅行，以减少对自然生态的污染；

- 利用状态良好的现代交通技术，将进入环境中的排放物减少到最低限度；
- 鼓励职工搭车、骑车、步行上班；
- 交通堵塞会增加机动车废气的排放量，因此，应与供应商一道保证所购货物不要在高峰期送交，另外，分送的货物要满载；
- 尽量购买当地供应品。

（二）旅游饭店与旅游业的可持续发展

上述实现旅游业可持续发展的经营原则和方法，已在旅游饭店得到较为广泛的利用，并已取得良好的经济和社会效果。很多国家开始大力发展环保型的"绿色饭店"（Green Hotel），其主要特征是：

- 采用节能设施设备，减少对能源的浪费。
- 停止使用煤、重油、柴油、煤油等污染大气环境的燃料，改用管道燃气、液化石油气、电等清洁能源。
- 注意回收旧报纸、易拉罐和玻璃瓶，并将有机物垃圾专门堆放在一起。
- 采取各种措施节约用水。酒店是用水大户，每天都要使用大量生活用水和洗涤用水，节水潜力巨大。对此，酒店可以鼓励住宿超过一天的客人，继续使用原有的毛巾，或不更换床单，以减少清洗所需的水和洗涤剂用量。
- 减少使用含氯氟烃的产品、含氯漂白剂和漂白过的布草。
- 尽可能购买有利于环境保护的商品和可再生利用的产品。很多酒店将客房放置的洗衣袋从塑料制品改为纸制品，或以可多次使用的篮子代替。
- 减少资源浪费。传统酒店的卫生间每天都要为客人配备肥皂，罐装沐浴液、洗发液等卫生清洁用品，凡客人用剩的都要扔掉，既浪费了资源，又污染了环境。新加坡旅馆协会鼓励酒店将客房内惯用的肥皂和沐浴液小罐子改为可添加的固定容器，既可减少浪费，也能避免丢弃用剩的肥皂。

以上措施不仅可以保护环境，为旅游业的可持续发展做出贡献，而且还可大大节约酒店的经营成本。新加坡宝楼威酒店自从在其1/3的客房安装了可添加的沐浴液容器后，每天每个客房可节省0.39元。此外，酒店还鼓励住宿超过一天的顾客继续使用原配置的布草，结果这一举措在4个月内，为酒店节省了11%的洗涤费用。

三、旅游者与旅游业的可持续发展

旅游者是旅游活动的主体，旅游者的消费行为对于旅游业的可持续发展具有重要影响，直接决定旅游业能否实现可持续发展。

旅游者在从事旅游活动时，应该有环保意识，严格自律。旅游者可从以下几个方面为旅游业的可持续发展做出贡献：

1. 尊重访问目的地的文化

游客应该以学习、了解当地的文化、风俗习惯为目的，在当地居民允许的范围内参加各项活动。

2. 不破坏旅游资源，做文明旅游者

常有一些素质低下的游客，到达旅游景点后，肆意破坏旅游资源，如采摘珊瑚，攀折花木，在旅游景观上乱涂、乱画、乱刻等，对此等不文明行为，旅游者应自觉抵制。

3. 不随地丢弃垃圾

一些游客随地丢弃塑料袋、饭盒、饮料瓶等垃圾，是造成旅游地及风景旅游区污染的重要源泉，严重影响着旅游业的可持续发展。本节开头所引用的广西北海遭污染的情况就是一个典型的例证。很多国内名山大川等风景旅游区不得不请人专门拾捡、清理旅游者留下的污染物。就连"世界屋脊"喜马拉雅山也不例外，游客留下的各种饮料罐、包装袋垃圾，也使当地有关部门不得不耗费巨资去清除。因此，游客在旅游过程中，应有环保意识，将垃圾丢进垃圾箱（当然，有关部门必须首先在旅游景点和旅游区设置垃圾箱）而非随地丢弃。有条件的地方，应将其按生活垃圾、可循环使用的和不可循环使用的垃圾等分类存放。

4. 尽量减少使用或不使用一次性消费的塑料饭盒、饮料瓶等白色污染物

据悉，我国每年对一次性快餐餐具的需求量高达100亿只，仅青岛至徐州的双层旅游快车，在每天往返途中就需要3000余份快餐面，盛装这些快餐面的一次性塑料饭盒在铁路沿线形成了一道壮观的"白色污染线"，这种白色垃圾不仅仅污染了交通沿线，而且对旅游景点和景区的可持续发展构成严重威胁。因此，旅游者应尽量减少使用或不使用一次性消费的塑料饭盒、饮料瓶等白色污染物，而改用一些环保旅游企业用芦苇、稻草、麦秆、毛竹、棉花秸等原料生产的可降解型"绿色餐具"。

5. 不干扰野生生物的正常生存

游客应遵从景区管理人员及自然保护主义者的倡议，比如不捕杀、不追逐、不投喂、不搂抱、不恐吓动物，不采集野生植物，不踩踏贵重植物，等等。

6. 积极参加保护生态的各种有益活动

如向访问地捐助资金，提供知识技术，参加保护环境的宣传和义务劳动等。

7. 不食用、不购买被保护生物及其制品

旅游者在旅游活动中应有动物保护意识，坚决不食用、不购买被保护生物及其制品。

四、政府管理机构与旅游业的可持续发展

旅游业是一个综合性行业，涉及的面非常之广，因此，除了国家旅游主管部门以外，还有其他一些政府部门对旅游的某些方面具有管辖权，如交通部、商务部、环境部等。所有这些政府部门都会对旅游业实现可持续发展施加影响。

国家旅游管理机构及有关政府部门可以在以下方面对旅游业实现可持续发展做出贡献：

【链接】

肯尼亚导游眼中的中国游客

被称为"非洲野生动物天堂"的肯尼亚，每年都吸引大量中国游客前来。但是，到处喧哗、惊吓动物、购买野生保护动物产品……与其他国家游客相比，一些同胞在这个动物天堂的表现实在令人汗颜。

"大多数中国游客的说话声音总是很大，不过我已经习惯了。"肯尼亚导游阿布说。

这个25岁小伙子，能说一口流利中文，为不同的中国旅行社做了近5年的导游，专门接待中国游客。在他眼中，大声说话已成为一种"中国文化"。让他苦恼的是到了自然保护区，中国游客看到野生动物时，兴奋之情骤然转为阵阵喊叫。

"这已是普遍现象。中国游客看到野生动物的反应很可能危及他们的生命安全。"阿布说。尽管他反复强调这一点，但中国游客仍很难记住。

阿布回忆说，在马赛马拉过马拉河时，有的中国游客冲着河马怪叫。趁司机和导游不备，拿起手边的废弃物就向河马扔去，连躲在草丛里的狮子也不放过。"每次看到这种情况，我的心紧张得都快停跳了。我只有对中国游客说，曾经有游客因为拍照而遭野生动物袭击遇难，他们才开始有些害怕。"

在内罗毕国家公园工作的彼得·库罗巴说："有的中国游客会冷不防向停着的鸟扔东西，大喊大叫。"还有的中国游客不顾导游劝告，夜里走出房间给河马拍照，或在野生动物保护区下车拍照。"这种违反园规的做法非常危险。一旦激怒野生动物，可能威胁全车人的安全。"

他介绍说，一些中国游客认为可爱的野生动物，恰恰是最危险的，比如河马和鬣狗。河马喜欢主动攻击其他动物。鬣狗外形像狗，其实是凶残的食肉动物。

此外，不少中国游客在保护野生动物方面意识淡薄。阿布说："我接待过的中国游客几乎都会问'去哪里买象牙、狮子牙或犀牛角？'尤其最近，几乎人人都在问哪里能买到狮子牙。"这些野生动物制品的背后往往是对濒危动物的血腥盗猎，违反肯尼亚当地法律。中国游客购买象牙的新闻在当地媒体上多次出现，带来不小的负面影响。一些肯尼亚小商贩针对中国游客的这些喜好，用牛骨制成的饰品冒充象牙或狮子牙卖给游客。

"感谢上帝，我们还有这些假货！"阿布说。他会看着客人满心欢喜地买了这些"象牙""狮子牙"，不再追问他。

在内罗毕工作的肯尼亚导游保琳说："中国游客很有钱，对导游也非常友好，但很多素质不高，或者存在文化差异。他们来肯尼亚旅游前，应多了解一些当地法律法规和观赏野生动物的基本常识。"

阿布则指出许多中国客人往往未经对方同意，就拉着当地马赛人拍照。"许多部落里的人忌讳拍照。礼貌的做法最好是先询问，再拍照。"

他认为许多事都属于中非文化的差异，不过，一些中国游客的行为，他没法用"文化"来解释。其中之一就是随地吐痰。"那种不分场合，甚至在酒店大堂里随地吐痰的行为，是我最难以接受的事。"

（摘编自：《中国旅游报》2013年7月26日，《中国游客应注重他国文化和自身素养》，陈莹莹）

1. 制定实现旅游业可持续发展的有关政策法规

例如通过贯彻"谁污染，谁付费"（Polluter Pays）的原则和制定标签计划（Labeling Schemes），对有害物质的使用进行预防性和惩罚性管理。此外，有些国家已着手制定《游客行为的基本准则》，准备对"破坏环境、生态的游客，以及监督不力的导游实施经济处罚"。另外，国家旅游主管部门和有关立法机构还应按照可持续发展旅游的思想，对现行政策法规进行重新评估和修订。

在我国，还应特别防止以"人治"代替"法治"，否则，再好的政策法规都会变成一纸空文。例如，国务院有关部门早就发布了《建设项目环境保护管理办法》，指出："对未经批准环境影响报告书或环境影响报告表的建设项目，计划部门不办理征地设计任务书的审批手续，银行不予贷款；凡环境保护设计篇章未经环境保护部门审查的建设项目，有关部门不办理施工执照，物资部门不供应材料和设备；凡没有取得环境保护设施验收合格证的建设项目，工商行政部门不办理营业执照。"然而，这些政策规定并没有得到很好的贯彻落实，原因就是官僚主义的以言代法、以权代法、长官意志的存在。

2. 对旅游业有关部门、企业和从业者进行培训和教育

国家旅游管理机构及有关政府部门应就旅游业可持续发展的必要性以及旅游业可持续发展的性质和范围对旅游业有关部门、企业和从业者进行培训和教育，以提高认识，强化其旅游业可持续发展的思想和行为，并在可能的情况下，向其传授实现旅游业可持续发展的有关技能。同时，可充分利用各种新闻媒体向全社会普及可持续旅游发展的基本知识，在大、中专院校开设相应的课程或讲座，努力使可持续旅游发展思想在旅游界以至于全民中深入人心，为实施可持续旅游发展战略和规划奠定良好的思想基础。

3. 制定可持续的旅游业发展规划

在旅游业发展中，不做规划或规划不善可能导致对环境、资源和文化的破坏，而按照可持续思想对旅游业进行科学规划，则可有效地利用土地资源，最大限度地实现旅游业潜在环境和经济利益，同时使可能发生的环境或文化破坏降低到最小程度。

政府部门在制定可持续旅游发展战略与规划时，应多从环境适应性来考虑，努力争取"旅游发展与环境保护的永久和谐"（WTO1993年口号）。在新建的旅游区，应首先规划建

设生活污水处理厂，注意保护好区域内的地形、地貌和自然植被。对于旅游资源，要强调适度开发的原则，防止掠夺性开发。特别是对于自然保护区，要根据不同保护区内不同区域的重要性和脆弱性，划分为核心保护区、缓冲区和生产实验区等不同层次，并可根据以下原则规定：核心保护区不得开发旅游；缓冲区只可开发科学考察旅游；旅游设施则应规划在生产实验区或保护区的外围。

4. 建立可持续旅游发展评估指标体系、统计指标体系

对旅游业发展的评估和统计指标不应只注意经济指标，而忽略社会、文化、环境等方面的考虑。旅游行政管理部门应会同有关部门研制和确定一套全面、科学的旅游业发展评估和统计指标体系，特别是对于环境，要建立环境质量监测和效应评估体系，并责成有关机构及时监测和评估，定期公布，及时分析，发布预警，以形成一种社会力量，及时全面、全方位地控制旅游污染。

5. 加强与其他国家在可持续发展的信息、技能和技术以及经验和教训方面的交流

这种交流，特别是在发达国家和不发达国家之间，对于各国实现旅游业的可持续发展将很有裨益。

6. 保障旅游者的安全

安全是旅游者的基本需求，是旅游活动的前提条件，同时也是实现旅游业可持续发展的前提条件。因此，要使旅游业发展和进步，就要确保国内与国际旅游者及度假者的安全及个人财物安全，与此同时，还要保证旅游设施和旅游点的安全。

旅游者、旅游点及旅游设施的安全和保护应通过以下方法来保证：

（1）所有与旅游业有关的部门都应认真对待旅游者的安全问题，重视恐怖主义行为对旅游者的安全所形成的威胁，反对各种犯罪行为，保护旅游者免受其害，重视旅游者作为消费者的权利，重视保护他们的身体健康，重视保存和保护环境。

（2）制定和实施保护旅行和旅游者逗留安全的条例和法律。

（3）提供信息，加强公共教育。

（4）建立一个处理旅游者安全问题的机构，对紧急情况更应如此。

（5）建立双边、次地区、地区、地区间和世界范围内的国际合作。

接待国和旅游者原籍国应在双边关系基础上进行积极合作，采取一切可行手段，使在自然灾害、重大事故和瘟疫发生的情况下能使旅游者的安全与保护得到保证。此外，在旅游者遭到严重损害特别是遭受恐怖主义行动之害时，接待国应通过外交使馆或领事馆，迅速向旅游者原籍国提供受害者的状况、发生事故的原因等所有必要的情况。

（6）接待国应对旅游者的下述专门权利做出保证：

● 保证对遭受人身和财物损害的旅游者用最快方式通知其家属；

● 保证在必要情况下旅游者能享有迅速和合理的医疗保健，最好使他们享受本国的社会保险；

● 保证遭受人身和财物损害的旅游者在有关国家法庭特别是刑事犯罪法庭对肇事者提出

诉讼的自由而不必承担对一般外国人的要求，为此，在需要的情况下应得到有关国家司法机关的帮助。

7. 简化旅游、旅行、访问和旅游逗留的手续

简化旅游手续的含义是，各国为促进和鼓励个人和团队旅行、访问和旅游逗留，通过协调一致的政策和行动，打破旅游产业和服务业壁垒。

一般来说，与旅游者有关的手续分为下列几种：

（1）护照和签证。一切需要出示旅游证件的要求，如出现过分收费，旅游申请表被无理拒绝，获取有关证件手续烦琐、程序复杂、缓慢等情况，都被认为是旅游的障碍。

（2）货币和换汇控制。货币和换汇控制不仅影响旅游消费水平，而且使旅游者对实行这些手续的国家望而却步。

（3）海关条例。由于各国的情况不同，在海关免税物品方面存在巨大的差别，但是，填写海关申报单和实行海关检查同样会影响旅游消费。

（4）健康手续。根据目前实施的世界卫生组织的国际卫生条例，只需黄热病疫苗接种证明书即可。

8. 鼓励民众参加国民旅游休闲计划

政府和企业应采取措施，合理安排工作和休假时间，建立和改善年度带薪休假制度，安排休假期，特别是重视青年、老年和残疾人的旅游，鼓励所有人参与国内和国际旅游。

第三节　旅游业的协调发展

旅游业的协调发展是实现旅游业可持续发展的重要途径。

一、旅游业内部的协调发展

旅游业内部的协调发展主要指旅游饭店、旅游交通、旅行社、旅游商品以及旅游资源开发等方面的协调发展。

20世纪70年代末至80年代初，我国旅游业尚处于起步阶段，这一时期突出的问题是旅游供给不足。面对蜂拥而至的国际旅游者，旅游饭店、旅游交通人满为患，成为旅游业发展"卡脖子"的环节，旅游者"进不来""住不下""出不去"的现象时有发生，甚至成为当时旅游业发展的突出特点。尤其在旺季，很多旅游者由于民航运力不足，不得不改乘火车前往下一个目的地（当然以延误时间为代价），还有很多游客则由于饭店接待能力不足而不得不在饭店大堂、机场候机室过夜，有的甚至被送往郊县或其他城市住宿。占用工厂、学校等企事业单位的宾馆、招待所的现象也司空见惯。1985年以后，这种状况得到了逐步改善。到80年代末和90年代初，由于旅游部门和其他部门都修建了很多旅游饭店，再加上其他一些政治、经济因素，旅游饭店甚至已极度超前发展，出现大量过剩的局面。而旅游交通在80年代虽有很大发展，但仍供不应求，尤其是国际旅游所赖以生存的民航业运力不足，已不能适应旅游业发展的需要。其结果是，旅游业内部发展失衡，宏观经济效益低下：一方面，大量旅馆过剩，人员、设备闲置；另一方面，很多外国旅游者却因中国的交通问题而裹足不前，从而形成强烈反差。这种"吃不饱"和"吃不了"同时并存的怪现象无疑会损害我国旅游业的整体效益。进入90年代，我国旅游交通得到了很大发展，从数量上已基本上能够满足国内、国际旅游发展的需要，但服务质量仍很落后。以航空运输为例，很多外国旅游者不到万不得已，不愿意乘坐中国航空公司的航班。就旅游饭店内部而言，也存在发展失调的现象，表现为硬件建设超前，而软件建设滞后，经常是"一流的设施，三流的服务"。很多新建饭店由外行管理，员工素质低下，服务质量和管理水平成了困扰我国饭店业发展的"老大难"问题。

另外，旅游业内部的协调发展还应包括旅游商品生产与上述部门的协调发展。否则，不仅会影响服务质量，还会影响旅游业的整体经济效益。

最后，旅游资源是旅游业赖以生存和发展的基础，是旅游者参观、游览的目的物，因此，旅游业内部的协调还应包括旅游资源的开发和建设，即旅游资源的开发和建设应在开发规模、开发质量和接待能力方面，与旅馆、交通和旅行社的发展相协调。

二、旅游业与文物部门的协调发展

文物一方面是人类文化的宝贵遗产，是全世界人民的共同财富，需要加以保护；另一方面，作为旅游资源，又需要开发，供人们参观游览，增长知识。围绕名胜古迹与风景资源的开发利用和保护问题，一些地方的文物园林部门和旅游部门产生矛盾，前者强调保护，而后者则强调开发和利用，强调文物古迹为经济建设服务。

要处理好这两个部门之间的关系，首先必须正确认识文物保护与开发之间的关系。事实上，文物保护的最终目的还是为了开发和利用，不可能是为了保护而保护，那是没有任何意义的。而反过来，对文物的开发和利用客观上又起到了对文物的保护作用：一方面唤起人们的文物意识，另一方面则促使有关部门加强对文物的修缮和保护工作。

改革开放40多年来，我国在促进文物保护与旅游协调发展方面，取得了许多宝贵经验：

1. 正确处理开发、利用和保护的关系，坚持"保护为主，抢救第一，合理利用，加强管理"的方针和原则

文物部门和旅游部门须坚持"保护为主，抢救第一，合理利用，加强管理"的方针和原则，正确处理文物的开发、利用和保护的关系，即：在有效保护的前提下合理开发；在合理开发的基础上积极保护，从而形成保护—利用—生财增值—再投入—再保护—再利用的良性循环，只有这样，才能确保文物的合理保护和旅游业的持续、快速、健康发展。

2. 争取将一批国家重点文物保护单位列入《世界遗产名录》

进入《世界遗产名录》可以提高中国文物古迹的形象和知名度，吸引更多的世界各国旅游者前来参观游览。同时，通过申报列入《世界遗产名录》活动，可以提高全民文物保护的意识，加强历史名胜古迹的基础设施建设，加速其整修与保护，进一步扩大世界各国旅游者对我国历史文物古迹的了解，促进旅游业的迅速发展。

3. 旅游部门要与文物部门密切合作，开展我国文物古迹系列整体宣传促销活动

通过合作和一系列的促销活动，增强我国文物古迹在国际旅游市场的竞争力，树立更加鲜明的中国旅游形象。

三、旅游业与教育的协调发展

教育与旅游业的协调发展主要体现在它为旅游业所输送的人才在数量、质量和结构方面要能够满足旅游业的需要。我国旅游教育与旅游业几乎是同步发展的，从20世纪80年代开始，先后在杭州大学、西北大学、南开大学等高等院校设立旅游系或专业。之后，又先后成立了一些专门的旅游学院，如中国旅游学院、北京旅游学院、中国旅游管理干部学院、南京金陵旅馆管理干部学院等。此外，还有上海旅专等几十所各省区市成立的旅游专科学校以及为数众多的旅游职业中学、旅游培训中心等。

进入新世纪，我国旅游教育有了长足的发展，在旅游学科建设、旅游研究和旅游职业教育方面，成绩斐然，旅游高等院校和中等职业院校等为我国旅游业培养了大量人才，为旅游业的发展做出了巨大贡献。但是，我国旅游教育也存在一些问题，主要表现在：一是一些旅游院校不能准确地把握旅游业的脉搏，盲目设置专业，随机开设课程，无法适应旅游业的需要，造成需求与供给之间的错位；二是很多旅游院校关起门来教学，脱离实际；三是高等院校旅游培养目标与旅游企业的需求错位。旅游院校的培养目标是"宽口径，厚基础"，而旅游企业的要求则是"动手能力强"，其结果是：旅游院校的毕业生找不到工作，而旅游企业则抱怨找不到所需要的人才。这种状况需要双方进一步加强沟通和理解，只有这样，才能使我国旅游业和旅游教育健康发展。不过，随着教育市场竞争的不断加剧以及教育市场的国际化，上述问题可望在不远的将来得以妥善解决。

四、国际旅游与国内旅游的协调发展

旅游业的协调发展问题还应包括国内旅游与国际旅游的协调发展。国内旅游和国际旅游是旅游业的两条腿，片面发展一方而忽视另一方的发展是不正确的。其中，"国内旅游有助于在全国范围内更好地分布活动、分配就业和收入。它与每个国家的社会和经济生活中的其

他领域有着密切相关和相互依存的关系，它的发展应成为全面发展计划进程中的一个不可分割的部分。"（引自世界旅游组织《阿卡普尔科文件》）可见发展国内旅游对于国内政治的稳定、社会的进步、经济的发展和居民生活质量的提高，都有重要意义。此外，它还是发展国际旅游的基础，对其具有促进和补充作用。国内旅游使旅游者从自己的国家得到精神上的满足，也为他们了解世界做好了准备。因此，应当给予国内旅游足够的重视。

在某些国家，在一定的历史时期和旅游季节，国内旅游和国际旅游的发展还会出现一些矛盾，主要表现在对旅游资源、旅游交通和旅游饭店的使用上的冲突，即国内旅游者和国际旅游者争夺交通运输、饭店的使用权，争夺旅游资源的观赏权，等等。也就是说，旅游交通、旅游资源和旅游饭店的接待能力无法同时满足这两个市场的需要。处理这一矛盾的原则和方法应该是：

1. 优先满足国际旅游市场的需要

这是因为相对而言，国际旅游者毕竟是远道而来的客人，国内旅游者则是"主人"，因此，当然是客人优先；其次，国际旅游者来一次，无论从时间、费用还是办理签证、护照等各种旅游手续方面，都是一件不容易的事，需要做很长时间的准备工作，有的甚至需要提前一年做准备。当然，接待国际旅游者还可以为一个国家赚取大量进行经济建设所急需的外汇收入，而国内旅游者则可以避开旅游旺季，缓一些时间进行，这也是原则之一。

2. 开发新的旅游资源，合理分流

国内旅游和国际旅游的矛盾更多地表现在对旅游资源的使用方面。国内旅游者和国际旅游者有着不同的需求特点，一般来说，由于文化背景、社会历史以及地理位置等的不同，外国旅游者对于在国际上有很高知名度的人文旅游资源和重点旅游城市更感兴趣，如北京、上海、西安、桂林等城市和长城、兵马俑、"丝绸之路"等旅游点（线）。而国内旅游者由于对自己所处的社会、历史环境比较熟悉，对很多人文旅游资源缺少新奇感，相对而言，更热衷于自然旅游资源，喜欢在大自然中放松、陶醉。像峨眉山、庐山、黄山等都是国内旅游胜地。这就为我们合理分流提供了条件。因此，在开发人文旅游资源的同时，还应重视加强对自然旅游资源的开发，特别是新景点的开发和宣传以及新的旅游线路、产品的生产，同时，加强对国内旅游的正确疏导，以便使国内、国际旅游均衡、协调发展。

3. 利用经济杠杆，调节国内旅游和国际旅游需求

在人满为患的旅游热点城市或参观游览点，可以通过提高门票价格或增收旅游调节税、资源开发税等经济手段调节旅游需求，控制游客的流量和流向，这也是使国内旅游和国际旅游协调发展的一个重要手段。

五、不同地区之间旅游业的协调发展

地区间旅游业的协调发展问题实质上就是区域旅游合作问题，也是实现旅游业可持续发展的重要途径。

随着市场竞争的日趋激烈，以实现资源共享、市场互动、效益共赢为目的的区域联合，已成为当今旅游业发展的潮流和趋势。在经历景点竞争、线路竞争、城市竞争后，旅游业开始进入区域协作时代，跨区域旅游合作呈现出前所未有的态势。

早在20世纪90年代，我国长江三角洲地区江苏、浙江、上海三省市的旅游交流与合作就迈出了实质性的步伐，在资源共享、市场互动等方面采取了一系列重大举措，有力推动了三省市旅游的快速发展。之后，三省市又签署了建立长江三角洲无障碍旅游区的协定，既是对以往实践的全面总结，又使三省市的旅游合作在新的起点上，向更高层次、更广阔的领域迈进。另外，我国北方十省市区共同举办北方旅游交易会、西北省份共同打造"丝绸之路"旅游线、湖北省与重庆共同打造长江三峡旅游产品等，都是旅游区域合作的重要表现。在广东省领导的倡议下，从2006年起，广东旅游文化节更名为"广东国际旅游文化节暨泛珠三角旅游推介大会"，也进一步突出了泛珠旅游合作主题。

（一）区域旅游合作的意义

区域旅游合作是指不同国家或地区为了提高旅游业的经济效益，实现旅游发展的共赢局面，同时更好地满足旅游者的旅游需求，在旅游发展规划、旅游资源开发、旅游业经营管理以及市场营销等方面进行的跨行政区域的旅游合作。区域旅游合作是旅游业协调发展的客观要求。

区域旅游合作的意义表现在以下几个方面：

1. 区域旅游合作是时代发展的迫切要求

我们生活的星球早已变成了一个大村落，世界经济的发展呈现全面开放的态势，你中有我，我中有你，任何一个国家、一个地区，已经不可能在一个封闭的环境里谋求自身的生存与发展。不管是否愿意，经济全球化都是一个无法回避的现实。一些地区顺应时代发展潮流，相继成立了一体化的区域合作组织，抢占了经济发展的制高点，区域旅游合作就是在这种背景下产生的。

珠江三角洲开我国区域合作之先，并已演进到"泛珠三角"合作，涵盖广东、广西、海南等9个省区，并扩展到香港、澳门，粤港澳经济共同体正在迅速成长。长江三角洲、环渤海地区区域合作步伐加快，表现在各个层次，覆盖了各个领域，取得了明显成效。这些地区的实践均表明：区域合作是后现代化时代经济发展的必然趋势，是促进经济社会快速发展的有效途径。

2. 区域旅游合作是实现"双赢"和"多赢"的必由之路

竞争（competition）是市场经济的主要特征之一，但如果只有竞争而没有合作，可能会导致两败俱伤。而合作竞争则是当前世界经济发展呈现的一大突出特点，各类市场主体之间不仅有竞争，还有合作，合作中有竞争，竞争中也有合作，通过合作竞争，最终可实现"双赢"和"多赢"局面。

3. 区域旅游合作可以更好地满足旅游者的需要

通过区域旅游合作，可以突破行政区划的"樊篱"，顺应旅游经济发展的客观规律的要求，实现旅游资源、信息、服务等的共享，从而更好地满足旅游者的旅游需求。

4. 区域旅游合作可以节约营销费用，打造新的旅游品牌

区域旅游合作可以实现多方参与，共同开拓旅游市场，同时，还可以打造新的、强大的旅游品牌，这对于每一个区域、每一个参与方而言，不仅节约了旅游营销费用，还可以取得比以往更好的宣传效果。

（二）区域旅游合作的基础

1. 资源的互补性

旅游的合作是一种互补。我有你无，互相弥补，才能使旅游产品更加丰满，更具魅力与活力。山水、风光、人文、胜迹、休闲、度假、政治、宗教，各擅胜场，各具特色，如果能互相合作，便可以在更广泛的意义上满足游客的不同需要，收到更好的效果。旅游十分注重差异性，旅游区域合作更应该看重和依托差异性。因此，旅游区域合作必须以特色为基础，合作各方必须把自己的旅游做大、做强、做出特色，才有合作的基础，才有合作的可能。

资源的互补性不仅指作为旅游吸引物的旅游资源的互补性，还包括在旅游教育、管理、信息、营销等方面的优势互补。

2. 市场的关联性

市场关联性主要表现在两方面：一是主体市场具有关联性，区域合作产品在旅游市场上是一个完整的旅游目的地，或者是一个鲜明的市场品牌；二是区域间互为旅游客源地。比如长三角地区，其本身既是一个旅游目的地，同时苏、沪、浙又互为客源地。有了市场的关联性，才能打造统一的产品，才有利于推进市场营销的一体化。

3. 交通的便捷性

便捷性是开展区域旅游合作最基本的条件，也是最重要的推动因素之一。如果区域间不具备交通便捷性，旅游合作就成了无源之水、无本之木。实际上，很多地区的旅游合作就是由交通条件的改善所催生的。比较典型的例子如京津旅游，一条"城铁线"一年运送旅客1870万人次，使京津旅游合作迈上新的台阶。再比如，随着武广高铁的开通，武汉和广州已形成3小时经济圈，鄂、湘、粤旅游合作进入新的阶段。

4. 效益的共享性

旅游区域合作必须以共赢为目的。旅游区域合作，应该说是对双方、多方都是有利的，对游客自然也是有利的：对旅游地区来说，游客增加，这是最主要的、最有效的好事；对游客来说，可以同时便捷地畅游不同地区的旅游景点。正因为这样，旅游区域合作才有可能顺利开展，不断发展。开展旅游区域合作一定要坚持共赢互利，要主动为合作方考虑；要尽力创造条件，实现共赢的目的。

5. 品牌的聚核性

旅游区域合作必须以品牌为龙头。通过区域旅游合作，不仅可以使原有品牌叫得更加响亮，还可以在更大范围内利用自然、文化等资源开发新的旅游线路和旅游产品，在国内外旅游市场上打造新的、有爆炸力的旅游品牌。

旅游需要品牌，区域旅游合作更需要品牌。要使区域旅游合作真正有实质性的进展和成效，很重要的一点，就是要联手打造旅游区域合作品牌。如果只是把不同的地区简单地串成一条旅游线，没有叫得响的品牌，那这种合作是缺乏生命力和影响力的，既不能取得好的效果，也不能坚持下去，更新发展。区域旅游合作一定要寻求一个亮点，打造一种品牌，才能充分发挥合作单位的积极性、能动性，取得良好的效果。

（三）区域旅游合作的类型

21世纪的区域旅游合作呈现出多层面、多元化、多类型的发展态势。

1. 从空间上划分

区域旅游合作的类型从空间上可划分为四个层次、两种类型。所谓"四个层次"，即：按照覆盖范围的大小分为国际区域旅游合作、国内区域旅游合作、省内区域旅游合作、跨市县区旅游合作。所谓"两种类型"，是指呈面（圈）状结构地域间的旅游合作，呈线（带）状结构的沿海、沿江、沿路等若干城市间的旅游合作。

2. 从功能属性上划分

从功能属性上考察，区域旅游合作可分为3种类型：

（1）目的地与客源地之间的合作；

（2）目的地之间的合作；

（3）互为目的地、互为客源地的合作。

3. 从合作的紧密程度划分

从合作紧密程度看可以分为两种：有限合作、全面合作。

（四）区域旅游合作的内容

开展区域旅游合作，首先要求合作各方开放旅游市场，打破区域限制和壁垒；共同研究制定区域旅游发展战略和市场开发策略；编制区域旅游发展规划，统一整合旅游资源；建立区域旅游信息库；构建区域旅游网络营销系统和旅游网络质量标准，创建旅游电子商务服务平台；建立畅通的区域旅游交通服务体系，推进区域内无障碍旅游；共同策划和推广区域精品旅游线路，树立区域旅游形象，打造区域旅游品牌；建立区域旅游投诉一体化机制。

具体而言，区域旅游合作的内容可包括：

1. 资源共用

从"共用"的角度讲，它不只属于所在省份或地方，而是为区域内所有地区所共同拥有。园林艺术上有一种造景手法，叫作"借景"，说的是某个景点虽不在园林之内，却属于园林的有机组成部分。上海本无景点，却能借包括安徽的黄山在内的周边著名景点，把观光旅游做起来，这就是"拿别人的资源为己所用"。宜昌的三峡和周边的神农架也已经形成了一个整体，宜昌就把神农架看成了自己的一部分。"湖北位于中国中部，中部地区有张家界"等类似的介绍，既可以提高湖北的知名度，又可以宣传湖南的张家界，效果就很好。

2. 市场共享

区域合作各方应相互开放旅游市场，打破区域限制和壁垒，鼓励本地旅游企业到区域内其他地区，同时欢迎区域内其他地区的旅游企业来本地开展旅游业务。

3. 线路互推

这有两个方面的含义，其一是区域内各省（地）在本省（地）通过各种方式推广对方的旅游线路，包括进入旅行社的推广目录、媒体的旅游专版等，让对方的旅游线路在该省（地）有销路。其二是在区域以外的省份推广旅游线路时，把本区域内其他省（地）的旅游景点也编排进去，或者顺便推销一下其他省（地）的旅游线路。

4. 政策互惠

国际上有个说法，叫作"国民待遇"，就是给予他国企业以本国企业同等的待遇。区域内开展旅游合作，也要给予区域内其他省（地）以"省民待遇"，让外地的企业与本地的企业在一个公平的环境里竞争，通过区域旅游的整体发展，来促进本地旅游的发展。

5. 信息互通

区域内合作各方应加强旅游信息的沟通与交流，同时，各地旅游部门、旅游企业、旅游景点之间也要互相沟通，共同发展。

6. 节庆互动

区域内一般都有大大小小的节庆活动，对于宣传当地旅游形象，促进当地旅游的发展可以起到重要的作用。除节庆活动外，还可能举办一些较大规模的交易会、展销会、博览会等。对于上述活动的举办，区域内合作各方都应相互支持。

7. 交通互联

发展旅游，交通先行，旅游合作区内的道路更要连接在一起。一些制约跨区域旅游线路编排、对方旅游团队进出的断头路、低等级路，区域内各地要联手想办法解决，建设畅通无阻的旅游快速公路。

8. 管理一体

最后，区域旅游合作还要求对区域内旅游企业的经营活动，旅游服务质量的管理和旅游投诉的处理等，必须实现一体化管理，建立统一的旅游投诉处理机制，确保旅游消费者在旅游区域内得到满意的、高质量的旅游体验。

（五）区域旅游合作的原则

区域旅游合作是不同地区间的社会经济主体，依据一定的协议章程合同，自愿进行的自利性与互利性相统一的旅游经济活动形式。它是旅游业发展到一定阶段的必然产物，对于区域内旅游业竞争力的提升和实现可持续发展都具有重要意义。开展区域旅游合作应遵循以下五大原则：

1. 政府主导原则

政府主导是区域旅游合作成功的重要保障，特别是对于现阶段的中国而言，由于社会制度和历史、文化等的影响，政府主导具有更为重要的意义。只有发挥政府的主导作用，才能确保区域旅游合作快速、健康发展。

政府要率先实现观念更新，扫除各种思想障碍。从推进市场一体化着手，推行和认同市民待遇和省民待遇，其实质是打破行政法规和政策对于异地企业法人与自然人在本行政区域进行经济活动的限制。目前，由于我国行政管理体制的制约，还存在着相当多的地区保护主义和行政壁垒，例如对旅行社的异地开办和异地导游制度的限制、有形和无形的价格壁垒等。市场一体化必须扫清一切存在的障碍，将合作区域内的旅游法规和政策作一次梳理，建立一个开放与合作的法制平台，使得区域经济合作能顺利开展。就中国的现状而言，应先从逐步取消区域内国内旅游地陪制，取消外地旅游车入城、入景区的限制措施，允许其他城市的旅行社按有关法规在本市开办分支机构等方面入手，逐步取消旅游壁垒和进入障碍。因此，"解铃还须系铃人"，开展区域旅游合作，不仅要得到各地政府的积极倡导，而且要取得政府的大力支持，离开了政府的支持，区域旅游合作不是胎死腹中就是流于形式。

2. 统一规划原则

规划是旅游业发展的前提和基础，可为旅游开发指明方向和提供依据。所谓统一规划就是有效整合区域内的旅游资源，明确区域旅游产业发展的目标、方向、区域分工、优先领域、优等项目，以一个总体规划来引导区域的旅游开发和建设，发挥区域旅游资源的优势互补，提高资源的利用率，形成区域旅游特色，促进区域内部有序发展。规划要站在国际国内旅游市场的高度，以提升区域旅游整体形象和竞争力为导向，要立足长远、适度超前、科学论证、合理布局。

3. 交通先行原则

在旅游"六要素"中，"行"是其中的一个重要组成部分。好的景点没有好的道路和便捷的交通也只能是"养在深闺人未识"。在区域旅游的发展过程中，首先必须解决交通问题，同时，取消区域内旅游车辆入城、入景区的限制，为旅游的车辆大开绿灯。

4. 共同营销原则

共同营销原则就是共同推介区域内的旅游产品。营销是使旅游产品实现价值的重要环节。既然是共同营销，就必须对区域内原有的单个的旅游产品进行重新定位、组合、包装，形成新的主题旅游产品和线路。如扬州市旅游局在深圳举办的扬州市旅游产品推介会暨"魅力新江南，系列新华东"产品说明会，就联合了无锡太湖、苏州、镇江等地景区一起推介，这种联合促销取得了良好的效果。除此之外，还可统一编辑区域内的旅游手册，区域内导游图等宣传资料，制作区域旅游网站，共同轮流举办节会活动。

共同营销有利于改善区域旅游产品结构，树立区域旅游整体形象，对宣传旅游可以起到事半功倍的效果。

5. 争议互商原则

在旅游发展的过程中，不可避免地会出现这样或那样的问题。对此，区域内合作各方应互商互谅。无论是景区开发矛盾，还是旅游团队纠纷，或者是其他方面的分歧，都要本着"互商互谅"的原则加以解决。

6. 合作机制的权威性原则

区域旅游合作必须要由政府推动，市场运作。要充分依靠政府的决策、仲裁职能，合理调整利益分配格局，打破阻碍发展的行政壁垒，真正解决一些关键问题、瓶颈问题。合作机制的权威性要通过制度化来保证。要坚持用制度确定合作方式、合作内容，通过构建合理的制度框架，建立相应的领导、组织、会商机制。

【链接】

"长三角无障碍旅游区"建设

为实现无障碍导游，苏浙沪旅游部门共同编制了《长三角旅游精华景点导读》，作为三省市导游人员培训的统一教材。该书介绍了江苏、浙江和上海两省一市100多个精华旅游景点，紧紧把握导游词编写的科学性、准确性、规范性，不仅内容翔实丰富，且具有行业的权威性，可帮助导游人员进一步熟悉两省一市的主要旅游景点，促进导游人员现场讲解水平和导游技巧能力的提高，进一步推进"长三角无障碍旅游区"的发展。旅游部门还积极创造条件促进区域内旅游专业人才的柔性流动，如导游人员年审培训和考核成绩，旅行社、饭店管理人员以及出国领队人员、饭店员工等获得的省（市）级等级证书等，两省一市均予以资质相互认可，及时换发相关证书。

第四节 旅游景区承载量与客流量控制

旅游景区承载量的确定与客流量的控制是确保游客安全，实现旅游业可持续发展的重要途径。

2013年10月2日，驰名中外的四川九寨沟景区发生大规模游客滞留事件（见图12-2），退票1万多张，一度有4000多游客滞留沟中，部分游客翻越栈道导致客运系统几乎瘫痪，上下山通道陷入瘫痪，甚至出现游客"攻陷"售票处的传闻。对此负有重要责任的九寨沟管理局等有关部门和单位，于3日公开向广大游客发表致歉书，表示最诚挚的歉意。

图12-2 九寨沟景区大规模游客滞留事件现场（图片来源于网络）

2020年4月新冠疫情期间，黄山景区免费开放，导致出现大范围拥堵现象，引起政府和民众的广泛关注，之后，文化和旅游部、国家卫健委专门印发通知，要求旅游景区接待游客量不得超过核定最大承载量的30%！同时要求收费景区在实施优惠政策前要做好评估，防止客流量超限。

……

此类事件一再向旅游景区管理部门敲响警钟。

一、旅游景区承载量

（一）基本概念

旅游景区承载量，实际上就是旅游环境容量。环境容量概念出现的时间比较早，是1838年由一位生物学家提出来的。当时环境容量概念主要考虑的是生物体在某一个自然环境里的最大容量。这个概念100年后（约20世纪30年代中期）才被用到旅游界。20世纪60年代以后，对环境容量包括旅游环境容量的研究进入高峰期。

当前，国际上把景区环境容量当作一个程序去控制，而不仅是一个概念。如果把环境容量、环境承载量仅仅当作一个数字，就会陷入所谓的"数字泥潭"。

环境容量可分成三大类：自然环境容量、设施环境容量和社会环境容量。

自然环境容量主要考虑旅游对于生态环境带来什么样的影响；设施环境容量主要考虑设施能够容纳多少游客；社会环境容量既包括游客心理环境容量，即游客认为多大的程度算是拥挤，也包括社区环境容量，即多大规模的旅游接待是当地居民所能承受的。

（二）我国旅游景区承载量：概念的提出与实施

最早出现环境容量控制意图的政府方面的文件，是1982年10月28日由城乡建设环境保护部、文化部、国家旅游局3个部委提交给国务院的一份报告——《关于审批第一批国家重点风景名胜区的请示》。这个报告的第2条出现了一句话——"按照合理的环境容量和现有的物质、技术条件安排好旅游"。1995年前后，国家旅游局和清华大学建筑学院联合编制《旅游规划通则》，里面已经有环境容量的提法，但《旅游规划通则》只是一个推荐性的标准，而不是强制性的标准。

旅游景区承载量的问题，出现在旅游行业的具体工作中，是2000年有了黄金周之后的事。如果说《旅游规划通则》是推荐性要求，那么黄金周工作机制则是要求各地贯彻实施的。当时，在黄金周公共信息发布里就有容量控制的内容，目的是引导旅游者合理流动。景区需要测定最佳容量和最大容量，而且要提前在信息平台上对外发布。

实施一段时间以后，发现我国在这方面缺乏一些硬性的监督要求。首先，对于最大容量的测定，当时并没有一个统一的标准，都是各个景区自己提出的。其次，对于发布的数字，也缺乏事前审核和事后检查，缺乏一个硬性标准和要求。

（三）最大承载量的核定

1. 谁来核定

《中华人民共和国旅游法》第四十五条规定："景区接待旅游者不得超过景区主管部门核定的最大承载量。"做出景区最大承载量的规定，主要出于两个方面的原因：首先，基于以人为本的考虑，景区要保证基本的安全和质量，强调人的舒适度、安全度；其次，基于生态环保、可持续发展的考虑，景区经营者和主管部门要对子孙后代负责。

《中华人民共和国旅游法》规定，最大承载量由主管部门而非景区核定，这是一个很大的进步，它区分出了运动员和裁判员的角色。当然，由主管部门来确定，仍存在一些问题。一是主管部门到底是管业务的、还是管行政的？能否做到专业、懂行？二是主管部门到底是谁？立法的本意是从源头解决最大承载量的问题。按道理，谁批准这个景区搞建设开发，就应从规划开始即研究承载量问题。但这个主管部门的确定很复杂——景区的开发、建设、经营前后共涉及十几个主管部门，如建设、环保、国土、农业、林业、旅游等各部门。以黄山为例，其主管部门到底是"黄山风景名胜区管理委员会"，是"黄山市人民政府"，是"安徽省文化和旅游厅"，是"安徽省住房和城乡建设厅"，还是"住房和城乡建设部"？

2. 如何核定

原则上讲，环境容量里要考虑的不仅是设施环境容量，还要考虑生态环境容量、社区环境容量、游客的心理可接受度等等。

最大承载量的具体核定办法，这个问题比较复杂，涉及因素比较多，但综合来说，起码应该考虑以下三个因素：

第一是景区自然环境因素。如果景区道路拥挤不堪，已无法通行，需践踏草地了，甚至找个休憩之处也很难，需要席地而坐了，那么这种情况肯定会对景区的自然环境产生破坏。

第二是旅游者的感受因素。旅游的时候过于拥挤，大人看前人后脑勺、小孩看大人屁股，这样的零距离接触，无疑会影响游客的审美和旅游兴致。

第三是经营接待能力因素。像索道、电瓶车、通信、垃圾清运、餐饮供应等要素在最高峰时是否仍能维持基本的运转，是需特别注意的。如果无法维持，则景区就达到最大承载量。

以上三个因素是核定景区最大承载量的核心问题。对于环境容量，规划单位需要去计算，这仅是第一阶段；第二阶段应是听证阶段；第三阶段应是监测阶段。

二、客流量的控制

对于绝大多数景区而言，一年中不会总出现拥挤的景象，可能也就在黄金周这样的出游高峰期，或者是类似香山红叶的特殊季节，才会"人满为患"。为了应对可能出现的"超员"局面，景区可以通过哪些方式提前做工作去控制旅游者的数量？如果景区"超员"现象真的出现了，相关各方包括景区、当地政府等，又应该如何"接招"呢？

控制景区游客流量的责任，肯定不是景区能单独承担的，必须要多方面联动起来。比如，外地游客已经到故宫大门门口了，景区却因超过最大承载量要关门，那门口的游客怎么办？这个时候，政府肯定要出面。所以，这是一个涉及政府、社会和个人的系统性问题。

（一）从景区方面考虑

1. 利用价格杠杆

根据市场情况对价格做周期性调整方面，景区的做法不如交通运输行业灵活，尤其是民航企业——黄金周一过，民航机票就可以降至3折甚至2折。就经济杠杆而言，这无疑一个很好的方法。针对门票价格过于僵化这一现状，景区也可以尝试这一做法。因为我们国家现在一些景区的门票确实已经太高了，这里不仅有经济的问题，也有环境伦理和社会伦理的问题。一些顶级景区属于世界遗产，全体公民及其子孙后代均享有欣赏权，而不仅仅富人才能享有。这些景区不是商品，而是国家公园。票价过高，低收入群体就被拒之门外了。当然，使用这种经济手段也要设定一个前提，不能毫无限制。

2. 实施预约制度

预订票价可以适当优惠，临时买票则价格略贵，以鼓励游客采用预约方式。团队游客的预约量比较大，应在团队预约以后，再由散客填补剩余空间。

3. 对景区适当扩容

核心景区不能"超载"，这是不能触碰的红线，但可以对景区进行适当扩容。比如在顶级风景区的周围，可以建设一些阶梯景区，起到类似防洪时阶梯水库的作用。这样的话，在黄金周，核心景区就可以通过周围的阶梯景区对游客进行分流。比如，黄山核心景区的周围还开发了西递、宏村等景区。大量的游客会分流到这些梯级景区里，真正进入核心景区的游客就不至于那么集中、那么多了。

4. 均衡客流

比如景区早开门、晚关门，甚至有些景区可以搞夜场。

【链接】

《景区旅游者流量控制建议》

2015年，国家旅游局出台《景区最大承载量核定导则》。附录中的《景区旅游者流量控制建议》中提出，当景区内旅游者数量达到最大承载量的80%时，就应启动包括交通调控、入口调控等措施以控制旅游者流量；当景区内旅游者数量接近最大承载量时，应当向社会公告并同时向当地人民政府报告，在当地人民政府的指挥、指导、协助下，配合景区主管部门和旅游行政主管部门启动应急预案，并应立即停止售票，向旅游者发布告示，做好解释和疏导等相关工作。

（二）从政府层面而言

1. 对景区进行分类管理

第一种是世界遗产级、国家遗产级的景区。它有资源保护功能、欣赏教育功能、社区受益功能。对这种景区进行保护是非常重要的，所有游、憩均需在保护前提下进行。第二种是一些旅游度假区、省级风景区等，它的遗产价值不是那么高，游憩是很重要的功能，而游憩是中国未来经济发展中非常值得关注的一点，它既可以带动经济增长，又可以带动就业。第三种是民营景区及一些规模小的景区。

上述三种景区的差异巨大，不宜用同一种方式去管理。

2. 对旅游者进行旅游教育

目前很多旅游者的旅游行为较肤浅，满足于到此一游，点个卯即可。这就需要加强深度游理念的宣传。游客一旦接受这种理念，就会慢慢减少黄金周出游的比率。此外，旅游产品本身也要突破景区的概念。因为目前不少景区仍以观光为主，但高品质的旅游产品既可以是观光类的，也可以是度假类、专项类的，应该尽量把观光游所占比重往下降，度假类和专项类旅游往上推。

第五节　旅游业危机管理

旅游业具有脆弱性的特点，易受各种事件的影响和打击，从而造成旅游业的危机，影响旅游业的正常发展。旅游发展中的不确定性因素很多，风险频繁，旅游业注定要与风险同行，因此，必须把危机管理作为一种日常性的工作加以确立，对旅游业的危机进行管理，具有重要意义。

一、危机管理的概念

世界旅游组织把危机定义为：影响旅游者对一个目的地的信心和扰乱继续正常经营的非预期性事件。所谓危机管理，就是当旅游业针对战争、瘟疫、恐怖活动、政治动乱等可能对旅游业造成重大影响的非预期性事件时应该采取的对策，其目的是将损失减少到最小程度。

众所周知，脆弱性是旅游业最显著的特点之一。战争、瘟疫、恐怖活动、政治动乱等都会给旅游业带来致命的打击。以2020年席卷全球的新冠疫情为例，受其影响，高速发展中的中国及世界旅游业突然停顿！

疫情发生后，在长达半年多的时间内，全球旅行社业在告急，饭店业在告急，旅游区

（点）在告急，旅游业全线告急……航空公司取消了航班，饭店客房空置，更多的业内员工被解雇……全球航空公司、酒店、度假村、旅行社、旅游景区以及餐饮等纷纷按下了暂停键，不少旅游企业宣布倒闭。

据估计，疫情对旅游业的影响可能是"9·11"事件对美国影响的数十倍，旅游业自二战以来，从未遇到过如此灾难。

因此，做好危机管理具有重要意义，危机管理是旅游业研究的重要课题。

如需进一步了解旅游酒店业如何做好危机管理，可登录刘伟酒店网（www.liuweihotel.com）—院校服务—视频（或扫描二维码），观看本书作者就这一问题所做的网络直播。

二、危机管理的目标和主体

1. 危机管理的目标

危机的发生，会危及旅游者的生命和财产的安全，严重影响旅游企业的正常经营活动，为旅游业和地方经济的发展带来严重危害，甚至造成大规模失业等社会问题，危机管理的目标就是尽可能地减少这种损失和危害。

2. 危机管理的主体

危机的发生涉及社会的各个方面。危机管理的主体包括：

- 各级政府：包括中央政府和地方政府等。
- 旅游主管部门：包括国家和地方旅游主管部门，如国家旅游局、地方旅游局等。
- 其他相关政府部门：如一个国家的民航局、卫生部、交通部等。
- 旅游行业组织：如世界旅游组织、世界旅游与旅行理事会、旅游饭店协会、旅行社协会等。
- 相关行业组织：如世界卫生组织等。
- 旅游企业：危机发生后，旅游企业是首当其冲的受害者，应该采取一切必要的措施来减少这种损失，因此，旅游企业理所当然是危机管理的主要参与者之一。

根据危机的性质、大小和影响范围的不同，每次危机管理的主体也会有所不同。假如危机只发生在一个企业内部，而不涉及整个行业，那么，遭遇危机的企业便成为危机管理的唯一主体；但如果危机的发生影响到整个行业，则需要各有关部门、机构、行业组织和旅游企业共同参与应对。

三、旅游业危机管理的途径

如前所述，危机管理涉及不同的管理主体，因此，在危机管理的不同阶段，不同的管理主体要采取不同的管理措施，发挥不同的作用。

（一）危机之前

1. 建立危机预警机制

旅游危机预警系统就是对危机发生的因素进行管理，评价危机形成概率与一旦危机形成将会对旅游业的发展造成什么样的后果。

2. 制定危机管理计划和程序

世界旅游组织告诫：永远不要低估危机对旅游业的可能危害，它们是极端危险的。把危机影响最小化的最佳途径就是充分做好准备。为此，有关方面可以预先制定一套科学的危机管理计划和程序。必要时要对危机管理计划进行预演排练，并不断修正和完善。

3. 设立危机基金

设立危机基金的目的，是为了在危机发生时，能够及时运用这笔基金，根据危机情况做出迅速、灵活的反应，而不必经过一个冗长复杂的行动程序。该基金可以用于对旅游企业给予各种形式的援助，以及危机过后旅游业的推广，也可以用于奖励、资助那些在危机中表现突出、为对抗和尽快结束危机做出突出贡献的单位、组织和个人。

（二）危机期间

1. 发布信息

危机发生后，要根据危机涉及的范围、严重程度等，由旅游主管部门、旅游行业组织、国家及地方政府等，通过新闻媒体等适时向社会公众发布信息，使外界和社会公众能够及时了解危机的客观情况，防止谣言的散布，甚至造成社会的不安定。为此，可设立一个新闻中心，迅速通过媒体发布相关信息，并确保所发布信息的客观、准确、诚实、透明，既不夸大事实，也不为了达到某种目的而隐瞒或扭曲事实真相。

2. 制止危机

危机发生后，有关政府部门、行业组织和旅游企业要尽快积极采取措施，制止危机，防止危机的扩大，避免对旅游业造成更大的损害。

3. 确保安全

危机期间，政府部门可采取强制措施，要求旅游企业确保旅游者的安全。旅游部门应任命专人负责与其他政府部门、专业服务机构、旅游行业和世界旅游组织在安全保障方面的联络。旅游部门要制定旅游行业安全保障措施，并在改进安全保障方面担当积极的角色。必要时，应组建能用多种语言提供服务的旅游警察队伍和紧急电话中心。

4. 实施金融救助和财税措施支持旅游企业

危机发生后，旅游企业要通过行业协会，呼吁政府给予旅游企业各种类型的支持，帮助企业渡过难关。此时，行业协会应坚决地站在行业的立场上，客观反映行业的现状，维护行业的利益，与政府进行充分沟通，争取政府的各项政策支持。而各级政府也要充分理解旅游企业的困境，主动给予旅游企业在各种行政费用、税收等方面的优惠政策。

（三）危机过后

危机过后，旅游业面临的首要任务是恢复和发展。而恢复公众的信心、恢复旅游者的信心更是优先要解决的问题。

1. 宣传旅游地的安全形象

通过报纸、电视等新闻媒体，广泛宣传旅游地的安全形象，尽快恢复国内外旅游者的信心。必要时，可请国家和地方政府领导人出面，亲自对旅游业进行宣传促销。

2. 启动各种旅游促销活动

危机过后，政府有义务加大投入，启动各种旅游促销活动。恢复危机后的旅游业的核心在于恢复旅游者对旅游地的信心，而政府及新闻媒体的宣传在这方面所起的作用尤为明显。

根据旅游业的特点和旅游业发展规律，危机过后，旅游业的恢复是有先后的，一般说来，国内旅游和出境旅游要优先于国际入境游，近距离旅游优先于中、远距离旅游，商务旅游优先于休闲度假和观光旅游，散客和家庭旅游优先于团队旅游，小包价和半包价旅游优先于全包价旅游。因此，旅游业在危机过后的市场营销中，要讲究技巧和灵活性，要有计划、有针对性、有重点、有步骤地进行，以期取得事半功倍的营销效果。

首先要将侧重点放在专门兴趣市场，例如高尔夫、滑雪、体育赛事、文化节庆以及蜜月旅行等，这些方面的需求往往对危机事件具有较强的"免疫力"。有经验的旅行者和经常往返某地的旅行者往往最不容易被危机吓跑。

危机促销的另一个重点应该是集中在周边国家和地区，因为那里的居民对该国的社会经济状况比较熟悉，不易受到危机负面报道的影响。特别要注意加强国内市场宣传，国内旅游在危机恢复时期可以弥补外国旅游需求的不足。

保持促销内容的可信度也至关重要。因为过度推销或者在宣传材料中对旅游产品进行不恰当的表述都将犯下严重错误，不仅损失机构美誉，甚至可能制造出新的危机。

3. 邀请境内外媒体记者进行宣传报道

邀请境内外媒体记者进行宣传报道是一种很好的旅游宣传方式，宣传效果好，且影响面广。例如，2003年"非典"过后，上海市便组织江浙旅游专栏记者来沪采风，向江浙游客推出"非典"后上海旅游新形象、新产品。

此外，重大灾害事件的纪念日，如100天、6个月、一周年、两周年等，也是进行宣传报道的好时机。媒体通常在这些时间里回顾灾害造成的伤亡、损失等，而这些日子也是受众们着重留意受影响地点现状的时机。如能够利用这些时机，充分提供积极正向的消息，也可以帮助受危机影响地区吸引游客。

四、危机管理的策略

在旅游业的危机发生之后，旅游目的地应该采取以下传播和沟通策略，以期恢复和改进目的地形象。

1. 淡化危机

当面临形象危机时,最简单消极的对策就是当什么也没有发生,以不变应万变。有些旅游目的地在危机事件发生后并不积极采取挽回形象的举措,而是期望随着时间的推移以及其他热点事件的发生,会使游客们忘掉过去的不快。例如,2001年西班牙的几个城市遭到"埃塔"组织的恐怖袭击,当地政府采取了"一切如常"的方式冷处理,在这些城市的旅游广告中对袭击事件只字未提。

但是,由于外部媒体的压力,这种方式并非任何情况下都能够适用。这就需要设法减轻公众对危机事件严重程度的感觉。例如,突尼斯市曾遭遇一次恐怖袭击,之后一位当地官员告诉媒体,只有一座犹太教堂遭到攻击,证明这只是一次偶发事件,突尼斯仍然是一个安全的旅游目的地。同样,当开罗受到自杀式炸弹袭击后,埃及旅游部门试图向媒体表明那只是一个孤立的事件,其背后并没有恐怖网络组织的支持。在上述案例中,官方都努力强调危机事件的偶然性,试图说明再次发生类似事件的可能性极小。

2. 使用正面信息

这一策略主要包括两种具体方法:一是直接通过公关和广告做正面宣传,二是对目的地进行重新定位包装。

使用第一种方法时,所传递的信息要针对原有形象中的负面因素,努力改变原有的不够安全、不够稳定或不够卫生等不良形象。如果某目的地被认为是不安全的,广告内容可以安排去过的游客介绍他们的成功旅行经历和良好的安全感。同样地,受到恐怖袭击困扰并在国际媒体上出现过相关负面报道的国家,则可以发起正面宣传,大力传播有利的正面信息。

尽管印度旅游资源非常丰富,但每年的海外游客数量很少。在许多海外游客心目中,印度是一个充满疾病、流血和贫困的国家。为此,20××年,印度国家旅游局发动了一场旨在传播正面信息的宣传活动,力图向外界传播一个完全不同的印度形象:和平、美丽、文化灿烂、充满精神魅力。事实证明这种重新定位包装是一种改变原有不良国家形象的有效办法。

20××年夏,德国文化局针对欧洲市场发动了一场宣传攻势,目的也是传播国家正面形象。其内容主要是要改变人们对德国人都是缺乏幽默感的工作狂的刻板印象,以及二战期间纳粹德国的凶残可怕形象,努力传播当代德国生活的崭新图景。广告宣传片中展现了一个充满魅力和浪漫时尚的德国:人们一天工作7小时,有大量休假,古老教堂前的婚礼队伍,超级名模克罗迪娅·席弗,足球巨星贝肯鲍尔⋯⋯

3. 承认负面形象

在有些情况下,直接承认负面形象是最有效的手段。这一策略可以用在危机中或危机刚刚结束时,目的是展现一种诚实可信的形象。而当危机过去以后,可以通过广告介绍某目的地过去曾经不安全、不卫生或缺乏旅游服务,但如今已彻底改观,面貌一新。有些国家还运用这种策略说明国内某地确实存在问题,坦率地奉劝游客们不要前往该地。例如,英国旅游局曾通知游客不要前往暴发口蹄疫的英格兰农村地区。

【经典案例】

三亚危机公关："愤怒老驴"变"友好使者"

近日，曾在网上以《如此让人恶心的三亚》怒批三亚旅游的游客"愤怒老驴"，应三亚市邀请参加海南最盛大的欢乐节，重新体验了三亚全新的旅游服务。从遭受非礼之遇到成为三亚座上宾，从发誓不再来三亚到成为"三亚友好使者"，反思整个事件，启迪良多。

事件：一文激起千层浪

位于我国南端的城市三亚，向来以一流的热带自然风光闻名国内外。然而，一则题为《如此让人恶心的三亚》的帖子，却给这个旅游名城招来难堪的骂声。该帖讲述了四川游客一家5人今年春节在三亚被流动商贩、派出所纠缠、殴打、留滞长达7个小时的痛苦经过。各地网站、论坛、博客纷纷转载。

"愤怒老驴"的文章引起了三亚市委、市政府的高度重视，并立即对天涯海角景区进行了大力整改。9月13日，三亚有关部门负责人奔赴四川，给游客徐翀送上天涯海角景区半年变化的实录资料，开展了一次真情之旅。徐翀由此改变了态度，并最终在海南岛欢乐节期间重游三亚，愉快地接受了"三亚友好使者"的称号。

结果："愤怒老驴"促两市联姻

在三亚有关部门负责人的四川之旅中，徐翀曾主动提出，自己的家乡遂宁和三亚都是知名旅游城市，两地可以加强合作，互相借鉴经验，共同发展旅游。在这位"红娘"的促成下，近日，遂宁市市长胡昌升，市委常委、宣传部长邓学建，副市长胡家正以及代表团全体成员等26人专门到三亚出席了"友好城市"的签约仪式。

反思："愤怒老驴"事件是对政府危机公关能力的考验

三亚旅游收入已占其GDP的70%以上。有评论说，"愤怒老驴"事件是三亚一次经典的危机公关，更是三亚一次漂亮的城市营销战，实际上更能折射出三亚近些年旅游观念的改变。

"愤怒老驴"事件是对政府危机公关力的考验，在这个过程中，三亚市政府及有关部门给人留下了深刻印象。但不容回避的是，在事件的最初阶段，三亚有关部门反应有些迟钝。这种迟钝，本质上源自对普通消费者权益的漠视。随着事件社会关注度、影响力的扩大，三亚市委、市政府采取果断措施，对景区进行整改，对相关责任人进行处理，并与"愤怒老驴"进行真诚沟通。正是这一系列真心实意的举措，才换来了"愤怒老驴"的笑脸、理解和重游，也换来了游客对三亚新的期待。

（摘编自：《中国旅游报》2007年12月3日，王赵洵）

4. 地理隔离策略

当某个旅游目的地所在的国家或地区形象不佳的时候，可以考虑地理隔离策略，即将该地与有问题的地区互相隔离开来。例如，在巴以冲突之后，约旦旅游部门大力宣传约旦与以色列不同，是非常安全的目的地。又如20××年，尼泊尔旅游局也曾宣称该国的暴力事件只发生在偏远乡村，而对位于城市地区的主要旅游景点毫无影响。

5. 化不利因素为有利因素

这一策略在承认负面形象的基础上再进一步，设法将导致负面形象的不利因素转化为有利因素。例如芬兰的拉普兰地区多年来给世人的印象是边远的苦寒之地，鲜有游客问津。如今随着全球暖冬现象的发生，这里的寒冬反而成为吸引游客的优势。当地旅游部门为此组织了大量冬季文化游艺节庆活动，大力宣传拉普兰"拥有真正的冬天"。再如，多年来韩国在国际上知名度比较低，很少有海外游客前往，因此韩国旅游部门提出了"韩国，亚洲最神秘之地"的宣传口号。

6. 改变名称、口号或标志

当提到某个国家时，通常人们首先想到的是它的名称、口号或标志。因此，为了改变目的地的形象，首先应当考虑改变这些重要元素。例如，波兰旅游部门正在考虑将风筝作为国家的新标志，来改变波兰原有的封闭、保守、贫困、死板的灰色形象，并促进旅游业发展。因为风筝具有许多正面的象征意义，包括自由、年轻、爱情、希望和热爱生活等。

同样，旅游目的地也可以通过改变口号来强调其崭新的形象，例如马来西亚的新口号是"马来西亚，真正的亚洲"（Malaysia, Truly Asia），泰国则是"令人惊喜的泰国"（Amazing Thailand）。

7. 改变目标受众

最后一个处理形象危机的策略是寻找可能受危机影响较小的特定目标群体。有时候由于危机本身性质较为严重，要想改变现有目标受众几乎已不可能，目的地营销人员只能设法寻找另外的受众。近年来，中东地区的一些国家就采取了这一策略。例如在以色列，广告宣传的重点已经不再是一般的西方游客，而是对负面新闻报道不太敏感的宗教旅游者，如西方国家的犹太人和耶稣福音会成员等。广告宣传充分利用了这些游客的虔诚宗教信仰来吸引其访问圣城耶路撒冷："不要让你的灵魂再等待了，来以色列吧！"

以上危机管理的传播和沟通策略必须视实际情况灵活运用，例如，在国际媒体上频繁被报道出现恐怖事件的国家和地区，显然不能使用"不承认有危机"的策略。目的地形象是重要的，但是着手改善实际情况比举办宣传活动更加重要。

【本章小结】

● 旅游业的可持续发展，就是在满足当代旅游者和旅游地居民的各种需要的同时，保持和增进未来发展机会，其实质是要求旅游与自然、社会、文化和人类的生存环境成为一个整体，以协调和平衡彼此间的关系，实现经济发展目标和社会发展目标的统一。

● 实现旅游业的可持续发展可从旅游资源开发、旅游企业经营、旅游者的消费行为以及国家旅游管理机构等方面着力。

● 旅游业的协调发展包括旅游业内部的协调发展、旅游业与其他部门和行业的协调发展、国内旅游与国际旅游的协调发展，以及旅游开发与社区居民利益的协调发展等。

● 区域旅游合作是指不同国家或地区为了提高旅游业的经济效益，实现旅游发展的共赢局面，同时更好地满足旅游者的旅游需求，在旅游发展规划、旅游资源开发、旅游业经营管理以及市场营销等方面进行的跨行政区域的旅游合作。

● 区域旅游合作的基础是旅游资源的互补性、旅游效益的共享性、旅游品牌的聚核性。区域旅游合作分为3种类型：目的地与客源地之间的合作；目的地之间的合作；互为目的地、互为客源地的合作。

● 区域旅游合作的内容可包括：资源共用；市场共享；线路互推；政策互惠；信息互通；节庆互动；交通互联；管理一体。

● 区域旅游合作的原则包括：政府主导；统一规划；交通先行；共同营销；争议互商。

● 危机管理，就是针对战争、瘟疫、恐怖活动、政治动乱等可能对旅游业造成重大影响的非预期性事件时，旅游业应该采取的对策，以期将损失减少到最小程度。危机管理分为三个阶段：危机之前，危机期间，危机过后。在不同的阶段，应该采取不同的危机管理措施。

● 危机管理的主体是各级政府、旅游主管部门、旅游行业组织和旅游企业，危机管理的目标是将危机可能造成的损失降低到最低程度。

【复习思考】

1. 什么是旅游业的可持续发展？旅游业的可持续发展包括哪些基本思想？

2. 如何实现旅游业的可持续发展？

3. 旅游业的协调发展主要体现在哪些方面？

4. 试述区域旅游合作的内容。

5. 区域旅游合作的原则有哪些？

6. 什么是旅游业的危机管理？

7. 旅游业危机管理的目标和主体有哪些？

8. 试述旅游业危机管理的途径。

【案例分析】

中国政府如何应对旅游危机
——以"5·12"大地震和金融危机为例

在重大危机来临的时候，政府需要承担更为重要的历史使命。现代旅游业已广泛涉及经济、政治、文化、社会、环境各个方面，旅游业所面临的危机绝不是表面上的旅游市场问题，而是关乎旅游需求、旅游投资、旅游企业、旅游就业各个方面。当重大危机来临的时候，各级政府，特别是中央政府必须要站到国家社会经济平稳发展和为历史负责的高度担起自己应有的责任，完全寄希望于市场的自我调节和自我恢复的期望和行为都是不可取的。

在2008年"5·12"汶川大地震中，中国政府动用了整个国家的力量，包括政府、业界、军队、警察、志愿者等各方面力量，重点从以下几个方面来恢复整个区域旅游经济的可持续发展能力：

一是救援。生命是无价的，当重大的自然灾害发生时，生命重于景观。中国政府首先把重点放在对旅游者和当地老百姓的生命救援上，把人的生命价值看得高于一切，也涌现出一批可歌可泣和感动世界的事件与人物。这些事件和人物已经成为中国旅游业重振和发展战略中的重要精神力量。

二是规划。震后一周，根据国务院的统一部署，国家旅游局启动了灾后旅游重建规划工作。把涉及国际国内社会各方面的恢复、重建和振兴工作纳入到一个系统的理性框架中。

三是恢复基础设施。旅游经济的发展依赖于交通的可进入性和目的地接待体系的完善。针对损毁的交通、景区、饭店、农家乐等基础设施，中央和地方政府投入大量资金用于恢复重建。正是这些有针对性的重点干预，才让危机过后的市场恢复具有坚实的物质基础。

四是分阶段、分类型启动市场。政府加大市场促销力度，在保证安全的前提下，有步骤、分区域地启动了灾区旅游市场，逐步把灾区旅游业导入正常的运营状态。

五是加强国际合作。在一个开放的经济体系中，国际合作也是应对危机的重要支撑力量。在这次灾后重建过程中，包括世界旅游组织、亚太旅游协会以及世界各国政府和旅游业界都给予了大量的援助，包括智力的、市场的和物质的。

……

2008年9月15日，美国第四大投资银行雷曼兄弟被迫申请破产保护，意味着美国的次贷危机已经转化为全球的金融危机，并逐步蔓延到全球实体经济的范畴，世界经济萧条的可能性正在逐步加大。对此，中国旅游业界主要采取了如下措施：

第一，及时预警，跟踪监测。在雷曼兄弟申请破产的第二天，作为中国国家旅游局领导下的专业智囊机构——中国旅游研究院就立即启动了对这一事件的专题研究，并通过《旅游内参》《信息快报》和专题研究等形式提醒政府和业界：已经到来的全球金融危机，正在沿着需求增量减弱和投资速度放缓两个方面对整个旅游经济体系产生影响。一个逐渐蔓延的"冬天"正在来临，我们需要为此做好相应的准备。

第二，及时调整旅游经济运行的总体战略，把国内旅游放在一个更为突出的位置上来。当时，国内旅游已经占整个中国旅游市场需求的92%，国内旅游消费则占旅游消费总量的74%，事实已经表明：国内旅游已经是整个旅游经济运行的绝对主体和内生基础。在全球旅游经济萧条的情况下，中国比以往任何时候都更为注重国内旅游和居民休闲的现实需求。我们还更为关注城市居民休闲市场与乡村旅游市场，千方百计推进乡村旅游产品的升级换代。如广东省政府宣布启动"国民旅游计划"，以期推动国内旅游的发展。

第三，千方百计地通过投资的拉动，来确保旅游经济运行的基本面和就业存量不至于减少。中国政府宣布增加4万亿元投资拉动内需。

第四，切实解决旅游企业运行中的困难。政府主管部门采取了通过退还旅行社质量保证金、减免税费等方式，来优化旅游经济运行环境，特别是要增强旅游企业应对危机的能力和长期运行的活力。

◎问题：如何评价中国政府在"5·12"大地震和金融危机中的危机管理策略？

【拓展阅读】

请扫描二维码，阅读以下文章：

《白鹿原民俗村要拆了　3.5个亿就打了3年半的水漂》

第十三章
旅游业发展趋势

　　本章主要介绍世界旅游业的未来发展趋势，同时，也将对中国正在开展的"全域旅游"做一介绍，以便大家了解和把握国内外旅游业发展动态和发展趋势。

本章学习目标 / Learning Objectives

- 认识全域旅游；
- 了解世界旅游业发展趋势。

本章关键概念 / Key Words

- 全域旅游 / All-for-one Tourism
- 旅游发展趋势 / Development Trends of Tourism

第一节 全域旅游

一、全域旅游的概念

全域旅游是中国政府提出来的一种旅游发展模式和发展理念。最早是针对景点旅游和门票经济为特征的"景点旅游发展模式"等狭隘的旅游发展观提出来的。

全域旅游，是指在一定区域内，以旅游业为优势产业，通过对区域内经济社会资源尤其是旅游资源、相关产业、生态环境、公共服务、体制机制、政策法规、文明素质等进行全方位、系统化的优化提升，实现区域资源有机整合、产业融合发展、社会共建共享，以旅游业带动和促进经济社会协调发展的一种新的区域协调发展理念和模式。

二、全域旅游的意义

旅游是发展经济、增加就业和满足人民日益增长的美好生活需要的有效手段，旅游业是提高人民生活水平的重要产业。近年来，中国旅游经济快速增长，产业格局日趋完善，市场规模品质同步提升，旅游业已成为国民经济的战略性支柱产业。但是，随着大众旅游时代到来，中国旅游有效供给不足、市场秩序不规范、体制机制不完善等问题日益凸显。发展全域旅游，有利于不断提升旅游业现代化、集约化、品质化、国际化水平，更好地满足旅游消费需求。

三、全域旅游的指导思想

发展全域旅游的指导思想是：牢固树立和贯彻落实新发展理念，加快旅游供给侧结构性改革，着力推动旅游业从门票经济向产业经济转变，从粗放低效方式向精细高效方式转变，从封闭的旅游自循环向开放的"旅游+"转变，从企业单打独享向社会共建共享转变，从景区内部管理向全面依法治理转变，从部门行为向政府统筹推进转变，从单一景点景区建设向综合目的地服务转变。

四、发展全域旅游的基本原则

1.统筹协调，融合发展

把促进全域旅游发展作为推动经济社会发展的重要抓手，从区域发展全局出发，统一规划，整合资源，凝聚全域旅游发展新合力。大力推进"旅游+"，促进产业融合、产城融合，全面增强旅游发展新功能，使发展成果惠及各方，构建全域旅游共建共享新格局。

2. 因地制宜，绿色发展

注重产品、设施与项目的特色，不搞一个模式，防止千城一面、千村一面、千景一面，推行各具特色、差异化推进的全域旅游发展新方式。牢固树立绿水青山就是金山银山的理念，坚持保护优先，合理有序开发，防止破坏环境，摒弃盲目开发，实现经济效益、社会效益、生态效益的相互促进、共同提升。

3. 改革创新，示范引导

突出目标导向和问题导向，努力破除制约旅游发展的瓶颈与障碍，不断完善全域旅游发展的体制机制、政策措施、产业体系。开展全域旅游示范区创建工作，打造全域旅游发展典型，形成可借鉴可推广的经验，树立全域旅游发展新标杆。

五、全域旅游的主要目标

1. 旅游发展全域化

推进全域统筹规划、全域合理布局、全域服务提升、全域系统营销，构建良好自然生态环境、人文社会环境和放心旅游消费环境，实现全域宜居宜业宜游。

2. 旅游供给品质化

加大旅游产业融合开放力度，提升科技水平、文化内涵、绿色含量，增加创意产品、体验产品、定制产品，发展融合新业态，提供更多精细化、差异化旅游产品和更加舒心、放心的旅游服务，增加有效供给。

3. 旅游治理规范化

加强组织领导，增强全社会参与意识，建立各部门联动、全社会参与的旅游综合协调机制。坚持依法治旅，创新管理机制，提升治理效能，形成综合产业综合抓的局面。

4. 旅游效益最大化

把旅游业作为经济社会发展的重要支撑，发挥旅游"一业兴百业"的带动作用，促进传统产业提档升级，孵化一批新产业、新业态，不断提高旅游对经济和就业的综合贡献水平。

六、全域旅游发展模式

（一）推进融合发展，创新产品供给

1. 推动旅游与城镇化、工业化和商贸业融合发展

建设美丽宜居村庄、旅游小镇、风情县城以及城市绿道、慢行系统，支持旅游综合体、主题功能区、中央游憩区等建设。依托风景名胜区、历史文化名城名镇名村、特色景观旅游名镇、传统村落，探索名胜名城名镇名村"四名一体"的全域旅游发展模式。利用工业园

区、工业展示区、工业历史遗迹等开展工业旅游，发展旅游用品、户外休闲用品和旅游装备制造业。积极发展商务会展旅游，完善城市商业区旅游服务功能，开发具有自主知识产权和鲜明地方特色的时尚性、实用性、便携性旅游商品，增加旅游购物收入。

2. 推动旅游与农业、林业、水利融合发展

大力发展观光农业、休闲农业，培育田园艺术景观、阳台农艺等创意农业，鼓励发展具备旅游功能的定制农业、会展农业、众筹农业、家庭农场、家庭牧场等新型农业业态，打造一、二、三产业融合发展的美丽休闲乡村。积极建设森林公园、湿地公园、沙漠公园、海洋公园，发展"森林小镇"等。科学合理利用水域和水利工程，发展观光、游憩、休闲度假等水利旅游。

3. 推动旅游与交通、环保、国土、海洋、气象融合发展

加快建设自驾车、房车旅游营地，推广精品自驾游线路，打造旅游风景道和铁路遗产、大型交通工程等特色交通旅游产品，积极发展邮轮游艇旅游、低空旅游。开发建设生态旅游区、天然氧吧、地质公园、矿山公园、气象公园以及山地旅游、海洋海岛旅游等产品，大力开发避暑避寒旅游产品，推动建设一批避暑避寒度假目的地。

4. 推动旅游与科技、教育、文化、卫生、体育融合发展

充分利用科技工程、科普场馆、科研设施等发展科技旅游。以弘扬社会主义核心价值观为主线发展红色旅游，积极开发爱国主义和革命传统教育、国情教育等研学旅游产品。科学利用传统村落、文物遗迹及博物馆、纪念馆、美术馆、艺术馆、世界文化遗产、非物质文化遗产展示馆等文化场所开展文化、文物旅游，推动剧场、演艺、游乐、动漫等产业与旅游业融合开展文化体验旅游。加快开发高端医疗、中医药特色、康复疗养、休闲养生等健康旅游。大力发展冰雪运动、山地户外运动、水上运动、汽车摩托车运动、航空运动、健身气功养生等体育旅游，将城市大型商场、有条件景区、开发区闲置空间、体育场馆、运动休闲特色小镇、连片美丽乡村打造成体育旅游综合体。

5. 提升旅游产品品质

深入挖掘历史文化、地域特色文化、民族民俗文化、传统农耕文化等，实施中国传统工艺振兴计划，提升传统工艺产品品质和旅游产品文化含量。积极利用新能源、新材料和新科技装备，提高旅游产品科技含量。推广资源循环利用、生态修复、无害化处理等生态技术，加强环境综合治理，提高旅游开发生态含量。

6. 培育壮大市场主体

大力推进旅游领域大众创业、万众创新，开展旅游创客行动，建设旅游创客示范基地，加强政策引导和专业培训，促进旅游领域创业和就业。鼓励各类市场主体通过资源整合、改革重组、收购兼并、线上线下融合等投资旅游业，促进旅游投资主体多元化。培育和引进有竞争力的旅游骨干企业和大型旅游集团，促进规模化、品牌化、网络化经营。落实中小旅游企业扶持政策，引导其向专业、精品、特色、创新方向发展，形成以旅游骨干企业为龙头、大中小旅游企业协调发展的格局。

（二）加强旅游服务，提升满意指数

1. 以标准化提升服务品质

完善服务标准，加强涉旅行业从业人员培训，规范服务礼仪与服务流程，增强服务意识与服务能力，塑造规范专业、热情主动的旅游服务形象。

2. 以品牌化提高满意度

按个性化需求，实施旅游服务质量标杆引领计划和服务承诺制度，建立优质旅游服务商名录，推出优质旅游服务品牌，开展以游客评价为主的旅游目的地评价，不断提高游客满意度。

3. 推进服务智能化

涉旅场所实现免费WiFi、通信信号、视频监控全覆盖，主要旅游消费场所实现在线预订、网上支付，主要旅游区实现智能导游、电子讲解、实时信息推送，开发建设咨询、导览、导游、导购、导航和分享评价等智能化旅游服务系统。

4. 推行旅游志愿服务

建立旅游志愿服务工作站，制定管理激励制度，开展志愿服务公益行动，提供文明引导、游览讲解、信息咨询和应急救援等服务，打造旅游志愿服务品牌。

5. 提升导游服务质量

加强导游队伍建设和权益保护，指导督促用人单位依法与导游签订劳动合同，落实导游薪酬和社会保险制度，明确用人单位与导游的权利义务，构建和谐稳定的劳动关系，为持续提升导游服务质量奠定坚实基础。全面开展导游培训，组织导游服务技能竞赛，建设导游服务网络平台，切实提高导游服务水平。

（三）加强基础配套，提升公共服务

1. 扎实推进"厕所革命"

加强规划引导、科学布局和建设配套设施，提高城乡公厕管理维护水平，因地制宜推进农村"厕所革命"。加大中央预算内资金、旅游发展基金和地方各级政府投资对"厕所革命"的支持力度，加强厕所技术攻关和科技支撑，全面开展文明用厕宣传教育。在重要旅游活动场所设置第三卫生间，做到主要旅游景区、旅游线路以及客运列车、车站等场所厕所数量充足、干净卫生、实用免费、管理有效。

2. 构建畅达便捷交通网络

完善综合交通运输体系，加快新建或改建支线机场和通用机场，优化旅游旺季以及通重点客源地与目的地的航班配置。改善公路通达条件，提高旅游景区可进入性，推进干线公路与重要景区连接，强化旅游客运、城市公交对旅游景区、景点的服务保障，推进城市绿道、骑行专线、登山步道、慢行系统、交通驿站等旅游休闲设施建设，打造具有通达、游憩、体验、运动、健身、文化、教育等复合功能的主题旅游线路。鼓励在国省干线公路和通景区公路沿线增设观景台、自驾车房车营地和公路服务区等设施，推动高速公路服务区向集交通、旅游、生态等服务于一体的复合型服务场所转型升级。

3.完善集散咨询服务体系

继续建设提升景区服务中心，加快建设全域旅游集散中心，在商业街区、交通枢纽、景点景区等游客集聚区设立旅游咨询服务中心，有效提供景区、线路、交通、气象、海洋、安全、医疗急救等信息与服务。

4.规范完善旅游引导标识系统

建立位置科学、布局合理、指向清晰的旅游引导标识体系，重点涉旅场所规范使用符合国家标准的公共信息图形符号。

（四）加强环境保护，推进共建共享

1.加强资源环境保护

强化对自然生态、田园风光、传统村落、历史文化、民族文化等资源的保护，依法保护名胜名城名镇名村的真实性和完整性，严格规划建设管控，保持传统村镇原有肌理，延续传统空间格局，注重文化挖掘和传承，构筑具有地域特征、民族特色的城乡建筑风貌。倡导绿色旅游消费，实施旅游能效提升计划，降低资源消耗，推广使用节水节能产品和技术，推进节水节能型景区、酒店和旅游村镇建设。

2.推进全域环境整治

积极开展主要旅游线路沿线风貌集中整治，在路边、水边、山边、村边开展净化、绿化、美化行动，在重点旅游村镇实行改厨、改厕、改客房、整理院落，以及垃圾污水无害化、生态化处理，全面优化旅游环境。

3.强化旅游安全保障

组织开展旅游风险评估，加强旅游安全制度建设，按照职责分工强化各有关部门安全监管责任。强化安全警示、宣传、引导，完善各项应急预案，定期组织开展应急培训和应急演练，建立政府救助与商业救援相结合的旅游救援体系。加强景点景区最大承载量警示、重点时段游客量调控和应急管理工作，提高景区灾害风险管理能力，强化对客运索道、大型游乐设施、玻璃栈道等设施设备和旅游客运、旅游道路、旅游节庆活动等重点领域及环节的监管，落实旅行社、饭店、景区安全规范。完善旅游保险产品，扩大旅游保险覆盖面，提高保险理赔服务水平。

4.推进旅游扶贫和旅游富民

大力实施乡村旅游扶贫富民工程，通过资源整合积极发展旅游产业，健全完善"景区带村、能人带户"的旅游扶贫模式。通过民宿改造提升、安排就业、定点采购、输送客源、培训指导以及建立农副土特产品销售区、乡村旅游后备厢等方式，增加贫困村集体收入和建档立卡贫困人口人均收入。加强对深度贫困地区旅游资源普查，完善旅游扶贫规划，指导和帮助深度贫困地区设计、推广跨区域自驾游等精品旅游线路，提高旅游扶贫的精准性，真正让贫困地区、贫困人口受益。

5. 营造良好社会环境

树立"处处都是旅游环境，人人都是旅游形象"理念，面向目的地居民开展旅游知识宣传教育，强化居民旅游参与意识、形象意识和责任意识。加强旅游惠民便民服务，推动博物馆、纪念馆、爱国主义教育示范基地、美术馆、公共图书馆、文化馆、科技馆等免费开放。加强对老年人、残疾人等特殊群体的旅游服务。

（五）实施系统营销，塑造品牌形象

1. 制定营销规划

把营销工作纳入全域旅游发展大局，坚持以需求为导向，树立系统营销和全面营销理念，明确市场开发和营销战略，加强市场推广部门与生产供给部门的协调沟通，实现产品开发与市场开发无缝对接。制定客源市场开发规划和工作计划，切实做好入境旅游营销。

2. 丰富营销内容

进一步提高景点景区、饭店宾馆等旅游宣传推广水平，深入挖掘和展示地区特色，做好商贸活动、科技产业、文化节庆、体育赛事、特色企业、知名院校、城乡社区、乡风民俗、优良生态等旅游宣传推介，提升旅游整体吸引力。

3. 实施品牌战略

着力塑造特色鲜明的旅游目的地形象，打造主题突出、传播广泛、社会认可度高的旅游目的地品牌，建立多层次、全产业链的品牌体系，提升区域内各类旅游品牌的影响力。

4. 完善营销机制

建立政府、行业、媒体、公众等共同参与的整体营销机制，整合利用各类宣传营销资源和渠道，建立推广联盟等合作平台，形成上下结合、横向联动、多方参与的全域旅游营销格局。

5. 创新营销方式

有效运用高层营销、网络营销、公众营销、节庆营销等多种方式，借助大数据分析加强市场调研，充分运用现代新媒体、新技术和新手段，提高营销精准度。

（六）加强规划工作，实施科学发展

1. 加强旅游规划统筹协调

将旅游发展作为重要内容纳入经济社会发展规划和城乡建设、土地利用、海洋主体功能区和海洋功能区划、基础设施建设、生态环境保护等相关规划中，由当地人民政府编制旅游发展规划并依法开展环境影响评价。

2. 完善旅游规划体系

编制旅游产品指导目录，制定旅游公共服务、营销推广、市场治理、人力资源开发等专项规划或行动方案，形成层次分明、相互衔接、规范有效的规划体系。

3. 做好旅游规划实施工作

全域旅游发展总体规划、重要专项规划及重点项目规划应制定实施分工方案与细则，建

立规划评估与实施督导机制，提升旅游规划实施效果。

（七）创新体制机制，完善治理体系

1. 推进旅游管理体制改革

加强旅游业发展统筹协调和部门联动，各级旅游部门要切实承担起旅游资源整合与开发、旅游规划与产业促进、旅游监督管理与综合执法、旅游营销推广与形象提升、旅游公共服务与资金管理、旅游数据统计与综合考核等职责，发挥旅游行业协会自律作用，完善旅游监管服务平台，健全旅游诚信体系。

2. 加强旅游综合执法

建立健全旅游部门与相关部门联合执法机制，强化涉旅领域执法检查。加强旅游执法领域行政执法与刑事执法衔接，促进旅游部门与有关监管部门协调配合，形成工作合力。加强旅游质监执法工作，组织开展旅游执法人员培训，提高旅游执法专业化和人性化水平。

3. 创新旅游协调参与机制

强化全域旅游组织领导，加强部门联动，建立健全旅游联席会议、旅游投融资、旅游标准化建设和考核激励等工作机制。

4. 加强旅游投诉举报处理

建立统一受理旅游投诉举报机制，积极运用"12301"智慧旅游服务平台、"12345"政府服务热线以及手机APP、微信公众号、咨询中心等多种手段，形成线上线下联动、高效便捷畅通的旅游投诉举报受理、处理、反馈机制，做到及时公正，规范有效。

5. 推进文明旅游

加强文明旅游宣传引导，全面推行文明旅游公约，树立文明旅游典型，建立旅游不文明行为记录制度和部门间信息通报机制，促进文明旅游工作制度化、常态化。

（八）强化政策支持，认真组织实施

1. 加大财政金融支持力度

通过现有资金渠道，加大旅游基础设施和公共服务设施建设投入力度，鼓励地方统筹相关资金支持全域旅游发展。创新旅游投融资机制，鼓励有条件的地方设立旅游产业促进基金并实行市场化运作，充分依托已有平台促进旅游资源资产交易，促进旅游资源市场化配置，加强监管、防范风险，积极引导私募股权、创业投资基金等投资各类旅游项目。

2. 强化旅游用地用海保障

将旅游发展所需用地纳入土地利用总体规划、城乡规划统筹安排，年度土地利用计划适当向旅游领域倾斜，适度扩大旅游产业用地供给，优先保障旅游重点项目和乡村旅游扶贫项目用地。鼓励通过开展城乡建设用地增减挂钩和工矿废弃地复垦利用试点的方式建设旅游项目。农村集体经济组织可依法使用建设用地自办或以土地使用权入股、联营等方式开办旅游企业。城乡居民可以利用自有住宅依法从事民宿等旅游经营。在不改变用地主体、规划条件的前提下，市场主体利用旧厂房、仓库提供符合全域旅游发展需要的旅游休闲服务的，可执行在五年内继续按原用途和土地权利类型使用土地的过渡期政策。在符合管控要求的前提下，合理有序安排旅游产业用海需求。

3. 加强旅游人才保障

实施"人才强旅、科教兴旅"战略，将旅游人才队伍建设纳入重点人才支持计划。大力发展旅游职业教育，深化校企合作，加快培养适应全域旅游发展要求的技术技能人才，有条件的县市应积极推进涉旅行业全员培训。鼓励规划、建筑、设计、艺术等各类专业人才通过到基层挂职等方式帮扶指导旅游发展。

4. 加强旅游专业支持

推进旅游基础理论、应用研究和学科体系建设，优化专业设置。推动旅游科研单位、旅游规划单位与国土、交通、住建等相关规划研究机构服务全域旅游建设。强化全域旅游宣传教育，营造全社会支持旅游业发展的环境氛围。增强科学技术对旅游产业发展的支撑作用，加快推进旅游业现代化、信息化建设。

第二节　世界旅游业发展趋势

旅游业产生于19世纪，20世纪是世界旅游业的大发展时期，特别是二战后，因获得了和平的发展环境，旅游业一跃成为世界第一大产业。进入21世纪，旅游业将出现更大的变化。

一、世界旅游格局将发生重大变化

1. 世界旅游区域重心向亚太地区转移

欧洲和北美是两个传统的国际旅游市场，但近些年来在国际旅游市场上的份额呈进一步缩小之势，世界旅游重心逐渐向新兴市场转移。20世纪70年代以前，欧美地区吸引了全球超过85%的入境过夜客源。随着20世纪80年代亚太地区旅游业日益崛起，世界旅游格局开始发生新变化，欧美市场份额逐渐下降。2010年之后，亚太地区已经取代美洲成为第二大国际旅游目的地。2018年亚太地区接待了全球22.7%的入境旅游者，入境旅游收入占全球比重不断上升。预计到2030年，亚太地区接待的入境过夜游客将从目前的2.18亿人次增长到5.35亿人次，在全球旅游市场中的份额也将相应由22%上升到30%，而欧美地区的比重将由67%下降至55%。

在国内游方面，亚太地区国内旅游人次增速遥遥领先于其他地区，2018年达6.9%，分别比中东、非洲、美洲、欧洲地区高出3.2、3.7、5.7和6.8个百分点。

2.新兴经济体客源地功能突显

受惠于经济的持续高速增长，新兴经济体消费水平提升显著，特别是中等收入群体迅速扩大，产生了巨大的出境旅游需求。其中，以金砖四国（中国、巴西、印度、俄罗斯）的发展最具代表性，四国出境人次与消费支出近年来大幅度增长，除印度外，其余三国已经出现旅游服务贸易逆差，且逆差呈现不断扩大的趋势，充分说明，以金砖四国为代表的新兴经济体客源地功能正在崛起。可以预计，新兴经济体未来将成为世界主要的出境客源国，也将成为世界旅游经济平稳运行的重要动力。

3.中国将成为世界第一旅游大国

从2012年起，中国已经成为全球最大的出境旅游消费国，而且已经超过美国成为全球最大的出境旅游市场。在不久的将来，中国也将成为世界最大的旅游接待国。

中国有十分丰富的自然和文化旅游资源，随着改革开放的不断深入，中国在国际上的政治、经济地位不断提高，影响不断增大，与此同时，旅游业也得到了快速的发展。多年来，中国旅游业一直是世界旅游业增长最快的国家之一，其世界排名不断上升（见表13-1）。

二、旅游将成为人们一种新的生活方式

随着世界经济的发展，人们的经济收入和生活水平不断提高，同时，随着科学技术的进步，人们的劳动生产率也不断提高，工作日相对减少，而闲暇时间则不断增加。旅游是人们使用闲暇时间的最佳方式之一，随着社会的进步，将逐渐成为人们的一种新生活方式。2019年，我国国内旅游人次数已超过60亿，是我国人口总数的4倍多！

三、旅游业在国民经济中的地位和作用将不断提高

人们对物质资料的需求是有限的，而精神需求则是无限的。旅游活动主要满足人们的精神需求。通过旅游，人们增长见识，陶冶情操，放松精神，恢复体力，因此，对旅游需求的

表13-1 1980—2019年中国入境（过夜）旅游人数和旅游（外汇）收入的世界排名

年份	过夜旅游者人数（万人次）	世界排名	旅游（外汇）收入（亿美元）	世界排名
1980	350.00	18	6.17	34
1985	713.30	13	12.50	21
1990	1048.40	11	22.18	25
1995	2003.40	8	87.33	10
2000	3122.88	5	162.24	7
2005	4680.90	4	292.96	6
2010	5566	3	458	4
2015	5688.60	3	1136.5	3
2019	6573.00	3	1313	2

[资料来源：根据世界旅游组织及文化和旅游部有关统计资料（《中国旅游业统计公报》）整理]

【链接】

"空城计"，欧洲独特的休假文化

不是亲身感受，我们是无法想象：一个国家，5700万人，在差不多同一个时间，有4000万人到国外休假去了，而把自己的城市留给了同样是休假的外国观光客。

这个国家就是意大利。

那么，罗马人都去干什么了？答曰：度假去了！

8月，正是意大利人的休假高潮，几乎所有的人都在高速公路上开着汽车奔向度假地；而我们一行人马却在拼命往城里赶。当这支浩浩荡荡的车队走进清冷的大街时，我们发现中了"空城计"：无论走到哪里，无论你想干点什么或是想找什么人，都一事无成，这里已是一座打烊的城！

满足将是无止境的。旅游业将为一个国家创造越来越多的就业机会和经济收入，因而，旅游业在国民经济中的地位和作用将不断提高。事实上，旅游业已经成为世界上最大的产业。

1998年，旅游业被确定为我国国民经济新的增长点。2009年，国务院在《关于加快发展旅游业的意见》中，首次提出要把旅游业培育成"国民经济的战略性支柱产业和人民群众更加满意的现代服务业"，充分体现了旅游业在我国国民经济中的重要地位和作用。

四、旅游业经营将日趋集团化、国际化

随着国际贸易自由化的发展，各国在不断减少和消除各种有形的和无形的贸易壁垒。就旅游业而言，为了鼓励旅游业的发展，越来越多的国家开始简化签证手续，缩短签证时间，或实施落地签证甚至取消签证的政策。与此同时，越来越多的国家开始允许国际跨国公司或外国公司在本国以合资、独资等多种形式开办旅游企业，从事旅游经营活动。因此，旅游业经营将走向国际化，旅游业的竞争将进一步加剧。为了应对日益激烈的竞争，旅游企业将通过联合、合并或吞并等多种形式，走集团化道路，以便增强实力，降低成本，促进销售。

五、旅游服务将走向个性化

旅游服务产品是无形的，服务质量最终是由客人评价的，而客人评价服务质量优劣的标准是能否满足客人需求。客人的需求千差万别，既有共性的部分，又有个性化的部分，因此，要使服务质量上一个台阶，必须能满足客人的个性化需求，为客人提供个性化服务（Personalized Service OR Individualized Service）。

与个性化服务相适应的是"定制旅游"的兴起。与传统大众旅游方式不同，定制旅游是

旅游企业通过与旅游者进行一对一的信息交流，让旅游者更多地参与到旅游产品设计与开发中，以满足旅游者的个性化体验需求。

为迎合定制旅游浪潮，国内一些旅游机构扎堆推出"私人定制"服务。广州岭南集团旗下广之旅成立了定制旅游俱乐部。旅游电商更是嗅到其中无限商机，携程等旅游电商大力推出网络自由定制的私家团服务。个性化定制是对传统旅游的颠覆，它让游客自己做主，给游客提供更多自主选择，深入体验真正的旅游目的地文化。以携程研发的"私家团"为例，根据游客的情况，"私家团"提供"我的旅程我做主"的个性化服务：每个订单独立成团，哪怕两个人也可以是一个团，提供全程专车及专门导游，享受私密度假和专属服务。

六、"智慧旅游"将成为旅游业发展的新趋势

随着信息技术的发展，旅游服务、旅游资源开发、旅游企业经营以及旅游景区管理等将日益实现信息化和现代化，智慧旅游将改变旅游者的消费方式、旅游企业的经营模式和旅游管理部门的管理方式，成为旅游业发展的新趋势。

文化是旅游的灵魂，科技是旅游的支撑，旅游业要培育成现代服务业，关键是要插上科技与文化的翅膀。在技术不断革新的背景下，旅游业开始由信息化向智能化转型，"智慧旅游"已成为旅游业发展的必然选择。

"智慧旅游"是旅游信息化的延伸与发展，是高智能的旅游信息化，以游客为中心，以物联网、云计算、下一代通信网络、高性能信息处理、智能数据挖掘等技术为支撑并将这些技术应用于旅游体验、产业发展、行政管理等诸多方面，使游客、旅游企业、旅游管理部门与自然、社会相互关联，提升游客在旅游活动中的自主性、互动性，为游客带来超出预期的旅游体验，使旅游管理更加高效、便捷，为旅游企业创造更大的价值。

"智慧旅游"的核心是游客为本、网络支撑、感知互动和高效服务。"智慧旅游"系统主要由数据中心、服务端、使用端三部分构成，并通过互联网、物联网和传感网等技术相互联结。

从技术层面上讲，"旅联网"将成为智慧旅游的平台。"旅联网"是与物联网相对应的一个概念，借用物联网的定义，所谓旅联网，就是通过射频识别、红外感应器、全球定位系统、激光扫描器、移动终端等信息设备，按约定的协议，把旅游者与互联网连接起来，以实现智能化识别、定位、管理和信息通信及交换的一种网络技术。旅联网的意义，不仅仅是可以打包处理出行、住宿、游览等相关需求，减少一项一项单项操作的烦琐，还在于对行程变化、旅游安全、旅游可持续发展、旅游便利性需求、旅游移动性搜索等方面的突出作用。

"智慧旅游"系统作为信息时代和互联网时代的产物，对于整个旅游产业都有重要意义。对旅游者而言，"智慧旅游"系统可以让他们足不出户，全面了解目的地旅游信息，预订产品和进行结算；旅游过程中则能够动态了解旅游信息并获得帮助；旅游结束后还能够通过该系统进行有效的信息反馈。对旅游企业而言，该系统是充分展示形象和提供产品的平台，在线营销系统大大节约了企业经营成本。对旅游管理部门而言，可通过该系统的定位、统计、安全和反

馈等功能，全面了解游客需求、景区动态、意见建议等内容，帮助实现科学决策和管理。

"智慧旅游"体系的建成，将改变游客的行为模式、企业的经营模式和行政部门的管理模式，引领旅游进入"触摸时代""定制时代""互动时代"，从而逐步改变整个产业的运营模式，是旅游业强化现代服务业特性、提高现代服务业水平的重要途径。毫无疑问，随着在线旅游和信息技术的发展，智慧旅游将成为旅游产业转型升级的重要突破口。

目前，我国已先后确立18个智慧旅游试点城市。随着"国家智慧旅游服务中心"落户江苏镇江，引发了各地推进智慧旅游建设热潮，并形成了以四川为代表的一批智慧区域目的地，以及以九寨沟、黄山为代表的智慧旅游景区和以南京、苏州为代表的智慧旅游城市。智慧旅游在服务游客、提升旅游业经营水平和加强市场监管等方面的功能开始显现，越来越多的智能手机变身人们寻找生活梦想的百宝箱，从机票酒店搜索到预订，从景点查询到线路导航，从旅行攻略到语言翻译，只要有需求，旅游者就能从智能手机上的旅行客户端找到帮手。

七、旅游的方式将逐渐从团体转向散客

"团体旅游"（Group Tour）是旅行社传统的旅游模式，其主要特点是：一切都是统一的。统一的出团时间，统一的交通工具，统一的住宿和饮食，统一的参观游览项目，统一的游览时间限制……旅游者的个人意愿必须服从团队的统一安排，因而极大地限制了旅游者的自由。而散客旅游（Free Independent Tour，简称FIT）则不同，它是一种根据自己的兴趣、爱好进行独自（或少数几个人）旅行的旅游形式，多采取单项服务委托的方式。散客旅游最突出的特点，也是其最大的优点是旅游者在其旅游活动中，可以享有充分的自由，他可以自由地安排其旅游活动和节目，并根据自己的好恶随时加以调整，而不必像"鸭子"似的被导游催促着从事走马观花式的旅游。因此，散客旅游在世界各地越来越受到旅游者的欢迎。特别是随着交通、通信业的发展，英语在全世界的普及以及旅游供给的不断完善，从而为散客旅游的发展创造了条件，越来越多的人开始加入散客旅游者的行列。

八、休闲度假旅游将成为旅游发展的主力军

进入21世纪，旅游将不再是少数人享有的奢侈的生活方式，而是一种像吃饭、穿衣一样普遍的大众化的活动，大多数人在其一生中将多次外出旅游。据统计，在英国，平均每年外出旅游达3次的人占全国人口的半数；在法国，这一比例也达到45%；而在瑞典，这一比例则更高，达75%。人们渐渐发现，很多旅游景点都已经"观光"过了，有的地方甚至已经去了不止一次，如此下来，人们对观光旅游将逐渐失去兴趣，传统的走马观花式的观光旅游将让位于以休闲、娱乐、放松为目的的度假旅游。

再以中国为例。随着我国居民收入水平大幅提高，消费结构发生较大变化，用于休闲、娱乐、度假等方面的支出日趋增加，人们的观念也在发生剧变，休闲成为很多中国人重要的

生活方式，旅游度假已经成为一个新的消费热点，旅游逐渐从观光向度假发展，个人、家庭乃至机构的定期度假需求增加，自驾车旅游比重提高。

另一方面，国家政策的支持也为中国居民的度假旅游提供了保障。国家有关公共假期和度假政策的调整，特别是新的劳动合同法出台，带薪假期不再是一种奢望，人们可以更加自由和灵活地安排休闲时间，最大化地利用各地的度假资源。元旦、清明、端午、"五一"、中秋等小长假和国庆、春节两个长假交叉进行，另外还享有每年5～15天的带薪休假时间……据统计，包括周末双休日在内，中国公民每年的休息时间达到120～135天。节假日的增加为人们集中一定的时间进行休闲度假提供了条件，尤其是带薪休假的推广，更是有助于促进旅游业从观光旅游的层次向度假休闲的层次发展。

在中国，20世纪80年代，旅游只是生活元素，到90年代，旅游已经成为生活要素。今后，旅游休闲将成为人们的生活目的。

九、旅游新业态不断涌现，"太空旅游"将成为一种时尚

随着航天技术的发展，人们的旅游空间将从地球扩展到外太空。美国、俄罗斯等航天技术发达的国家已经开展了这项旅游业务，希尔顿酒店集团已经计划在太空和月球建造太空旅馆和月球酒店，人们去太空旅游的愿望已经从梦想变成了现实，21世纪将有越来越多的人去外太空旅行，实现千百年来人类的梦想！

十、可持续发展将成为未来旅游业发展所追求的永恒主题

旅游资源的过度开发，旅游业的盲目发展，已经对社会及生态环境造成了危害，进而威胁到旅游业自身的发展，人们越来越清醒地认识到，旅游业不再是无烟工业。因此，旅游业的可持续发展将成为未来旅游业发展所追求的永恒主题，各国政府、社区、旅游企业和旅游者应为实现旅游业的可持续发展而共同努力。

十一、旅游业的社会事业性质将得到加强

一方面，旅游业是重要的经济产业，而且已经成为很多国家和地区的支柱性产业；另一方面，旅游业也是综合性的社会事业，而且，随着经济的发展，社会的进步，旅游业的社会事业性质日益突显，各国（地区）政府（特别是发达国家和地区的政府）将更加注重旅游业的社会事业和公共福利性质的发挥，加快旅游公共项目的发展（包括扩大旅游公共空间，完善旅游公共环境，丰富旅游公共产品，增加旅游公共服务），不断加强旅游公共服务设施的建设。未来，政府的工作重点将从旅游的经济功能导向转向社会功能导向，从单纯追求旅游的经济效益转向追求旅游的社会效益，满足居民以旅游为载体的对于幸福生活的追求。

【本章小结】

● 全域旅游，是指在一定区域内，以旅游业为优势产业，通过对区域内经济社会资源尤其是旅游资源、相关产业、生态环境、公共服务、体制机制、政策法规、文明素质等进行全方位、系统化的优化提升，实现区域资源有机整合、产业融合发展、社会共建共享，以旅游业带动和促进经济社会协调发展的一种新的区域协调发展理念和模式。

● 就旅游业的发展趋势而言，未来旅游将成为人们一种新的生活方式，旅游业在国民经济中的地位和作用将日益突出，旅游业经营的集团化、网络化特征将日趋明显，旅游服务将走向个性化，散客旅游、度假旅游将成为一种趋势；另外，旅游业的可持续发展将成为各国政府和旅游经营者追求的目标。

【复习思考】

1. 什么是全域旅游？
2. 请谈谈世界旅游业发展趋势。

【案例分析】

◎**问题：** 调查当地全域旅游发展现状，并对其进行分析评价。

【拓展阅读】

遗产地旅游如何让原住民受益

据报道，云南元阳哈尼梯田申遗成功后，不仅到元阳的游客多了，当地村民参与旅游的人也多了，但是当地村民生活的改变远没有期待中的大。一位村民说："有时候觉得自己是梯田的主人，有时候又觉得不是。"

云南元阳哈尼梯田属于农业遗产，其历史文化价值不仅仅在于其壮观的景观价值，还在于它较为完好地保留了当地居民在传统农业社会中的生产方式和生活方式，他们既是传统文化的传承者，也是遗产旅游的建设者。

在当地人看来，梯田就是一种生计而已。这曾经是他们唯一的生计选择，因为别无选择才成就了这千年的美景，成就了今天的世界遗产。但现在令当地村民没想到的是，他们的劳作除了收获田里的庄稼外，还产出了经济上的"正外部效应"（即旅游景观价值），但这种溢出价值的产权应该归谁所有？

部分当地有商业头脑的村民看到了其中的商机，开始从事旅游接待，为游客提供餐饮、住宿、交通，甚至背包、指路等服务。事实上，元阳梯田从1997年就开始接待游客了。位于新街镇的箐口村是最早从事接待的旅游村，村里出现了农家乐等旅游接待住宿户，村民们自发为游客提供短途的交通服务，也会根据游客的需求组织哈尼族歌舞表演，当地政府也为该村提供了房屋修缮、道路改善等基础设施服务。位于老虎嘴梯田附近的勐品村是彝族村，村民性格开朗外向，妇女精于刺绣，为梯田观光客提供特色背包、纪念品销售等服务。旅游业正在为村民们提供另一种谋生选择。

然而，随着旅游人数的增加，旅游开发商开始进入，统筹了哈尼梯田地区所有的旅游业务，在景观优美的梯田区修建了围栏，并向游客收取梯田旅游门票，征用村民的土地。很多村民想不明白的一个问题是，世代耕种的梯田，为何让别人围起来收费？世代居住的家园，为何带亲戚回家也要买门票进入？旅游公司原本承诺给他们的每年只有100元的补偿费为何迟迟不能兑现？

这些问题不仅他们想不明白，很多远道而来的游客也想不通。他们来看当地村民种的田，为何要向外来的公司缴纳180元的高额门票？为何耕种梯田的农户反而自己没有权利在景区自由售卖自家的农产品？

应该看到，哈尼梯田如果不发展旅游业，其蕴含的潜在旅游价值无法得以实现，当地村民们的生活条件也不可能得到较大的改善。要实现这一价值确实需要资金和智力方面的投入，需要改善可进入性和接待条件以及对基础设施、人才培养、营销推广等方面的投入。如果通过市场化运作，开发商由此获取一定的经济利益（但不能是全部）也是无可厚非的，问题是如何公平地分配由此产生的经营利润？

如果按照市场化机制运作的话，那就应充分发挥市场在配置资源中的决定性作用。如果引进外来开发商或运营商的话，必须承诺在兼顾社会效益（政府监督）、生态效益（第三方专业机构监测）的硬约束前提下，获取经济效益；所获得的经济收益，在弥补完当地相关村民因旅游开发而受到的损失后，利润还要让村民等相关利益方分享；外来开发商或运营商的选择应运用市场机制择优引进，价高者得。当然，也可以采用村民参股方式，甚至可以直接以参加农田劳动作为投入（实际是对梯田景观的外部经济收益予以部分确权），风险共担，利润共享。

总之，解决类似于哈尼梯田这样的遗产旅游问题，必须创新制度安排，确保当地村民的利益。需要明确的是，当地村民既是哈尼梯田的劳动者，也是梯田景观的建筑师。

（摘编自：《中国旅游报》2014年4月15日，《遗产地旅游如何让原住民受益》，张凌云、孙业红）

参考文献

[1]刘伟.旅游概论（第四版）[M].北京：高等教育出版社，2019

[2]刘伟.旅游学[M].北京：高等教育出版社，2014

[3]刘伟.酒店管理（第二版）[M].北京：中国人民大学出版社，2018

[4]刘伟.酒店客户管理[M].重庆：重庆大学出版社，2019

[5]刘伟.前厅与客房管理（第四版）[M].北京：高等教育出版社，2018

[6]刘伟.前厅管理[M].重庆：重庆大学出版社，2019

[7]刘伟.客房管理[M].重庆：重庆大学出版社，2019

[8]刘伟.酒店管理案例分析[M].重庆：重庆大学出版社，2020

[9]克里斯·库珀.旅游学精要[M].石芳芳译.大连：东北财经大学出版社，2014

[10]吴必虎等.旅游学概论[M].北京：中国人民大学出版社，2009

[11]查尔斯·R.格德纳，J.R.布伦特·里奇.旅游学（第10版）[M].李天元，徐虹等译.北京：中国
    人民大学出版社，2008

[12]刘伟，朱玉槐.旅游学[M].广州：广东旅游出版社，1998

[13]克里斯·库珀，约翰·弗莱彻等，旅游学：原理与实践（第二版）[M].张俐俐，蔡利平等
    译.北京：高等教育出版社，2004

[14]马勇.旅游学概论[M].北京：高等教育出版社，1998

[15]黄雅萍.如何做好旅游统计分析[N].中国旅游报，2014-3-28

[16]冯颖.为旅游业长远发展保驾护航[N].中国旅游报，2013-5-1

[17]魏小安，厉新建.物联网来了，旅联网还有多远？[N].中国旅游报，2010-11-19

[18]陈雪钧.旅游目的地的节庆营销[N].中国旅游报，2005-12-23

[19]田里.现代旅游学导论[M].昆明：云南大学出版社，1994

[20]王玮.民宿卡的"江湖"水有多深？[N].中国旅游报，2020-9-24

[21]吴忠军.旅游景区规划与开发[M].北京：高等教育出版社，2003

[22]申健健，喻学才.国外黑色旅游研究综述[J].旅游学刊，2009（4）：92

[23]王煜琴.计调在旅行社服务质量提升过程中的作用[N].中国旅游报，2010-5-31

[24]陶伟等.解说：一种重要的遗产保护策略[J].旅游学刊，2009（8）：49—50

[25]段万义.导游如何进行危机公关[N].中国旅游报，2007-6-4

[26]张广瑞.中国的奖励旅游：从概念到实践[N].中国旅游报，2006-12-6

[27]李向明.旅游地形象宣传口号的创意设计模式与原则[N].中国旅游报，2006-12-4

[28]王咏红."智慧旅游"的核心是游客为本[N].中国旅游报，2011-9-9

[29]王兴斌.和谐旅游目的地建设应兼顾多方利益[N].中国旅游报，2011-11-9

[30]高舜礼，白四座.论旅游业的现代服务业特征[N].中国旅游报，2010-8-5

[31]刘艳辉.香港旅游业议会发展历程[N].中国旅游报，2012-12-24

[32]卡茜燕，齐红霞.旅游微博整合营销[N].中国旅游报，2013-8-7

[33]杨宏浩.分时度假在中国的未来[N].中国旅游报，2013-8-28

[34]斯涵涵.中国游客在美国被罚的警示[N].中国旅游报，2016-6-22

[35]Chris Cooper, Hohn Flectcher, Alan Eyall, David Gilbert and Stephen Wanhill, Tourism Principles and Practice, Third Edition, Pearson Education Limited, 2005

[36]Crisis Guidelines for the Tourism Industry, WTO, 2003

[37]Charles R. Goeldner, J.R.Brent. Ritchie,Tourism: Principles, Practices, Philosophies, 10th Edition, John Wiley, 2006, Hoboken, New Jersey

[38]Bull A. The Economics of Travel and Tourism （2nd Edition）[M]. South Melbourne: Addison Wesley Longman Australia Pty Ltd, 1995.

[39]Burkart, A. J. & Medlik, S. 1987. Tourism: Past, Present and Future. Heinemann. Professional Publishing, London, England，1991

[40]Gee, C. Y. and Fayos, Sola E. （eds）, International Tourism: A Global Perspective, WTO, Madrid:1997

[41]Holloway, C. , The Business of Tourism, Addison Wesley Longman 1994

[42]Howell, D. W. , Passport: An Introduction to the Travel and Tourism Industry, Southwestern, 1993

[43]Likorish, L. and Jenkins, C. L. , An Introduction to Tourism, Butter—worth—Heinemann, 1997

[44]Medlik, S. , Managing Tourism, Butterworth—Heinemann, UK，1995

[45]Mill, R. C. and Morrison, A. , The Tourism System: An Introductory Text, Prentice Hall, 1992

[46]Poon, A. , Tourism, Technology and Competitive Strategies CAB, 1993

[47]Sharpley, R. , Tourism Tourists and Society, Elm, 1994

[48]Shaw, G. and Williams. A., Critical Issues in Tourism, Blackwell, 1994

[49]Theobald. W. F. , Global Tourism: The Next Decade, Butterworth—Heinemann, 1994

[50]Tribe, J. , The Economics of Leisure and Tourism: Environments, Markets and Impacts, Butterworth—Heinemann, 1995

[51]Vellas, F., Becherel, L. （1995）, International Tourism, Macmillan Business Press, London,

[52]Wahab, S. , Tourism Management, Tourism International Press, 1993

[53]Witt. S., Brooke, M. Z. and Buckley, P. J. , The Management of International Tourism, Unwin Hyman, London, 1995